立德树人系列丛书

丛书主编\邝邦洪

本书为广东省教育科学"十三五"规划2017年度研究项目（德育专项）"'五进'教育实践活动的理论与实践研究"（2017JKDY37）的成果之一。

践行五进　立德树人

来自广州工商学院的探索与实践

主　编　邝邦洪

副主编　朱特威　张　辉

谭玉兰

·广州·

图书在版编目（CIP）数据

践行五进　立德树人：来自广州工商学院的探索与实践／邝邦洪主编. —广州：广东高等教育出版社，2019.10（2021.2 重印）

（立德树人系列丛书）

ISBN 978－7－5361－6599－1

Ⅰ.①践…　Ⅱ.①邝…　Ⅲ.①高等学校－思想政治教育－研究－中国　Ⅳ.①G641

中国版本图书馆 CIP 数据核字（2019）第 216093 号

JIANXING WUJIN LIDE SHURER：
LAIZI GUANGZHOU GONGSHANG XUEYUAN DE TANSUO YU SHIJIAN

出版发行	广东高等教育出版社 地址：广州市天河区林和西横路 邮政编码：510500　电话：（020）87551597 http://www.gdgjs.com.cn
印　　刷	广东信源彩色印务有限公司
开　　本	787 毫米×1 092 毫米　1/16
印　　张	21
字　　数	388 千
版　　次	2019 年 10 月第 1 版
印　　次	2021 年 2 月第 2 次印刷
印　　数	10 201～20 200 册
定　　价	37.00 元

前　　言

党的十八大、十九大报告都明确提出“立德树人”是教育的根本任务。习近平总书记在2018年全国教育大会上的讲话中指出，各级各类学校要在六个方面“下功夫”，其中着重提到“要在加强品德修养上下功夫”，“要在增强综合素质上下功夫”，还要“开齐开足体育课”，要“弘扬劳动精神”。这些重要指示为学校的创新发展指明了方向。在高校中开展“进课室、进图书馆、进实验实训室、进体育场馆、进社会”（以下简称“五进”）教育实践活动，不仅能落实立德树人根本任务，贯彻执行习近平新时代中国特色社会主义教育思想，而且是高校培育能够担当民族复兴大任的时代新人的需要，意义深远。

“五进”是邝邦洪教授继“以德为行，以学为上”教育思想（以下简称“德学”教育思想）之后提出的又一个促进高校教师全面发展和大学生全面成才的教育理念。如果说“德学”教育思想明确地回答了“培养什么人”的问题，那么“五进”教育理念则准确地指明了“怎样培养人”的问题。德育在本质上是实践的，即德育的本质是知行合一，是道德践履。因而，如果说“德学”教育思想为高校教师的发展、大学生的成才引领了前进的方向；那么，“五进”教育理念则为高校教师的发展、大学生的成才指明了具体的路径。

“五进”教育实践活动是在继承我国近现代著名教育家关于教书育人论述的基础上，根据时代发展的需要和社会进步的要求，为实现培养德、智、体、美、劳全面发展的社会主义建设者和接班人的重要任务，在不断创新中提出的育人平台和途径。“五进”教育实践活动蕴含着德、智、体、美、劳教育的丰富内容。

“进课室”是指高校师生走进课堂和教室。课室是教师对学生进行德育、智育、体育、美育的第一场所。课堂教学是大学教育的主渠道。教师进课堂，就是要求教师讲好课，传授好科学文化知识，激发学生的潜能和创造性思维，既教书又育人。大学生走进课堂，就是要求大学生准时到课堂听课，认真聆听教师对知识和技能的讲解，学好专业知识；走进教室，就是要求大学生利用课余时间自觉到教室做作业、自学或讨论，夯实知识基础。通过“进课室”，大学生在教师的指导下，增强学习意识，学会科学学习，学会解决问题的方法，学会做人的态度，学会正确的思维方式等。

“进图书馆”是指高校师生利用课余时间到本校、邻校、本地或外地各类图书馆查阅或借阅有关书籍资料及开展电子阅读。图书馆是对师生进行德育、智育和美育的重要场所。通过“进图书馆”，师生博览群书，拓宽知识面，改善知识结构，从事科学研究工作，增长人生智慧和强化人文底蕴，进一步思考人生的目的、意义和价值，培养认识美、爱好美和创造美的能力，不断完善人格。

“进实验实训室”是指，一方面，高校教师在实验实训教学中，有效地培养学生观察、分析、综合、推理和实际操作的能力；另一方面，大学生在学习专业知识的基础上，积极进入校内实验实训室进行技能实践训练，不断提高实际操作能力。实验实训室是对师生进行德育、智育的重要场所。师生不仅在实验实训中实践了课本知识，还在实验实训中培养自身的创新能力、科研兴趣、公共道德、职业道德和团队协作精神。

“进体育场馆”是指高校师生要经常到室内外体育场所进行体育锻炼，提升运动素质，增强体质。体育馆是对师生进行德育和体育的重要场所。通过“进体育场馆”，师生不仅增强了身体素质，而且还学会了一两项体育运动技能，磨炼意志，促进身心健康，使自己终身受益；通过“进体育场馆”，参加集体体育活动，师生不断提高自我责任感、群体责任感和社会责任感。

“进社会”是指高校师生积极主动地进入社会参与实践活动。社会是师生进行德育、智育、体育和美育的实践场所。教师利用寒暑假和专业调研时间参与企业、行业的社会实践，可以了解社会，了解国情，认识社会，还可以引导自身职业的提升和发展。教师“进社会”的途径和方式很多。2015 年国务院印发了《关于进一步做好新形势下就业创业工作的意见》，鼓励高校、科研院所等事业单位专业技术人员在职创业、离岗创业，优惠条件是可以保留体制内身份和待遇三年。因此，当前高校教师还可以根据自己的实际情况在职创业、离岗创业，积极服务于社会。大学生“进社会”，就是主动地采用多种方式，如志愿服务、顶岗实习、专业实践、勤工助学、挂职锻炼、科技下乡、创新实践、毕业实习等，融入社会。通过“进社会”，了解社会生活，认识社会生活，适应社会生活，从而提升自身的心理承受能力和生存能力，培养与人沟通的能力，增强社会责任感和使命感，树立正确的人生观和价值观。“进社会”是培育师生全面发展的重要场所，同时也是对师生各方面知识储备的检验。“书到用时方恨少”，师生通过进社会参与各项实践活动，能迅速增加自己各方面的知识。

党的十九大报告明确提出中国特色社会主义进入了新时代，新时代对高等教育尤其是应用型高校提出了新的要求。因而，在新的时代，开展“五进”教育实践活动的理论与实践研究，创新应用型高校人才培养及思想政治教育的新型模式，具有重要而深远的意义。一是有助于增强民办应用型高校的核心竞争力，办出品牌与特色。随着我国高等教育的快速发展，民办应用型高等院校已成为我国高等教育发展过程中重要的力量之一，成为本科教育的重要基地。然而目前我国民办应用型高等院校面临的挑战也非常严峻，因此我们必须把握民办应用型高校的发展趋势及其核心竞争力，将两者相结合，才能创办出具有时代特色和地方特色的大学，并向社会输出更多的人才，使民办应用型高校走上良性发展的道路。高等学校的核心竞争力是指以高校的核心资源为依托，通过对教师资源、生源资源、教育设施，以及高校文化环境等方面的组合，而使高校获得持续的竞争优势的能力。对民办应用型高校而言，其独有的民办体制、高效的管理都是核心竞争力的构成要素。但在众多的核心竞争力要素中，起决定性作用的仍是文化力，即学校的办学理念、人才培养模式、校园文化等，这是高校核心竞争力的灵魂。“五进”教育理念正是为了进一步增强民办应用型高校的核心竞争力、办出高校的品牌与特色而提出的。二是有助于提升民办应用型高校的教师队伍素质，打造一流师资。百年大计，教育为本。教育大计，师资为本。高校的师资力量是高校人力资源的主体，也是各高校之间竞争的对象，更是民办高校发展壮大的主要依托。党的十九大闭幕后，中共中央国务院发布的第一个文件就是《关于全面深化新时代教师队伍建设改革的意见》，可见，打造一支优秀的高校师资队伍是至关重要的。社会的发展进步以及大学生的成才需要，都对高校教师提出了更多、更高的要求。全方位提升民办应用型高校的教师素质势在必行。德高为师、学高为范。邝邦洪教授提出的“德学”教育思想已经为高校教师的成长发展引领了方向，而“五进”教育理念为高校教师的成长发展指明了具体的方法和路径。高校教师只要把“进课室、进图书馆、进实验实训室、进体育场馆、进社会”落到实处，并在“五进”的过程中不断增强自身的“德学”素质，就一定能够肩负起新时期培育人才、建设学校、奉献社会的历史使命。三是有助于创新民办应用型高校的人才培养模式，培养出高素质应用型人才。人才培养历来是高校的立校之本、发展之基。能否培养出高水平的人才，是高校办学成功与否的标志。高校先进的办学理念、清晰的发展思路、明确的办学目标，要体现并落实在人才培养工作上；高校科学的管理机制、健全的人才培养体系、优越的教学条件等独特资源，最终要服务于人才培养工作，保障人才培养的质量。对于民办应用型高校来说，所培养的学生能否成长为高级应用性技术技能型人才，他们是否具备较强的社会适应能力、创新精神以及健康向上的人生观、价值观，既反映了我们的人才培育观，也体现了我们整体的办学水平。因此，开展“五进”教育理念研究，就是要探索出适合民办应用型高校特点的人才培养模式，即以“进课室”为育人的主渠道、“进图书馆”为辅助手段、“进体育场馆”为基本保障，并构建以有效提高大学生的创新实践能力为重点的“进实验实训室（进企业）”“进社会”的协同育人机制，联合社会、政府、企业等多方力量合力育人，从而提高大学生的综合素质，提升民办应用型高校的人才培养质量。

为了更有效地开展“五进”教育实践活动，近几年来，广州工商学院举全校之力，将“德学”“五进”教育活动作为学校文化建设和思想政治教育工作的品牌特色来打造，取得了一系列丰硕成果。其中，撰写并发表了“五进”相关研究论文40余篇，申报成功的校级、省厅级“五进”相关项目10余项。“德学、五进引领的学生督察队”项目获2017年全国民办高校学生工作创新成果特等奖，“践行五进，立德树人”获2016年广东高校校园文化建设优秀成果一等奖，广州工商学院团委被共青团广东省委员会授予2016—2017年度“广东省五四红旗团委”光荣称号等。此外，学院还借力广东省德育专项课题等课题研究，将“五进”教育实践活动进一步理论化、科学化和规范化，积极探索其中的教育活动规律，撰写并出版了《践行五进　立德树人——高校师生成长的路径》“五进”研究成果。在理论研究成果的指导下，学院又组织师生开展了“五进”教育实践活动的具体研究，边研究边总结实践经验。

《践行五进　立德树人——来自广州工商学院的探索与实践》一书集中反映了广州工商学院广大师生员工和参与“五进”课题研究的全体成员结合民办应用型本科院校实际，结合为区域经济社会发展培养高素质应用型人才的实际，就应用型本科院校人才培养的方式方法、具体路径、教学改革、思想政治教育等方面，进行的较为广泛的理论性探索和实践性尝试。本书框架结构分为实践研究报告编、实践研究论文编、实践研究活动编、实践研究成果编等四个部分，其中既有客观的阐述也有微观的分析，既有共性研究也有个性研究，既有理论创新也有实践检验，有不少观点及做法是值得学习、借鉴和推广的。

教育部、国家发展改革委、财政部《关于引导部分地方普通本科高校向应用型转变的指导意见》中明确指出："要推动转型发展高校把办学思路真正转到服务地方经济社会发展上来，转到产教融合校企合作上来，转到培养应用型技术技能型人才上来，转到增强学生就业创业能力上来，全面提高学校服务区域经济社会发展和创新驱动发展的能力。"这无疑对应用型本科院校提出了更高更具体的要求。因此，广州工商学院全体师生员工还需要进一步结合本校实际，凝心聚力，真抓实干，不断丰富和完善"德学""五进"文化品牌和育人特色，做出更多创新型的探索，为将广州工商学院创建成特色鲜明、富有影响力的高水平应用型大学而不懈奋斗。

编　者

2019 年 6 月

实践研究报告编

实践研究论文编

实践研究活动编

实践研究成果编

实践研究报告编

“‘五进’教育实践活动的理论与实践研究”之“进课室”实践研究报告

范国增

一、“进课室”实践研究的背景、目的与意义

“进课室”实践研究是基于当前应用型高等学校教与学中的实际问题而提出与开展的，它对高校应用型人才培养目标的实现以及学生的健康成长成才具有重要意义。

（一）“进课室”实践研究的背景

党的十九大报告提出，要加快一流大学和一流学科建设，实现高等教育内涵式发展，要办好人民满意的教育。在2018年全国教育工作会议上，习近平总书记对教育工作提出了九个坚持：坚持党对教育事业的全面领导，坚持把立德树人作为根本任务，坚持优先发展教育事业，坚持社会主义办学方向，坚持扎根中国大地办教育，坚持以人民为中心发展教育，坚持深化教育改革创新，坚持把服务中华民族伟大复兴作为教育的重要使命，坚持把教师队伍建设作为基础工作。《教育部2018年工作要点》也明确指出，“推进教育优先发展，落实立德树人根本任务，深化教育改革，推进教育公平，发展素质教育，加快教育现代化，努力培养德智体美全面发展的社会主义建设者和接班人，培养担当民族复兴大任的时代新人”。

面对党和国家提出的一系列要求，全国各地高校认真学习贯彻党中央的精神，落实教育主管部门的工作部署，坚持全过程育人、全方位育人，总体上取得了明显的效果。但综观高校的教育教学工作，仍然存在一些急需改进的问题。针对这些问题，广州工商学院邝邦洪院长在提出“以德为行，以学为上”教育思想之后，又结合民办应用型高校的特点，提出开展“进课室、进图书馆、进实验实训室、进体育场馆、进社会”的“五进”教育实践活

动。他认为："'五进'教育实践活动是'立德树人'的主要阵地。"[①]"五进"教育实践活动为大学生的成长成才指明了实践的路径。经过几年的努力践行，"德学"与"五进"教育实践活动在学院得到广泛开展并取得了明显的效果。在新时代，学院将继续秉承这一优良传统，推进"五进"教育实践活动。

高校学生"进课室"是学生接受教育的主渠道，是学生学习的主阵地。设法推动学生进课室，充分利用好课室这一教育平台和阵地，才有利于培养出高素质的优秀人才。但学院师生"进课室"存在一些问题，如有些教师缺乏教育热情、敬业精神，教学上内容陈旧、照本宣科等；有些学生缺乏学习的主动性，上课不认真听课、不做笔记等。这些不良现象极大地影响了教育教学的效果，不利于学生的健康成长。推动学生"进课室"这一实践活动切合学院正在努力创建高水平应用型高校，顺应大力培养新时代中国特色社会主义伟大事业人才的需要。

（二）"进课室"实践研究的目的

从宏观而言，"进课室"实践研究是贯彻落实党的十九大精神，落实教育部及相关教育部门的工作要求，促进大学生的健康成长，为中国特色社会主义事业培养合格人才的需要。

从微观而言，通过开展"进课室"实践研究，在推动学生进课室的活动过程中，教师会更重视利用课室这一教育平台，重视提升每节课的教育质量和教学成效，精心备课，用心传道授业解惑；学生的到课率高、抬头率高，认真听课会促使教师讲课更投入，发挥得更好。更主要的是在推动学生进课室的活动中，让学生理解和重视"进课室"的教育理念，明白"进课室"的各个环节的具体要求，从而更好地配合学校及老师在"进课室"中提出的各种严格管理及要求。通过开展"进课室"的实践研究，促使学生积极、主动地进入课室听课，重视并提升课室听课的成效，认真听讲，积极思考，参与师生互动，成为课室学习的主体，解决我想学我要学的自主自觉问题。在课余时间里也养成自觉到教室进行自修学习的习惯，充分利用教室这一清静的学习环境空间提升学习成效，并进而形成较强的自我约束和管理能力，形成自主自觉的静心钻研式的学习习惯。

---

① 邝邦洪. 践行"五进"　立德树人：高校师生成长的路径［M］. 广州：广东高等教育出版社，2018.

（三）"进课室"实践研究的意义

"进课室"实践研究切合国家倡导的教育教学理念，有助于学院办学目标的实现，有利于学生个体的成长进步。

1. 有助于国家教育事业的发展

党的十九大提出，要努力办好人民满意的教育。"进课室"的主旨就是加强学校对于课室这一主平台、主阵地的教与学的严格科学管理，这项实践研究切合国家倡导的教育教学改革与创新，有利于充分利用好课室达成以生为本的教育教学理念，在进课室中贯彻以教师为主导、学生为主体的教育理念，在师生互教互学中完成师生共同成长进步。切实推动教育教学改革与创新，对培养中国特色社会主义事业接班人，提高国民素质尤为重要。"五进"中的"进课室"致力于教育教学的改革与创新，致力于学生的自我教育、自我成长，同时也致力于更好地为党和国家的教育事业贡献一份力量，因而这项进课室研究是有价值的。

2. 有助于学院的办学目标的实现

"进课室"切合学院的教育理念，事关建设高水平应用型大学这一办学目标的实现。"内强素质、外树形象、和谐办学、科学发展"是学院的办学方针；"以质立校、以生为本、突出特色、崇尚创新"是学院的办学理念。为了实现这一办学的方针、理念，学院坚持"以德为行，以学为上"的教育思想，大力推进"进课室、进图书馆、进实验实训室、进体育场馆、进社会"的五进活动，立足于培养德智体全面发展的高素质应用型人才。"进课室"是学院"五进"教育实践活动的重要一环，是实现学院办学目标、方针、理念的首要任务。在对"进课堂"进行了系统地理论研究后，在学生中进行"进课室"实践研究具有重大的现实意义。

3. 有益于学生的健康成长

开展"进课室"的实践研究，通过制定严格的管理制度，推动学生进课室；通过多层级多方面的教育启发和引导，学生自觉自愿进课室；通过提升课堂内的教育教学水平吸引学生乐于进课室。总之通过实践活动的开展，力求提升学生的到课率和课堂内的教育教学效果，使学生更自主、自觉地进课室。通过推动学生进课室这一实践活动，提升学生对进课室重要性和必要性的自我认知后，变"学校教师要我进课室"为"我要进课室学习知识技能提升自我"，唯有如此学生在课室才能进行自我管理和自我教育，也才自主自觉地约束自我，在课堂中认真学习、积极思考，主动与教师进行互动，共同完成教学任务。由此可见，"进课室"实践活动对养成学生良好的学习习惯，强化自我约束管理，提升课堂学习成效有着重要的作用。

（四）“进课室”实践研究的要求

为了推动学生“进课室”这一实践活动，课题组不仅对组织实践活动的教师提出了要求，也对参加实践活动的学生提出了要求。

1．对组织实践活动教师的要求

第一，认真做好实践方案。把握“五进”教育实践活动的内容和要求，结合学院学生“进课室”的现状，分析学生实际情况，制定实践方案及主要活动安排。

第二，认真开展实践活动。根据实践方案的原则和要求，认真开展个人负责的实践活动。

第三，认真做好实践活动材料的收集及整理工作。每一次实践活动都要拍摄照片，记录实践环节和过程，录制视频，收集学生的学习心得等。

第四，认真做好实践活动评价及总结。实践活动结束后，要撰写实践活动总结。

第五，要有较好的协调配合能力和团队意识。

“进课室”实践活动的开展最关键的是推广运用所获经验，带动全校教师重视课堂教育教学，充分利用课室这一教育教学的主平台和主阵地，备好课、讲好课；注意教学的生动性和趣味性，提升课堂的吸引力；注重教育教学方式方法的改革与创新，提升教育教学成效；注重教书育人、为人师表，提升学生综合素质和能力。

2．对参加实践活动学生的要求

第一，熟悉并理解“进课室”活动的基本内容。

第二，积极配合实践教师，完成实践任务。

第三，积极参加各种“进课室”实践活动。

第四，实践活动结束后，撰写心得体会。

在实践活动中，课题组不仅对实践班级提出要求进行严格管理，还要将实践取得经验推广到全校各个班级，影响和带动其他非实验班学生参加“进课室”的活动。采取各种有效措施，多层级齐抓共管，提升学生到课率。要求学生在课室内认真听课、积极思考，师生互动，改善课堂气氛，提升教育教学效果。

二、“进课室”实践研究的分工与实施

课题组根据具体成员的工作岗位特点进行分工，并根据不同的成员采用可行的研究方法。

（一）“进课室”实践研究课题组成员及分工

（1）组长：范国增（思政部）。主要负责制订小组活动的实践计划、安排小组工作任务、制作 PPT 汇报阶段性成果，负责项目实践报告总体思路的设计、撰写与统稿工作。

（2）联络员：蔡宗坚（会计系）。主要负责联络小组成员，并做好材料的收集、筛选工作。

（3）成员：

何建芬（思政部），主要负责组织“为民族之复兴、为中国梦之实现”而发奋学习的主题报告会，每学期组织一次专业讲座，并做好活动总结、资料收集等工作，参加项目实践报告的写作。

彭彩（外语系），主要负责开展“名课堂”“名教师”推介活动，制定活动计划，并负责外语系“进课室”活动资料的收集与总结工作。

何玉花（外语系），负责开展“课堂笔记秀”大赛，制定大赛规则、组织实施，并参与负责外语系“进课室”活动资料的收集与总结工作。

马英子（会计系），负责“学习之星”评比活动，制定评比规则组织实施并负责会计系“进课室”活动资料的收集与总结工作。

杨孟闺（会计系），负责“我管我”自我管理活动（包括手机管理、考勤管理、纪律管理），制定管理办法，并协助负责会计系“进课室”活动资料的收集与总结工作。

（二）“进课室”实践研究的具体实施

“进课室”实践研究的实施包括调研、实践研究、成果总结等阶段。

1. 2016 年 9 月—2017 年 3 月：实践调研及初步实践阶段

设计学生“进课室”状况调查问卷，在全院范围内进行抽样调查，总结目前学院学生“进课室”学习的状态，并根据此调查有针对性地调整“进课室”实践活动方案，制订符合实际的活动计划。

2. 2017 年 3 月—2018 年 3 月：实践研究阶段

课题实践研究分两个学期进行。

（1）2017 年 3—6 月。

①开展“进课室”活动的宣传、动员工作。

②开展“我管我”自我管理活动（包括手机管理、考勤管理、纪律管理）。

③举办“为民族之复兴、为中国梦之实现”而发奋学习的主题报告会。

④开展“名课堂”“名教师”“名学生”推介活动。

⑤开展“课堂笔记秀”大赛。

⑥组织一场商务英语专业学习讲座。

⑦开展本学期“学习之星”评比活动。

(2) 2017 年 9 月—2018 年 2 月。

①继续开展“我管我”自我管理活动（包括手机管理、考勤管理、纪律管理）。

②开展本学期“名课堂”“名教师”推介活动。

③开展本学期“课堂笔记秀”大赛。

④组织一场会计专业学习讲座。

⑤开展本学期“学习之星”评比活动。

3. 2018 年 3—12 月：实践成果总结阶段

小组成员在实践过程中认真总结经验，从不同的角度总结本次“进课室”活动，完成实践研究报告和实践研究论文。

（三）“进课室”实践研究的研究方法

课题实践研究采取了科学、合适的研究方法。

1. 行动研究法

行动研究法是指教师在教育教学实践中基于实际问题解决的需要与专家合作，将发现的问题作为研究主题进行系统的研究，以解决问题为目的的一种研究方法。① 在本项目的研究中，教师注重从实际教学中发现、讨论各种问题，在有丰富教学经验的教授的指导下，设计解决问题的思路、方案。辅导员也十分注重观察学生平时“进课室”活动中存在的问题，与系领导、团队负责人充分沟通，形成解决具体问题的最佳方案。小组成员切实按照行动研究法的原则、思想开展深入细致的研究。

2. 调查研究法

调查研究法是指通过考察了解客观情况直接获取有关材料，并对这些材料进行分析的研究方法。② 调查研究是科学研究中一个常用的方法，在描述性、解释性和探索性的研究中都可以运用调查研究的方法。它一般通过抽样的基本步骤，多以个体为分析单位，通过问卷、访谈等方法了解调查对象的有关信息，加以分析来开展研究。本项目的研究，基于调查的结果进行分析，提出一系列有针对性的措施，使研究得以有效地推进。

3. 文献研究法

根据百度百科中的定义，文献研究法主要指搜集、鉴别、整理文献，并

①② 胡中锋. 教育科学研究方法［M］. 北京：清华大学出版社，2011：51.

通过对文献的研究形成对事实的科学认识的方法。在本项目的研究中，教师、辅导员在开展各项工作时广泛寻找理论依据，给研究以理论支撑，使理论与实际相联系。

4. 经验总结法

根据百度百科中的定义，经验总结法是对自然状态下的一个完整的教育过程进行分析和总结，揭示教育措施、教育现象和教育效果之间的必然或偶然的联系，发现或认识教育过程中存在的客观规律及作用，为以后相同或类似的教育工作提供借鉴的一种方法。参加本项目的研究人员，都是具有丰富的教学经验或学生管理工作经验的教师，他们的工作经验为完成此项目研究奠定了良好的基础。

三、“进课室”实践研究的主要内容

“进课室”实践研究在界定相关概念后，根据前期的调查，确定了研究的内容、方式，以保证实践研究活动的顺利开展。

（一）“进课室”实践研究的相关概念界定

课题实践研究科学地界定了“五进”“课室”“进课室”等概念。

1. “五进”

“五进”是邝邦洪教授提出的教育思想，即以“以德为行、以学为上”为指导思想，以“以质立校、以生为本、突出特色、崇尚创新”为办学理念，构建契合学院办学特色的“进课室、进图书馆、进实验实训室、进体育场馆、进社会”“五进”实践育人平台。

2. 课室

课室是教师完成教学计划、系统地传道授业解惑的场所，也是学生进行听课、自习、研讨等学习活动的场所，等同于教室。

3. “进课室”

学生“进课室”是指学生以明确的学习目的、强烈的求知欲望，自主自觉地进入课室听课和自学，在课室内认真听课、积极思考，参与到教师的教育教学活动中，配合完成具体的教学任务，并在课余时间也乐于走进教室预习、复习及开展各种有益的活动。本次实践研究主要是研究如何引导学生“进课室”。为了吸引学生“进课室”，提升课室教育教学成效，同时也要求教师要以高度的社会责任感、饱满的教学激情、明确的教学目标、先进的教学理念、充分的教学投入、有序的教学组织积极投身到课堂教育教学之中，提升45分钟授课质量，发挥三尺讲台的作用，以此提高学生的到课率和抬头率，最终取得理想的教育教学实效。

（二）“进课室”实践研究的前期调查研究

为使课题实践研究具有针对性和可行性，课题组在进行课题实践研究前进行了广泛的调查研究。

1. 研究范围及调查方案

课题组在2016年9月—2017年3月做了两次问卷调查，随机抽取了学院2016级本科阶段的部分学生进行调查，通过问卷了解学生“进课室”的现状及学生上课的情况。

第一次调查是通过“问卷星”网制作电子问卷生成网络链接地址，由辅导员对各班群发链接地址，实时跟踪问卷的回收情况。此次调查共收到问卷1 500份，有效问卷1 500份，有效率100%，其中男生758人、女生742人。

第二次调查是通过发放问卷的方式在教师任教班级进行调查，共收到答卷1 000份，有效问卷958份。此次调查以思政课为例，了解学生上课的状态、对课程的兴趣、爱好、需求等，通过调研分析推动教育教学进行有目的的改革，因材施教，从而有针对性地吸引学生“进课室”。

2. 第一次调查数据分析和问题反馈

通过第一次调查，课题组对学生“进课室”的现状进行了分析，并归纳出五个好的方面和五个不足的问题，为实践研究提供重要的参考。

（1）好的方面。

①学生具有正确的“进课室”观念，对“进课室”要求的认识比较明确。当问到“你认为进课室应该包括哪些内容？”时，受访的1 500名学生中有1 300名认为“进课室”应该包括“进课室听老师讲课、进课室自习”（见表1）。

表1 你认为进课室应该包括哪些内容

答案选项	选择人数
A. 进课室听老师讲课	187
B. 进课室自习	13
C. A和B都是	1300

当问及“你认为进课室要求同学们做什么？”时，大部分学生选择“认真听讲，积极思考，与教师共同高效完成教学任务”（见表2）。

表2　你认为进课室要求同学们做什么

答案选项	选择人数
A. 不迟到不旷课，遵守课堂纪律	306
B. 认真听讲，积极思考，与教师共同高效完成教学任务	902
C. 上课认真，课余时间能到教室自习	292

②学生出勤率较高。在回答“你是否每次都按时到课室上课？”时，1 326名学生选择“是”，只有少部分学生有迟到早退的现象（见表3）。

表3　你是否每次都按时到课室上课

答案选项	选择人数
A. 是	1326
B. 有时迟到	169
C. 经常迟到	5

③学生到自习室进行自学的自觉意识较好。在回答“你认为除了上课，是否应该到课室自习？”时，有1 142名学生认为应该这样做，部分学生认为“不用”（见表4）。

表4　你认为除了上课，是否应该到课室自习

答案选项	选择人数
A. 应该	1142
B. 不用	358

④学生对影响“进课室”活动的原因认识较为清楚。当问及“你认为学生不认真上课的原因有哪些？”时，学生集中反映影响“进课室”活动的原因包括教师与学生两方面因素（见表5）。

表5　你认为学生上课不认真上课的原因有哪些

答案选项	选择人数
A. 教师教学无聊	996
B. 听不懂	998
C. 学生自律意识差	968
D. 受其他同学的影响	696

⑤学生对推动“进课室”活动有明确的希望。学生理解并支持“进课

室”活动，对活动抱有很大的希望，希望学院能改善课室环境与设备，希望教师能提高教学质量、增强教学的趣味性、开展多种多样的教学活动、加强引导与管理。在回答“你到课室自习最关注课室的什么?”时，1 294 名学生选择“环境是否舒适”，916 名学生选择“设备是否方便”（见表6）。

表6　你到课室自习最关注课室的什么

答案选项	选择人数
A. 是否有网络	458
B. 是否有水	365
C. 环境是否舒适	1294
D. 设备是否方便	916

（2）存在的问题。学生在“进课室”实践活动中仍存在不少的问题，据课题组教师观察分析研讨，归纳出以下五个方面：

①“进课室”的自觉性不够高。学生虽然具有正确的“进课室”观念，也明确其内容，但有的在实际学习中却没有形成自觉性。当问及“你有没有在课堂上主动回答老师的提问?”时，受访的1 500 名学生中只有183 名经常主动回答教师的提问（见表7）。

表7　你有没有在课堂上主动回答老师的提问?

答案选项	选择人数
A. 经常	183
B. 偶尔	983
C. 从不主动回答	334

②学生“进课室”后，自我管理能力不强。学生存在着迟到，上课玩手机、玩游戏、看无关的书籍等现象，尤其是管控不住自己玩手机。在回答“你觉得同学们上课时玩手机吗?”时，258 名学生认为大多数人在玩，346 名学生认为玩和不玩的各占一半（见表8）。

表8 你觉得同学们上课时玩手机吗？

答案选项	选择人数
A. 大多数同学玩	258
B. 少数同学玩	896
C. 各占一半	346

在回答“上课时你有没有做与本节课无关的事情？”时，316名学生认为自己有做与本节课无关的事情，901名学生偶尔会做与本节课无关的事情(见表9)。

表9 上课时你有没有做与本节课无关的事情？

答案选项	选择人数
A. 有	316
B. 没有	283
C. 偶尔	901

③学生上课有择课的现象。如重专业课，轻人文课。

④学生不积极思考、不主动回答问题的现象比较普遍。

⑤学生在课余时间进课室主动学习的自觉性有待提高。如在回答“你认为除了上课，是否应该到课室自习？”时，虽然有1 142名学生认为应该这样做，但也有相当一部分学生认为“不用”。

导致学生“进课室”活动中存在问题的原因是多方面的，例如管理部门和管理人员的管理不够到位；引导工作不够得力，引导学生自主自觉“进课室”的措施和方法不够系统；激励措施不到位，对于自觉按要求“进课室”认真学习的学生没有进行有效的激励；一些学生学习上目标不明、动力不足，迷恋网络，因而不愿意主动进课室学习等。

3. 第二次调查数据分析和问题反馈

为了提高“进课室”活动的有效性，了解学生的学习兴趣与需求、学习的目的与动机，为教师的教学改革提供参考，课题组进行了第二次问卷调查，对学生上课的情况做了详细的分析。具体结果如下：

(1) 学习目的偏重实用性需求。学习目的的实用性需求是指学生认为所学的知识、理论对其本人的升学、就业、应付考试、能力提升、思想疏导有明显的帮助作用。当问及“如果你喜欢某一门政治课，主要是因为什么”时，有511名学生选择“课程对自己的升学或就业有用”，占有效样本数的

53.3%；有450名学生选择“理论联系实际，能解决我们的思想问题”，占有效样本数的47.0%。当问及“以下哪种授课方式你较喜欢”时，有639名学生选择“引用材料和实际案例来说明书本理论知识”，占有效样本数的66.7%。当问及“你平时上思想政治课的状态”时，有319名学生选择了“厌烦这种课，但是还会听以应付考试”，占有效样本数的33.3%。以上数据充分说明民办应用型本科院校学生对思想政治课学习的实用性需求非常突出，是教师确立教学原则、选择方式方法的基础。

（2）学习过程注重愉悦性需求。学习过程的愉悦性需求是指学生在学习过程中对学习内容、形式追求愉悦的感受，希望在轻松的氛围中完成学习的任务。在回答“如果你喜欢某一门政治课，主要是因为什么”时，有489名学生选择了“教材生动有趣”，占有效样本数的51%；有546名学生选择“任课教师有魅力”，占有效样本数的57%；有539名学生选择了“教学过程轻松，能够看看电影之类”，占有效样本数的56.3%。以上数据反映，学生对教材、教师、教学过程都有明确的要求，即在学习过程中教师能创造一个轻松、宽松的氛围，让其在学习中能具有愉悦性的感受，使大学学习与高中学习有明显的区别。这就要求教师的教学要改变“一言堂”“满堂灌”的形式，增加趣味性，注重寓教于乐。

（3）学习方式的参与性需求较强。学习方式的参与性需求是指民办应用型本科院校学生倾向于参与到教师的教学中，愿意做学习的主人，以取得第一手资料。在回答“你认为当前思想政治课中教学存在的主要问题”时，有573名学生选择了“灌输型的教学模式，学生参与度低”，占有效样本数的59.8%。在回答“以下哪种授课方式你较喜欢”时，有395名学生选择了“互动教学，鼓励学生自主发言”，占有效样本数的41.2%。从以上数据可以得知，民办应用型本科院校学生在学习方式上追求参与性，不再满足于传统高中的灌输型教学模式，是学生欲摆脱高中学习方式的表现。可见，在教师的教学改革中，一定要注重以生为本，师生互动，教学相长，共同进步。

（4）学习方法实践性需求强烈。学习方法实践性需求是指民办应用型本科院校学生希望通过实践的方法掌握知识、提高能力，通过参与实践增加阅历，不拘泥于课本的理论知识。在回答“以下哪种授课方式你较喜欢”时，有608名学生选择了“走出课堂，开展实践”，占有效样本数的63.5%。广州工商学院是应用型本科院校，对专业课学习的强化受到学生的欢迎。专业课的学习大多强调实践操作，学习实用技术，掌握非我莫属的本领，实现与社会需求无缝对接这一育人方式符合学院的办学定位。这也要求思想政治课强化实践教学，注重理论联系实际。

（5）学习内容思想性需求被后置。学生认为学习内容固然重要，但包含思想性、政治导向性的思想政治课并不那么重要，也即认为思想政治课在学校开设的众多课程中居于次重要的位置，对其中的理论知识要求不高。从态度上而言，学生认可思想政治课的重要性。如在回答“你对现在的思想政治课的看法”时，有414名学生认为“重要，能帮助建立完善的思想体系”，占有效样本数的43.2%；但也有419名学生选择了“比起其他课程显得不重要”，占有效样本数的43.7%。在问及“对于思想政治理论课中的理论知识，你认为”时，有595名学生选择了“重要，但只需大概了解”，占有效样本数的62.1%。这些数据说明学生对学习内容的思想性需求较弱，对政治理论知识要求不高。这也可见学生思想的幼稚性，从另一个角度说明教师更要加以引导，讲好讲精这类课程，加大课程对大学生的吸引力。

（三）“进课室”实践研究的基本内容

为有效地进行“进课室”实践研究，课题组确定了具体对象、时间、地点，并对方法、内容进行有效的设置。

1. 实践对象

实践对象是外语系2015级商务英语本科专业的2个班，会计系2016级会计本科专业的3个班。

2. 实践时间

实践活动从2016年9月开始，主要开展与研究相关的各类活动；2018年1月结束，之后进行实践总结。

3. 实践地点

实践地点选定为各班的课室及与课室功能相关的一些场所。

4. 实践方法

广泛采取教学方法改革、活动竞赛、讲座、评比、推介会等方法进行。

5. 实践内容

为使课题实践研究更加深入，课题组开展了内容丰富的实践研究。

（1）开展教学方法的研究和改革，用高质量的教学吸引学生“进课室”。根据第二次调查结果，课题组号召专任教师改革教学方法，以引导学生自觉“进课室”。

第一，以精品课程建设为依托，提高教学质量和实效。在开展“进课室”活动期间，各教学系部积极响应学院号召，以精品课程建设为依托，提高教学水平，涌现出一大批精品课程。如思政部着重建设的“思想道德修养与法律基础”“毛泽东思想和中国特色社会主义理论体系概论”，会计系重点建设的“会计学”“财务会计”，工商系的“企业经营管理”，物流系的“冷链物流管理”，计算机科学与工程系的“互动媒体新技术”等。

学院精品课程建设均由专业教授指导，以专业教师、课程教研室教师为主体，以提高教学质量为宗旨，以教学内容、方法、手段的改革为突破口，以课程管理创新为保障，以国家级、省级精品课程为目标，脚踏实地，分步推进。基本任务包括改革、优化教学内容，着重提高课堂教学的针对性和实效性。如思政部着重建设的“思想道德修养与法律基础”“毛泽东思想和中国特色社会主义理论体系概论”精品课程，以思政部骨干教师为主体，建设思路是以提高教学的实效性为目标，以改进教育教学方式方法、优化教学内容为切入点，全面提升课程教学方式，促进教学质量教学成效的提升。学院通过精品课程的建设，使教学质量、水平得到明显的提升，教学更为规范、更为有效，深度推进“进课室”活动。

第二，展开对教学模式、教学方法的探索与创新。在精品课程建设的引领和带动下，各系部教师结合个人的教学经历，对教学模式、教学方法进行了探索与创新。思想政治理论课教学部、工商管理等系部进行了卓有成效的探索。思政部组织教师深入探讨高校思想政治理论课教学改革与创新，提出将以前“静态教学”为主转向“动态教学”为主，增强思政课教学实效性。主张思政课教学必须跳出“教师讲、学生听”的灌输型教学模式。根据大学生的共性和本校学生思维活跃、参与性强的特点，探究了“五步教学法”和“角色扮演”等教学方法，引导学生主动“进课室”。学院其他各教学系部结合自己的专业特色，采取有效的教学改革，提高课堂的教学质量，提升课堂吸引力。工商管理系主张采用“体验探究式”的教学方法，增强课堂吸引力，引导学生“进课室”。例如将这种教学方法运用到“管理经济学”的教学中，运用角色扮演、课堂游戏、社会实践、联系时事热点等方法，针对管理经济学的特点，探讨如何在课堂中运用体验探究式优化课程教学，提高学生学习的积极性与主动性，培养学生的实践能力与综合素质。此外，会计系、外语系等教学部门也结合专业特点开展了教学方法的探索，革新教学手段，采用情景教学、案例教学、多媒体教学、社会调查等手段，增加吸引力，提高教学效果。

（2）组织专业学习讲座，加强学习的指引。为引导学生更好地进课室，课题组组织了一系列专业讲座。

第一，组织好具有导向性的“第一课”。根据广东省教育厅的文件要求，由高校党委书记、校长和院系党组织书记、院长（系主任）上每学期的第一堂思想政治理论课。为此，课题组、思政部认真组织好每学期的“第一课”，为引导学生“进课室”奠定思想基础。院长、书记的“第一课”围绕习近平新时代中国特色社会主义思想、党的十九大精神、全国“两会”精神、加强道德修养等方面进行解读，立足大学生的理想信念和道德行为等方面，为学生如何成为新时代社会主义的合格建设者和可靠接班人指明了方向。学生纷纷表示，“第一课”生动有趣、通俗易懂、与时俱进，激发大家的爱国热情，要积极践行学校倡导的“以德为行，以学为上”教育思想和“五进”教育实践活动。

第二，组织内容丰富而实用的专业讲座。“进课室”实践活动期间，课题组在实验班级邀请了四位专家和经验丰富的教师做四场专题讲座。广东技术师范学院周清副教授作了题为“税改动态与新政策解读”的专题讲座；资深会计专家邵根尚老师作了题为“知已知‘企’，要做会计我教你”的专业讲座；广东外语外贸大学郑德平教授作了题为“当前政治经济形势与专业发展”的专题讲座；广州工商学院何玉花老师作了题为“考研专业指导”专题讲座。各系部及学院也组织了多门类专题讲座，如工商管理系邀请了广东省人力资源研究会副会长、秘书长陈国海教授作“人力资源管理发展趋势”专题讲座。一系列讲座对学生“进课室”起到了促进作用。

（3）开展“名课堂”“名教师”推介活动。“进课室”实践研究活动中，外语系 2015 级商务英语 B6 班于 2017 年 9—11 月开展了“名教师”“名课堂”专题系列活动。此次活动包括以下几个环节：邀请外语系多年从事英语教学和研究的教授为学生做讲座交流，包括名师英语秀、名师传授英语学习的秘诀、名师现场解答等；邀请三位教师各为学生上一堂公开课，分别是英语口语课、日语兴趣课和外教英语角。经过开展专题系列活动，一方面，学生的英语水平得到了很大提高，专业学习兴趣也愈发浓厚；另一方面，师生之间的交流互动增加，教学相长。在 CET 和 TEM 考试中，B6 班学生都取得了较好的成绩。此外，外语系还利用新生入学、主题班会等，向学生介绍外语系教学名师的学术成就、教学成就、品德品质和奋斗历史。主要推荐的名师包括高凤江、马敏、周正秀、蔡伯熙、高亮、Clayton Whittles 等。“名教师”“名课堂”活动很受学生欢迎，对引导学生“进课室”起到了重要的作用。

（4）强化管理，加强学风建设，提高学生自我管理能力。在“进课室”实践研究活动中，强调学生在实验班树立良好的学风，提高自我管理能力。在“进课室”活动中，会计系成立了“学风”建设工作领导小组，蔡宗坚老师为组长，在会计系 2017 级学生中开展学风建设月活动。学风建设月活动有两大任务：一是通过统一思想、凝聚共识，广泛宣传发动，为“学风”建设营造良好氛围，严抓“进课室”；二要重点组织学习《以德为行　以学为上：高校师生成长的基石》和《以德为行　以学为上：来自广州工商学院“五进”的探索与实践》教材，扎扎实实开展“五进”活动，务求工作实效，促进学生的全面发展。具体做好九项重大的工作：一是加强德学教育，对学生迟到、早退、带饮料食物进教室、玩手机、讲话、打瞌睡等不良行为进行检查，加强教育引导，营造绿色课堂；二是带班辅导员每星期查课不少于两次；三是对在“德学”教育、“五进”活动中表现优秀的班集体、宿舍、个人进行表彰奖励；四是召开学风建设主题班会、座谈会，开展班风建设设计活动等；五是辅导员加强班级管理，严格考勤，并严格按照《学生手册》相关规定给予无故旷课学生相应处理；六是对学生干部、党员的教育和管理，要求学生干部和党员严于律己、做出表率，并积极主动教育和影响周边的同学，充分展示学生干部和党员的先锋模范作用；七是严格管理手机，上课时上交手机于手机袋，积极响应学校“不要把青春交给手机”的理念；八是严查教师代课现象，强调代课问题的严重性，代课不仅是对自己课程的不重视，违反相关管理规定，让上课形成商业交易，严重违背了学校的教学要求，性质恶劣，应坚决杜绝此等行为；九是严惩夜不归宿的现象。

强化管理、加强学风建设对学生“进课室”活动起到了实际的强大推动作用。

（5）组织学习竞赛，开展“课堂笔记秀”大赛。在“进课室”活动中，外语系 2015 级商务英语 B6 班在 2017 年 6 月 6—16 日期间开展了“笔尖下的美”课堂笔记大赛。首先，比赛组委会制定评比方案和评比标准。评比标准包括知识框架是否合理、笔记思路是否清晰、笔记结构是否完整、笔记内容是否丰富、字迹是否工整整洁等。其次，由辅导员召开关于“课堂听课效率，从认真做笔记开始”的主题班会，进行宣传动员。再次，在外语系广泛收集参评的作品。最后，评出一等奖 1 名、二等奖 2 名、三等奖 4 名，并进行了表彰总结。课堂笔记比赛对“进课室”活动有重要意义，能引导学生形成良好的学习习惯，提高学生“进课室”的动力。

（6）开展综合评比，组织开展“学习之星”评比。在“进课室”实践研究活动中，会计系、外语系均开展了“学习之星”的评比活动。由活动组委会制定方案及评比标准，并宣传发动。评比标准包括课程学习心得体会、参加系级以上讲座的次数、出勤情况、专业技能考证情况、图书阅览情况。制定好“学习之星”评比活动方案后进行大力宣传，使每个学生都清楚评比活动规则，营造广泛参与的氛围。两系内部组织开展形式多样的争创活动，吸引学生广泛参与，使争当“学习之星”成为广大学生的自觉行动。具体过程是：首先，由学生个人对照标准，依据自身情况向辅导员提出书面申请。其次，班级根据学生申请，经班会上同学投票，辅导员考核，确定班级“学习之星”，择优上报系里。最后，由系辅导员最终审定，并以学院的名义进行奖励。

（四）“进课室”实践研究的成效分析

为评价“进课室”实践研究的成效，课题组在5个实验班近300名学生中开展了访谈。访谈方式以微信群交流和面对面交谈为主，围绕五大问题展开。这五大问题分别是：

（1）通过参与“进课室”的活动，你觉得你们班在哪些方面取得了进步？在“进课室”的活动中，你最喜欢哪项活动？为什么？

（2）通过“进课室”活动，同学们的学习习惯、纪律是否有改变？

（3）你在参与“进课室”活动中有什么收获？

（4）在以后的学习生活中，你觉得自己如何按“进课室”的要求做？

此次访谈结果反映了学生对班级进步的肯定、对同学进步的肯定以及对“进课室”活动的肯定，同时也指出了一些存在的问题。具体而言，“进课室”活动在如下几个方面取得了明显的成效。

1. 学生“进课室”的积极性、自觉性有所提升

“进课室”活动期间，各班级大力开展学风建设，引导学生自觉进课室学习、自习，并通过开展各种评比、竞赛等活动，促使班级积极上进。根据对实验班级的访谈反映，班级的学习风气、学习的自觉性得到明显的提升。在回答“通过参与‘进课室’的活动，你觉得你们班在哪些方面取得了进步？”“通过‘进课室’活动，同学们的学习习惯、纪律是否有改变？”时呈现以下的回复情况，说明“进课室”活动对班级学生学习积极性、自觉性有所提升（见表10、表11）。

表10　通过参与“进课室”的活动，你觉得你们班在哪些方面取得了进步

答案选项	选择人数
A. 学习风气有好转	256
B. 学习自觉性加强了	215
C. 成绩好了	130
D. 没有明显的改变	23
E. 纪律好转	244

表11　通过“进课室”活动，同学们的学习习惯、纪律是否有改变

答案选项	选择人数
A. 有明显的改变	103

续上表

答案选项	选择人数
B. 有一定的改变	223
C. 没变化	20

2. 学生的学习管理能力明显增强

根据学生的学习心得体会发现，学生经过参与“进课室”的活动，在学习的自觉性、计划性、积极性、有效性等方面都取得了明显的进步，学习效率提高了，学习成效显著。在回答“你在参与‘进课室’活动中有什么收获?”时呈现以下的回复情况，说明“进课室”活动对学生的学习管理能力有所提升（见表12）。

表 12　你在参与“进课室”活动中有什么收获

答案选项	选择人数
A. 掌握了如何听课的方法	201
B. 明确了如何约束自己	189
C. 知道了如何做笔记	221
D. 知道了选课的原则	165

3. 学生的自我约束、管理能力有所提升

根据对学生的访谈发现，学生对在校生活的管理能力有所提升，能自觉到课室进行学习、自习，能在课堂中主动与教师进行交流、讨论，同时，也能在其他领域中体现出自我约束的能力。在回答“在‘进课室’的活动中，你最喜欢哪项活动?”时呈现以下的回复情况，说明“进课室”活动使学生的自我约束、管理能力有所提升（见表13）。

表 13　在“进课室”的活动中，你最喜欢哪项活动

答案选项	选择人数
A. 学风建设活动	150
B. 手机管理活动	181
C. 学习之星评比活动	221
D. 名师讲座	198
E. 笔记大赛	203

4. 各项实践研究都取得了实际性成效

第一，通过开展教学方法的研究和改革，增强了课堂的吸引力。高校思政课“角色扮演”形式多样、内容丰富，能较好地活跃课堂气氛，拓展学生的知识和能力，对学生职业素养提升帮助较大，也收到了提高思政课感染力和吸引力的效果。

第二，通过系列讲座，对学生“进课室”起到促进作用。首先，讲座能提升学生的专业素养，使学生增强了专业能力、提高了专业素质，是课堂学习的补充。其次，通过讲座，使学生更加明确自已的奋斗目标及成功的途径，为“进课室”增加内在的动力。再次，通过专业讲座，使学生有机会和来自各个方面、各个行业的人接触，能从他们那里听到许多在校园中接触不到的事情，有机会学习专家、学者们潜心研究的成果，聆听他们的观点和见解。最后，讲座使学生对“进课室”活动的目的、意义有更深入的理解。

第三，“名教师”“名课堂”活动对引导学生“进课室”有重要的作用。从教师的角度而言，可以起到示范、引领和辐射作用，在提升教师职业道德、专业知识、学术水平、教研能力等方面综合素质的同时，引导学生自觉进入课室学习。从学生的角度而言，由于“名教师”“名课堂”的课堂教学感染力强，既能够吸引学生听课、提高学生进课室的积极性，也有益于学生进一步明确学习目标，选择高效的学习途径，获得知识，提高能力，激发学习兴趣、掌握学习方法、提高学习效率，使学生积极、主动地进入课堂听课，自觉到教室进行自主学习，进而形成较强的自我学习和自我管理能力，真正在课室中有所学、有所悟、有所获。

第四，加强学风建设对学生“进课室”活动起到了实际性的强大推动作用。首先，使“进课室”活动具有良好的大环境。优良的学风对于一个学院来说是其蓬勃发展之必需，是其传道授业解惑之载体；敦厚优良的学风对于一个学生来说，是其茁壮成长之沃土，探求真知之家园。形成一种良好的、积极向上的学习风气，会有利于每一个成员的成长。其次，学风建设造就一批“进课室”的模范，使学生相互学习，促进“进课室”活动的开展。例如，各班根据学生干部和党员或入党积极分子所在班级人数，安排每个学生干部、党员、入党积极分子分别负责一定数量学生的班风学风督促工作，建立干部和党员班风学风建设责任区，使学生干部和党员以自己的实际行动带动广大同学树立优良学风。最后，学风建设能使学生明确学习的要求，对引导学生“进课室”起到了规范行为的作用。如严禁在课堂上使用手机玩游戏、网上购物，严查教师代课等。

第五，课堂笔记比赛对“进课室”活动有重要意义，能引导学生形成良好的学习习惯。这种学习竞赛能有效引导学生进行学习管理，引导学生掌握正确有效的记笔记方法，提高学生课堂听课效率，营造良好课堂学习氛围，树立文明课堂形象。能引导提高学生“进课室”的能力。课堂笔记比赛获奖者为广大学生树立了爱学习、认真学习的榜样，激发学习的动力。通过比赛也暴露了学生“进课室”的能力不足的问题，如有的学生课堂笔记比较随意，思路混乱，字迹潦草，对日后的复习没有太大的帮助等，这些情况反映了学生在“进课室”中能力相对薄弱，学习不够系统、深入等问题，为引导学生“进课堂”指明了方向。

第六，“学习之星”的评比为推进学生“进课室”提供了学习的榜样力量和竞争的压力与动力。首先，“学习之星”评比可以精细化地了解学生的学习情况，跟踪分析学生“进课室”与学生学习效果之间的关系，促进教育教学效果的提升。其次，可以从激励的角度规范、引导学生进行有效的学习管理，将上课出勤、听讲座、专业考证、图书阅览作为学习的方式，提高学生的学习效率。最后，通过“学习之星”评选活动，不仅引导学生自觉“进课室”，还对学生进行了多方面的正确引导，让学生争做德、智、体、美、劳等全面发展的优秀大学生，展现本校学生积极的精神面貌和全面发展的综合素质，营造了良好的学习风气。

（五）“进课室”实践研究的结论及对策

根据课题实践研究活动及反馈，课题组在认真总结研究的基础上提出了相应的对策。

1. “进课室”实践研究的结论

通过一年的实践研究，并综合实践活动前后相关的调查分析，“进课室”实践活动取得了一定的成效，形成了经验性的总结，得到了研究结论。

（1）教学研究和改革是引导学生进课室的主要途径。课题组教师围绕增强课室吸引力而进行教育教学的研究和改革，撰写并发表了针对性强的一批论文。在此基础上，课题组通过教学部的教学管理，号召教师们进行教学改革，这是引导学生“进课室”的主要途径。通过教学改革，教师的课堂教学更精彩、更具吸引力。教师根据第二次调查问卷得知，学生的学习目的偏重实用性需求，学习过程注重愉悦性需求，学习方式参与性需求较强，学习方法实践性需求强烈。在此调查的基础上，教师进行了有针对性的教育教学改革。在教师的教学改革中，突出重点，讲求所教所学的实用性，采用多种教学方式的结合运用，改变沉闷的课堂氛围，增强生动性和趣味性，注重教学互动、教学相长，加大参与性，注重理论联系社会实际及学生思想进行讲学，加大校内实践和校外实践，满足实践性需求。教师的教学目标更明确了，教学理念更先进了，教学的针对性更强了，教学效果更好了。例如在2017—2018 学年度第一学期的教学测评中，思政部的教师得分均在良好以上，且 90% 的教师达到了优秀。在每个学期举行的学生座谈会上，学生对教师的教学态度、教学方法、教学热情和教学成效都予以高度的肯定。课室的吸引力增强，客观上推动学生乐于进课室听课学习。

（2）设计学生乐于接受的各种活动，增强学生“进课室”的自觉性和积极性，是引导学生进课室的根本途径。“进课室”活动中，学生是主体，包括学生乐于到课室听课、自觉到课室自习、积极到课室参与班级活动。要调动其自觉性和积极性，就要设计学生乐于接受的各种有意义的活动。课题组组织了各种活动。活动后，课题组教师对实验班的学生进行访谈，认为学生的学习管理能力明显增强，学生在进课室学习的自觉性、计划性、积极性、有效性等方面都取得了明显的进步，学生乐于到课室听课，在课室乐意参与到教师的教学中，积极思考，乐于回答问题，认真去完成教师布置的课后作业，在课余时间能自觉走进教室做好预习或复习工作，能在课堂中主动与教师进行交流、讨论。在课题组对实验班学生进行访谈时，从学生回答“在以后的学习生活中你觉得自己如何按‘进课室’的要求去做?”情况可以看出，学生的“进课室”的积极性、针对性明显增强（见表 14）。

表 14 在以后的学习生活中你觉得自己如何按“进课室”的要求去做

答案选项	选择人数
A. 加强课前预习，课后及时复习	240
B. 上课认真听讲，不玩手机及其他无关事情	214
C. 课后多到课室自习	202

（3）必要的物质奖励和精神奖励是“进课室”活动的辅助途径。马斯洛的需求层次论告诉我们：一个人既有物质方面的需求，也有精神方面的需求。作为新时代的大学生也不例外，在组织开展“进课室”活动中，参加活动的主体（教师与学生）都应得到一定的物质和精神奖励。课题组充分认识到这点，在设计各种活动时附加奖励措施，使“进课室”活动得以顺利进行。

2. “五进”之“进课室”实践研究对策

根据对“进课室”的实践研究，课题组认为要进一步推进此活动或使活动常态化，须在以下几个方面加大力度。

（1）加大课程建设的力度。围绕课程建设，形成多个课程建设团队，通过团队的合作提升教学水平，创新教学模式，提高教学质量，吸引学生喜欢听课，这是教师推动学生“进课室”最有效的举措。学院应由教务处牵头，由名教授挂帅，努力建设好学院所开设的每一门课程。

（2）加强教师的培训。教师是“进课室”的关键，教学理念、教学方法、现代技术，都需要教师与时俱进的提升，才能开拓创新，取得好的教育教学成效。学院应该形成系统的教师培训计划，并制定激励措施，培训成效与教师职务、待遇的晋升制度挂钩，以此强化师资培训的激励机制与约束机制。

（3）开展“名课堂”“名教师”推介活动能树立教学权威。通过推介活动起到示范、引领和辐射作用，提升教师在职业道德、专业知识、学术水平、教研能力等方面的综合素质。

（4）组织专业学习讲座能有效加强学习的指引。通过专业讲座，可以使学生有机会和来自各个方面、各个行业的人接触，能从他们那里听到许多在校园中接触不到的事情，有机会学习专家、学者们潜心研究的成果，聆听他们的观点和见解。

（5）组织多种学习竞赛，开展各类“学习之星”评比，给学生注入学习的动力。如演讲、辩论、英语口语、计算机等各类专业技能，以比赛活动的形式带动学生进课室。此外，根据比赛获奖情况及平时学习表现，同学和老师推荐，评出各类“学习之星”，给学生注入进课室听课、自习、研讨等活动的压力和动力。

（6）加强管理和学风，加大对学生“进课室”的引导。通过学风建设的活动，使学生明确了学习的要求，对引导学生“进课室”起到了规范的作用。学生是“进课室”的主体，也是管理、引导的主体。引导学生“进课室”要从管理入手，加强对学生的日常学习、生活的管理，尤其是加强学风、纪律的管理，使学生能形成自我管理的能力，进而提高自觉“进课室”的能力。

该课题实践研究本身还存在一些问题，如实践研究的理论支持不够；研究小组专任教师偏少导致对学生“进课室”的指导力度不够；研究团队成员流动性较大，使得实践研究的深度以及衔接不够。针对这些问题，课题组提出以下对策：

第一，理论与实践相结合，先实践再理论。遵循马克思主义的认识论，从实践到理论，再到实践。切实为学院教师的业务、职称提升，为学生的健康成长服务。

第二，组建教师“进课室”研究团队与学生“进课室”研究团队，使该项研究更具专业性、普遍性、适用性，成果更能迅速推广应用，为教师、学生提供切实有力的帮助。

第三，学院的德育工作是一个系统的工程。加强教师的培训是首要的工作，善待教师，给予教师工作极大的便利，教师定会善待学生，学院的校风、教风、学风都会越来越正，学院的育人事业定会达成目标。

四、“进课室”实践研究的成果及应用

课题实践研究取得了一系列成果，形成了一些重要的教育教学思想观点，并将研究成果应用到更大的范围。

（一）“进课室”实践研究的创新特点

课题组在研究过程中根据研究活动开展的情况，创新了研究方式方法，使活动能贴近学生的实际。

1. 方式的创新

课题组注意创新研究方式，使研究能体现系统性。引导学生“进课室”是一个系统的工程，课题组采取“提升教师教学水平—开展比赛竞赛活动—提升学生能力”的系统方式，设计研究方案，开展研究活动。

2. 内容的创新

课题组注重创新研究内容，使研究内容更加丰富。设计了手机管理活动、笔记大赛活动、“学习之星”评比活动、名师推介活动等内容，更有效地引导学生“进课室”。

3. 方法的创新

课题组注重创新研究方法，综合采用了行动研究法、调查研究法、文献研究法、经验总结法等，使研究活动有效地进行。

（二）“进课室”实践研究的主要成果

课题组成员在实践研究中形成了一系列成果。

1. 研究报告

课题组在调查的基础上，根据“进课室”活动开展的情况，在唐晓燕教授的指导下，由活动小组长范国增老师起草，各小组成员通力合作，形成了《“五进”之“进课室”实践研究报告》。

2. 研究论文

课题组在研究中撰写了9篇论文，部分论文已公开发表。

（1）已发表的论文包括：

①谭玉兰：《高校思想政治理论课教学改革与创新——基于“扬德学”“促五进”的视角》，载《韶关学院学报》2016年9月刊。

②王晓平：《坚守双重使命，实现教学目标——民办应用型本科院校“原理”课教学研究》，载《山东商业职业技术学院学报》2017年4月刊。

③范国增：《实施“五步教学法”加强思政课的互动性探索——以“毛泽东思想和中国特色社会主义理论体系”教学为例》，载《文教资料》2017年1月刊。

④范国增：《论民办应用型本科院校思政课教学方法革新的原则》，载《课程教育研究》2016年11月刊。

⑤何建芬：《高校思想政治课“角色扮演”的职业素养提升功能及运用》，载《教育现代化》2017年10月刊。

（2）未发表的论文包括：

①彭彩：《“五进”教育之“进课室”的育人功能及对学生管理工作的启示》。

②马英子：《“五进”视阈下的大学生习惯养成教育探索》。

③杨孟闺：《双管齐下促进学生“进课室”》。

④蔡宗坚：《新时代下高校大学生主动进课室学习的探索研究》。

（三）“进课室”实践研究成果的应用与推广

课题实践研究首先应用于研究对象，即实验班中，其次是在本校进一步推而广之，使广大的师生真正理解和明白“进课室”的重要性及必要性，自主自觉地乐于进课室，掌握“进课室”的具体要求，在课室内认真听课，积极思考，踊跃发言，自觉履行“进课室”的义务，提升进课室的学习成效。此外，课题研究团队成员撰写了一系列论文发表于公开的刊物中，为同类型学校的教育教学改革创新提供值得参考的经验。

“‘五进’教育实践活动的理论与实践研究”之“进图书馆”实践研究报告

杨朝晖　赵永林　张　晓　钟晓燕　饶　晗

一、“进图书馆”实践研究的背景、目的与意义

习近平总书记在全国高校思想政治工作会议上强调：“我们对高等教育的需要比以往任何时候都更加迫切，对科学知识和卓越人才的渴求比以往任何时候都更加强烈。”新时代大学生肩负着建设社会主义现代化强国，实现中华民族伟大复兴的历史重任，大学生是否能够成长为德才兼备的具有创新型能力的人才，是否能够担当起民族复兴大任，直接关系到中国梦能否顺利实现。阅读是大学生获取知识并成为有用人才和卓越人才的重要途径，因此，在大学生中开展“进图书馆”实践研究具有重要意义。

（一）“进图书馆”实践研究的背景

阅读是人类汲取知识的重要手段，通过博览群书通达渊博知识是自古以来圣贤名士的不懈追求。无论是远古时代还是科学技术发展的今天，阅读对人类社会的进步都有着极其重要的作用。古语云：“腹有诗书气自华。”高尔基说过：“书籍是人类进步的阶梯。”苏霍姆林斯基说过：“学会学习首先要学会阅读，一个阅读能力不好的学生就是一个潜在的差生，如果没有教会学生迅速阅读，在日常的学习中就会遇到无法克服的困难。”① 1995 年，联合国教科文组织将每年的 4 月 23 日定为“世界读书日”。1997 年，原国家教委等部委也发出《关于在全国组织实施“知识工程”的通知》，倡导全民读书，建设阅读型社会。

书籍是文化传播最主要的途径。一个国家的国民阅读量反映了这个国家文化软实力的强弱。就我国而言，随着物质生活的丰富，有些人逐渐沉浸于物欲享受中，慢慢淡化了对知识的精神渴求。研究表明，相对一些国家而

① 孔万春. 在课堂内培养学生的数学阅读能力［J］. 小学数学参考，2014（18）：44.

言，我国国民的阅读量较少。从年人均阅读量看，韩国年人均阅读量是7本书，日本年人均阅读量是40本书，俄罗斯年人均阅读量是55本书，而中国年人均阅读量只有0.7本书。[①] 在这样的大环境影响下，民办应用型高校学生的阅读热情更加令人担忧。民办应用型高校学生有着其自身特点，有些学生自我表现欲强但自控能力较差，成长过程物质条件较好但缺乏足够的文化熏陶，组织能力较强但文化基础较薄弱，乐于社会交际但求知欲望不强。社会大环境对阅读的重视不足，加上民办高校学生自身的这些特点，必然造成学生阅读热情的降温。在他们这个群体中，不爱读书、不爱思考的人大有人在。阅读能力是学习能力的重要表现，提高学生的阅读能力是高校教育中不可缺少的一环。2017年12月教育部发布的《高校思想政治工作质量提升工程实施纲要》中指出要“深入推进文化育人”，也就是“要发挥中国特色社会主义文化育人功能，注重以文育人”，实施“高校原创文化经典推广行动计划”，而加强学生的阅读能力是实现高校文化育人的重要举措之一，因此，引导民办高校学生有效阅读，提高学生的阅读能力显得十分有必要。

“德学”“五进”教育思想是广州工商学院邝邦洪院长基于民办应用型高校人才培养模式视域下提出的育人理念。“德学”“五进”教育思想是一个有机的整体，共同构成了紧贴民办应用型高校学生实际的思想政治教育模式。“五进”是实践平台，是实现“德学”目标的重要途径，因此，“五进”活动开展得如何，关系到“德学”目标能否顺利达成。自“德学”“五进”教育思想提出以来，学院自上而下开展了不少相关的研究活动，“进图书馆”的研究活动是其中重要的组织部分。目前针对大学生课外阅读方面的研究不少，如上海财经大学图书馆刘金涛等人写的《推动引导大学生课外阅读培养提升终身学习能力——上海财经大学图书馆阅读推广案例研究》、湖南女子学院张闻骥写的《论大学生的阅读现状与常进图书馆的意义》等，但专门针对民办应用型高校学生阅读现状的研究很少。鉴于此，本课题组拟在学校范围内开展“进图书馆”实践研究，以探求促进学生阅读能力提升的有效对策。

（二）“进图书馆”实践研究的目的

1. 认真贯彻习近平总书记重要讲话精神，切实推进高校文化育人

习近平总书记非常爱读书，曾多次强调读书的重要性，在2014年2月接受俄罗斯电视台专访时这样说：“现在，我经常能做到的是读书，读书已成了我的一种生活方式。读书可以让人保持思想活力，让人得到智慧启发，

① 李崔存.“住”在手机里的国人［J］. 时文选粹，2015（2）：76－77.

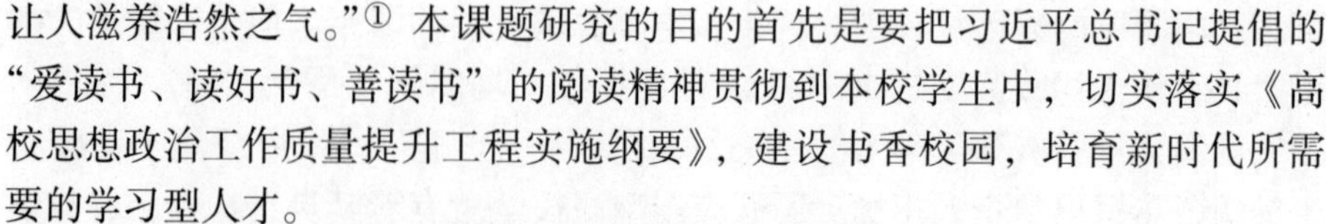

让人滋养浩然之气。”① 本课题研究的目的首先是要把习近平总书记提倡的“爱读书、读好书、善读书”的阅读精神贯彻到本校学生中，切实落实《高校思想政治工作质量提升工程实施纲要》，建设书香校园，培育新时代所需要的学习型人才。

2. 掌握民办应用型高校学生的课外阅读现状

通过对本校学生进行广泛调查，了解当前学生课外阅读动机、阅读习惯、阅读需求、阅读内容、阅读方法等情况，在调查的基础上深入分析影响学生阅读现状的原因，为进一步引导学生进行有效阅读提供实证支持。

3. 探求提高学生课外阅读效果的具体对策

针对调查结论的分析，对症下药，在本校选取研究对象，有计划地开展阅读活动，对活动实施效果进行分析，探讨激发学生阅读兴趣、完善阅读习惯、优化阅读内容及方法的有效策略。

（三）“进图书馆”实践研究的意义

课外阅读是大学生活中重要的组成部分，本课题的研究对民办应用型高校更好地实施阅读教育具有重要意义。

1. 理论意义

从理论上看，本课题对大学生阅读能力的研究可形成理论成果，为更好地指导学生课外阅读提供方法支持。理论来源于实践，通过在校内选取一定研究对象实施实验，对选取哪些群体作为实验对象、要开展哪些阅读活动、在什么时候开展、调查问卷如何设计等问题都经过周全的考虑，力求使实验过程顺利完美。在此基础上形成的实验数据真实可靠，理论总结有较强的说服力，提出的对策有较强针对性和可行性。广州工商学院是整个民办应用型高校的缩影，具有与其他同类学校大致相同的特点。因此，本课题研究可为民办应用型高校如何提高学生的阅读效果提供经验。

2. 实践意义

从实践角度看，课题组试图通过“进图书馆”实践研究，在总结经验教训的基础上把学院倡导的“五进”活动推向深入。

第一，使大学生认识阅读的重要性，自觉养成良好的阅读习惯。课外阅读是大学生拓展视野、培养能力、陶冶性情、完善人格的重要途径，对大学生世界观、人生观、价值观的形成起着关键作用。“进图书馆”活动是引导学生充分利用现实或虚拟的图书馆资源，通过查阅丰富的文献资料，广泛涉猎专业技能知识和人文社科知识的一种学习方法。其目的在于提高大学生对

---

① 曹可轩. 习近平谈读书［N］. 解放军报，2018－04－24（5）.

阅读的重视程度，引导大学生养成良好阅读习惯、培养正确阅读方法，并使学生领会“好读书、多读书、读好书”的内涵。

第二，完善大学生的知识结构，提高综合能力。大学学习阶段，仅靠45分钟的课堂学习是远远不够的，必须利用课余的时间不断涉猎相关知识以补充综合能力。一方面，通过阅读、查找课外图书资源，不仅能增加新的知识，还有利于学生自身知识结构的重构。阅读过程不是一个被动的、由新知识覆盖旧知识的简单累加过程，而是有选择地、有目的地涉猎资讯，通过读者与阅读内容的对话，优化原有知识结构的过程。另一方面，在搜集图书资讯的同时，学生不断发现新问题，会受到新的启发，这就有利于促进学生创新思维的培养，提高思考能力。学院自开展“进图书馆”教育实践活动以来，各教学系部、图书馆、学生处、团学组织等积极探索以读书开拓眼界、增强素质的工作思路。广大师生通过读书活动月、“学术视野”系列讲座、校企共建阅览室等丰富多彩的系列活动，营造了读书好学的良好氛围。

第三，提升大学生思想道德和科学文化素养。首先，书籍是培养大学生良好品质的重要载体。大学是学生进入社会的过渡阶段，是培养学生各种社会能力和综合素质的关键时期。图书馆里藏书丰富，内容涉及广泛，包罗万象，各类书籍对人的能力和思想道德修养的提升、人格的完善都起着很大的作用。培根说过：读史使人明智，读诗使人聪慧，读数学使人缜密，读自然哲学使人深刻，读伦理使人庄重，读逻辑使人善辩。课堂学习可以培养学生基本的专业素养和技能水平，但人格养成、个性塑造这些基本的品质，很多时候是在阅读优秀作品中潜移默化形成的。阅读不仅能陶冶情操，也能让人在其中养成包容和理解的品格，不仅能提升学生的智商，还有助于提高情商，从而使学生能更和谐地处理各种人际困惑，更高效地解决各类问题。其次，图书馆作为课堂教学的重要补充，不仅能够在文献资料上给学生提供正确的思想道德引导，同时也是一个对学生进行思想道德教育的好平台，可以利用图书馆现代化的设施设备，开展形式多样的教育活动，通过展览、讲座、互动等方式，全面提升学生的思想道德素养和科学文化水平，为培养符合时代需求的大学生打下良好基础。

第四，就学科科研角度而言，能掀起民办应用型高校对加强学生阅读能力的学术研究热潮。通过开展多部门密切联动、协同作战的“进图书馆”实践研究，使阅读气氛立体覆盖校园，促进各教辅人员对提高学生课外阅读能力的思考，在一定程度上调动各教辅人员的科研积极性，为在新时代条件下民办应用型高校如何实现“立德树人”的育人目标共同出谋划策。

（四）“进图书馆”实践研究的要求

要使“进图书馆”实践研究顺利完成，需要全体研究人员和研究对象的共同配合。

1. 对研究人员的要求

（1）对学院“五进”教育理念有深刻的理解及高度认同感，具有实事求是的研究精神和强烈的责任心，有认真踏实的工作态度，有较强的组织策划能力。

（2）严格按“进图书馆”实践研究方案制定具体的活动方案，做好活动的开展工作。

（3）做好活动过程的材料收集、整理工作，包括调查数据、活动照片、视频、学习心得、活动总结等。

（4）通过参与研究过程，撰写与“进图书馆”主题相关的学术论文。

2. 对研究对象的要求

（1）全面了解学院“五进”教育理念。

（2）具有较强组织纪律性，参与活动态度认真，能按教师要求完成任务。

（3）性格开朗，具有较好的总结归纳等语言表达能力，能配合教师的要求完成活动的开展。

（4）根据自己参与活动的实际情况撰写心得体会。

二、“进图书馆”实践研究的分工与实施

本课题的研究是一项较复杂的工作，涉及面广，参与人员较多，合理的分工和科学的研究方法是课题得以顺利完成的保证。

（一）“进图书馆”实践研究课题组成员及分工

（1）组长：杨朝晖（思政部），主要负责研究方案设计、分工安排、调查问卷设计、跟踪各成员开展活动情况、活动资料归总、研究报告总体思路设计与撰写。

（2）联络员：耿雪莲（思政部），主要负责联络小组成员，并做好本课题研究材料的收集、筛选工作。

（3）成员：

赵永林（图书馆），主要负责图书馆及读者协会“进图书馆”活动的组织、总结、资料的收集工作，参与研究报告的写作。

钟晓燕（会计系），主要负责与张林柏、张晓老师共同配合，完成会计系“进图书馆”活动的组织、总结、资料收集工作，参与研究报告的写作。

余建想（电子系），主要负责电子系“进图书馆”活动的组织，并做好活动总结、资料收集等工作。

张林柏（会计系），主要负责与钟晓燕、张晓老师共同配合，完成会计系“进图书馆”活动，并做好活动总结、资料收集等工作。

张晓（会计系），负责与钟晓燕、张林柏老师共同配合，完成会计系“进图书馆”活动，并做好活动总结、资料收集等工作，参与研究报告的写作。

饶晗（学院办公室），做好学院有关“进图书馆”活动资料的收集、整理工作，负责联系校外有关单位或个人，参与研究报告的写作。

（二）“进图书馆”实践研究的具体实施

“进图书馆”实践研究整个项目历时两年多，从 2016 年 8 月开始动员准备，到 2018 年 10 月结题，具体的研究过程分为三个阶段。

1. 2016 年 9 月—2017 年 3 月：摸底调研及初步实践阶段

此阶段制定实践研究的方案，确定研究对象，设计调查问卷，进行了摸底调查，掌握当前本校大学生阅读现状，并开展了初步的实践活动，具体活动如下：

（1）2016 年 10 月：会计系“追忆长征岁月”读书分享会。

（2）2016 年 11 月：会计系“推荐一本好书、共享知识财富”读书交流活动；会计系莲心读书会第一届“德学励志格言比赛”决赛；读者协会图书漂流活动。

（3）2016 年 12 月：读者协会“读知天下，弘扬五进；书行万里，崇尚德学”读书交流活动。

2. 2017 年 3 月—2018 年 3 月：实践研究阶段

此阶段按研究方案全面实施实践活动，并在实践活动结束后进行二次调查，检验活动效果是否达成预设目标，具体安排如下：

（1）2017 年 4 月：读者协会图书漂流活动；读者协会参与 24 节气读书会“谷雨篇”暨广工商“世界读书日”沙龙活动。

（2）2017 年 5 月：物流系“经典名著配音”大赛。

（3）2017 年 9 月：电子系“读经典，共分享”读书方法交流会；会计系“品经典　演话剧”大赛。

（4）2017 年 11 月：电子系“我的读书小故事”微电影制作大赛；物流系读书方法交流会；读者协会国学经典诵读大赛。

（5）2017 年 12 月：会计系组织学生听“学习十九大精神”学术讲座。

（6）2018 年 1 月：对所有选定的研究对象进行二次调查，调查仍然采用问卷调查的方法。二次调查与一次调查所使用的问卷相同，以保证实验效果检测的可操作性。

3. 2018 年 3—10 月：实践成果总结阶段

此阶段，一方面根据实践活动前后调查数据对比、分析结论，撰写实践研究报告和相关论文，另一方面收集并整理所有活动材料，如活动方案、相片、视频、学生心得体会、教师论文、活动总结等。

（三）“进图书馆”实践研究的研究方法

本课题研究过程主要采用了以下三种方法：

1. 调查研究法

在活动开展前对所选取研究对象进行了摸底调查，了解当前学生的阅读状况，并分析调查数据，在活动结束后对同一研究对象再一次进行调查，把活动前后调查数据进行对比分析，检测活动开展的效果。两次调查均采用问卷调查的方法。

2. 文献研究法

在问卷设计、调查、开展活动、撰写研究报告的整个过程，查阅和收集了大量跟大学生阅读相关的各类文献，在此基础上，对收集的资料进行甄别、整理，使活动的开展和研究报告的写作有一定的理论指导。

3. 实验研究法

实验活动是本课题实践研究的重要载体，通过与会计系、物流系、电子系、图书馆、工商系多系部联动配合，开展多项别开生面的“进图书馆”活动，以此作为课题的研究实验，试图探究这些活动的开展与学生阅读能力的关系。活动围绕“读书兴趣”“读书习惯”“读书内容”“读书方法”四个主题展开，每次实验活动都经过精心准备和全面统筹，使设计方案、选择场地、人员分工、撰写活动心得等各环节都顺利完成，以保证实验的完整性与有效性。

三、“进图书馆”实践研究的主要内容

本课题主要以学生阅读能力为研究内容，包括对学生阅读能力调查结论的分析，以及在此基础上提出的解决策略。

（一）“进图书馆”实践研究的相关概念界定

本课题中，“五进”“图书馆”“进图书馆”等概念都有着特定的含义。

1. “五进”

“五进”教育活动是邝邦洪院长继“以德为行，以学为上”教育思想后提出的又一教育理念。“五进”具体指“进教室、进图书馆、进实验实训室、进体育场馆、进社会”。“五进”活动与“以德为行，以学为上”的教育思想是紧密联系的统一体。“五进”活动是“以德为行，以学为上”教育思想的载体和重要途径。

2. 图书馆和高校图书馆

图书馆是搜集、整理、收藏图书资料以供人阅览、参考的机构，有保存人类文化遗产、开发信息资源、参与社会教育等职能。高校图书馆是高校教学和科研服务机构，是高校的情报文献中心，承担着教学和科研双重功能，是培养人才和开展科学研究的重要基地。

3. “进图书馆”

“进图书馆”从狭义上理解是进入图书馆阅读书籍、查阅、收集资料。而本校提出的“进图书馆”活动是从广义角度理解的，泛指大学生所有课外阅读活动，包括在图书馆及其他场所的阅读，包括阅读纸质书籍或通过电子媒介阅读。通过“进图书馆”，引导学生博览群书，拓宽知识面，改善知识结构，提升人生智慧和强化人文底蕴，不断完善人格。

（二）“进图书馆”实践研究的前期调查研究

“进图书馆”实践研究的前期工作主要是进行摸底调查。

1. “进图书馆”实践研究的范围及调查方案

明确研究目的，确定研究范围和调查方案是取得研究成效的前提。

（1）研究范围。2016 年 9 月，本课题组经过深入研讨，确定研究对象、研究方法，初步规划了研究进度，并设计了调查问卷。调查的内容包括阅读动机、阅读习惯、阅读内容、阅读方法和途径等四个方面。

（2）调查方案。前期的调查主要是以问卷调查为主，以访谈调查为辅。问卷调查主要借助“问卷星”网络平台，让活动组织者向被调查者群发网址，被调查者在线完成问卷。此外，部分问卷的调查以发放纸质问卷的方式进行。本次调查共发出问卷 630 份，其中电子问卷 514 份、纸质问卷 116 份，收回问卷 621 份，回收率 98.6%。

（3）调查目的。课题组对研究对象进行初步调查，目的是要从多角度全面了解学生目前的阅读现状，包括阅读动机的强弱、阅读习惯的好坏、阅读内容的优劣、阅读方法是否高效等。通过调查、收集和整理数据，分析影响学生阅读效果的原因，为有效实施研究实验及后期的研究工作提供数据参考和依据。

2.“进图书馆”实践研究的调查数据分析

经过第一阶段的调查，课题组收集了大量可靠真实的调查数据，根据对数据的统计情况，对当前本校学生阅读现状作如下分析：

总体上看，本校学生“进图书馆”的表现还是好的，有一定的阅读意愿和阅读基础，阅读层次多样化，阅读内容较广泛。但也存在如下问题：

（1）对阅读重视不足，缺乏阅读计划。回答“你觉得课外阅读重要吗?”这一问题时，有40%的学生认为课外阅读“不重要”或“没什么感觉”（见图1）。在回答“你有严格的读书计划吗?”这一问题时，回答“有，且严格执行”的只占17%，回答“有，但一般不怎么执行”的占41%，回答“没计划，遇到好书就看”的占42%（见图2）。

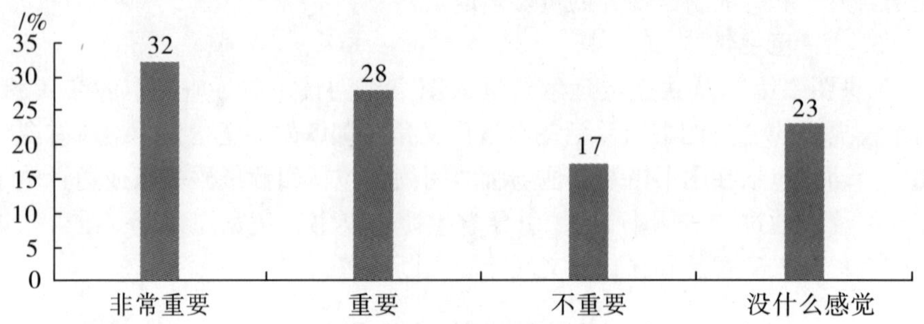

图1 学生对阅读的重视程度

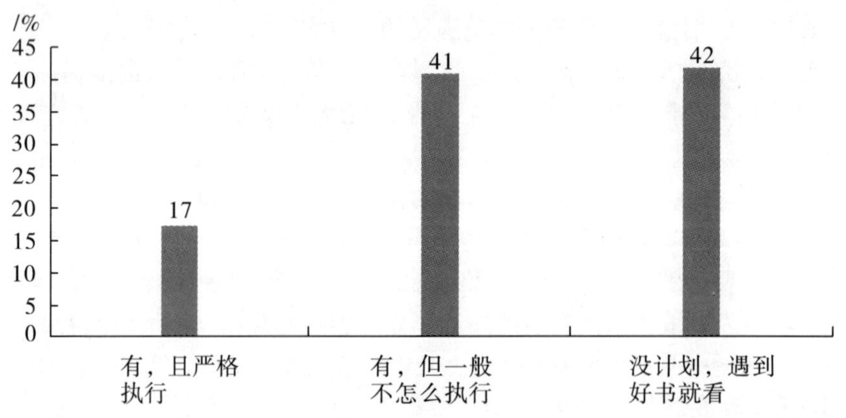

图2 学生阅读计划的制订情况

（2）从阅读内容看，缺乏对经典作品的重视，而过多地追求通俗读物。回答“你喜欢哪种类别的书?”这一问题时，在给出的11项多选选项中，选择“娱乐八卦”的学生占42%，在选择人数的排序上排第二；而选择“网络小说”的学生也有30%之多，排第四（见图3）。回答“你认为经典阅读（是以下哪项）?”这一问题时，有22%的学生认为“读与不读无所谓，没有看法”，而有11%的学生认为“名著已过时，没有阅读价值”，有6%的学生认为“很枯燥，不感兴趣”（见图4），也就是说还有39%的学生对经典作品的阅读没有引起足够重视。

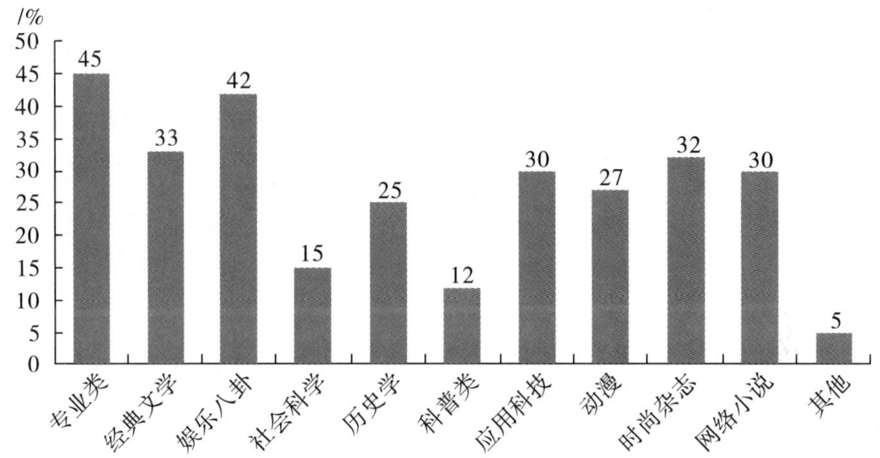

图3　学生阅读内容

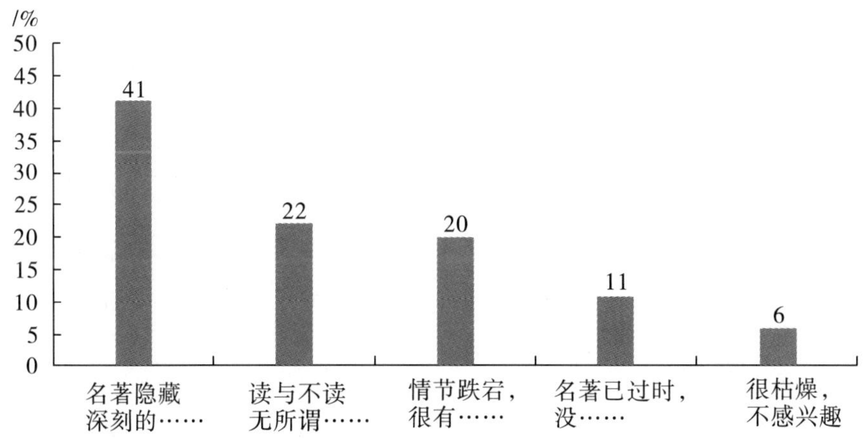

图4　学生对经典阅读的看法

（3）缺乏科学高效的阅读方法指导。在回答“你的读书方法是什么?”这一问题时，选择“随便看看，不做笔记”的学生比例最多，占48%，而“选择性摘抄”的学生占31%，“边读边做批注”的学生只占13%（见图

5）。读书方法是提高读书质量的保证，从以上数据看，学生阅读时不太注重阅读方法的运用。

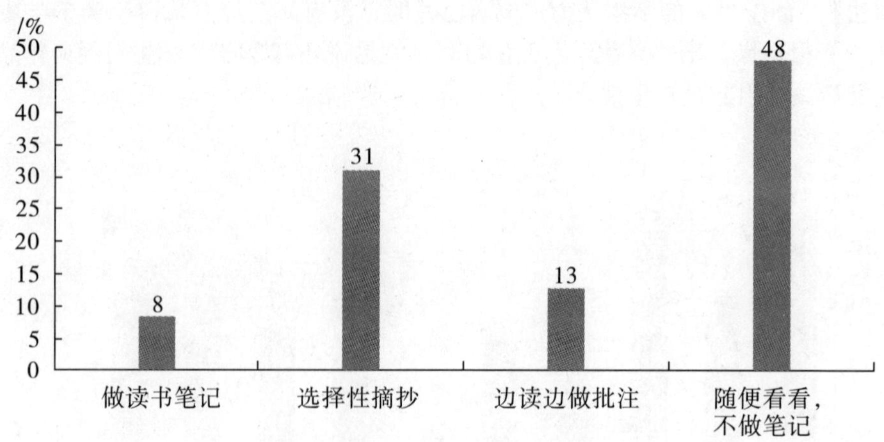

图5　学生阅读方法运用情况

（4）阅读途径缺乏多样化。回答“你读书的主要途径是（什么）?”这一问题时，有60%的学生选择“纸质书刊”，有28%的学生选择“手机或电脑”，只有7%的学生选择“专用阅读器”（见图6）。这说明学生阅读还是以纸质书籍为主，没有充分利用手机等便捷工具。

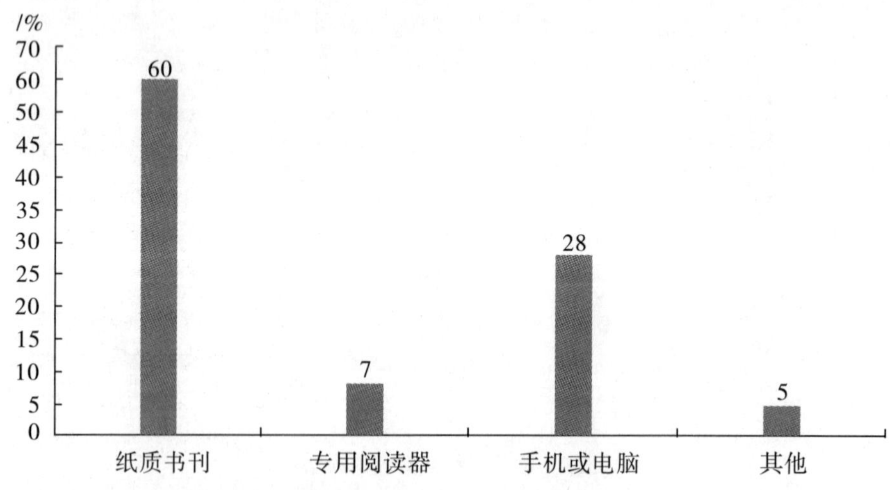

图6　学生常用的阅读途径

3. 学生“进图书馆”存在问题的原因分析

学院学生在课外阅读方面存在许多不足，原因是多方面的，主要包括主观和客观两个方面。

（1）主观方面，没有形成正确的阅读观念，也缺乏一定的鉴赏能力。从思想方面看，民办高校部分学生价值观较功利，目光短视，较多关注眼前物质利益而忽视个人内涵的培养，所以对阅读没有引起足够的重视，甚至认为阅读无助于其将来的就业。大学阶段课余时间较多，相对中学而言学习压力减少，来自社会和家庭的精神负担还没有形成，这是静下心来阅读的最好阶段，但他们没有充分利用这样的有利条件，却在追剧、玩手机游戏、闲聊、谈恋爱中虚度了如此美好的时光。他们认为这些消遣方式能使他们得到感官的快感，得到精神的满足，而阅读则枯燥无味。他们没有充分认识到阅读对学习和个人成长的重要作用，没有养成自觉阅读的习惯，没有阅读计划。另外，从文化基础看，民办高校一些学生文化底蕴不深厚，知识储备量不大，也较零碎，形成不了完整的结构体系，所以对经典作品鉴赏能力不强，领悟水平不高，无法领略经典作品的风采、情感及价值观，也就更不能把优秀作品所蕴藏的思想精神内化于心、外化于行了。这些阅读观念的错误、阅读心理的障碍必然导致大学生阅读行为的偏差，使他们视野狭窄，缺乏人文素养。

（2）客观方面，在网络文化盛行的大环境下缺乏科学的阅读指导。互联网时代的到来彻底改变了人们的生活习惯和学习方式，也使民办高校大学生课余消遣有了更多的选择。网络资讯容量超大，浏览便捷，网络上的娱乐、猎奇资讯很容易吸引学生的眼球。在网络文化盛行的今天，学生渐渐迷失了方向。有些学生对阅读有一定的热情，但对哪些书该精读、哪些书该泛读、阅读优秀作品时该读什么、如何做读书笔记等问题的认识很模糊，往往随性而为，根据自己的阅读兴趣来选择阅读内容，没有科学的阅读指导，阅读效果总是事倍功半。因此，指引学生进行有效的课外阅读十分有必要。另外，从阅读途径看，对电子媒体的利用不够充分、不科学，手机、电脑、电子书等电子媒介蕴含大量资讯，给有效阅读提供了丰富便捷的资源。但大部分学生面对五花八门的各种资讯，失去了判断力，总是选择内容肤浅、价值不高的内容阅读，而那些具有深远意义的作品却受到冷遇。阅读电视电影、饮食、服饰、化妆、家庭、生活、体育新闻、明星大款逸闻趣事的报刊杂志以及爱情和武打小说已成当今相当一部分大学生的阅读取向。这种消遣性阅读取向直接影响了大学生整体素质的培养，也与国家的前途和命运有着密切联系，对此我们必须有所警惕，分析其利害关系，以便积极引导，使他们确立正确的阅读取向。

（三）“进图书馆”实践研究的基本内容

在学校相关部门的配合下，课题组开展了一系列实践活动。

1. 实践对象

课题的实践研究对象一共630人，包括物流系2014级物流管理专业B7、B10班共116人，会计系2016级会计专业B13、B14班及会计系莲心读会成员、会计系团学干事等共245人，电子系2016级电子信息专业B1、B2班共109人，广州工商学院两校区读者协会成员共160人。其中男生占42%，女生占58%；大一学生占26%，大二学生占54%，大三学生占20%。

2. 实践时间

课题实践活动从2016年9月开始，至2018年6月完成所有活动的开展和资料收集工作，2018年10月完成所有资料的整理、阶段论文的写作及研究报告的撰写。

3. 实践地点

课题实践活动的主要地点是三水校区图书馆及部分多媒体教室，以及花都校区图书馆。

4. 实践方法

课题的实践方法主要体现在实践活动的开展上，组织研究对象进行各类“进图书馆”活动，包括各类比赛、读书交流会、图书漂流、听讲座、活动沙龙等形式。

5. 实践内容

课题的实践活动内容主要包括以下四类：

（1）开展丰富多彩的竞赛活动，以赛激趣。主要的活动包括物流系经典名著配音大赛，会计系第一届“德学励志格言”设计大赛，会计系“品经典、演话剧”表演活动，电子系“我的读书小故事”微电影制作大赛，读者协会组织的“国学经典朗读”大赛。

①会计系第一届“德学励志格言”设计大赛。为了让会计系的学生更深刻地了解“以德为行，以学为上”的教育思想，提升创新意识，提高学习的主动性和积极性，会计系莲心读书会成功举办了第一届“德学励志格言”设计大赛。2016年11月29日晚上7点，会计系第一届“德学励志格言”决赛在三水校区办公楼322会议厅隆重举行。在决赛过程中，每一位参赛选手都上台表达了自己设计励志格言的感想，演讲过程中他们从容自信，慷慨激昂，仪态落落大方，赢得台下观众们的阵阵掌声。参赛选手对“德学”思想有着自己独到的见解，他们所设计的格言与学校倡导的“德学”“五进”教学理念十分切合。经过选手们激烈的角逐，此次比赛产生一等奖1名、二等奖2名、三等奖6名、优秀奖10名、参与奖5名。会计系的第一届“德学励志格言”比赛，加深了学生对本校“德学”教育思想的认识和体会，激发了学生的创作热情，拓展了学生的思维。

②物流系“经典名著配音”大赛。为了让学生重温经典，感受中华优秀传统文化的无限魅力，2017 年 10 月 12 日，学院 2014 级物流管理专业 B7 班举办了主题为“读出名著之声”的“经典名著配音”大赛。

此次名著配音活动是以宿舍为单位参赛，参赛人数共 56 人，参赛作品共 15 个。学生对“经典名著配音”比赛反应热烈，积极参与，认真对待比赛的每一环节。在备战阶段，学生精心筛选配音作品和片段，反复排练，不断揣摩影视作品中人物的性格特点，探讨配音技巧，模仿人物的发音、声调、语气甚至表情、神态、动作，力求把人物的鲜明特点表现得淋漓尽致。在比赛过程中，学生的表演精彩纷呈，赢得了观众阵阵热烈的掌声。其中张钊敏同学的配音形神俱备，丝丝入扣，把李逵鲜明的性格特点表现得惟妙惟肖。最后，3 栋 607 宿舍和 3 栋 603 宿舍的学生表现最突出，众望所归，获得了本次比赛的一等奖。

此次“经典名著配音”比赛活动使学生受益非浅，加深了他们对历史知识的了解，提高了写作能力，促进了同学间的团结，提高了学生的组织策划能力和共同协作能力。

③会计系“品经典、演话剧”表演比赛。在电子产品盛行的时代，大学生渐渐远离阅读，为了提高学生的阅读意识，增强经典文学作品对当代大学生感染力，2017 年 12 月 19 日会计系主办了别开生面的“品经典、演话剧”表演比赛。此次比赛活动参赛选手以组队形式报名参加。报名后，参赛选手通过图书馆或互联网阅读了大量相关书籍（如名著、小说、散文等）。在此基础上，他们选取了自己最喜欢的一段故事或情节作为参赛作品，然后进行了长时间排练和摸索，为比赛做好充分的准备。在比赛过程中，虽然台上表演只有 15 分钟时间，但各组选手的表演异常精彩，通过动作、表情、眼神、声音等把文学作品中的人物性格表现得淋漓尽致，赢得了台下观众热烈的掌声。最后，比赛评出了一等奖 1 组、二等奖 2 组、三等奖 3 组、优秀奖 4 组。此次表演活动把传统经典作品以生动的表演形式呈现在学生面前，以新颖的形式激发了学生阅读经典的兴趣。

④电子系“我的读书小故事”微电影制作比赛。为了激发学生的阅读热情，鼓励学生以别具一格的方式记录自己的读书体验，2017 年 11 月底，电子系团总支面向全系学生组织了“我的读书小故事”微电影制作比赛活动，活动要求视频时长不能超过 15 分钟，大小不能超过 800M，真实记录自己或身边同学阅读生活中的拾趣、体会和启发。报名通知发出后，学生兴致很浓，积极报名，态度非常认真。为了追求更完美的效果，参赛的学生拍了一次又一次，几经修改，从视频的构思、场所的设定、人员分配、镜头角度选取等都进行了细心思量。学生的作品拍摄技术较高，表现手法富艺术性，故

事情节真实感人，情感表现细腻丰富。系团总支共收到参赛作品 15 份，经过认真的审稿，最后评选出一等奖、二等奖、三等奖共 6 份优秀作品。

⑤读者协会“国学经典朗诵”比赛。中华传统文化博大精深，学习和传承国学经典是当今大学生的历史使命。在学院图书馆指导下，2017 年 12 月 20 日，读者协会在第二教学大楼 D301 课室举办以“诵国学，扬五进”为主题的国学经典朗读比赛。比赛现场气氛热烈，参赛者士气高涨，慷慨激昂。这场朗诵比赛出现意想不到的效果。在比赛过程中，表现较突出的是第一组《木兰辞》、第七组《水调歌头・明月几时有》、第十三组《兵车行》、第十五组《蜀道难》。无论是豪迈的英雄气概，还是对亲人无限的思念；无论是愤世嫉俗的无奈，还是对祖国壮丽河山的赞美，朗诵者通过精彩的演绎，仿佛把观众带到了作品中那情真意切的意境中。经过紧张的角逐后，由评委客观公正评分，最后评选出一、二、三等奖作品。本次活动让更多学生重新认识国学、深读国学，使本校“五进”教育理念得以继续践行，让本校文化底蕴更加扎实深厚。

（2）开展读书心得交流会活动，互助共享。主要包括读者协会组织的“读知天下，弘扬五进；书行万里，崇尚德学”读书交流会，图书馆主办读者协会参与的 24 节气读书会“谷雨篇”暨广工商“世界读书日”沙龙活动，读者协会组织的“图书漂流”活动。

①读者协会组织的“读知天下，弘扬五进；书行万里，崇尚德学”读书交流会。为了促进学生之间的读书交流，让读者协会成员更加了解中国现代文学史和相关作品，由学院图书馆主办、读者协会协办的“读知天下，弘扬五进；书行万里，崇尚德学”读书交流活动于 2016 年 12 月 5 日下午在三水校区第一教学楼 C102 顺利开展。有近 200 名读者协会会员及读书爱好者参加了此次活动，图书馆馆长熊家良教授以及张艳老师亲临活动现场与学生交流。

在交流会上，读者协会 12 名学生代表各小组上台演讲，介绍有关中国现代文学史相关书籍，通过 PPT 的形式展示了书中精彩片断，并交流了读书心得，现场气氛热烈。学生精彩的演讲过后，现场还设置了“提问回答”环节，参与交流活动的学生都积极热情地向演讲者提问，演讲者也耐心回答他们的问题，并且将自己读书的见解和所感所想与大家共同分享。张艳老师对参赛者的演讲做了精彩细致的点评。最后，熊馆长送给学生语重心长的寄语：“好读书，读好书，读书好。”在场的每一位学生都认真聆听，深受其益。书籍启迪智慧，阅读点亮人生，这次读书交流活动使学生更深刻地认识到读书的好处，提高了学生的阅读兴趣。

②二十四节气读书会“谷雨篇”暨广工商“世界读书日”沙龙活动。

2017 年 4 月 20 日下午，花都区二十四节气读书会“谷雨篇”暨广工商“世界读书日”沙龙活动在学院图书馆举行。花都区政协副主席、中国民主同盟花都区基层委员会主委姚晓群，花都区文产办主任陈敏，花都区图书馆馆长张仪，区文促会常务副会长刘家昶，二十四节气读书会代表、广州工商学院院长邝邦洪教授以及学院相关负责人和师生代表参加了本次活动。花都区政协副主席姚晓群代表二十四节气读书会赠送书法墨宝“书读好”给学院。学院邝邦洪院长表示，二十四节气是中华文化传承中的瑰宝之一，是传统历法体系及其相关实践活动的重要组成部分。邝院长引用习近平总书记当知青时为借书跑了几十里山路的例子鼓励大家多读书、读好书，研读经典，以书会友，传播文化正能量。接着，学院党委副书记、学生处黄鹏处长介绍广州工商学院获得广东省校园文化成果一等奖的“践行五进　立德树人”特色项目，用图片荟萃了“五进”教育实践活动之一的“进图书馆”项目风采，展现了全院师生开展的“书香校园　快乐阅读”、“学术视野”讲座、好书分享会、“读者之星”评比等丰富多彩的活动。随后，进入书友互动交流环节，来到现场的书友和嘉宾们踊跃分享自己的读书心得体会。通过此次读书分享会，现场的书友们感悟颇深，对中华传统文化和阅读科学思维有了更深的了解。最后，读者协会代表上台进行图书漂流 PPT 展示，介绍学院图书漂流活动所取得的成效。①

③读者协会组织的“图书漂流”活动。2017 年 3 月 27 日—5 月 12 日，读者协会开展了主题为“知识伴随书籍，漂进你我心中，流进你我身体”的图书漂流活动。图书漂流活动由五个环节组成：一是借书，3 月 28 日，读者协会向图书馆借出 200 本图书，以满足学生更多的阅读需要；二是扫楼，3 月 29—30 日，读者协会安排人员到各个宿舍去扫楼，主要目的是向有意捐书或外借书籍的学生收集书籍，并做好登记；三是整理，3 月 30 日—4 月 5 日，把在图书馆里借来的及从学生手中收集来的书籍进行整理，列出书目，并在公众号上进行活动宣传；四是漂书，4 月 10—11 日，在饭堂、图书馆、教室旁设置摊点，把收集及借回来的书搬到摊点，供读者借阅，做好借阅的登记；五是图书回收与归还，5 月 5—6 日，对借出的图书进行回收，5 月 8—10 日，把所有的图书归还给图书馆和图书的主人。

图书漂流活动在为广大学生提供更多阅读机会的同时，让图书在流动中发挥更大的作用，实现其传递知识的价值，让书香飘洒到校园的每个角落。

---

① 袁倩彤，耿晓雯，龚鹏飞. 广工商举行 24 节气读书会“谷雨篇”暨“世界读书日”沙龙活动［EB/OL］. http://www.gdedu.gov.cn/business/htmlfiles/gdjyt/gdjy/201704/505894.html. 2017－04－24.

（3）开展在线阅读及电子书阅读活动，拓宽阅读空间。主要包括读者协会举办的“扬我所思　书香校园——数字悦读，让青春飞扬”的网络征文活动、读者协会公众号的建设。

①读者协会举办“扬我所思　书香校园——数字悦读，让青春飞扬”的网络征文活动。为了更好地践行“五进”之“进图书馆”活动，读者协会在2017年10月开展了“扬我所思　书香校园——数字悦读，让青春飞扬”的网络读书征文活动。此次活动得到广大师生的支持，为本校营造浓厚的书香气氛起到重要的作用。本次活动要求参赛选手利用手机、阅读器、电子书等新媒体手段进行深度阅读，然后结合自己最喜欢的一本书或最喜欢的一个作者，以文字的形式把自己的感受记录下来，征文文体不限，可以是书评、记叙文、散文、诗歌等。

活动的开展首先由读书协会宣传部通过网络传媒进行征文活动的宣传，其次由文秘部对所征集的征文进行初步审核，初审结果交由图书馆馆长秘书赵永林老师进行最终审核，产生获奖名单，最后举行颁奖典礼。

本次活动让学生深刻感受到新媒体技术给我们带来的学习便利，让学生充分认识到科学利用新媒体工具的重要性。

②读者协会公众号的建设。随着新媒体技术的高速发展，手机等新媒体工具对我们的生活影响越来越大。为了更好地利用新媒体工具开展阅读活动，读者协会利用公众号向读者发布阅读活动情况，提供读书交流平台。读者协会通过这个网络平台发布本协会的阅读活动，定期推荐新的或好的阅读书目，目的在于带动学生进行深度阅读、深度交流。

（4）以人为书，发挥真人图书馆的作用。主要包括工商系组织学生参加潘寿璋校友奖颁奖仪式，各系组织部分学生参加“学术视野”系列讲座。

①工商系组织学生参加潘寿璋校友奖颁奖仪式。2017年5月4日，工商管理系在广州工商学院三水校区办公楼322报告厅召开潘寿璋校友奖教奖学基金颁奖大会。学院院长邝邦洪、副院长朱特威、广东骏马投资集团董事长潘寿璋、广州探迹科技有限公司总经理黎展、广东骏马网络科技有限公司副总经理赵英华，以及全系教职工和各班级学生代表出席了颁奖大会。在颁奖大会上，学生通过认真聆听获奖师生代表的发言，深深感悟获奖者的辛勤付出和不懈努力。其中，杰出校友潘寿璋先生的艰辛创业过程对学生的激励和启发是最大的。潘寿璋先生是广州工商学院工商管理系2009级学生，2012年毕业后开始创业，现已担任广东骏马投资集团董事长、广东骏马网诺科技有限公司董事长。潘寿璋先生勤奋认真、沉稳踏实的作风以及勇于创新的精神极大地鼓舞着学生，使学生激发了斗志，坚定自己的理想信念。

②各系组织部分学生参加学术视野讲座。“学术视野”系列讲座是学院

团委的一项常态的活动。院团委根据本校学生的特点和需要，有针对性地邀请校外优秀的专家、学者以及有特殊贡献的人物来本校开展讲座。目的是为了拓展学生的视野、提高学生对大学生活的认识，为以后的职业生涯奠定知识基础和思想基础。在本课题研究期间，各系组织了学生多次参加了院团委举办的一系列的“学术视野”讲座。

2016 年 11 月 1 日在三水校区学生活动中心六楼报告厅举办了由广东华南经济研究院区域与产业经济研究所杨久炎所长主讲的题为“创新人生　奉献社会”的讲座。杨所长以他个人生于战乱、长于动乱、历于开放、践于创新而创造了山花灿烂般丰硕成果的奋斗经历，激励学生要努力奋斗，要有奉献社会的大气和情怀。

2017 年 11 月 17 日在三水校区办公楼 322 报告厅举办了由“全国道德模范”“全国十大杰出青年志愿者”赵广军主讲的题为“从你的世界路过，我该做些什么”的讲座。赵广军以自己全心全意为人民服务的无私奉献精神号召大学生要有社会责任感，要有乐于奉献、服务社会的无私精神。

2018 年 3 月 15 日在三水校区学生活动中心六楼报告厅举办了由暨南大学副书记、博士生导师夏泉教授主讲的题为“扣好人生的第一粒扣子——习近平的知青岁月”的讲座。夏泉教授从“‘我是黄土地的儿子’：梁家河‘窑洞大学’的‘黑帮子弟’”“治国理政的历史起点与逻辑起点：梁家河岁月”“美丽乡愁：梁家河记忆”“青年人的镜子：梁家河启示”等四方面详细讲解了习近平总书记在梁家河的艰苦经历，深刻地分析了这一段特殊的知青岁月对习近平总书记治国思想的影响。通过聆听夏教授的分析，广工商学子们深深体会到习近平总书记深厚的家国情怀，认识到新时代赋予青年学生的历史重任，从而坚定了为新时代社会主义事业建设奋斗的信念。

潘寿璋校友奖颁奖仪式和“学术视野”系列讲座虽然不是真正意义上的真人图书馆活动，但都是以介绍有特殊贡献或特殊经历的人物为切入点，弘扬其高贵品质和伟大精神，这些人物都是学生学习的榜样，他们身上的闪光点将会长久地影响着学生的人生，所以这两种形式其实都发挥了真人图书馆以人为书、净化心灵的作用。

（四）“进图书馆”实践研究的成效分析

在完成所有实验活动后，对研究对象进行第二次调查，这是本课题整个研究过程必不可少的环节。缺少了第二次调查，课题研究就失去意义。

1. 调查对象和调查方法

第二次调查的对象与第一次调查对象相同，方法一致，都是采用问卷调查的方式，且两次调查所使用的问卷一样。调查问卷的发放、填写与回收通

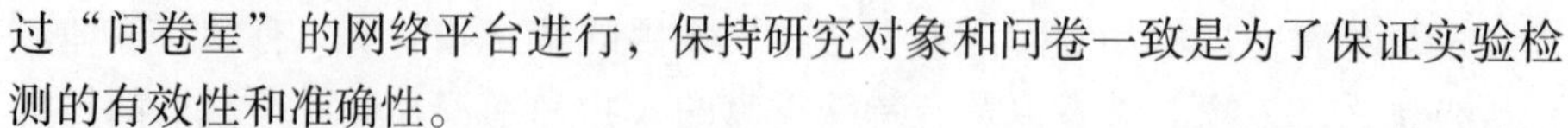

过“问卷星”的网络平台进行，保持研究对象和问卷一致是为了保证实验检测的有效性和准确性。

2．调查时间

2018 年 1 月，在“进图书馆”实践研究的所有实验活动结束后对研究对象进行第二次调查，以保证实验效果检测的及时性。

3．调查目的

第二次调查是整个研究阶段非常重要的一步，目的在于与第一次调查作对比分析，掌握实验活动开展后学生阅读兴趣、阅读习惯、阅读内容、阅读方法的变化情况，从而总结出提高学生阅读能力的方法和策略。

4．调查数据前后对比分析

调查显示，实验前后同一指标的数据有明显的变化，主要从以下几个方面做对比分析：

（1）对课外阅读的重视程度提高了，阅读兴趣增强了。在回答“你喜欢阅读吗?”这一问题时，选择“喜欢”的学生占 51%，比实验前上升了 17%；而选择“不太喜欢”的学生占 6%，选择“很不喜欢”的学生为 0，分别比实验前下降了 22% 和 9%（见图 7）。

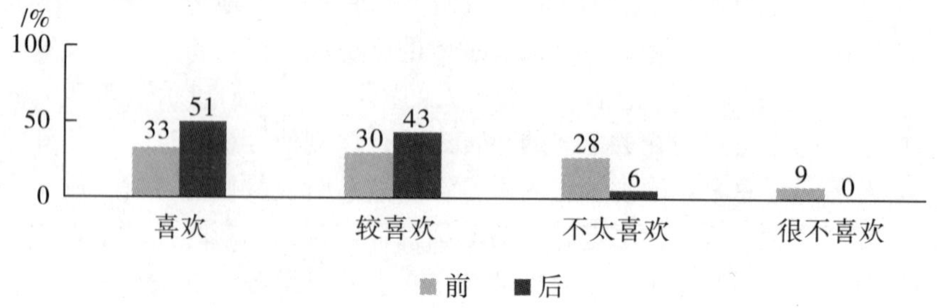

图 7　活动前后学生阅读兴趣对比

在回答“你觉得课外阅读重要吗?”这一问题时，认为“非常重要”和“重要”的学生分别占 48% 和 43%，比实验前上升了 16% 和 15%；认为“不重要”和“没什么感觉”的学生分别占 2% 和 7%，比实验前下降了 15% 和 16%（见图 8）。

由数据的变化可知，“进图书馆”各项活动的开展对学生阅读兴趣的激发有着重要的促进作用。

（2）阅读的自觉性增强了。在回答“你（打算）平均每学期看多少本书?”时，选择“5 本以上”的学生由实验前的 10% 增至 35%，选择“3 ~ 4 本”的学生由实验前的 20% 增至 48%，选择“1 ~ 2 本”的学生由实验前的 57% 下降到 17%，选择“没有”的学生比例由实验前的 13% 降至 0（见图

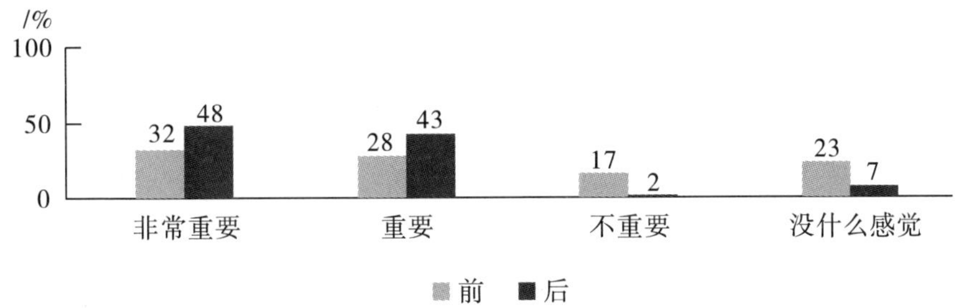

图 8　活动前后学生对阅读重视程度对比

9）。

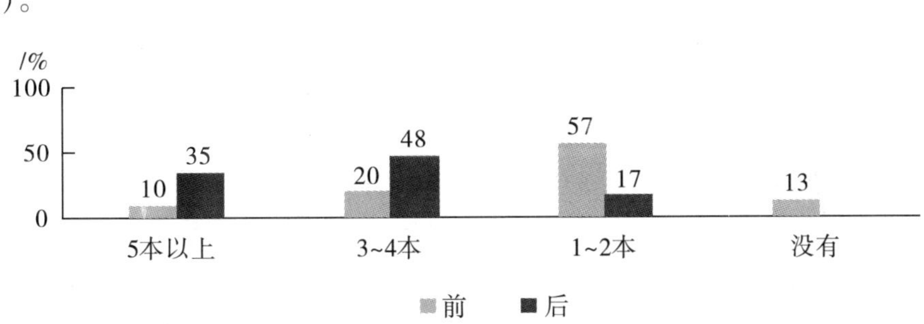

图 9　活动前后学生阅读自觉性对比

在回答“你有（打算）制定严格的读书计划吗?”这一问题时，选择“有，且会严格执行”的学生由 17% 上升至 63%，选择“有，但一般不怎么执行”的学生由 41% 下降至 30%，选择“没有计划，遇到好书就看”的学生比例由 42% 下降至 7%（见图 10）。可见，经过活动实验后，学生的阅读意识增强了，能自觉养成良好的阅读习惯。

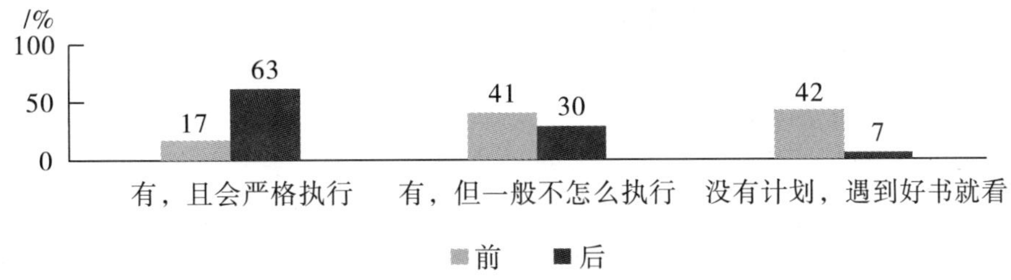

图 10　活动前后学生阅读计划情况对比

（3）阅读内容更加优化了。在回答“你喜欢哪类书?”这一问题时，选择“经典文学”“历史学”的学生比例由实验前的 33% 和 25% 上升至 57% 和 47%，而选择“娱乐八卦”“时尚杂志”“网络小说”的学生比例由实验前的42%、32%和30%分别下降至10%、8%和5%（见图11）。

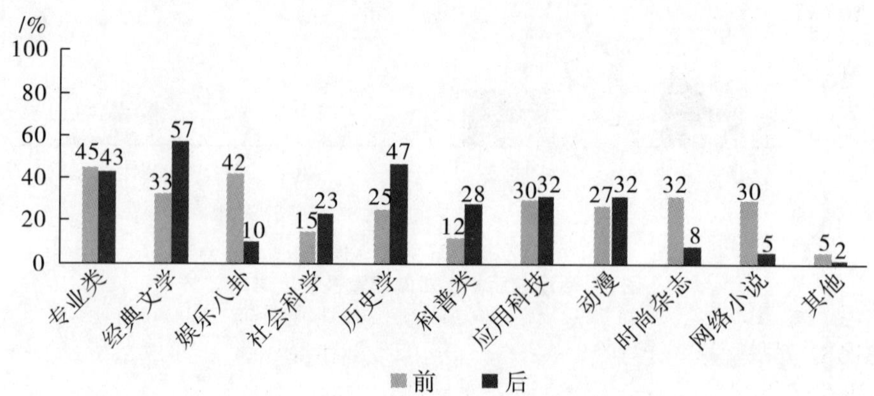

图11　活动前后学生阅读内容对比

回答“你认为经典阅读（是以下哪项)?”这一问题时，认为“名著蕴藏深刻的哲理对人生有很大启迪”的学生比例从实验前的41%上升至57%，认为“名著已过时，没有阅读价值”和“很枯燥，不感兴趣”的学生比例分别由实验前的11%和6%下降至0和2%（见图12)。可见，学校广泛开展经典阅读活动，营造浓厚的书香气氛对提高学生阅读经典的热情有着直接的推动作用。

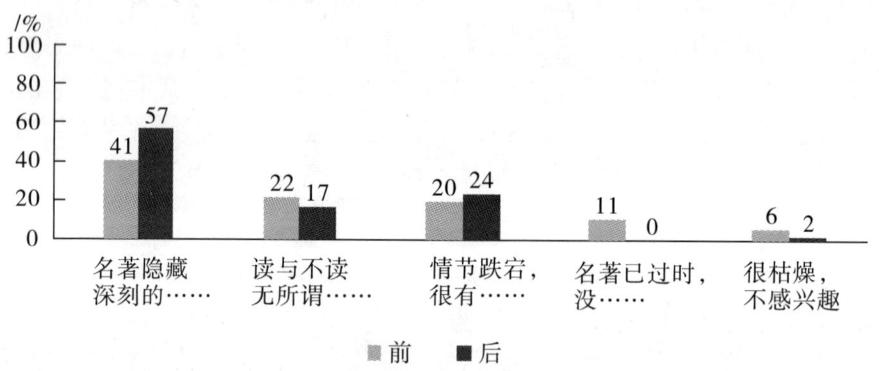

图12　活动前后学生对经典作品态度对比

（4）更加注重阅读方法的运用，阅读途径更加多样化。在回答“你的阅读方法是（什么)?”时，选择“做读书笔记”“边读边做批注”的学生比例分别由实验前的8%、13%上升至26%、24%，选择“随便看看不做笔记”的学生比例由实验前的48%下降至20%（见图13)。

回答“你最喜欢的阅读途径是（什么)?”时，选择“纸质书刊”的比

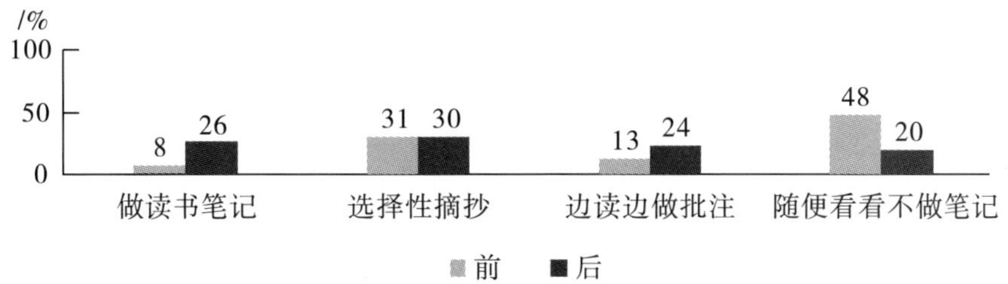

图 13　活动前后学生阅读方法对比

例由实验前的 60% 下降至 38%，而选择“专用阅读器”和“手机和电脑”的比例分别由实验前的 7% 和 28% 上升至 20% 和 40%（见图 14）。可见，学生通过读书交流活动，集思广益，取长补短，阅读方法更加科学有效，也更加重视对电子阅读媒介的利用。

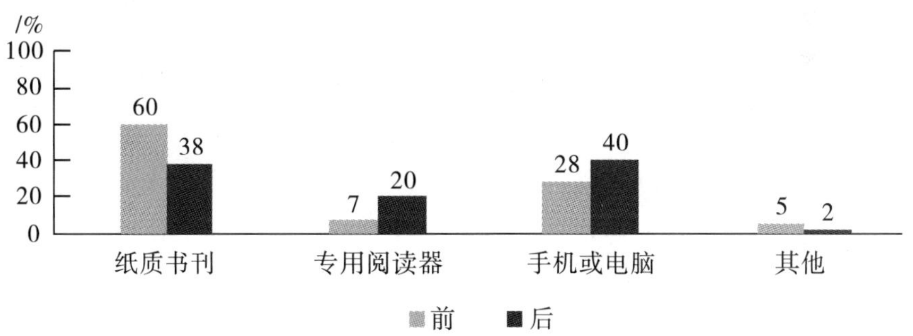

图 14　活动前后学生阅读途径对比

（五）“进图书馆”实践研究的结论及对策

根据实验前后调查数据的对比，我们看到，学生的总体阅读能力有了较大的提高，这也证明了本课题研究是有成效的。

1.“进图书馆”实践研究的结论

首先，从阅读兴趣上看，营造浓厚的校园阅读氛围对提高学生的阅读热情起着关键作用。高校是大学生读书识理、成长成才的场所，高校应该具备深厚的文化底蕴、浓厚的阅读氛围、优良的阅读传统，而营造浓厚的阅读氛围是积淀文化底蕴的基础。活动开展前，还有相当一部分的学生对课外阅读重视不够，随着“进图书馆”活动的开展，学生不自觉地融入到阅读气氛中，潜移默化地从中受到感染，极大地提高了自己的阅读兴趣，对课外阅读比过去更加重视了。

其次，在阅读习惯上看，学生自我管理和自我规划能力得到加强。阅读兴趣是否浓厚集中表现在是否养成良好的阅读习惯上。调查数据表明，实验活动结束后，学生普遍养成良好的阅读习惯，对每学期看多少本书有了具体的计划，大多数学生能制定阅读计划并严格执行，阅读的自主意识有了较大提高。

再次，对阅读内容的选择更加注重内涵性。在实验活动前，相当一部分学生对内容肤浅甚至低俗的读物较喜爱，停留在浅表阅读上，追求快餐文化，追求感官的轻松愉悦，而忽视阅读内容的思想性和教育性。经过阅读活动后，大部分学生能深刻感受到优秀文化成果的精神力量，能自觉摒弃通俗读物，更多地选择人文经典类及应用百科类的读物。这说明学生懂得把有限的时间精力用在研读更有用的经典书籍上，选择对自我提升更有成效的书来读，这也说明学生真正学会了学习，步入了扩大知识提升自我的快车道。

最后，从阅读方法上看，学会运用多样化的阅读方法。阅读要达到一定成效，必须有科学方法的指导。在活动开展前，大部分学生的阅读缺乏方法的运用，很多学生的阅读都是随意的、漫无目的的，读完一本好书后也不做任何总结，结果收获不大。经过开展多项“阅读方法交流”会，学生互相提出建议，互相促进。实验活动后，学生基本上能正视自身阅读方法存在的缺陷，也能积极改进，在后续的阅读过程中注重“读书笔记”“标注”“摘抄”等方法的运用。这将极大地提升后续的学习成效，尤其是对那些需要精读的书而言，只有通过这种静心研读才能使人入脑入心。

2.“进图书馆”实践研究的对策

根据实验结果的分析，要提升民办应用型高校学生的阅读效果，可以从以下几方面着手：

（1）以赛激趣，充分调动学生的阅读热情。阅读兴趣是阅读过程的起点，要提高学生的阅读效果，首先是要调动学生的阅读兴趣。若学生的阅读兴趣没有激发出来，那就不可能进行后续的阅读活动。兴趣的外在表现是对事物产生的好感和喜爱，人脑对外界信息记忆时间的长短，受制于信息的传播方式，根据记忆持久性从短到长的顺序，信息的传播方式是：文字—语言—行动体验。也就是说，通过行动体验来获得的信息，将会较长时间地停留在人脑中，人对此信息的记忆和理解最为深刻。因此，通过活动体验来激发学生的阅读兴趣，是最有效的方法。要快速调动学生的阅读兴趣，就要让学生参与活动，通过自身体验内化于心、外化于行。

在本课题的研究中，一共开展了五场相关竞赛活动，分别是“经典名著配音大赛”“‘德学励志格言’设计大赛”“‘品经典、演话剧’表演比赛”“国学经典诵读比赛”“‘我的读书小故事’微电影比赛”。参赛者对竞赛活动很认同，对阅读的意义有了全新的认识。实验结果足以证明，开展竞赛活动对提高学生的阅读兴趣有着明显的效果。在竞赛心理的影响下，个体对外界信息的感知速度特别高。竞赛心理是在竞赛条件下产生的特殊心理状态。在这种心理状态下，人的心理活动保持着高度的紧张和集中。这时，人的观察力敏锐，记忆迅速，思维活跃，思路开阔，大大提高了阅读活动的创造性。所以，应利用竞赛心理这一心理状态，广泛开展读书比赛活动，动员广大学生积极参与，让学生增长知识、涵养道德、解除困惑、历练才能，在润物细无声中深刻领悟阅读的价值。

读书竞赛活动的开展要注意以下问题：

第一，要有针对性，不可照抄照搬。开展读书竞赛活动的主体可以是图书馆，也可以是各系单位，主题可以丰富多样，形式可多姿多彩，如进行读书演讲、征文、读书知识竞赛、表演、朗诵、诗词大会、读书微视频拍摄等。确定什么主题，采用何种形式要根据不同读者群体的实际情况而定，要以发挥读者优势、扬长避短为出发点。如对理工科学生，他们写作能力可能是短板，但性格活跃，喜于表现，那就采用微电影竞赛、表演等形式；对于文科生，可通过演讲、朗诵、征文等形式，切不可生硬照搬。

第二，做好详实方案。在开展活动前必须做好详实的方案，包括活动目标、活动主题、活动形式的确定，时间和地点、竞赛规则、竞赛组织、评委人员的选定，评分标准的制定，奖项设立等均需全盘考虑。其中评分标准是整个方案中至关重要的部分，要全面考虑参赛者的仪态要求、表达能力、选题要求、对选题内容的把握程度、表现力等各方面，既要体现公平公正，又能挖掘人的才华，发挥读书竞赛活动的价值。

第三，做好活动宣传工作。重视微信、公众号等新媒体宣传推广作用，加强校园内广播、海报等宣传，组建读书竞赛媒体服务平台，全方位、多角度地积极推动读书竞赛活动，营造你追我赶、创优争先的读书气氛。

第四，及时做好竞赛活动评价总结工作。开展读书竞赛活动的目的是为了更好地激发学生的阅读热情，活动结束后必须作全面总结。总结要关注这几方面：活动主题是否积极上进、活动方式是否新颖有趣、活动方案是否完善、活动组织是否得当、是否达成预期的效果、活动过程存在哪些不足、如何处理突发事件等，只有在每次活动后进行及时总结，才能为以后的活动开展积累更多经验。

（2）创建真人图书馆，发挥活图书对学生的教育引领作用。真人图书馆活动是一种新型的阅读形式，在现代社会中发挥特殊的作用。

①真人图书馆的概念。“真人图书馆”是一种以真人为载体的新型阅读模式。相对于传统图书馆而言，其对于促进人与人之间的交流、沟通与理解具有十分积极的作用。真人图书馆最早起源于欧洲丹麦。2000 年丹麦的一个

名为“停止暴力”非政府青年组织在多本哈根罗斯基勒音乐节上首次举办了“真人图书馆”活动，采用对话的形式与来宾进行面对面交流，在这次活动中共推出75本“活体图书”，旨在在来宾中宣传反暴力，鼓励对话交流建立联系，取得了较好效果，得到社会的正面评价，“真人图书馆”活动由此产生。① 真人图书馆是外文 Human Library 的直译，指的是一种创新的社会活动，由政府机构、图书馆、社会非营利组织和个人组织发起，邀请那些有特殊兴趣、信仰、经历和知识渊博的志愿者担当活图书，以对话的方式和读者进行交谈，回答读者提出的问题，在交流的过程中加强人与人之间的交流，从而达到相互理解、促进社会和谐、提高社会凝聚力的目的。②

②真人图书馆的具体实施。

第一，建立完善的真人图书馆管理制度，确保真人图书馆活动的顺利开展。在组织上，建立一支真人图书馆专门的管理团队，负责活动的策划、宣传、推广和真人图书的招募、编目、加工、借阅以及搜集反馈意见等，还应制定统一且行之有效的制度。落实真人图书馆，要处理好主办机构与“真人图书”的权利义务关系，因为真人图书馆是新生事物，其发展是摸着石头过河，还没有相应法律界定两者的责权关系。因此，在开展真人图书馆活动前，应制定相应服务规则，签订服务协会，明确两者责权关系，防范风险的发生。

第二，做好真人图书馆的宣传工作。中国高校对真人图书馆活动的实践可谓是凤毛麟角，民办高校更加没有先例，民办高校大学生对真人图书馆的了解甚少。因此，要通过印发宣传手册、校园广播、网站、校园公众号、微博、墙报、海报等形式对广大在校学生进行广泛的宣传，鼓励大学生积极参与。宣传的内容可着重于真人图书馆举办的实质和意义、真人图书对象介绍等。

第三，做好“真人图书”的甄选与书目系统建设工作。如何甄选“真人图书”，这是发挥真人图书馆实效性的关键一步。一本“真人图书”就是学生的阅读内容，阅读内容决定阅读效果。首先，采集“真人图书”有要针对性，根据民办高校学生的实际需要而选择，如励志人物、成功人士、专业领域领军人物、优秀学者等。例如潘寿璋先生是本校杰出校友，可把他作为本校真人图书馆收藏书目之一，以他的创业故事激励广大学生。其二，“真人图书”必须有典型性和代表性，其事迹或经历能对读者产生较深刻影响

---

① 周淑英，方芳．高校图书馆开展真人图书馆活动探讨［J］．湖北科技图苑，2012（3）：35－37.

② 杨婷婷．高校图书馆研究［D］．哈尔滨：黑龙江大学，2014：10.

的，能使读者增长知识、启迪灵魂。同时，“真人图书”本人必须具有较高的思想觉悟和优良的道德品质，不能有偏激极端思想，“真人图书”被读者所阅读，其本身就是传播思想和文化的载体，若其身不正，则会误导读者，后果不堪设想。其三，“真人图书”必须有较好的口头表达能力，与读者交流的时候要明晰地把自身蕴藏的精神和思想表达出来，让读者能充分感染到其正能量。“真人图书”资源要进行分类和编目，建立“真人书”数据库，对每一本“人书”的职业、兴趣、事迹、贡献等作基本介绍，方便读者根据自己需要检索和借阅。

第四，制定“真人图书”借阅规则，体现对“真人书”的尊重。为使真人图书活动规范化，对借阅过程制定规则是必须的，规定每本“人书”借阅的次数、时间、地点、方式，规定双方交流要遵循的基本原则，需做到态度诚恳、语言文明，要求读者所提问题必须围绕主题而不能涉及无关内容甚至“人书”的隐私。

（3）开展形式多样的经典阅读活动，指引学生正确选择阅读内容。阅读经典作品是学生阅读活动的重要组成部分，是加强学生阅读教育的重头戏。

①经典阅读的重要性。从摸底调查的结果看，学院大学生对经典图书的阅读没有足够的重视，习惯于随性的浅阅读、快速阅读、表层阅读、碎片化阅读，而丢掉了体系阅读、深层阅读。另外，在专业书和经典作品的比较上，绝大多数学生更乐意选择专业书看。在他们看来，专业书比经典作品更实用，能直接指导其专业学习。阅读内容的选择是决定阅读效果好坏的关键一环。阅读内容高雅脱俗，能使人知书达礼；阅读内容低俗肤浅，则使人无知堕落。因此，面对当下信息泛滥、读物混杂等问题，引导学生深入阅读经典具有重要的现实意义。

②加强经典阅读的策略。第一，创新经典阅读的活动形式。很多大学生不喜欢经典作品，是觉得经典作品相对时尚杂志而言比较枯燥，没有太多的吸引力。既然这样，那便要把经典作品活化，使经典作品更生动、更活跃地呈现在学生面前，激发他们的阅读兴趣，把文字变成活生生的场景和人物，例如可以举办经典作品表演等活动。在本课题的实践研究中，就经典阅读方面开展了三场活动：一是会计系的“品经典，演话剧”活动，让学生阅读经典作品，然后扮演角色把经典作品的情节在舞台上表演出来；二是物流系的“经典名著配音”活动，让学生自行选择任一经典影视作品的任一情节，揣摩人物性格，分角色模仿配音；三是读者协会组织的“国学经典诵读比赛”，参赛者有感情地朗读经典作品。三个活动都以“趣味性”为切入点，把学生的阅读兴趣迅速激发起来，取得令人满意的效果，对提高学生经典阅读自觉性具有较强的促进作用。通过活动前后调查结果对比，经过三个活动的开

展，学生对经典作品的认识提高了不少。在回答“你平时会选择经典文学作品阅读吗?”的问题时，回答“不会”的学生由开展活动前的34%下降到5%，回答“会”的学生由开展活动前的56%上升为89%。经典阅读的活动形式可以变化多端，如开展读书沙龙、征文、读书节、知识竞赛等。实践足以证明，举办生动活泼的经典阅读活动是激发学生阅读经典的催化剂。

第二，开设人文学科课程，引导学生关注经典文学。从改革开放后的高校发展历史看，我国高校分文、理两类专业，由于文理分科制，使文科和理科之间形成巨大鸿沟，文科生不懂自然科学，理科生缺失人文素养，这就需要通过通识教育模糊文理分界。人文素养的教育是通识教育的重要内容，学校可以开设人文课程，向学生深度分析我国经典人文作品，让学生了解并体会我国优秀人文精神。人文学科课程的开设，要求教师必须具有深厚的人文功底，灵活多样的教学方法，要贴近学生实际生活，把人文思想生动地表现出来。教学形式也可以多样化，如欣赏影视作品、参观、举办专题讲座等。另外，人文课程上要切实指导学生进行经典作品的阅读，给学生制定阅读计划，列出阅读书目，要求学生完成读书笔记等任务，通过深入的阅读，学生才能真正收获效果。另外，设立经典阅览室，一般情况下，图书馆里的经典作品摆放较分散，学生在查找作品的过程会缺少一定的气氛感染，但如果设立经典阅览室，把所有的经典作品都存放在一个较集中的空间里，并给阅览室配以应景的古香古色装修风格，让读者未看其书先入其景，仿佛穿越历史，举目四望皆是经典巨著，强烈的阅读激情自然而然就会产生。长期致力于图书馆和社会阅读研究的北京大学王余光教授，早在2008年即呼吁图书馆设立经典阅览室，他认为，通过设立经典阅览室，一方面可推动大学生经典阅读，另一方面通过阅读经典文本可促进大学开展通识教育。①

第三，通过新媒体加强对人文经典作品的广泛宣传。在“微时代”发展的今天，QQ、微信、公众号、微博等新媒体已成了当代大学生必不可少的交流平台。可以把经典作品的内容及相关活动内容上传到这些新媒体中，设计好相关网页。一方面便于经典文化的宣传，让读者通过手机可以随时随地查看传统文化资讯，甚至随时随地细心品味作品内容，让传统文化的传播冲破时间和空间的限制。另一方面，在这些平台上，读者可以充分互动，互相交流心得，分享经典阅读体验。好好利用互联网速度快、传播广泛的特点，让中华优秀文化深入人心，植根高校校园。

（4）做好学生课外阅读的指导工作。法国杰出的数学家、哲学家和科学

---

① 戴莹，杜叶龙，周玉艳．基于图书榜单的高校图书馆经典阅读推广研究［J］．图书馆工作研究，2018（3）：111－114.

方法论研究者笛卡儿说："最有价值的知识是关于方法和知识。""没有正确的方法，即使有眼睛的博学者，也会像瞎子一样盲目摸索。"① 不少民办高校学生读书效果不显著，是由于缺乏阅读方法的指导，学生往往不知道自己要看什么书、怎样看。要发挥阅读应有的作用，必须要掌握正确的阅读方法。阅读方法运用得当，将大大提高阅读效果，也将进一步调动学生的阅读积极性。因此，对学生进行课外阅读指导很有必要。

针对民办应用高校学生自觉性不太强的特点，课外阅读指导应实行"读书导师制"。阅读导师由图书馆工作人员或教师兼任，一个导师负责一部分学生的阅读指导，实行"专人专责"。导师全程指导学生的阅读计划制定、实施监督、阅读效果检测等多方面工作，并采取一定的激励和约束措施，保证学生切实完成既定的阅读任务，进一步保证了学生阅读自主性和阅读效果。

"读书导师制"的实施要完善以下两方面的工作：

①指导原则。课外阅读指导应遵循因材施教和因时施教原则。因材施教就是要根据不同学生的不同知识背景、不同需求而选择不同类型的课外读物。因时施教是根据学生的不同求学阶段而确定不同的读书方案，如刚入学时以积累人文知识和专业知识的课外读物为主，但到毕业班时就以煅炼社会能力的读物为主。

②指导思路。课外阅读指导可按以下思路进行：

第一，培养学生阅读兴趣。首先，开展各项阅读活动，营造浓厚的阅读气氛。学校可举办读书月、读书沙龙、读书讲座、图书漂流、读书征文、读书之星评选等活动，建设良好的校园阅读文化，让学生置身书香环境中。其次，做好带头示范作用。"学高为师，身正为范"，要动员学生多读书，教师要做好带头示范作用。教师自身要自觉养成多读书、读好书的习惯，做一个博览群书，知识渊博的师者。同时，学校要及时做好读书典范宣传工作，通过课堂、团学活动、互联网等渠道大力宣传师生中优秀读者的事迹。再次，举办读书交流会。在本课题的实验前后调查结果对比可知，与他人交流阅读感想是提高阅读效果、激发阅读兴趣的重要方法。学校应定期举办读书交流活动，让爱书之人齐聚一堂，畅所欲言，各抒己见，分享自己的读书体验。通过互相交流读书心得，一方面可以加深对阅读内容的理解，另一方面对读书方法的探讨可以取长补短，令学生可以借他山之石以攻玉。最后，完善校园图书馆建设，优化阅读环境。在调查中，学生回答"你认为阅读环境对阅读兴趣有影响吗？"这一问题时，有63%选择"有，影响很大"，可见，阅

---

① 王培基. 主要的读书方法［J］. 汉字文化，2011（2）：91-96.

读环境的建设很重要。一方面保证图书质量，增加图书馆藏书量，以满足学生需求。另一方面，提高图书馆现代化管理水平，创设科学便捷的服务平台；引进新的设备系统，做好平台建设，完善图书馆各类数据库服务平台；优化图书馆阅读环境，营造宽松宁静的阅读环境，增加人文意蕴。会计系在三水校区图书馆设立了“莲心书社图书室”。图书室的设计古香古色，富有浓厚的书香味，深受学生欢迎。

第二，制定阅读目标。根据各学生的不同情况确定切合实际的目标，不可好高骛远。阅读目标应包括年目标、学期目标、月目标、周目标、日目标。

第三，制定阅读计划。在民办高校中，还是有一部分学生对课外阅读有浓厚兴趣，但他们的阅读较随性，没有系统规划，到了图书馆总是随便翻翻随便浏览，不求积累、不求甚解。“凡事预则立，不预则废。”教师可指导学生制定完善的阅读计划。阅读计划内容应包括：学生自我分析（包括自身实际情况及阅读水平分析）、课外阅读目标、计划阅读书目（书目类型尽量兼顾不同内容，依据自己成长成才所需而定，取长补短、因人而异地选择书籍）、阅读进度要求。计划制定出来后，要求学生持之以恒地执行。只要计划能切实落实，学生在四年之后将成为名副其实饱读诗书的学子。

第四，选择阅读方法和阅读途径。阅读方法就是从课外读物中获取信息的方法。“怎样读书”是门学问。根据本校学生的特点，本课题组认为主要强调以下几种阅读方法。

撰写读书笔记。我国自古有“不动笔墨不读书”的良训，撰写读书笔记是一种传统而高效的读书方法。学生在撰写读书笔记过程中，积累和巩固知识，围绕某一阅读主题放飞思想、评点人物、谈论作品优劣，通过笔端尽情表达自我，以自由阅读与自由写作相结合，对激发学生阅读热情有着促进作用。

批注法。古人云：“读文而无评注，即偶能窥其微妙，日后终至茫然，故评注不可已也。”① 毛泽东读书时用常批注法。目前出版的毛泽东批注集有三本，批注集上文字密密麻麻，书页上下两端、边白中缝等也布满文字、圈点、红杠，这反映毛泽东勤奋研读的精神。②

摘抄法。摘抄的过程是一个选择、欣赏、感悟的过程，是一个丰富语言积累的过程，可以帮助学生在深刻理解原文的同时，极大地提高语言能力和

① 严晓燕. 浅谈语言阅读教学中评点方法的指导［J］. 中学语文：大语文论坛旬刊，2015（8）：83－84.

② 石仲泉. 毛泽东的四大读书方法［J］. 人民论坛·政论，2009（6）：31.

写作水平。

重温法。优秀的作品总是散发无穷魅力，总是令人百读不厌，每一次阅读都有不同的收获。毛泽东年青时期就熟读《史记》《汉书》等古籍，并且不断地重温，即便到了晚年，他对喜爱的书仍然反复研读。用重温法阅读使读者不断从作品的不同角度思考问题，加深对作品本身精神价值的理解。

除了读书方法外，阅读途径的指引也是不可忽视的。网络时代下阅读途径可以更加多样化一些，除了传统的纸质阅读外，更重要的是要加强线上阅读，充分利用电子书和手机等电子媒介。目前，进行线上阅读的学生不少，但很多学生上网只是进行娱乐消遣，而没有搜索真正有用的资讯，所以如何指引学生利用网络学习，这是网络时代下的一个重要主题。教师应该给学生提供一些权威的、学术性较强的网站，要求学生定期浏览学习，还要以讨论、写心得等形式检查学生的学习情况，如可提供“网易公开课”“近代中国研究”等网站。这些权威的网站对拓展学生知识面具有非常重要的作用。

第五，评价阅读效果。制定客观、公正、全面的评价标准，评价指标要体现阅读效能，评价可分两步走：第一步是过程性评价，主要从阅读态度进行评价，如阅读的自觉性是否增强了、一定时间内的阅读量是否增加了等；第二步是结果性评价，主要是从阅读的收获进行评价，评价方式以自我评价、老师评价、同学间评价等全方位进行。

四、“进图书馆”实践研究的成果及应用

本课题立足于民办应用型高校学生实际，探讨了一些提升学生阅读水平的方法，可为民办应用型高校提供参考。

（一）“进图书馆”实践研究的创新特点

本课题研究的创新观点主要体现在两个方面。

1. 建议在民办应用型高校中建设真人图书馆

对民办高校来说，真人图书馆是个新鲜事物，建设真人图书馆对民办高校有着特殊价值。

（1）真人图书馆有着鲜明的特点。

①以人为书。一本活生生的“人书”，是把他自己的经历、学识、对生活感受等都跟读者分享，能充分表达自己的情感和主张，能充分把自己的博学知识及才华表现出来，这使“人书”所散发出来的信息更加立体、真实、直观，对读者具有极强的感染力。

②突破传统阅读线性单向传播，实现双向交流互动。真人图书以“人—

人”的直接交流方式突破传统阅读“人—文字”的阅读模式，让读者通过全部感觉器官接受真人图书的信息，其沟通的高效与便捷是传统图书无法实现的。各种生动、丰富、变化的信息，都能刺激读者和真人图书双方的感官，在交流和碰撞中，会生产更多的信息和火花，使双方的感受更强烈和鲜明。

（2）在民办应用型高校中建设真人图书馆的必要性。真人图书馆建立的历史不久，但人们对真人图书馆的探讨已相当深入。不少从事图书馆管理工作的学者和教辅人员分别从真人图书馆实践或理论基础、意义、实施对策等各方面进行了研究，也形成了丰富的理论成果。但纵观这些成果，一般是立足于公共图书馆或公办高校图书馆而言的，专门针对民办应用型高校学生特点的研究成果却基本没有。在民办应用型高校中开展真人图书馆活动的必要性主要体现在以下几方面：

第一，填补民办高校设立真人图书馆的空白。据有关数据显示，截至2017年1月30日，能找到设立真人图书馆确切信息的高校有18所，分别是上海交通大学、上海电力学院、同济大学、江苏大学、石家庄学院、大连民族大学、广西师范大学、广东外语外贸大学、南京师范大学、武汉大学、浙江师范大学、清华大学、济宁学院、大连医科大学、苏州大学、海南大学、湖南人文科技学院、华中师范大学。① 可见，真人图书馆在我国高校的建设并不多，且全部集中在公办高校，在民办高校中基本上没有设立过。民办高校与公办高校承担着同等的育人重任，有着同样的育人功能。为了突破传统的阅读方式，更好地调动学生的阅读积极性，培养学生“好读书、读好书”的阅读习惯，民办高校必须要开创先河，尝试开展真人图书馆活动。

第二，创新阅读方式，激发学生的阅读热情。民办应用型高校的学生文化起点稍低，学习主动性不太强。传统阅读方式停留在“人—文字”的固有模式，会令部分学生觉得枯燥厌倦，而真人图书馆以独特的“人—人”的对话方式突破传统，弥补了纸质图书或电子图书单向传播的局限性，以真人书代替实体书供学生阅读，将会引起民办应用型高校学生的极大兴趣，并会给学生带来全新的体会和意想不到的效果。

第三，面对面真诚交流的阅读方式，对学生的心理疏导起积极作用。相对于公办高校而言，民办高校的大学生成长环境普遍较优越，自小娇生惯养，个性较强，以自我为中心，承压能力较弱，一旦遇到挫折便容易气馁。尤其是入学的第一年，从家庭环境到学校环境的转变，面临着学习、人际交

① 刘时容. 真人图书馆在国内高校图书馆的应用思考［J］. 新世纪图书馆，2017（12）：31－35.

往、环境、爱情、未来就业等各方面的压力，部分学生不适应，表现出焦虑、无所适从，有个别学生甚至走极端。真人图书馆活动的开展，读者与真人书面对面的平等对话，能使双方实现心灵间通畅无阻地交流，能让真人书洞悉读者的心理障碍，也能让读者有勇气向真人书倾诉心声。这样的方式，使真人书能及时发现读者的心理问题，并通过自己丰富的社会阅历，动之以情、晓之以理地引导读者走出心理雾霾，起到心理疏导的作用。

第四，真人图书馆活动有利于锻炼民办高校学生的人际交往能力。随着手机功能的多样化，手机成了人与人交流的主要工具。“人—机”对话的人际交往方式成为主流，而“人—人”的传统交流方式渐渐被淡化，尤其是年轻一代，被戏说成“活在手机里的人”。当代民办高校学生也具有同样的特点，手机软件的先进性和便捷性虽然使他们的人际交往范围扩大了，但对手机的过度依赖却使交往的方式变得单一了，因为“人—机”对话的方式虽然能听到对方的语音语调，甚至通过视频还可以看到对方的表情动作，但却体现不了一些必要的礼貌礼仪，更提高不了人际交往过程中的应变能力。特别是对于一些内向胆怯的学生来说，“人—机”对话永远锻炼不了他们的胆量。开展真人图书馆活动，能引导学生从手机交往走向现实交往，使他们学会与陌生人交往，对培养他们的人际交往能力有着重要作用。

2. 通过实行“读书导师制”加强对学生的阅读指导工作

学生的阅读效果不理想，往往是缺乏阅读指导所致，而在现实情况中，这一点又往往被忽视。目前，针对大学生课外阅读指导的研究并不多，而且基本上是从公办高校的视角上探讨。相对于公办学校而言，对民办高校学生进行有效的阅读指导显得更加有必要。

第一，民办高校学生阅读积极性不强，需要教师指导其提高阅读意识。大部分民办高校学生文化底子相对稍薄弱，对知识的渴求热度不高，没有养成自觉阅读的习惯。在学校及教师有计划的、有组织的阅读指导和监督下，在浓厚的阅读氛围熏陶下，他们一定能认识到阅读的重要作用，阅读观念一定能得到改变。

第二，民办高校学生缺乏阅读规划，需要得到阅读指引。大部分民办高校学生基本上没有阅读规划，哪个阶段读什么书、读多少本，哪些是写得比较好的书，如何去读才更高效等问题困扰不少学生。若这些问题得不到解决，那四年的大学岁月就白白浪费了。这就需要学校和教师的阅读指引。教师根据每个学生的实际情况制定阅读方案，设定阅读目标，坚持不懈地严格执行阅读计划，经过一定时间的积累，自然而然会取得丰硕的阅读成果。

第三，目前民办高校对学生的阅读指导工作存在不足，很有必要以制度化形加以完善。目前民办高校的教师对学生的阅读指导基本上仅限于向学生提供阅读书目，但没有做进一步的跟踪检查和评价，更没有组织读者间交流和探讨，这是远远不够的。实行“读书导师制”，由专门的导师全程负责学生的阅读，根据每位学生的情况帮助他们制定行之有效的阅读计划，鼓励学生广泛阅读，执行阅读计划，开展读书交流活动，要求每一个学生发言，总结阅读心得收获，以检查学生的阅读效果，从阅读计划制定、执行、阅读心得交流等所有环节都强制要求学生严格配合，给学生以一定的约束力。通过实行“读书导师制”，避免阅读指导工作流于形式，切实保证学生阅读水平的提高。“读书导师制”的落实，将会在很大程度上解决学生“读什么书”“怎么读书”等问题。

（二）“进图书馆”实践研究的主要成果

本课题从本校实际情况出发，在调查和实验的基础上探讨提高大学生阅读能力的对策。其间，课题组不断思考、研讨，总结了一些研究体会，提出了一些想法，取得了一定的成果。

1. “进图书馆”实践研究报告

在调查的基础上，本课题组成员深入分析学生阅读能力存在的不足，剖析原因，有针对性地进行实践研究，探求提高学生阅读能力的方法和对策，最后由杨朝晖主笔，赵永林、张晓、钟晓燕、饶晗参与，共同完成了完整的《“五进”之“进图书馆”实践研究报告》。

2. 论文成果

在本课题研究的整个过程，完成阶段性论文6篇：

（1）张林柏：《浅谈“互联网”背景下新型读书模式的构建》，载《明日风尚》2017年7月。

（2）余建想：《民办高校图书馆吸引学生入馆阅读的相关策略分析》，载《长江丛论》2018年6月。

（3）黄悦标：《应用型高校大学生阅读文学名著的必要性研究》，载《湖北函授大学学报》2018年4月。

（4）黄悦标：《大学生可以通过碎片化学习树立终身学习理念》。

（5）赵永林：《影响应用型民办高校大学生阅读能力的客观因素分析——以广州工商学院为例》。

（6）杨朝晖：《民办高校思政课视阈下学生阅读能力研究》。

五、“进图书馆”实践研究成果的应用与推广

本课题实践研究首先应用于选定的研究对象，通过不断摸索，总结经

验，提炼成果，然后将研究成果在本校进一步推广，使广大师生真正认识到阅读在大学生活及在人生各方面的重要地位，让学生自觉养成良好的阅读习惯，提高学习能力，善于思考问题，让阅读在每一个学生身上都真正发挥其应有的功能。此外，研究过程中形成的一系列阶段性论文都是本项目成员研究的理论成果和实践成果，符合民办应用型高校学生特点，具有较强的可行性和指导性，也可为同类学校解决学生阅读困惑提供经验参考。

"'五进'教育实践活动的理论与实践研究"之"进实验实训室"实践研究报告

罗荣富

一、"进实验实训室"实践研究的背景、目的与意义

党的十九大报告指出："建设教育强国是中华民族伟大复兴的基础工程，必须把教育事业放在优先位置，深化教育改革，加快教育现代化……落实立德树人根本任务，发展素质教育……完善职业教育和培训体系，深化产教融合、校企合作。"这对于民办应用型本科高校的发展而言，既是机遇也是新时代的使命。本课题的研究正是立足于这一时代大背景下，从实践角度探索培育高素质应用型人才的新途径。

（一）"进实验实训室"实践研究的背景

中国特色社会主义进入了新时代，迅速发展的社会与不断腾飞的经济要求高等教育也随之进行深化改革。经济迅猛发展，对专业人员需求日益旺盛，作为中国高等教育重要组成部分的民办应用型高校，要培养高技术人才，与教学质量息息相关的实验实训室便成为建设之重。但由于民办应用型高校投资主体的特殊性，使其具有一定的独特办学特点，表现在运行机制、管理模式、人才培养目标、教师队伍成份、生源状况等各个方面，加之民办高校学生思想方面存在的独特性，使得学校在实验实训室建设、管理和学生进实验实训室方面存在着一些问题。

一是理念因循守旧。很多民办应用型高校在实验实训室的建设和管理工作上缺乏大局观念，没有从学校的长远发展和多专业实验实训平台共享出发，而仅从单一专业的发展来进行规划，要么导致实验实训用房和设备紧张，要么出现设备重复购置、设备闲置等现象；仍然存在理论与实践二元分离的现象，将实践教学摆在较轻的位置，认为它是理论教学的附属和延伸，只注重对理论知识的复习巩固，而忽视了学生实践技能与创新能力的培养。二是一些实验室专业人员素质不高。民办应用型高校往往将实验教学人员定为教辅人员，其在薪资、待遇、职称、津贴等方面与专业教师存在较大差

距，学校在人员配备上重点倾向教学与科研工作，引进的高素质人才都融入了教师队伍，对实践教学所需的高素质人才引进较少，造成实验实训室管理队伍的人员结构不合理，表现为年龄偏大或过小、学历偏低、职称难晋升、管理人员不足、工作责任心不强等问题。三是实验实训室的建设资金、场地及开放运行时间得不到保障。具体表现在：①实验实训室仪器设备陈旧、不足或更新滞后，影响了实验实训室的发展；②实验实训室场地供需矛盾突出，一室多用、被挤占或资源不愿共享，严重约束了实践教学的正常开展；③实验实训耗材保障经费不足，耗材不能及时补充，影响了实验实训教学工作的正常开展；④实验实训室开放时间一般在上课时间，有实验实训课时才会对学生开放，学生大多是草草完成实验实训任务，没有对实验实训课程进行充分思考与设计，缺乏主动思维能力的培养，较大程度地限制了学生潜力的发挥，同时打击了学生的积极主动性。四是部分学生进实验实训室的积极性和主动性不高，目的不够明确，综合运用所学理论来分析问题、解决问题的能力不足。目前我国已进入社会主义新时代，如何在高等教育发展的新时代创新实验实训室的建设与管理及实现实践性教学的新作为，如何更好地引导学生进实验实训室，已成为当前民办应用型高校管理者及全体教师面临的重要课题。

（二）“进实验实训室”实践研究的目的

实验实训室作为培养学生专业技能的重要场所，在某一方面扮演着企业角色，学生在这里可以模拟或仿真工作岗位进行技能培训，以适应社会需求与岗位需求。因此，如何做到实验实训室建设的系统规划和管理，如何让学生能更主动地走进实验实训室、更好地达到理论与实践的有机融合，从而提升学院应用型技术技能人才的质量就显得十分必要。本课题的研究目的在于：

1．为推动应用型高校校企合作深化改革提供案例参考

党的十八届三中全会做出“加快现代职业教育体系建设，深化产教融合、校企合作，培养高素质劳动者和技能型人才”的重大战略决策；党的十九大报告进一步提出要深化教育改革，加快教育现代化。为实现我国社会转型，提供智力保障和技术支持，一项重要任务就是要根据各区域产业结构转型发展实际，进而探寻出一种具有区域特色的校企合作方式，而校企之间合作的关键环节之一就是校企在实训基地建设方面的合作。在校企实训基地建设合作中，应用型高校理应率先做好合作，这就要求解决在产业结构转型发展背景下实施校企合作的一系列实践问题。该研究无疑可以对我国应用型高等教育在解决校企合作的实践问题方面提供实践参考。

2. 掌握民办应用型高校学生“进实验实训室”的现状

课题组通过对本校学生进行广泛调查，了解当前学校实验实训室的状况，当前学生进实验实训室的动机、时间、存在的问题等情况，在调查的基础上深入分析影响学生进实验实训室现状的原因，为进一步规范学校管理、引导学生进实验实训室提供实证支持。

3. 探索民办应用型高校学生“进实验实训室”的具体对策

针对调查结论的分析，对症下药，在本校选取研究对象，有计划地开展实验实训活动，对活动实施效果进行分析，探讨激发学生进实验实训室的兴趣，明确进实验实训室的价值与意义，提升进实验实训室效率的有效策略。

（三）“进实验实训室”实践研究的意义

实验实训室是高校进行实践教学、技能鉴定、技术培训、科技研发、社会服务的主要场所，是学校办学的基本条件，是实践工学结合人才培养模式的重要保障。实验实训室的建设与管理水平是衡量一个学校教育教学水平、人才培养质量、师资队伍素质和整体管理水平的重要指标。学生“进实验实训室”的状况，直接影响到高校人才培养目标的实现。孔子曰：“工欲善其事，必先利其器。”对于高校的教育来说，实验实训室不单是“器”，更是重“器”。美国著名教育组织行为学专家罗伯特·G. 欧文斯曾在其著作《教育组织行为学——适应性领导与学校改革》一书中提出“行为 = f（人·环境）”的观点，即指行为是人与环境相互作用的函数。[①] 这被称为人类行为的场理论，而这正为本课题组实践研究方式创新提供了一种新的思路——从实践环境影响、氛围渗透的角度进行操作，通过以实践平台为抓手，总结近年来“进实验实训室”实践教学中的经验教训，以问题的破解为突破口，完善实验实训的建设与管理，探索学生“进实验实训室”的有效路径，引导学生进一步践行“德学”思想，巩固课堂知识、不断提高实践操作能力，努力培养自身公共道德、职业道德和团队协作精神，更好地适应社会的发展需要。因此，对进实验实训室深入研究，优化建设规划，创新管理理念，全面提升实验实训室建设与管理水平，对高校教育事业的发展有着极其重要的现实价值和意义。

（四）“进实验实训室”实践研究的要求

为做好项目研究工作，课题组对实践教师及学生提出如下要求。

---

① 欧文斯. 教育组织行为学：适应型领导与学校改革［M］. 8 版. 北京：中国人民大学出版社，2007.

1．对组织实践研究的教师的要求

（1）按照“调查—实验实训—总结”顺序，实践教师要在事先调查的基础上，围绕实验实训项目的目标、步骤、具体操作、注意事项等制订详细周全的计划。

（2）实践教师在实验实训项目结束之后需要收集有关资料，包括方案、音像资料、学生心得体会、实践总结、调查数据分析等。音像资料要采集活动过程的三段：第一段介绍项目的目的、意义；第二段是学生参与过程；第三段是实践教师对实验实训项目的总结。

（3）实践教师要为学生列出每项活动所涉及到的相关知识、参考书籍、实验数据等并要求学生查阅。

2．对参与实践研究的学生的要求

确定项目进行中开设有相关实验实训课程的班级为平台，遴选对实践教学课兴趣浓厚、积极主动性高、组织纪律性强的学生参与实验实训项目。具体要求如下：

（1）必须是学院大一至大三的学生，且熟悉广州工商学院“五进”教育理论和“五进”教育实践活动的基本内容，学习认真，具有较强组织纪律性。

（2）熟悉学院的实验实训室规章制度，能严格遵守实验实训课的相关规定，能按教师要求完成相关实验实训任务。

（3）在开展实验实训时，做到课前有方案、课中有实践、课后有体会。

（4）在参与竞赛活动时，态度积极端正，要有“咬定青山不放松，任尔东西南北风”的精神，认真对待并完成竞赛任务。

（5）具有良好的团队协作精神，相互帮助，能与团队成员共进退。

二、“进实验实训室”实践研究的分工与实施

本课题涉及面广，跨部门多，协调性强，时间节点紧，对力量配置、职责分工、工作推进等要求高，只有通过精心组织实施，才能确保项目的质量和进度。

（一）“进实验实训室”实践研究课题组成员及分工

学院相关职能部门及本课题负责人对“进实验实训室”实践研究高度重视，分别成立了以思政部负责同志为正副组长的“五进”实践研究领导小组以及五个实践研究小组。“进实验实训室”实践研究小组成员分工如下：

（1）组长：罗荣富（思政部），负责课题实践研究的整体策划、组织实

施、跟踪总结。

（2）联络员：毛拓艺（经贸系），负责课题实践研究的成员联络、信息交流，并做好材料的收集、筛选工作。

（3）成员：

黄丽芳（物流系），负责调查问卷的设计、收发、调查报告的撰写。

方韵诗（经贸系）、施继华（经贸系）、李丹艳（董事办）、蒋慧娟（外语系）、黄雯（会计系），负责资料搜集、材料整理分析、阶段论文撰写。

（二）“进实验实训室”实践研究的具体实施

1. 2016年9月—2017年3月：调研及初步实践阶段

通过座谈会、访谈等形式了解学生进实验实训室的现状，走访相关教师，查看相关实验实训制度，了解学校实验实训室的管理运行情况，在此基础上进行问卷调查并做分析。

2. 2017年3月—2018年3月：实践研究推进阶段

（1）2017年3—5月：开展物流系2016级物流管理B2班的实验实训示范教学活动。

（2）2017年5—8月：考察外语系“英语角”兴趣小组的活动。

（3）2017年5—7月：进行会计系“会计学”和“中小企业会计核算”等课程实训。

（4）2017年10—11月：举办以2018届美术系毕业生作品为主的实验实训成果展。

（5）2017年12月：以参加第四届全国高校“联盟杯”互联网虚拟仿真经营大赛为契机，开展有关参赛项目的实验实训活动。

（6）2018年1月：举办物流系实验教师公开课、学生实验实训课座谈会。

3. 2018年3—12月：实践成果总结阶段

“进实验实训室”课题小组总结实践研究成果，撰写实践研究报告、论文，上报优秀实践成果。

（三）“进实验实训室”实践研究的研究方法

课题实践研究过程中主要运用了4种研究方法。

1. 文献研究法

大量参阅已有的相关研究成果，搜集和查阅各种书籍和文献，广泛收集关于高校学生进行实验实训的各种资料，了解相关研究现状和进展，并对以往的研究进行系统理论梳理，加以取舍综合，在吸收理论界现有成果及科学论证资料的基础上，进行再加工和完善，力求提高本课题研究的整体高度，增强研究的科学性和系统性，得出新的结论。

2. 实证分析法

从调查问卷、访谈和小型座谈会的角度入手，搜集本校学生“进实验实训室”的第一手材料，对本校学生实验实训有关的实践进行调研、数据分析、整理和总结，全面完整地进行归纳、提炼，理性系统地分析，得出切实可行、具有普遍意义、有价值的观点和方法。

3. 比较研究法

通过对开展实践活动前后两个不同时段学生“进实验实训室”的状况进行比较，寻找二者之间的联系和异同，验证实践活动的成效，找出可行的途径与方法。

4. 理论与实际相结合的方法

本研究注重抽象的逻辑推理、一般的理论思辨和观念叙述，注重增强研究的现实针对性，注重总结现有实验实训的方式方法和经验，分析把握本校当前学生“进实验实训室”的现状，理论联系实际，以实践研究指导和推进课题的开展。

三、“进实验实训室”实践研究的主要内容

根据当前社会对未来应用型人才能力培养的现实需求，结合学院学生实际，本项目主要围绕以下内容进行实践研究。

（一）“进实验实训室”实践研究的相关概念界定

根据本课题研究的需要，为更好地发现应用型大学生在“进实验实训室”方面存在的主要问题，探索“进实验实训室”的有效方法，课题组结合有关理论对课题研究的相关概念进行了界定。

1. “五进”

“五进”，即“进课室、进图书馆、进实验实训室、进体育场馆、进社会”。这是本项目主持人邝邦洪教授继“以德为行，以学为上”教育思想之后提出的又一个促进高校教师全面发展和大学生全面成才的教育理念。“五进”教育实践活动是一种行为强化的过程，通过“五进”的强化，让学生形成良好的学习、生活品德，为人处世的行为习惯，并外化出良好的道德行为，真正培养出高素质应用型的人才。

2. 实验、实训

实验指的是科学研究的基本方法之一。根据科学研究的目的，尽可能地

排除外界的影响，突出主要因素并利用一些专门的仪器设备，而人为地变革、控制或模拟研究对象，使某一些事物（或过程）发生或再现，从而去认识自然现象、自然性质、自然规律。

实训是职业技能实际训练的简称，是指在学校控制状态下，按照人才培养规律与目标，对学生进行职业技术应用能力训练的教学过程。从时空上分，有校内实训和校外实训，包括教学见习、教学实训和生产实训；从形式上分，有技能鉴定达标实训和岗位素质达标实训，包括通用技能实训和专项技能实训；从内容上分，有动手操作技能实训和心智技能实训，包括综合素质要求（创业和就业能力统称跨岗位能力）实训。

3.“进实验实训室”

“进实验实训室”是指大学生在学习专业知识的基础上，积极进入校内实验实训室和校外实验实训室进行技能实际训练，通过实验、实践能力的训练，不断提高学生的动手能力、实际操作能力和解决问题能力，与此同时，努力培养学生的公共道德、职业道德和团队协作精神。

（二）“进实验实训室”实践研究的前期调查研究

“进实验实训室”实践研究调查分前期调查与后期调查。前期针对学生“进实验实训室”的实践现状进行调查，发现问题，在此基础上制定“进实验实训室”研究项目建设方案；后期调查“进实验实训室”实践研究项目的进展和建设成效，以便及时总结经验，致力形成常态化、科学化的体制机制，在动态化的实践研究及建设过程中，进一步完善“进实验实训室”的运行机制。

1. 研究范围及调查方案

课题组为了深入掌握本校大学生当前“进实验实训室”的现状，更加有效地开展本课题的研究，对研究范围及调查方案进行精心的准备，科学确立课题研究的范围、正确地编制调查方案。

（1）调查范围。课题组在2016年9月—2017年3月通过问卷、召开学生座谈会、访谈等形式进行实践研究前的调查，了解学生“进实验实训室”的现状，走访相关教师，查看相关实验实训制度，了解学校实验实训室情况，在此基础上制定调查问卷进行现状调查，并做质量分析。

（2）调查方案。此次调查以问卷的形式进行。问卷内容分为四大模块，由33个问题构成，均为单选或多选题：第一模块为个人基本信息；第二模块为学生“进实验实训室”的基本情况；第三模块为学校实验实训室的基本情况；第四模块为学生对学校实验实训教学的感受。本次调查共发放问卷400份，回收问卷400份，问卷回收率为100%，其中有效问卷397份，有效率为99.25%，达到调查的要求。

2. 调查数据分析和问题反馈

本次调查选取广州工商学院2014—2017级学生，大一学生220人、大二学生152人、大三学生22人、大四学生3人。学生主要分布在物流系、经济贸易系、会计系、计算机科学与工程系四个系，占比92%（见图1、图2）。

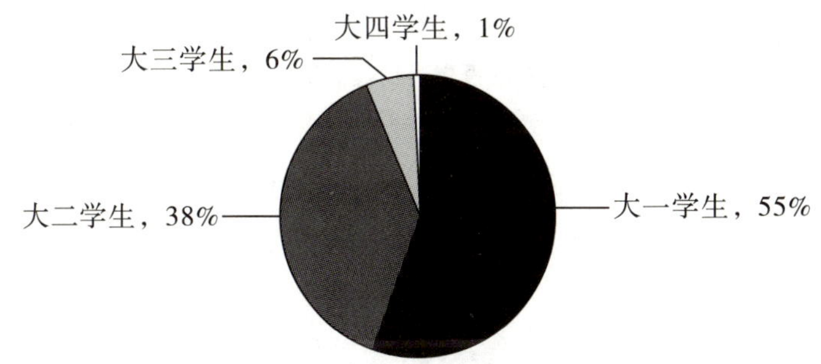

图1 参与调查问卷的不同年级学生占比

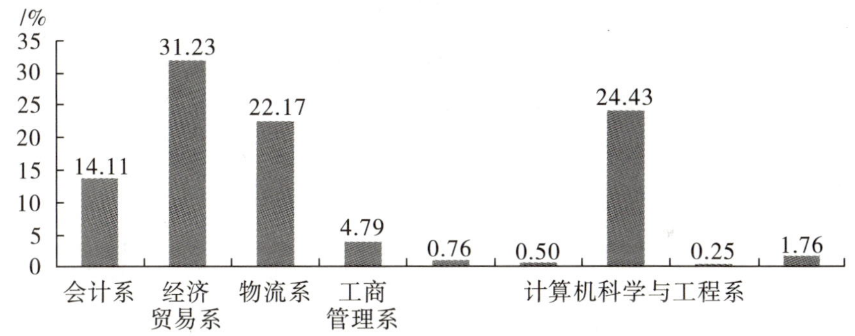

图2 参与调查问卷学生各系占比图

通过对有效调查问卷数据的分析，梳理出“进实验实训室”的现状及存在的主要问题：

（1）学生“进实验实训室”的动机和形式比较单一，实验或实训时间次数略少，实验实训的积极性有待提高。

根据397份有效问卷调查数据显示，其中294名学生有迫切“进实验实训室”的想法，占比74.06%（见图3）；但进入实验实训室参加过实验实训活动的只有233人，占比58.69%（见图4）；此外，有166名学生每学期进入实验实训室的次数为1~5次，占比达41.81%，只有57人每学期进实验实训室次数达到11次以上，占比14.36%（见图5）。可见，学生“进实验实训室”的积极性有待提高，实验或实训次数有待增加。

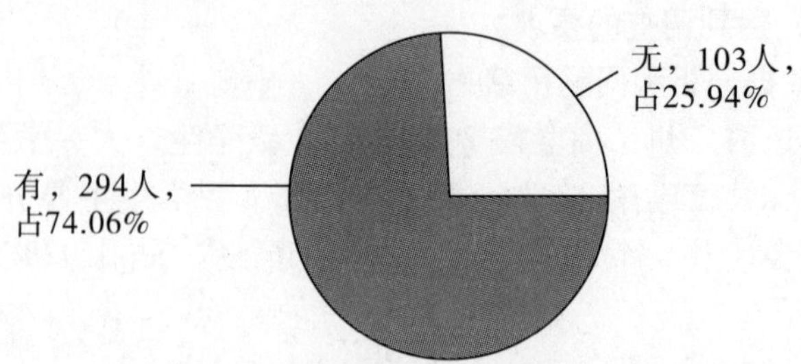

图 3　平时是否想过到实验室做自己想做的实验或实训实践

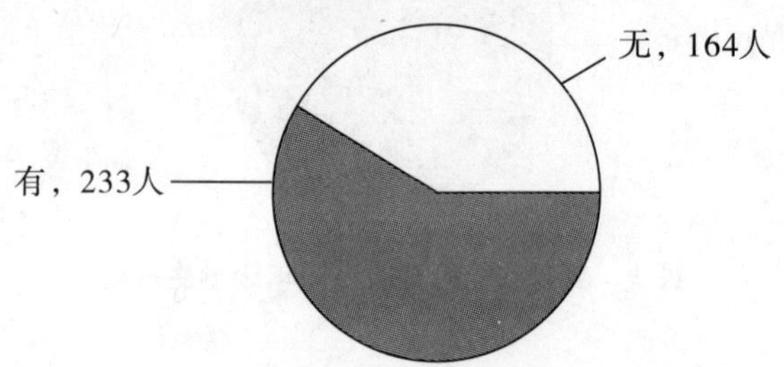

图 4　是否进入实验实训室参加过实验实训活动

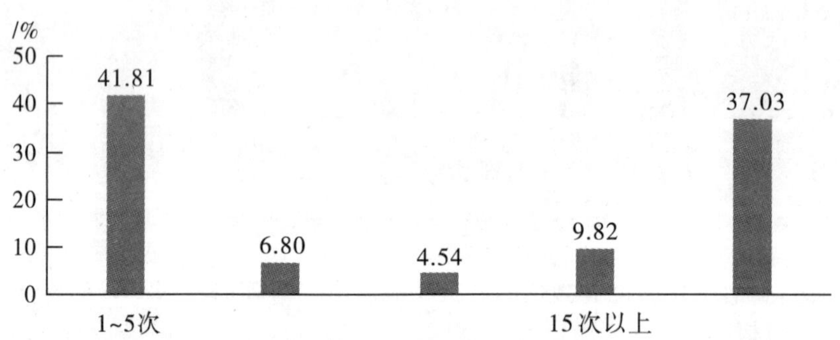

图 5　每学期进实验实训室的次数

学生“进实验实训室”的次数有 147 人是根据上课情况而定，215 人“进实验实训室”的初衷是因为上课，占比 54.16%（见图 6）；“进实验实训室”的时间有 302 人选择根据任课教师安排，占比 76.07%（见图 7）；300 人进入实验实训室只是进行与专业相关的实验或实训操作，占比 75.57%，做基础实验和大学生创新创业或科研项目实验的仅占比 24.44%（见图 8），这些数据反映出学生进入实验实训室的动机和形式比较单一，主观能动性有待提高。

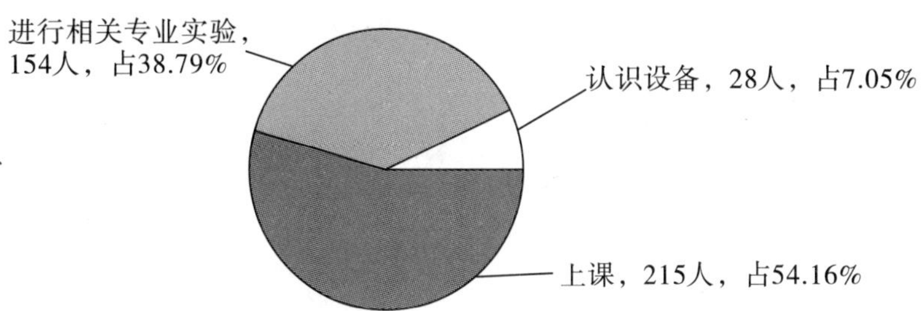

图 6　进实验实训室的动机

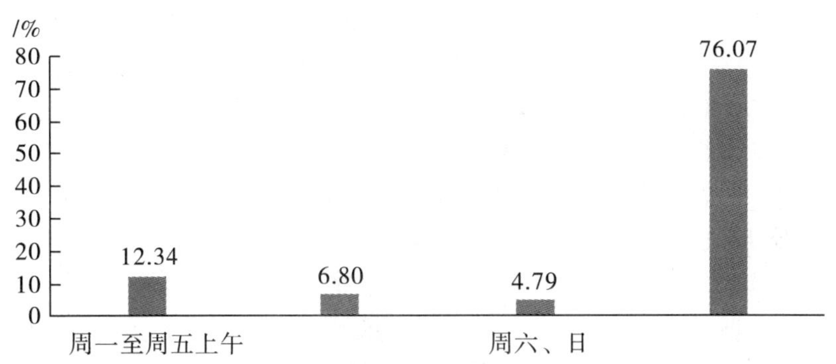

图 7　进实验实训室的时间

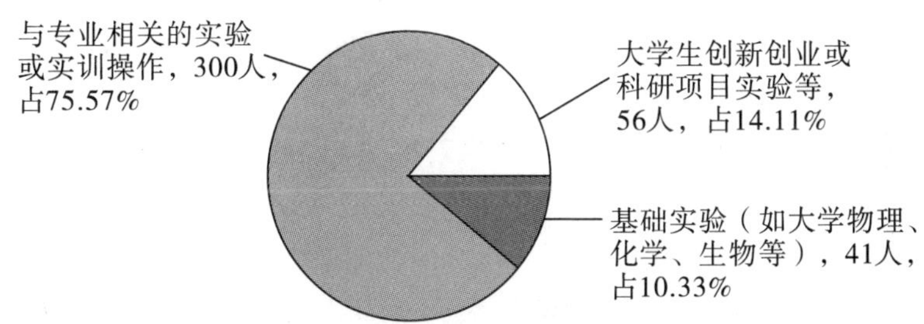

图 8　进实验实训室的形式

（2）实验实训室硬件设备有进一步提升的空间，实验实训室管理方式有待改进，学生对于“进实验实训室”的重要性认识有待提高。调查问卷数据显示，对于目前学院实验实训室设备的数量是否满足实验需求，有 307 名学生认为可以满足，占比 77.33%，只有少部分人认为不太能够满足实验实训需要（见图 9）；关于“进实验实训室”的障碍因素，只有 16 名学生认为是设备不完善造成的，表明学校实验实训室硬件设备还有进一步充实完善的空间。

此外，学校实验实训室管理方式也有待改进。有 254 名学生认为学校实

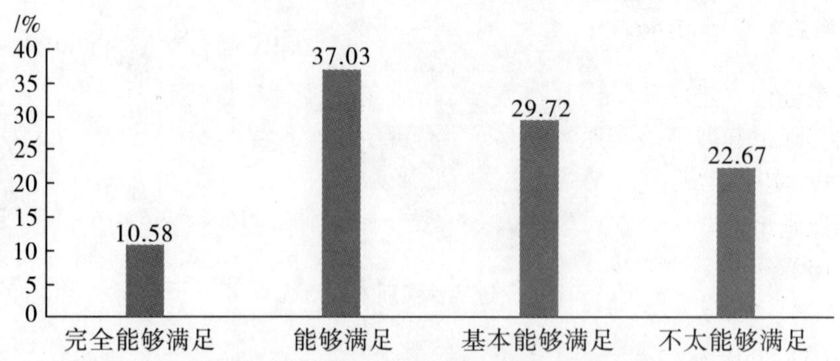

图 9　实验实训室设备数量是否满足实验需求

验实训室不是开放式管理；208 名学生认为实验实训室的开放数量和次数不太能满足学生对实践教学的需求。这表明亟需构建开放式、能够满足学生大部分实验实训需求的实验实训室管理机制；部分学生也对“进实验实训室”的意义认识不足、积极性不高，对于设备操作比较生疏甚至完全不会。

（3）实验实训室制度建设需进一步完善，师资力量需要进一步充实提高，实验实训课程安排需要进一步优化。在调查学生对实验实训室环境满意度方面，超过 84% 的学生对学院的实验实训室环境表示非常满意，认为不但设备先进、充足，完全满足学生的实验实训要求，而且课室宽敞明亮；但也有少部分学生认为实验实训室有点嘈杂（见图 10）。对于学校在实训时的安全教育方面，认为进行过安全指导和教育的学生占比达 97%，只有个别学生认为个别教师讲得不够详细。

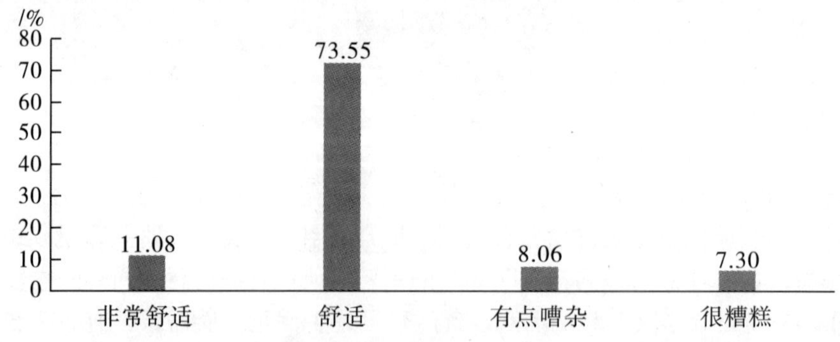

图 10　学生对实验实训室满意度

关于实验实训师资力量，有 303 名学生表示一般满意，占比 76. 32%；对实验实训课程安排，346 名学生满意度在非常满意和比较满意以上，合计占比 87. 15%，仅有 13. 85% 的学生认为不太合理，需要增加专业实训课程。

（三）“进实验实训室”实践研究的基本内容

在进行“进实验实训室”前期调研的基础上，课题组针对问题，结合学校的实际，开展了一系列的实践研究活动。

1．实践对象

课题组选取了以下六个小组作为本次研究的实践对象。

（1）经贸系“广工商六人行”团队。

（2）美术系室内设计专业 2018 届毕业生。

（3）外语系“英语角”兴趣小组。

（4）会计系会计实训课程的学生。

（5）物流系食品安全实验实训示范课的学生。

（6）物流系 2017 级实验实训交流会实验教师、学生。

2．实践时间

实践活动时间从 2016 年 9 月开始，到 2018 年 1 月结束。

3．实践地点

本次各类实践研究活动集中在实验实训班、实训课程所在系实验实训室及相关场所。

4．实践方法

实践研究活动采取定“实验班、实验团队、实验课程、实验教师”的方法，对实验进行跟踪并及时总结。

5．实践内容

根据社会对应用型人才能力的需求，本项目的实践内容主要包括：

（1）备战及参加“2017 年第四届全国高校‘联盟杯’互联网 + 虚拟仿真经营大赛”的实训实践。2017 年 6 月，“进实验实训室”实践研究课题组联合经贸系根据“第四届全国高校‘联盟杯’互联网 + 虚拟仿真经营大赛”通知的要求，抽调系里精干的教师和辅导员开始组织参赛队伍，先以班为单位进行初赛。8 月，在各班初赛的基础上，选出优秀的选手组织 6 个小队，参加系的第一轮比赛。10 月在第一轮比赛的基础上，经过筛选和系部指导教师评议，最后选拔出 6 名优秀选手组建了“广工商六人行”团队，于 2017 年 12 月 1—2 日参加了在四川外国语大学举行的“第四届全国高校‘联盟杯’互联网 + 虚拟仿真经营大赛”。在比赛过程中，选手们沉着冷静，自信从容、认真分析、分工明确，成员间更是紧密配合、相互激励。正确、高效运用所学的经济类专业知识模拟公司运营全过程，展现出扎实的理论水平和解题基本功，在张老师的倾力指导下，“广工商六人行”团队以过硬的心理素质、出色的临场发挥，克服比赛中设置的层层阻力，顽强拼搏，最终斩获二等奖的佳绩。

（2）共建创新创业实训基地。广州工商学院结合专业特点和人才培养要求，紧密围绕高等职业教育和应用型院校的特点，建立了一系列创新创业实训基地，旨在不断创新人才培养模式，加强创新创业教育和就业指导服务。"进实验实训室"实践研究课题组与经贸系、美术系、校企业合作中心共同到相关企业走访，洽谈合作意向，选取合作对象，撰写合作方案，商谈合作事宜，最终4个大学生创新创业实训基地由学院与合作企业共建完成（见表1）。基地采取"校企合作、实习实训、创新创业"三位一体的模式，以真实的项目、真实的企业运作环境，为创新大学生的创业意识，提高创新创业能力，孵化创新创业项目，实现"企业、学校、学生"三方共赢的目标。

表1　广州工商学院大学生创新创业实训基地项目

项目	实训主要内容
菲卡丹 校园创业中心	由广州工商学院投入场地，爱上美公司投资，双方共同运营、共同管理。学生在这里，一是在可以学习美容化妆、美甲等知识的同时进行勤工助学；二是通过门店运营管理及实践锻炼，培养职业道德、团队合作精神、敬业精神，为培养连锁门店店长做准备；三是提前接触企业，做好职业生涯规划。为了鼓励学生创业，爱上美公司将把这里所得利润的20%作为学生加盟店的创业基金
电子商务运营中心	目前主要为企业提供电子商务服务。学生主要是参与企业网店的运营、店铺装修、网络营销、网站维护、网站优化等项目，提高综合素质和就业能力。同时这里还将开拓快递物流业务，主要目的是为学生提供仓储与物流实践，培养学生吃苦耐劳、诚信精神和责任感，提高学生的相关业务能力
门店体验中心	这里是依托花都狮岭——中国皮革皮具之都，与广东省皮具创意文化协会共同创建门店体验中心，由广州工商学院提供场地，企业出资装修，会员企业提供产品。按照职业经理人管理团队方式面向全院组建营销团队，开展箱包的线上线下直销。目的是培养学生的营销技能、沟通技巧、商务礼仪、团队合作精神以及服务意识，提高学生的就业创新能力
京东校园实训中心	由广州工商学院提供教学实训平台，企业为学生提供可持续发展的职业通道，对参与学生进行阶段培训。学生通过对企业业务的实操了解电子商务平台运营流程，同时培养良好的心理素质、社交沟通能力、逻辑思维及危机处理能力，促进职业认知、职业素养、职业道德、职业心态的养成

（3）积极开展"模拟经营节"活动。"模拟经营节"突出学院院长邝邦

洪教授所提出的，积极倡导开展“五进”活动中“进实验实训室”的要求，让大学生在学习专业知识的基础上，以此为平台积极进入校内实验实训室和校外实验实训室进行技能实战化训练，通过有针对性的实践能力训练，不断提高实际操作能力，同时努力培养公共道德、职业道德和团队协作精神。

“模拟经营节”始创于2004年，迄今为止已成功举办十三届。作为广州工商学院独具特色的综合知识应用实训模拟、教学活动，它具有创业实践教学和校园文化活动的双重特点。“模拟经营节”的举办时间为每年5月初，活动持续三天，直接面向全校学生，学生以自由组队的形式通过竞投摊位并开展市场经营活动，并将所有在校师生作为真实的顾客。学生通过“创办各类企业、经营各种商品”，感受市场运行的规律，熟悉企业创办要求与程序，实践经营与管理理念，真正体验“挣钱”与“赔钱”的酸甜苦辣，锻炼自主创业的胆量。在“模拟经营节”活动中，学生全面实践课堂知识，顺利完成模拟公司的成立、市场调查、资金筹集、摊位策划、营销策略、采购进货、广告宣传、市场开业、商品经营等全过程的经营与管理，解决了大学生创业存在的缺乏运营、营销等方面经验，创新能力不强，心理承受能力弱等问题，培养了创新创业能力和团队合作的精神。2017年5月，第十五届模拟经营节如期开幕，本届模拟经营节由“进实验实训室”实践研究课题组牵头，校团委和经贸系承办，并新增设兄弟院校专场和晚会，共设置80个摊位，充分满足了学生的摊位需求，也给予了消费者更多的选择，吸引了大量学生前来购物。在此期间，工作人员对摊主及前来消费的学生进行随机采访，他们纷纷表示，模拟经营节为同学们提供了一个实践的平台，在增强同学们团队协作意识的同时，也提高了同学们的团队沟通能力，丰富同学们的课余生活，是一场精神的盛宴。

（4）开展品牌营销沙龙。2017年4月24日，国务院同意了国家发改委《关于设立“中国品牌日”的请示》（发改产业〔2016〕2484号），并确定从2017年起，将每年5月10日设立为“中国品牌日”。为了喜迎首个中国品牌日（2017年5月10日），贯彻国务院办公厅《关于发挥品牌引领作用推动供需结构升级的意见》（国办发〔2016〕44号）中关于“加强人才队伍建设，培养引进品牌管理专业人才”“关注自主品牌成长，讲好中国品牌故事”和国务院办公厅《关于开展消费品工业“三品”专项行动营造良好市场环境的若干意见》（国办发〔2016〕40号）中关于“建立品牌人才培训服务机构，形成多层次的品牌人才培养体系”的精神，“进实验实训室”实践研究课题组组织学院2016级市场营销专业师生参加5月6—8日在广州举办的“2017年（新加坡）全球品牌策划大赛中国地区选拔赛”总决赛，在领导指导与支持下，又组织了“中国品牌日——广工商品牌营销沙龙”活动，推进与强化品牌人才培养，提升师生品牌服务意识。

此次活动由课题组毛拓艺老师主持，对本次活动做了具体介绍，对品牌营销及前沿动态做了展望。李习纯副系主任特意为此次活动换上了世界知名品牌的服装，并就品牌对营销的重要性做了重要讲话，从三个层面教导学生重视品牌对营销的重要性、对企业的重要性。张艳霞老师做了以“立足广州地缘产业，服务企业品牌建设”的主题演讲，并就“2017 年（新加坡）全球品牌策划大赛”参赛及策划案应如何做进行简要介绍。两个参赛组的组长冯振威和何砺乾同学，小组代表郑健彬、莫晓东、黄丽雯同学为师生们分享参赛经历与感想。办公室主任黄享政作为指导教师之一，基于校企合作及以往的工作过程中的经验，强调企业品牌建设的重要性，呼吁学生平时练好基本功，争取为品牌建设献策献力。

（5）创新课程实训，提高学生“进实验实训室”积极性。2017 年 9—12 月“进实验实训室”实践研究课题组与会计系相关教师在 2017 级会计 B2 班共同开展了为期一个学期的“会计技能实训”课程实训，希望以此为契机，引导学生更加注重实践的学习、更多地走进实验实训室，提高学生“进实验实训室”积极性。本课程截取一个企业一个月内的生产经营活动的全部，给学生提供独立思考的空间，使学生体会理论与实践的差异，获得真实的体验，提高学生的实践能力，培养学生的创新精神，使学生了解会计各要素的构成及核算的内容，掌握各种凭证填制技巧，了解会计登账的流程，掌握会计报表的编制。按课程内容在三水校区会计系专用实训室进行了以下九个项目实训，分别是：项目一，会计技能训练概述；项目二，会计书写技能；项目三，珠算技术；项目四，票据填写规范；项目五，点钞与伪钞识别；项目六，数字小键盘录入技能；项目七，电子收银机技能实训；项目八，财务印章与会计档案保管技能；项目九，输入法。通过一个学期的会计实训，学生对会计账目的整个流程有了清楚的认识和体会，大大激发了学习的热情。

（6）组建实验实训兴趣小组，开展小组实验，培养学生进实验实训室的兴趣。人类一切重大科学发现与科技成果，几乎都是建立在实验的基础上，都是人类通过科学实验获得的，做好实验对掌握理论知识有重要作用。食品化学实验主要包括美拉德反应与焦糖化反应、多糖的性质、蛋白质的功能性质和食品的风味等内容。食品化学实验的教学目的是使学生获得食品主要营养成分的基本性质和应用方面的知识，训练和培养学生进行食品化学实验的基本技能，培养学生观察和分析实验现象的能力，培养学生分析问题和解决问题的能力。通过实验培养学生理论联系实际的作风，实事求是、严格认真的科学态度与良好的工作习惯。“进实验实训室”课题组与物流系食品专业组建实验实训兴趣小组“生命科学创新团队”，于 2017 年 9—12 月开展了

“美拉德反应与焦糖化反应、多糖的性质、蛋白质的功能性质、食品的风味”4 个实验。小组成员非常珍惜这宝贵的实验机会，每次实验前对实验内容都有预习，写出实验预习报告，明确实验目的、原理、方法和注意事项；在实验过程中手脑并用，每一步实验操作都思考该操作的目的和作用、可能出现的现象等；实验时听从教师的指导，严格按操作规程进行实验，仔细观察实验现象，积极思考；用实验记录本，认真如实记录实验步骤、过程、数据和现象，并将实验过程中所测得结果和数据，进行整理、计算和分析，认真书写实验报告，按时交给指导教师批改。

（7）开展教师实验实训课程公开课，邀请有关学生、教师观摩。为推进学院教育改革和创新，进一步落实新课程理念，提升教师驾驭课堂教学的能力，引领学生更加积极地进实验实训室，“进实验实训室”课题组 2017 年 11 月 13 日上午邀请物流系王教授上了一堂实训公开课。课题组成员、学院督导办赵主任、张老师，经贸系易主任和此时段没有教学任务的老师都到场听课。王教授教学经验丰富、准备充分，能运用多种教学手段，各个步骤环环相扣，衔接自然得当。学生积极配合，课堂气氛活跃。创新的课程理念渗透到了教学环节之中，教学效果良好。本次公开课为学院实验实训教师提供了一个交流学习的机会，使教师在教学、教研方面互相学习、互相促进，推进学院整体实验实训教学水平不断提高。

（四）“进实验实训室”实践研究的成效分析

此次调查针对前期参与调查的大一、大二学生进行跟踪调查，通过对第二次调查数据的分析，获取“进实验实训室”研究和建设成效。

1. 调查方法

本次调查主要运用问卷调查法、跟踪调查法。对前期调查中实验系、班、小组的学生进行跟踪调查，获取相关数据，评估进实验实训室实践研究和建设的成效。

2. 调查对象

广州工商学院 2015—2017 级学生，调查学生人数 372 人。

3. 调查目的

对进实验实训室实践研究的成效进行成果检验调查，以便及时总结经验，致力于形成常态化、科学化的体制机制，在动态化的实践研究及建设过程中，进一步完善和加强进实验实训室的实践机制。

4. 调查基本情况

本次调查对前期调查的 2015、2016、2017 级学生进行滚动式调查，调查学生人数共 372 人，回收有效调查问卷 372 份。

5. 调查数据分析和实践研究成效总结

针对进实验实训室前期调查反映出的相关问题，在实践研究活动把探索促进应用型高校大学生“进实验实训室”的方法路径作为重点，以行动为导向，以项目为载体，以提高学生进实验实训室的积极性和参与度为目标，真正使“知行合一”在教学过程中落地生根。

第二次调查反馈的数据表明，通过一系列“进实验实训室”实践研究活动的实施，学生进实验实训室的热情显著提升，实验实训课程与时间安排趋于合理，实验实训室制度建设更加完善。学生进实验实训室动手实操能力得到锻炼和提升。

（1）学生进实验实训室的积极性明显提高，对于本专业进行实验或实训的渴望进一步增强。对于前期调查 372 位学生的跟踪调查显示，平时想进实验实训室进行实验或实训的学生人数达到 343 人，占 92.20%（见图 11），其中 320 人进行过实验实训，占 86.02%，较前期 58.69% 的比例提高明显，学生进入实验实训室的积极性有了显著提高（见图 12）。

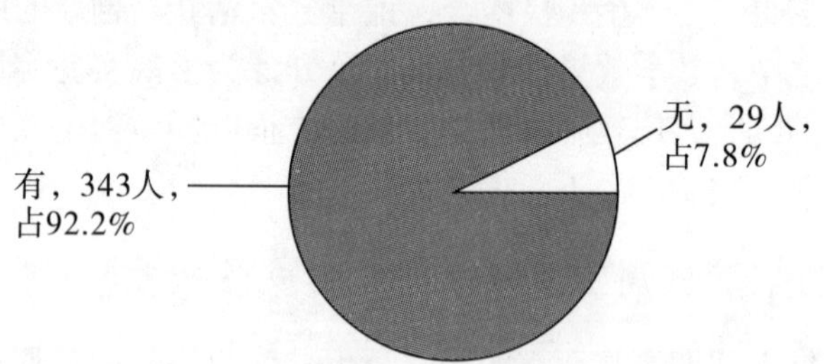

图 11　平时是否想过到实验室做自己想做的实验或实训实践

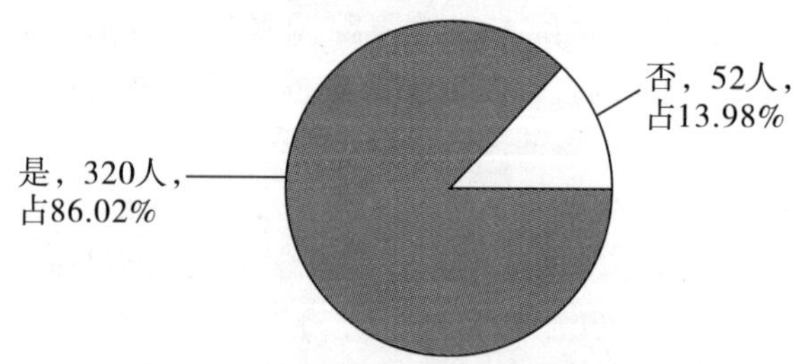

图 12　是否进入实验实训室参加过实验实训活动

（2）对于实验实训的重要性认识有了较大的提高，在实验实训室进行实验实训的时间显著延长。本次调查数据显示，在实验实训室实践半天以上的学生人数占比达 82%（见图 13），表明“五进”之“进实验实训室”实践活动在学生群体中已得到良好贯彻。

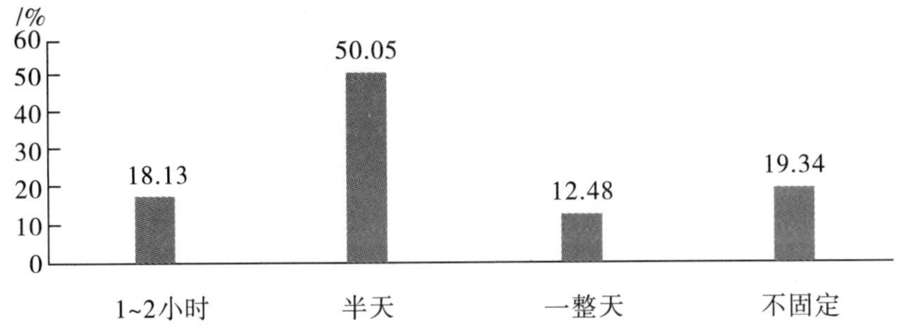

图 13　进行实验或实践的时间

（3）经过一系列实践研究活动及在可行性政策建议下，学校实验实训课程与时间安排调整更趋于合理化、科学化，学生对于实验实训课程安排不够合理的诉求降低。本次调查认为实验实训室开放数量和次数能够基本满足实验实训需要的比例已达 94.65%，较前期调查的 77.33% 提升显著（见图 14）。对于实验实训课程时间安排满意度也有显著提高，满意比例达到 93.11%（见图 15），较前期 87.15% 满意度提升明显，反映出学校实验实训课程时间安排更加趋于合理化和科学化，有利于调动学生进实验实训室实践的积极性。

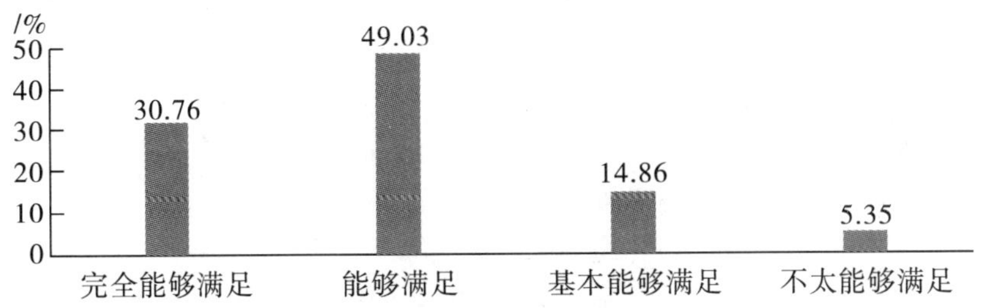

图 14　实验实训室设备数量是否满足实验需求

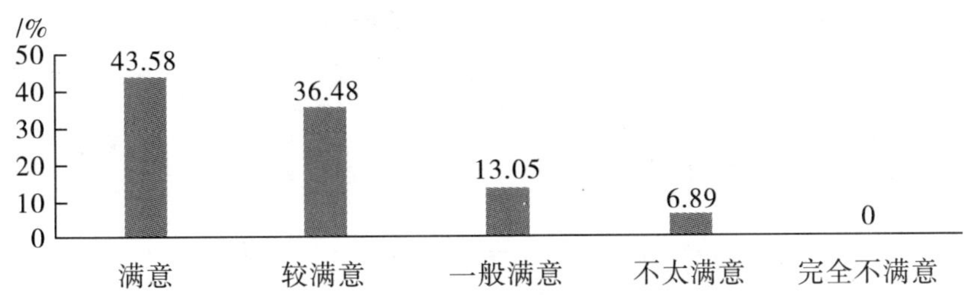

图 15　对于实验实训课程时间安排是否满意

（4）学生进实验实训室目的更加明确，不再只是为了应付上课，进行创业创新或科研实验实训的比例明显提高。进入实验实训室进行专业实验实训的比例明显提高，只是因为上课而去进行实验或实训的比例下降明显，从前期调查的54.16%下降到今次的15.86%（见图16），学生进实验实训室的主观能动性增强，反映出学生对于实验实训的重要性认识提高。

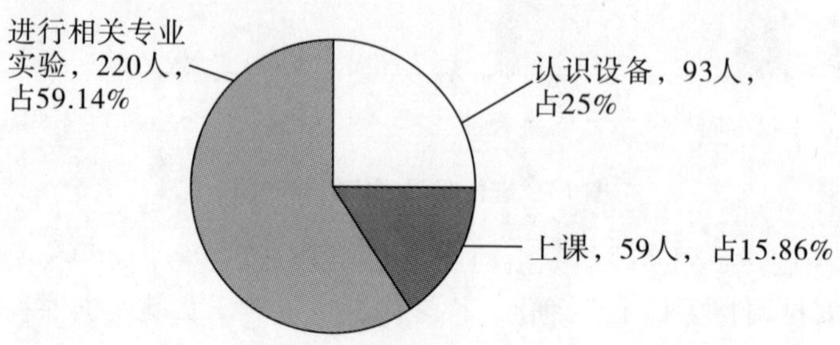

图16　进实验实训室的动机

（5）进实验实训室进行大学生创业实践或科研项目实验的人数增加明显。在国家大力提倡“双创”的大背景下，应用型院校应加大创新创业教育的力度。经过实践活动，学生进实验实训室进行创新创业或科研项目实验的比例已达27.42%（见图17），远超前期的14.11%。这既契合了国家的政策要求，也符合应用型本科院校的培养目标，同时也提升了学生综合素质。

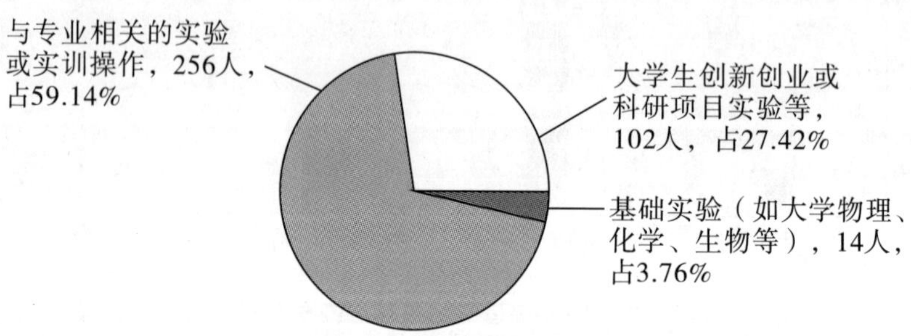

图17　进实验实训室的形式

“进实验实训室”实践研究的后期调查数据表明，促进学生“进实验实训室”的主要方法路径是可行的，对于激发学生“进实验实训室”的热情是有益的，“进实验实训室”实践研究系列举措是富有成效的。

（五）“进实验实训室”实践研究的结论及对策

“进实验实训室”的实践研究证明，探索促进学生进实验实训室的主要路径方法有效可行，对加快向应用型高校的转型发展具有积极作用。

1.“进实验实训室”实践研究的结论

（1）学生“进实验实训室”的积极性有较大的提升。学生通过亲身的实践和体验，对“进实验实训室”的内涵有了更进一步的了解，对“进实验实训室”的意义和重要性加深了认识，大大增强了学习能力。学生在实验实训过程中，既培养了足够的创新意识，又结交了志同道合的朋友，加强了团队力量，培养了自身公共道德、职业道德和团队协作精神，让学习的氛围越发浓厚，实践兴趣也逐步培养起来。课内学习理论知识，课外巩固并实现应用，使学生在毕业时能更快地适应新时期企业招工的新标准。

（2）学生管理综合能力的锻炼。根据调研发现，开放实验实训室一般采用智能化管理，平日里学生自主管理，并结合教师监督的方式运行。作为开放运行的实践创新基地，平时学生进出较频繁，日常的管理可委托爱好电子的学生作为总负责人，主要负责实验室日常的设备进出、实验室安全等事宜，同时自行制定开放实验室管理制度及学生安全守则，并按章执行，不定期向负责的教师汇报。让学生负责实验室的管理工作，锻炼了他们的组织能力，实践的积极效果也会得到体现。

（3）教师对“进实验实训室”的管理水平有所提高，学校的实验实训资源得到充分盘活利用。邓小平早就明确指出：“一个学校能不能为社会主义建设培养合格的人才，培养德智体全面发展、有社会主义觉悟的有文化的劳动者，关键在教师。”① 在参与实践研究过程中，许多实验实训教师的观念发生了很大的变化，从过去的单纯上课转变为现在的“课前引导好，课堂指导好，课后辅导好”②。相关管理人员的服务意识、安全意识等明显提升，他们创新管理模式，建立了学生主管、以提高实践能力为目标的开放实验室，并借鉴其他院系在开放设备管理、安全等方面的智能化管理模式，既盘活利用原有的学校资源，又省去了管理各方面的烦琐。平日里除了实验教学、毕业设计外，学生没有太多的机会来摸索实验室设备。课题组建立了开放实验室，提供实验设备资源，让学生尝试新的实验和操作，支持他们开展实践活动，引导学生向更专业的方向发展，让实验室资源真正为学生服务。

（4）系部加大了对学生“进实验实训室”的培训力度，培养竞技能手。民办应用型高校发展的时间较短，在实验实训方面亦尚未完全形成一套与自身特点相符的、行之有效的方法和路径。以前各系部对学生进实验实训室的重视不够，实践教学相对薄弱。课题组“进实验实训室”的研究突破了目前

---

① 邓小平文选：第2卷［M］. 北京：人民出版社，1994：108.

② 王震，黄在范，施国英. 实验室激发大学新生专业兴趣的探索研究［J］. 实验科学与技术，2014（1）：146－148.

民办高校实践教学方法单一、措施简单、部门不协调、效果不明显等问题，推动系部更为重视学生实验实训，加大了师资和设备的投入，也相应增加了相应的课时，在推动学生进实验实训室的措施上具有较强的针对性、实用性。针对初进入实验室的学生，对仪器设备相对比较陌生的情况，需要向其灌输实验实践的概念。要促使新进入实验实训室的学生从新认识实验室到深入了解，再到主动进实验室学习新技术、锻炼自己的实践能力，还需要对他们开展一些激发实践兴趣的活动，如讲座、开放日活动等。讲座可由学校成立的电子爱好者社团协助，组织其成员给学生讲述自身的成长过程，展示以往各成员的作品，不管优秀与否，成果皆有，从而吸引更多学生参与。有兴趣进入开放实验室的学生还可加入各实验实训兴趣小组或社团，在那里可得到一定的基础知识应用能力培训。培训过程和平时的教学不同，氛围轻松，无时间限制，现场以实践切磋交流，使学生在学习知识的基础上，产生对实验实训的兴趣，为达到自主创新实践不断摸索、不断前进。综合条件好的学生，可自行前往开放实验室，充分利用校企联合实验室的相关设备，摸索先进技术，发挥自己的主动性，自行制定方案及实验时间，不断迈向更高的台阶。条件一旦成熟，一些能力比较强的学生就会凸显出来，对学校而言，这为以后的各类竞技竞赛提供了优秀人才资源。

（5）课题组在推进学生“进实验实训室”的实践研究工作中得到了学院的高度重视和配合。在课题组进行实践研究的近两年里，学院加大了对实验实训硬件设备的投入，各系部相关的实验实训条件大为改善，借学院面临学士学位评估的机遇，以评促建，按相关评估要求进行了实验实训硬件设备的投入配置；在软件建设上，各系部也出台了相应的实验实训制度。这样不仅达到了评估要求，也受到学生的欢迎，在课题组进行第二次问卷调查时，学生对各项指标的满意度有了较大的提升。

总之，课题组的实践研究对推进学生“进实验实训室”是有切实成效的。但这仅仅是一个良好的开端，在“五进”特色育人的道路上，推动学生“进实验实训室”的路还很长，任务还很重，真可谓任重而道远。需要进一步根据民办高校学生的特点，践行“以质立校、以生为本、突出特色、崇尚创新”的办学理念和“进课室、进图书馆、进实验实训室、进体育场馆、进社会”的“五进”育人平台，以职业要求为导向、注重培养学生的技术技能和创新创业能力，将创新创业教育融入教学实践全过程，与此同时，加强规范化、科学化、精细化管理，逐步完善“全员育人、全过程育人、全方位育人”的工作格局；全面实施“创新强校”计划，推进“三个一”、师资队伍、特色专业、校企合作共同体、校园文化、学生素质强化、人力资源管理等“七大建设工程”；加强实验实训场所、实习基地建设，积极探索产教融合、校企合作、协同育人的人才培养模式，将课程内容与职业要求、教学内容和生产过程相联系，以行业和产业标准考量学生的学习能力，为社会培养一批批应用型人才。

2. 提高学生“进实验实训室”积极性，增强学生实验实训能力的主要对策

课题组通过一年多的实践研究，探索出“以赛促进、以训促进、以趣促进、以课促进、以会促进”的多措并举进实验实训室的路径方法，坚持以理论促进实践为导向，以多样性平台为依托，注重团队协作，突出实践效能，摆脱了传统实验实训教学单打独斗的困境。

（1）以赛促进。积极参加国家、省、市职业院校技能类比赛，是高校尤其是应用型高校强化职业教育职能的常态化重要活动。组织学生积极参加技能大赛的选拔、训练、比赛，既培养了学生扎实的理论知识和操作技能，又培养了学生良好的心理素质、职业素养和就业能力，有利于推动在校生朝着高素质技能型、复合型人才发展。

①着力提高学生的心理素质。应用型学校学生动手能力较强。教师在教学中有效地利用大赛机制，明确学习动机，调动学生学习积极性，把树立和增强参赛学生信心的目的贯穿在从选拔到比赛的每个环节中。

②着力提升学生的职业素质。技能大赛需要参赛者具备责任心、组织纪律性、沟通能力、团队合作能力、终身学习能力、创新意识等。结合专业特点、实验实训课程，院系在组织学生参赛的过程中，注重学生职业素质的培养，通过比赛前鼓励、比赛中激励、比赛后奖励激发学生“进实验实训室”的动力。

（2）以训促进。实训课在教学内容和教学目的上与文化课、专业课有显著的区别。在教学内容方面，实训课以传授操作技能为主；在教学目的上，实训课以学生对知识的实践运用为主。实训课是以文化课、专业课的教学内容为基础来指导实践的，其课堂教学不同于传统的理论教学形式，应体现其自身的教学规律、特点及组织形式。学院要依据专业教学计划和课程教学大纲的要求，开足专业实验实训课程，使学生在课堂所学的理论知识在实验实训过程中得到真正的应用。实训课教学结构宜按照“组织教学、精讲示范、学生操作、巡回指导、实训总结”五个环节设置，形成完整的教学过程。

①组织教学。组织教学的目的在于使学生做好上课前的物质和精神准备。从教学场景上使学生精神饱满、注意力集中，以保证实训课顺利进行。组织教学不仅在实训课的开始阶段进行，而且要贯穿全课始终，维持好实训课的秩序，使学生处于实训的正常状态。

②精讲示范。精讲示范是决定实训课成败的关键。精讲的主要内容是：

精讲实训操作技能的有关要领，做到精而不散。回顾本节课实训的理论要求、依据，将所用工具、仪器设备、原材料备好备齐，按规定要求放置。实训目标：首先讲清本次实训的目的要求和要达到的目标；其次讲清仪器、工具的正确使用方法和操作规范，核对材料、器械等是否准备充足。实训步骤：讲清关键操作技能和技巧、安全事项，引导学生在实训中树立认真、刻苦、一丝不苟的精神和掌握提高实训效率的方法。讲解时切忌对理论的重复和实训内容的复述，内容应简明扼要，有针对性、启发性和指导性，注意说明安全要求及其他注意事项。示范的主要内容是：教师给学生做示范，让学生仔细观察动作要领。教师讲解以后，再进行示范演示，对容易出现问题的地方，一定要再提醒全体学生注意并演示正确的操作和提出防止不良操作的方法。示范时分解动作可放慢节奏，让学生看清教师的每一个操作细节，为学生的模仿操作打下基础；重点内容边做边给学生讲解，必要时教师可运用事先设计好的挂图、投影、多媒体课件等现代化教学手段辅助教学；操作难点示范，并让学生模仿，教师针对这一过程，应多动手，反复给予示范演示，使学生按规范动作去进行操作，逐步掌握技能的要领、技巧。

③学生操作。本环节是实训课的中心环节，是培养学生独立操作能力、掌握新操作技能、提高操作熟练程度的关键所在。要求安排足够的时间让学生按要求独立动手操作，学生操作时间不少于实训课的三分之二。在教师的指导下，学生动手操作，训练技能可采用以下几种形式：第一，先合后分法。在实训课中，先让学生分组操作。10 分钟后教师做出评价、指导，再分开训练，培养学生独立操作的能力。第二，分步实训法。根据实训内容，把一堂课的实训时间分为 2～3 步，每步一个要求，教师巡回指导。学生做完一步，经教师评价指导后，再进行第二步训练，教师检查后，再进行第三步训练。这样循序渐进，一步一个“脚印”，一步一项技能，便于学生接受。

④巡回个别指导。巡回指导是教师对学生操作过程进行的全面检查和指导。目的是帮助学生排除操作中的种种障碍，保证学生掌握正确的操作方法。巡回指导的主要内容有：安全指导，检查仪器的使用情况，排除安全隐患；操作指导，检查和指导学生的姿势、操作过程和操作方法；质量指导，检查学生完成实训的质量；应急指导，在实训过程中，教师应随时检查、及时发现问题，立即进行指导，确保实训的顺利进行，提高教学质量。教师在巡回指导中必须做到“五到”，即心到、眼到、腿到、口到、手到。巡回指导采用个别指导和集体指导相结合的方式进行。集体指导是指在训练过程中针对学生出现的普遍性问题，由教师把全班学生集中起来进行讲解或技术上的指导；个别指导是在训练过程中针对学生出现的特殊问题，教师根据学生在知识掌握及技能操作中的个别差异而进行的指导。

⑤实训总结。主要内容：一是对学生的训练情况作出评价，肯定成绩，指出不足。二是总结出本节实训的要点和关键。实训教师在“讲、演、作、导”的基础上对这节课进行归纳、总结，既要重视成功的经验，又要重视失败的教训，对出现的问题进行必要的分析，让学生形成正确的、完整的认识，对操作过程中碰到的一些重要环节、关键点适时点拨，指出注意要点，同时要求学生做好实训报告。实训课教学紧紧围绕上述五步进行：训前准备要充分，训中讲解少而精，现场示范分解清，学生操作应规范，巡回指导须到位，训后总结要及时。综上所述，实训课教学环节在实训过程中，因专业不同，操作难易程度不同，实训课时安排也不尽相同。教无定法，没有统一刻板的模式，教师应根据不同专业的教学内容灵活运用，充分体现“教为主导，学为主体”的教学思想，真正提高实验实训课的教学质量。

（3）以趣促进。兴趣是最好的老师。因此，各系要以学生的兴趣为切入点，组织成立以专业为依托的实验实训兴趣小组，通过开展各具特色的兴趣实验实训活动，形成相关实践成果，培养学生的团队精神，激发学生进实验实训室的兴趣，使学生在玩中学、学中玩、玩中悟、悟中有升华。

（4）以课促进。示范课是有目的、有计划、有组织的教学观摩活动。示范课主题鲜明，任务明确，有助于引领教学向“理想课堂”发展。为适应学校转型发展需要，各系部应加强实验实训示范课的建设，把学生纳入实验实训示范课，组织师生共建、共观、共享、共进。

（5）以会促进。座谈会是由训练有素的主持人以非结构化的自然方式对一小群调查对象进行的访谈。主要目的是从适当的目标市场中抽取一群人，通过听取他们谈论研究人员所感兴趣的话题来得到观点。这一方法的价值在于自由的小组讨论经常可以得到意想不到的发现，是最重要的定性研究方法。学院可定期组织召开“进实验实训室”学生座谈会、交流会，通过交流倾听学生的意见，发现“进实验实训室”存在的问题并及时整改。

四、“进实验实训室”实践研究的成果及应用

历时一年多的实践研究，取得了预期研究成果，并在全校进行推广。

（一）“进实验实训室”实践研究的创新特点

当今世界人才竞争愈演愈烈。人才的竞争不仅仅是专业技能的竞争，更是一个人全面素质的竞争。高校最根本的职能是人才培养，“五进”教育是培养大学生综合素质，使大学生成长为中国特色社会主义事业建设者与接班人的一项重大工程。

本课题积极践行学院提出的“德学”思想，牢固“育人为本，德育为先”的理念，充分发挥“五进”教育导向、激励、凝聚、调整和育人等功能的优势，以实验实训小组、实验班为对象，以实践活动的开展为载体，进一步探索了如何“进”的具体路径方法，增强了学生参加实验实训的积极性，拓宽了实验实训教育的渠道。

本课题坚持政治教育与成才教育相结合、理性教育与感性教育相结合，主导教育与自我教育相结合、解决实际问题与解决思想问题相结合，体现了培养高素质应用型人才的时代特征。

本课题探索了高校综合性实验实训研究的新思路、新途径、新方法，具有较强的创新性。

（二）“进实验实训室”实践研究的主要成果

本课题根据本校特点，取得了一批有价值的研究与实践成果。

1. 课题实践研究报告

本课题研究报告凝聚了团队的集体智慧。课题组成员在调查的基础上，深入挖掘本校学生进实验实训室现状和教育过程中存在的主要问题，对存在问题的原因进行剖析，形成了《“五进”之“进实验实训室”实践研究报告》；从提出问题、分析问题、解决问题入手，通过研究，探索出“以赛促进、以训促进、以趣促进、以课促进、以会促进”的进实验实训室综合性路径，并最终形成完整的《广州工商学院学生“进实验实训室”的现状与对策研究报告》。其中，田磊、黄丽芳负责“进实验实训室”实践研究目的与意义的撰写；毛拓艺、方韵诗负责“进实验实训室”实践研究分工的撰写；罗荣富、蒋慧娟、黄雯负责“进实验实训室”实践研究主要内容的撰写；施继华、李丹艳负责“进实验实训室”实践研究成果及应用的撰写；罗荣富负责研究报告的统稿工作。

2. 课题实践研究论文

本课题组在实践研究期间公开发表研究论文 2 篇。

（1）蒋慧娟：《以趣促进，英语角助推学生“进实验实训室”——以广州工商学院为例》，载《长江丛刊》2018 年第 19 期。

（2）施继华：《“双创”教育下大学生“进实验实训室”活动探索——以广州工商学院为例》，载《知识经济》2018 年第 3 期。

（三）“进实验实训室”实践成果的应用与推广

在不断开展研究和实践活动的基础上，发表“进实验实训室”的相关论文。本课题实践研究成果已在全校范围内普遍应用和推广。

“‘五进’教育实践活动的理论与实践研究”之“进体育场馆”实践研究报告

王云丽　林伟光　赖荣亮　孔令敏

一、“进体育场馆”实践研究的背景、目的与意义

“五进”之“进体育场馆”教育实践活动充分体现了“立德树人”的总体要求，顺应“实施健康中国战略”发展理念，是大学生锻炼健康身体素质与强化责任意识的基石，是马克思主义关于“人的全面发展”这一科学内涵的基本保障，是顺利完成学业、成功走入社会、实现全民健康不可缺少的环节。

（一）“进体育场馆”实践研究的背景

习近平总书记在党的十九大报告中提出“实施健康中国战略”，强调“人民健康是民族昌盛和国家富强的重要标志”，“没有全民健康，就没有全面小康”。这体现了中国共产党对人民健康重要价值和作用的认识达到新高度。青少年是国家的未来，青少年的健康是全民健康的基石。

《中共中央关于全面深化改革若干重大问题的决定》对学校的体育工作提出了具体的要求：“强化体育课和课外锻炼，促进青少年身心健康，体魄强健。”

邝邦洪教授在长期担任大学校长和党委书记期间，经过多年思考和实践，提出了“以德为行，以学为上”的教育思想和育人理念。2012 年开始，邝邦洪教授任广州工商学院院长，将他这一教育思想和实践经验，在广州工商学院进一步全面深化、推广、实施，并提出了在大学生中开展“进课室、进图书馆、进实验实训室、进体育场馆、进社会”的“五进”教育实践活动，为应用型大学生的成长成才指明了有效的路径。

“五进”教育实践中大学生“进体育场馆”环节，是“实施健康中国战略”的充分体现，也是对《中共中央关于全面深化改革若干重大问题的决定》的全面落实。目前，大学生“进体育场馆”方面存在以下几个问题：校园体育文化氛围不浓，体育素养不高，体育自主学习能力不足，没有形成

正确的体育生活方式等。“进体育场馆”是提高大学生身体素质的保障，是造就健康体魄的重要途径，是大学生顺利完成学业、成功走入社会、实现全民健康不可缺少的环节。

大学生经常到体育场馆进行体育锻炼，会领略运动带来的愉悦，增强运动活力，减少疾病的发生。通过进体育场馆，大学生学会或掌握一两项体育运动项目，既能磨炼意志，促进身心健康，又可以在今后的生活工作中终身受益。通过进体育场馆，大学生参加集体体育赛事和集体体育运动，还会强化他们的自我责任感、群体责任感和社会责任感。

（二）“进体育场馆”实践研究的目的

开展大学生“进体育场馆”的实践研究，其目的就是进一步深入贯彻党的十九大提出“实施健康中国战略”的精神，落实《中共中央关于全面深化改革若干重大问题的决定》中关于“强化体育课和课外锻炼，促进青少年身心健康，体魄强健”的要求，也是贯彻执行中共中央国务院关于“学校教授要贯彻健康第一”的指导思想，以适应我国新时代发展的客观要求。

培养21世纪有竞争力的合格人才，把学生培养成德、智、体、美全面发展的社会主义建设者和接班人，使新生劳动力不仅具备知识技能品德，更要有健康的身体，这样的劳动者才是经济发展最重要的人力资源，才能有效提高劳动生产率、创造更多社会财富。才能完善健康保障，实现人民对美好生活的期盼，实现社会的全面发展。

开展大学生“进体育场馆”的实践研究，是期望引导大学生能更好地把体育理论和体育实践结合起来，在掌握体育的基础知识、基本技术和基本技能的基础上，响应“三走”活动，“走下网络、走出宿舍、走向操场”，从而积极锻炼身体、增强体魄，展示出新时代大学生的蓬勃朝气和竞技热情。

开展大学生“进体育场馆”的实践研究，是为了进一步强化大学生对提高自身身体素质和心理健康的重视，通过在体育场馆的积极锻炼，增强有机体的适应能力，从而提升学习的效率并为毕业后高强度的职业工作打下坚实的身体基础。

马克思说：“未来教育……就是生产劳动同智育和体育相结合，它不仅是提高社会生产力的一种方法，而且是造就全面发展的人的唯一方法。”① 大学期间，大学生只有重视“进体育场馆”才能增强体质，提高健康水平。所以，正确处理好体育与德、智、美育的关系，让大学生认识“进体育场馆”在教育中的重要地位和作用，既要有理论的教育过程，也要有实践行为的贯

---

① 马克思恩格斯全集：第32卷［M］. 北京：人民出版社，1995：121.

彻落实。广州工商学院在前期组织开展“五进”理论研究并已出版相关理论研究成果的基础上，就如何落实教育实践问题，实现知行统一，又开展了“五进”的实践研究。因此，开展“五进”之进体育场馆的实践研究，既是学院“五进”实践研究的整体任务之一，又是实现全民健康战略，增强大学生身体素质的迫切需要。

（三）“进体育场馆”实践研究的意义

毛泽东曾经说过：“身体是革命的本钱。”在很早的时候，法国启蒙思想家伏尔泰也提出了“生命在于运动”的至理名言。由此可以看出，一个健康的身体对于一个人是多么的重要，但是健康的身体需要通过体育锻炼来获得。本实践研究是将学院开展“进体育场馆”的理论思考进行实践检验与验证，在对实践活动进行梳理总结的基础上，把握引导大学生“进体育场馆”的方法策略，形成规律性的认识并加以推广。

1. 大学生“进体育场馆”有利于促进健康的生长发育

体育锻炼的刺激首先可直接作用于骨骼和肌肉等运动器官，并因而使之产生适应性的变化。体育锻炼可以刺激骨骼，改善骨骼的血液循环，促进新陈代谢，增加骨骼对矿物质的吸收，使骨形态结构良好发展，骨质整齐有序排列，更加坚固，延缓骨骼的衰老；经常参加体育锻炼还有利于长高，原因是骨骼的两端和骨干之间的骨髓软骨在没有结束骨化之前会不断增殖；体育锻炼可以刺激肌肉，通过运动使肌肉线粒体氧化酶活性增加，促进肌肉蛋白质的合成，使肌肉获取更多的营养，在受训练的肌肉得到“超限恢复”后肌纤维增大变粗，从而使肌肉体积变大，肌肉力量和肌肉耐力得到增强；体育锻炼还可以改善心血管系统的功能，进行体育运动时一方面人体需要大量的氧气和营养物质，另一方面需要排出二氧化碳等代谢产物，这就需要有一个强有力的循环系统。运动促进机体新陈代谢的同时改善血管的弹性，提高血流量，促进血液循环，增大心脏容量，提高机体的摄氧能力。由于每搏输出量的不同，安静时一般人心率为 70 ~ 80 次/分钟，而经常进行适量有氧运动的人安静时心率为 50 ~ 60 次/分钟甚至更少，心脏跳动次数少了，心脏休息时间就增加了，这标志着心脏功能的储备能力得到了提高，使人体能够承受更大的负荷量，且运动后恢复期短。

2. 大学生“进体育场馆”有利于抵御疾病，增强体质

体育锻炼对于每个人的健康都会起到非常重要的作用。生命在于运动，运动可以强健体格，塑造美观体型。大学生一般静坐在教室低头弯腰学习或面对电脑上课学习，长期处于这种姿势，缺少身体锻炼，往往会引起脑供血不足、神经衰弱、胸腔狭窄、肌肉软弱无力、便秘等疾病。因此，大学生要

经常“进体育场馆”参加身体锻炼，一个健康的体魄是一个人必不可少的坚强后盾，弱不禁风的躯体容易被种种压力打垮，强健的体魄能让我们抵御疾病的侵袭，免于疾病的干扰，体育运动能加快体内新陈代谢，增强吸收功能，使人精力充沛，体力旺盛，从而有更多的时间可以更好地进行大学的学习和生活。

3．大学生“进体育场馆”有利于健全心理人格

体育锻炼对心理（情绪）方面的影响，主要表现在可以调解情绪、陶冶情操、提高个体的应变能力和适应能力。在校大学生在复杂多变的环境中学习，常常会产生紧张、压抑、忧虑等不良情绪反应，而情绪是影响心理健康的主要因素之一，不良情绪会导致生理、心理异常和疾病。体育锻炼可以使他们从烦恼和痛苦中摆脱出来，降低应激水平，使处理应激情境的能力增强，降低紧张和不安。研究表明，约占53.7%的大学生心理处于一种健康与非健康之间的从“亚健康”状态。社会因素、生活方式、人际关系、心理素质、校园环境、家庭因素等是造成大学生处于“亚健康”状态的主要原因，体育锻炼是促进大学生“亚健康”状态向健康状态转化的一条重要途径，对预防、减缓、消除大学生“亚健康”状态具有独特功效。麦克曼（Mclman）等人的研究表明：“经常参加身体锻炼者的状态焦虑、抑郁、紧张和心理紊乱等消极的心理变量的水平明显低于不参加身体锻炼者，而愉快等积极的心理变量的水平则明显要高一些。”① 大学生“进体育场馆”利用运动项目的特点进行锻炼，可以得到各个方面的改善。比如参加游泳、溜冰、单双杠、跳马等项目的运动，会让学生在运动中不断克服胆怯心理，以勇敢无畏的精神去战胜困难，越过障碍，克服和消除腼腆、胆怯和自卑的心理障碍。因此，经常参加体育锻炼能使有心理障碍的学生获得心理调节，产生积极的成就感，摆脱压抑、悲观等消极情绪，并消除心理障碍。

4．大学生“进体育场馆”有利于改善人际关系

网络化、虚拟化交往增强，使得大学生在现实生活中越来越趋向封闭的状态，从而使人与人之间的感情交流日益减少，人际关系疏远，缺乏现实生活的兴趣。而大学生“进体育场馆”则打破了这种封闭，它能让学生在运动场上进行平等、友好、和谐的交往，使人与人之间互相产生信任感，有效地进行情感和信息的交流，提高学生的人际交往和社会适应能力。特别是一些集体项目，如篮球、排球、足球以及接力跑、拔河等，在对抗比赛的过程中会让个体慢慢改变孤僻的习性，逐步适应同伴交往，提高学生的集体意识和团结协作的精神。在体育锻炼中可找到志趣相投的知音，能培养学生的交往

① 论青少年体育锻炼对身体健康的影响［J］．课程论文，2011（3）．

能力，使人际关系得到改善。体育锻炼可以通过手势、表情、身体的动作等进行交往，学生随着活动直接或间接地接触和交流，在不自觉中就会产生亲近感，并会获得较高的安全感和自信心。因此，体育锻炼有利于协调人际关系，并且能使处在同一个集体中的人，学会互相关心、照顾，理解、帮助他人，从而形成与人亲近、合作的习惯，这样就会形成一种良好的人际关系。

5. 大学生“进体育场馆”有利于增强信心和毅力

余秋雨曾经在《山居笔记》中写道：“身体的强健和精神的强健往往是连在一起的。”① 1917 年，毛泽东曾在《新青年》上发表《体育之研究》的文章，提出了著名的主张：“欲文明其精神，先自野蛮其体魄。”② 如果身体不强健，人的心灵很难谈得上真正的坚强。孟子云：“天将降大任于斯人也，必先苦其心志，劳其筋骨……”③ 它强调精神毅力对一个“将有所为”的人的重要性。大学生“进体育场馆”参加体育锻炼有助于培养勇敢、顽强的性格、超越自我的品质、迎接挑战的意志和承担风险的能力，有助于培养竞争意识、协作精神和公平观念。意志品质指一个人的自觉性、果断性、坚韧性和自制力，以及勇敢顽强和独立主动的精神，是一个人行为特点的稳定因素的总和。意志品质需要在克服困难的实践过程中培养，而体育锻炼本身就要不断克服客观困难（如气候条件的变化、动作的难度或外部障碍等）和主观困难（如胆怯和畏惧心理、疲劳和运动损伤等），才能取得成功。体育锻炼的参与者努力克服主、客观方面的困难，充分发挥个体的积极性、创造性和主动性，培养了勇敢、吃苦耐劳等优良品质，而良好的意志品质又对于人的活动（尤其是体育锻炼）效果具有重要的意义。

（四）“进体育场馆”实践研究的要求

本课题实践研究立足于两个维度：一是组织实践研究的教师，主要做好学习、指导工作，统筹实践任务（包括实践计划与实践活动），协调、收集实践学生的活动素材、活动总结。二是参与实践研究的学生，有效开展实地相关活动实践，配合实践教师完成实践任务。

1. 对组织实践研究的教师的要求

（1）认真制定好大学生“进体育场馆”实践研究的计划及方案。

（2）要对学院开展的“‘五进’教育实践活动的理论与实践研究”的内容有全面的了解，特别是要了解本小组实践研究的任务及特点，明确指导思

① 余秋雨. 山居笔记［M］. 上海：文汇出版社，2002：4.

② 体育之研究［J］. 新青年杂志，1917（4）.

③ 孟子・告子下［M］∥十三经注疏. 北京：中华书局，1980.

想，分析学生实际情况，组织主要活动等。

（3）认真开展实践活动。要根据实践方案的原则和要求，认真开展个人负责的实践活动。

（4）认真做好实践活动材料的收集及整理工作。开展的每一组实践活动都要拍摄照片，记录实践环节和过程，录制视频，收集学生的学习心得体会等。

（5）认真做好实践活动评价及总结。实践活动结束后，要撰写实践活动总结。

（6）要有较好的协调配合能力和团队意识。

2. 对参与实践研究的学生的要求

（1）熟悉并了解广州工商学院“五进”教育实践活动的基本内容。

（2）准备好运动衣、运动鞋等相关用品。

（3）在实践过程中遵守纪律，不迟到、不早退、不接打电话、不使用手机，不随意聊天、讲话。

（4）认真配合实践教师完成实践任务。

（5）积极参加实践研究课题组及体育部举办的各项体育竞赛活动。

（6）实践活动结束后，撰写心得体会。

（7）实践活动中要注意安全。

二、“进体育场馆”实践研究的分工与实施

各研究课题组成员明确分工，立足实践课题开展工作，结合自身专业及科研特色，有效展开各个板块区域性研究。

（一）“进体育场馆”实践研究课题组成员及分工

（1）组长：王云丽（思政部），主要负责制订小组活动的实践计划、安排小组工作任务、制作 PPT 汇报阶段性成果，以及项目实践报告总体思路的设计、撰写与统稿工作。

（2）联络员：陈雍（会计系），主要负责联络小组成员，并做好材料的收集、筛选工作。

（3）成员：

林伟光（体育部），主要负责开展第一个学期实验班“进体育场馆”活动，并做好活动总结、资料收集等工作，参加项目实践报告的写作。

赖荣亮（体育部）：主要负责开展第二个学期实验班“进体育场馆”活动，并做好活动总结、资料收集等工作，参加项目实践报告的写作。

罗美娥（体育部）：主要负责调查问卷的设计、收集与总结工作，并负责外语系“进体育场馆”活动资料的收集与总结工作。

孔令敏（广东花城工商技工学校）：主要负责创培学院“进体育场馆”活动资料的收集与总结工作，参加项目实践报告的写作。

周敏（会计系）、李功清（思想政治理论课教学部）：主要负责会计系“进体育场馆”活动资料的收集与总结工作，对项目实践报告及实践成果材料进行校对。

（二）“进体育场馆”实践研究的具体实施

课题实践研究基于“前期调研、实践研究、实践成果总结、课题撰写”四个维度，有序开展。

1. 2016 年 9 月—2017 年 3 月：实践调研及初步实践阶段

（1）根据实际情况设计符合“进体育场馆”的调查问卷。

（2）学生参考自己的实际情况，填写调查问卷，实践活动负责教师回收问卷。

（3）实践活动负责教师处理调查问卷，整理有效与无效问卷，统计有效问卷的相关数据，并加以分析。

2. 2017 年 3 月—2018 年 3 月：实践研究阶段

（1）2017 年 3 月，开展班级小型趣味运动会，以选取的实验班 2015 级财务管理 B1 班为活动对象，共 54 人。

（2）2017 年 4—11 月，协同体育部和学生社团开展健美操比赛，篮球、排球、足球、乒乓球等球类比赛，以及短跑、中长跑、马拉松等田径比赛。学生可根据自己的所长，选择参与一项赛事，以展示自我运动能力。

（3）2017 年 4—12 月，至少举办一场体育类讲座。根据实际情况，邀请校内外知名学者、专家及获奖学生进行体育类讲座，普及和推广体育运动知识及经验。

（4）2018 年 3 月，开展“进体育场馆”心得和方法交流会。可以以班会、学生座谈会的形式开展。要求学生制作 PPT，展示学习成果和学习心得，实践活动负责教师给予指导和评价。

3. 2018 年 3—12 月：实践成果总结阶段

课题组总结实践成果，撰写实践研究报告、实践研究论文，上交优秀实践成果。

（三）“进体育场馆”实践研究的研究方法

在课题研究过程中，主要运用了以下三种研究方法。

1. 调查研究法

设计调查问卷，对学院本部和三水校区的部分学生进行调查，了解学生“进体育场馆”的现状及存在的问题，并对其原因进行分析，为课题组研究工作打下基础。

2. 文献研究法

搜集、整理、阅读相关书籍、学术文章、文字材料等文献资料，并进行鉴别、分析、综合，以了解长期以来我国应用型高校大学生开展“进体育场馆”活动的基本经验以及国内外研究现状，作为课题组实践研究的理论基础。

3. 实证研究法

本课题以广州工商学院“进体育场馆”的实践教学活动为依据，通过走访部分系部及与部分教师、学生进行交流，总结出实践经验，为课题组研究如何促进应用型高校大学生“进体育场馆”提供实践基础。

三、“进体育场馆”实践研究的主要内容

本课题通过对关键词的界定明确研究范围；通过问卷调查、访谈材料分析等获得数据直观显示学院开展“进体育场馆”实践活动的各类影响因素，归纳学院学生“进体育场馆”实践活动的开展现状、特色活动的实施案例，发现目前存在的问题，从而提出有针对性的对策。

（一）“进体育场馆”实践研究的相关概念界定

本实践研究的相关概念主要有以下三个：

1. “五进”

“五进”教育活动是学院邝邦洪院长继“以德为行，以学为上”教育思想后提出的又一教育理念。“五进”具体指进教室、进图书馆、进实验实训室、进体育场馆、进社会。“五进”活动与“以德为行，以学为上”教育思想是紧密联系的统一体。“五进”活动是“以德为行，以学为上”教育思想的载体和重要途径。

2. 体育场馆

体育场馆是进行运动训练、运动竞赛及身体锻炼的专业性场所。它是为了满足运动训练、运动竞赛及大众体育消费的需要而专门修建的各类运动场所的总称。体育场馆主要包括对社会公众开放并提供各类服务的体育场、体育馆、游泳馆，体育教学训练所需的田径棚、运动场及其他各类室内外场地、群众体育健身娱乐休闲活动所需的体育俱乐部、健身房、体操房和其他

简易的健身娱乐场地等。

3. “进体育场馆”

大学生“进体育场馆”就是指大学生在学习专业知识的基础上，要经常到各类体育场所进行体育锻炼，从而提高自身的身体素质，达到强身健体、愉悦身心的效果，从而促进学习、终身受益。

（二）“进体育场馆”实践研究前期调查

“五进”之“进体育场馆”实践研究的前期调查研究主要有研究范围及调查方案、调查数据分析和问题反馈两个方面。

1. 实践研究的范围及调查方案

（1）调查范围。为了深入掌握本校大学生当前“进体育场馆”的现状，更加有效地开展本课题的研究，课题组在2016年9月—2017年3月通过问卷、学生座谈会、访谈等形式进行了实践研究前的调查，并走访了相关教师，对学校体育场馆的现状和学生“进体育场馆”的情况有了基本的了解，在此基础上制定调查问卷，进行现状调查，并做质量分析。

（2）调查方案。此次调查以广州工商学院学生为调查对象，通过“腾讯问卷”网制作电子问卷、生成网络链接地址，由辅导员对各班群发链接地址，实时跟踪问卷的回收情况。本次调查共收到问卷1 000份，有效问卷1 000份，有效率为100%。其中男生405人，女生595人；大一学生225人，大二学生700人，大三学生75人。

（3）前期调查的目的。“进体育场馆”实践研究的前期调查，旨在通过对调查数据进行量化分析，总结出“五进”之“进体育场馆”实践现状及所面临和存在的问题，为后期研究和建设提供借鉴基础，拟定可行性强的实践方案，有针对性地对实践现状及问题进行改进和加强，更好地发挥“五进”之“进体育场馆”实践的导向和培育作用。

2. 实践研究的调查数据分析和问题反馈

（1）大学生对“进体育场馆”的认识调查。

①大学生对“进体育场馆”的重要意义的认识。“进体育场馆”有利于大学生身心健康发展，有利于大学生综合素质的提升，有利于大学生生命意义感的提升。通过调查得知，学生对“进体育场馆”内涵非常了解的只有18.8%，了解的占36.6%，一般了解的占32.7%，不了解的占11.9%（见图1）。这说明学生对“进体育场馆”内涵有了一定的理解，但还不够深入，需要进一步加深学生对“进体育场馆”内涵的认识，提高其体育素养。

大学生对“进体育场馆”的喜欢程度是大学生走进体育场馆的前提。在调查中，对“进体育场馆”表示“很喜欢”“喜欢”“一般”的学生占绝大

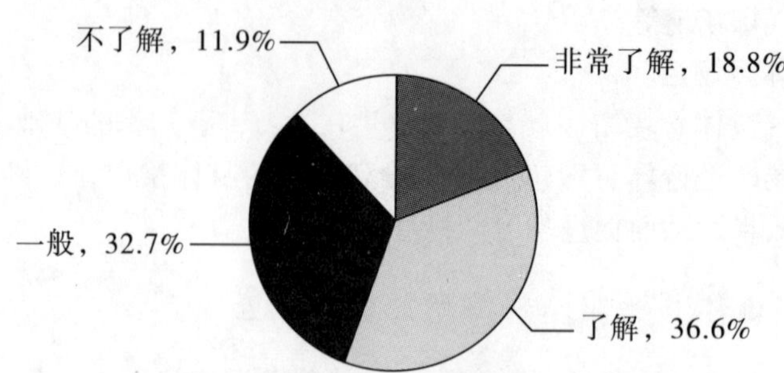

图1　学生对“进体育场馆”内涵的了解情况

多数，分别为 18.8%、30.7% 和 41.6%（见图 2），从中可以看出学生对“进体育场馆”的态度是积极的。

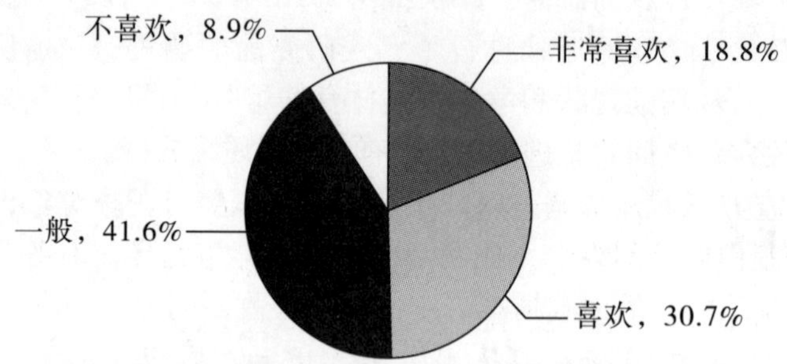

图2　学生对“进体育场馆”的喜欢程度

在问及“进体育场馆”在未来生活中的重要性时，30.2% 和 47.0% 的学生选择了“非常重要”和“比较重要”，说明大部分学生能认识到体育锻炼的重要性，有“进体育场馆”的意识；16.8% 和 5.9% 的学生选择了“无所谓”和“不重要”（见图 3），对“进体育场馆”觉得可有可无。因此，还需加强对学生“进体育场馆”的教育和引导，设法使从不“进体育场馆”的学生加入到体育锻炼队伍中来。

②对“进体育场馆”目的的认识。关于对学生参加体育活动目的的调查结果显示，被调查对象“进体育场馆”的目的依次排序是：强身健体、释放压力和摆脱烦恼、丰富课余生活、塑造形体、娱乐消遣、完成学业、应付体育考试和交友（见图 4）。这说明大学生“进体育场馆”的目的呈多样化发展趋势并且都是积极、健康的，其中主要动机是追求身心健康，但是也有小部分学生把体育课考试作为自己“进体育场馆”的目的。因此，学校体育管理人员应对体育课考核方法和评价标准进行探讨与改革，以端正学生参加体育活动的动机及提高他们参与的积极性。

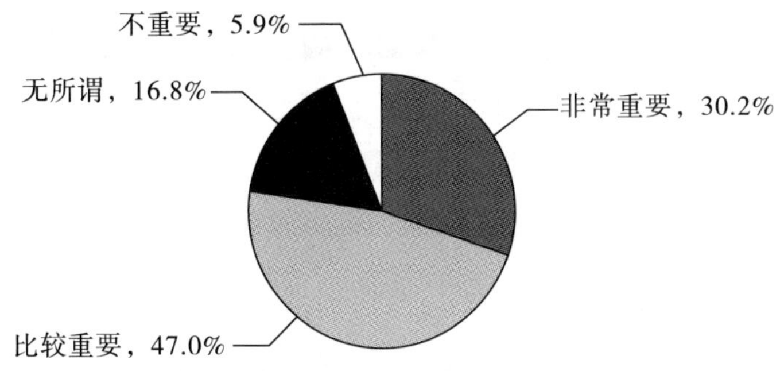

图3　“进体育场馆”在学生未来生活中的重要性

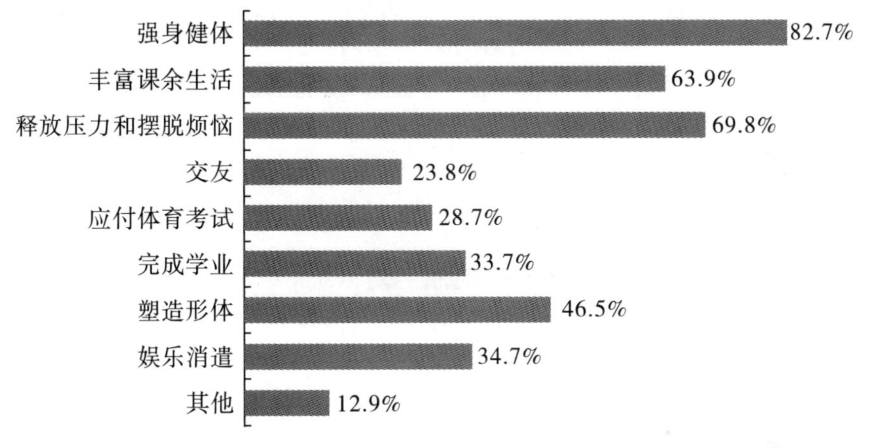

图4　学生“进体育场馆”的目的

③进“体育场馆”的次数和时间。每天“进体育场馆”的学生每次锻炼时间持续在1小时以上的居多，每周3～4次“进体育场馆”的学生每次锻炼时间也是持续在1个小时以上的居多。每周1～2次或偶尔“进体育场馆”学生的锻炼时间低于30分钟（见图5）。可见，学院大部分学生都能达到国家规定的体育人口标准（每周3次以上及30分钟锻炼时间）。学生没有达到体育人口标准的原因主要是“进体育场馆”次数少，每次锻炼时间比较短。

④学生体育活动的参与项目。关于对学生体育活动参与项目的调查结果显示，学院学生参与体育活动项目前10位排序为：跑步、羽毛球、篮球、瑜伽、排球、乒乓器、网球、骑行、太极拳、武术。调查数据显示，学院学生在选择体育项目上呈现多元化。总体上看，集中在跑步（67.8%）、羽毛球（39.2%）、篮球（26.7%）和瑜伽（20.8%）（见图6）。因为跑步相对其他项目容易进行，对场地要求不高，而且技术动作简单，有较好的健身效

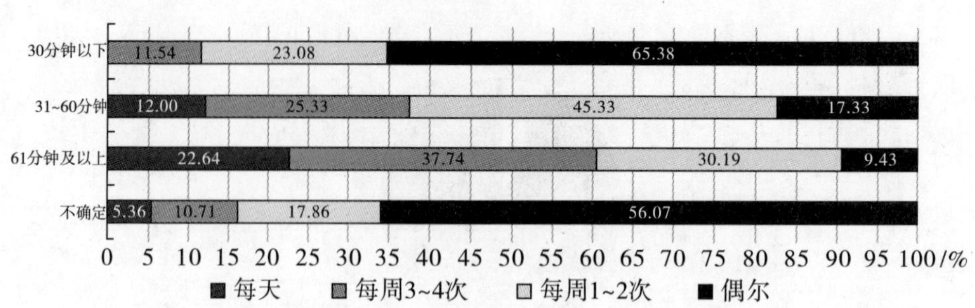

图5　学生“进体育场馆”的次数和时间的交叉分析

果；羽毛球、篮球、瑜伽等体育项目具有集健身、娱乐、交往、竞争于一体的优点，也备受学生喜爱。

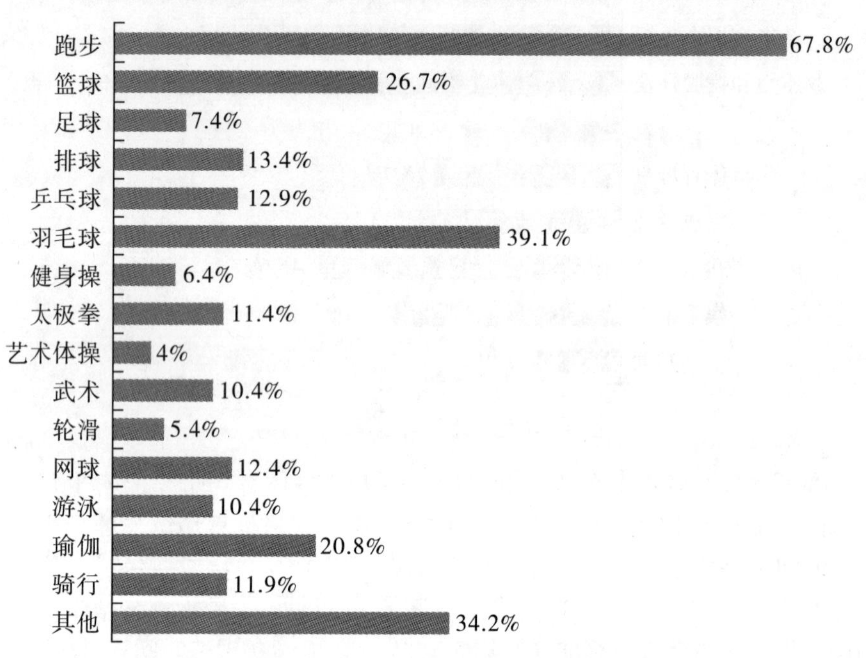

图6　学生参与体育活动的项目

⑤“进体育场馆”的形式。学院学生“进体育场馆”的形式主要集中在上体育课（78.7%）、和同学一起锻炼（64.4%）上，说明大学生参与体育活动具有明确的目的性和社会性（见图7）。这种形式虽然有利于增进同学之间的交流、增强人际关系，但缺乏体育自主学习能动性。有26.2%的学生选择“学校、院系、班级组织的集体活动”，这种活动形式对学生的管理与组织有一定的促进作用，但是它会限制学生自主性的发挥。35.6%的学生

选择“单独锻炼”，说明这部分学生具有很强的独立性，选择自己喜欢的体育项目，能够发挥自己的主观能动性，但这种活动形式比较枯燥。以上几种体育活动形式都有各自的利与弊，学校体育管理部门应把它们有机地结合起来，扬长避短、相互促进，从而使学生得到全面发展。

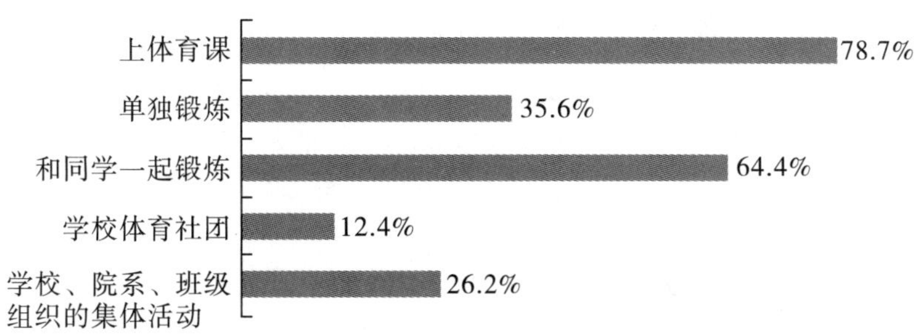

图7　学生“进体育场馆”的形式

⑥“进体育场馆”的影响因素。学院学生进体育场馆的影响因素主要是“场地、器材的缺乏”（61.9%）、“学习任务重”（34.7%）和“缺乏指导”（30.2%），“受他人影响”“怕累”“没有兴趣”“身体不好，不宜参加”这四项，排在第5~8位（见图8）。由此可见，没有充足的场地设施，学习紧张，生活和就业压力大是导致学生参加锻炼时间少的关键因素。为满足学生课外活动健身的需要，扩建体育活动场所，增加体育设施和器材。此外，学生希望在锻炼的时候能有专业的教师给予正确的理论和技术指导，让锻炼更科学、更有效；也希望学校多开展形式多样的体育活动，从而激发学生“进体育场馆”的积极性，培养学生的体育锻炼兴趣。学院还应加大对大学生的体育观念教育，引导学生树立正确的体育观念，克服懒惰和怕苦怕累思想，培养吃苦耐劳的精神。

⑦学生参与过的体育竞赛。学院学生从未参加过体育竞赛的占48.5%，接近一半，说明学院体育氛围还不够浓厚（见图9）。学生参加的体育竞赛占比依次是“班级组织的体育比赛”（25.2%）、“校内各种体育比赛”（22.8%）、“院系体育比赛”（21.8%）、“宿舍间组织的体育比赛”（19.8%）和“校外各类体育比赛”（10.9%）。希望体育部门或体育社团能组织形式多样的体育竞赛，以提高体育竞赛的趣味性和学生参与的积极性。

⑧学院体育课教学内容与“进体育场馆”。由调查可知，对于现有的体育教学内容在满足“进体育场馆”的需要方面，大部分学生选择的是“一般”和“不太满足”，有14.4%的学生选择了“不满足”，可见现有的教学内容还有待进一步丰富（见图10）。

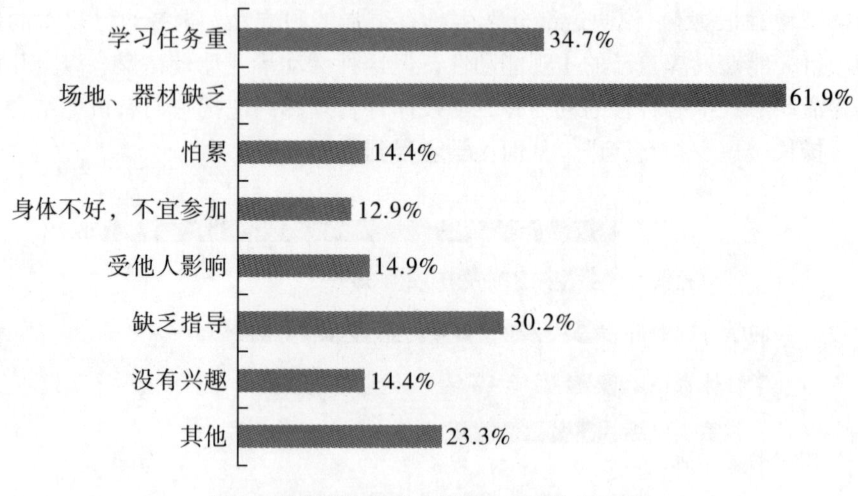

图 8　影响学院学生“进体育场馆”的因素

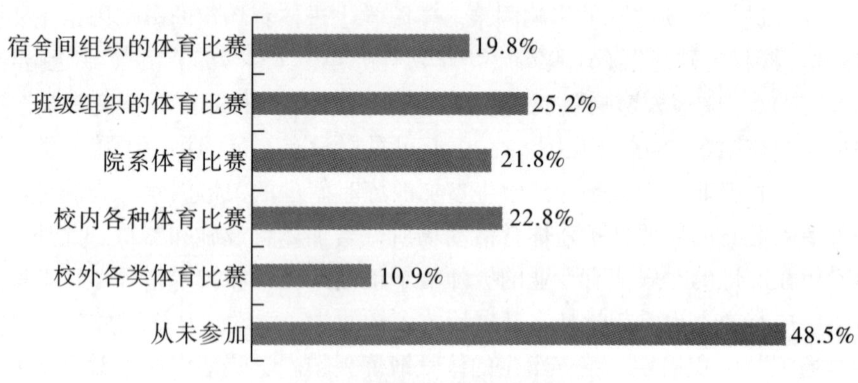

图 9　学生参与的体育竞赛

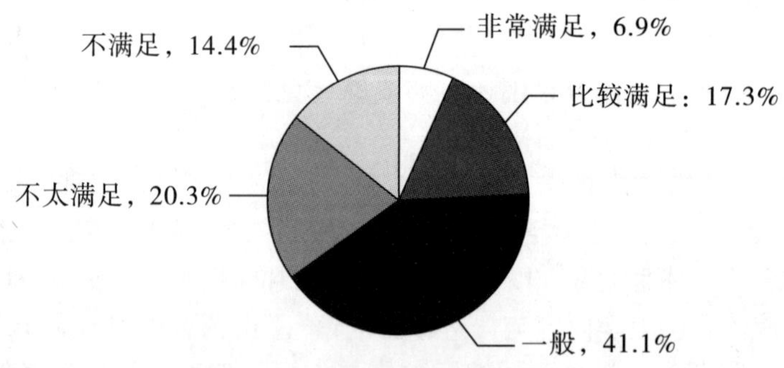

图 10　体育教学内容能否满足“进体育场馆”的需要

⑨学院的硬件设施和体育氛围与“进体育场馆”。通过调查可以了解到，

学院学生对体育硬件设施的满意度“一般”和“不满意”的共有 84.7%（见图 11）。由此可见，学院的体育场地器材无法满足学生“进体育场馆”的需求。

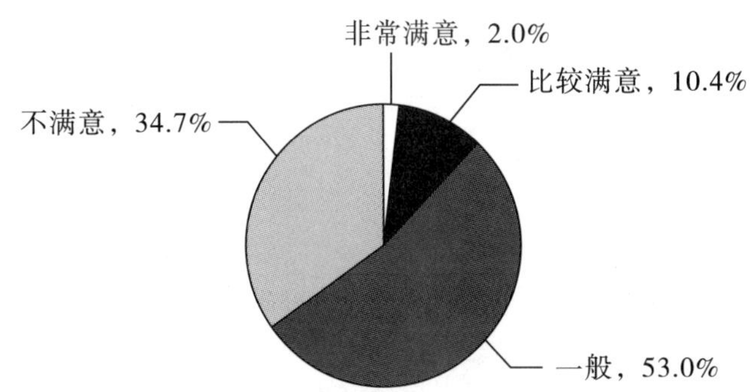

图 11　对学院体育硬件设施的满意度

在问及学生对学院体育氛围的满意度时，50.5% 的学生选择了“一般”，13.9% 和 15.3% 的学生选择了“不太满意”和“不满意”（见图 12）。学院应加强体育知识的传授和“进体育场馆”宣传的力度，营造有本校特色的校园体育文化。

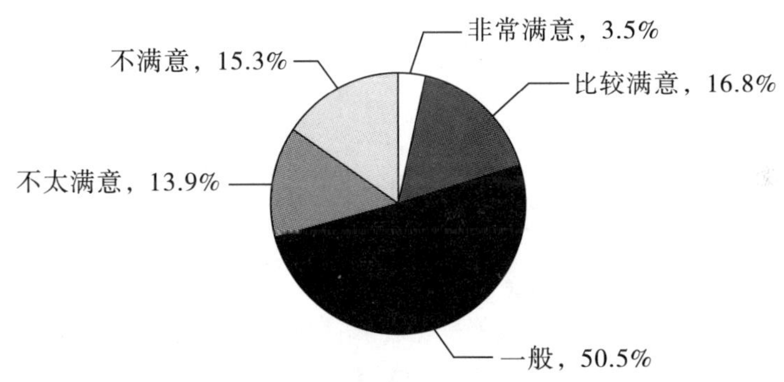

图 12　学生对学院体育氛围的满意度

（2）实践研究调查数据的问题反馈。通过对有效调查问卷数据的分析，课题组对于进体育场馆实践的现状及问题有了一个清晰的认识。现对“进体育场馆”存在的问题做以下几个方面归纳：

第一，学生对“进体育场馆”内涵的认识还不够深刻，没有树立终身体育锻炼的观念。

第二，身心健康是学生“进体育场馆”的目的，但有少部分学生的动机为应付体育课考试。

第三，大多数大学生每周进行体育活动的次数是 3 ~ 4 次，每次活动时间是 31 ~ 60 分钟。在项目选择上，实用型的跑步和健身性、竞争性强的球类项目是学生主要选择的项目，瑜伽是女大学生主要选择的项目。

第四，影响学生“进体育场馆”的因素主要是缺乏场地和器材、学习任务重和缺乏指导等。

第五，学院的体育竞赛和体育场地器材不能满足学生“进体育场馆”的需要，体育氛围不够浓厚。

（三）“进体育场馆”实践研究的基本内容

实践研究共涵盖五个部分：实践对象、实践时间、实践地点、实践研究方法、实践内容。

1. 实践对象

实验班是广州工商学院 2015 级财务管理 B1 班，共 54 人。

2. 实践时间

实践活动时间从 2016 年 9 月开始，主要是开展与研究相关的各类活动，2018 年 1 月结束；之后是实践总结阶段。

3. 实践地点

广州工商学院花都校区和三水校区所有的运动场馆。

4. 实践方法

实践活动采取选定实验班、跟踪实验班的实验实训情况的方法，并及时进行经验总结。

5. 实践内容

本课题主要开展了以下几个方面的实践活动：

（1）协同体育部和学生社团开展丰富多彩的竞赛活动。组织实验班学生积极参与学院的各项体育竞赛，用实际行动践行“进体育场馆”。

①2017 年春季体育节之健美操比赛。该比赛项目是学院举办的全院性比赛，主办单位是广州工商学院体育工作委员会和学院体育部，协办单位是学院学生会体育部和学院啦啦操协会。比赛时间是 2017 年 3 月 27 日（在三水校区活动中心举行）和 2017 年 3 月 30 日（在花都校区体育馆举行）。以各教学系、国际教育学院、继续教育学院、创培学院、公开学院为单位，各校区各单位派出 2 支代表队。

该比赛规格高，参赛运动员水平高。每支参赛队伍的队员都是各个参赛单位精心挑选的精英，且不同队伍的选拔形式也不一样。会计系的选拔方式是先在班级里进行报名，由班体育委员收集名单，然后统一提交到系体育部进行汇总，再对所有报名参加的学生进行集中面试选拔，主要考核内容为基本功展示、音乐感（节奏感）、造型配合等。经过一轮选拔，该实验班有

3 名男生、8 名女生参与了该项目的训练。训练时间为每周一、周四下午 4：30—6：00，训练时长为 90 分钟，训练内容是动作连贯性、音乐节拍准确性和造型组建等。经过四周的系统训练，会计系体育部综合评定参加训练学生的表现，最终确定参加学院健美操比赛的名单。2015 级财务管理 B1 班有 1 名男生和 2 名女生进入该名单，并代表会计系参加了健美操比赛，集中训练次数为 15 次。

②2017 年春季体育节之篮球比赛。该比赛项目是学院举办的全院性比赛，主办单位是广州工商学院体育工作委员会和学院体育部，协办单位是学院学生会体育部和学院篮球协会。比赛于 2017 年 4 月 13 日—5 月 9 日在三水校区篮球场和花都校区篮球场同时举行。以各教学系、国际教育学院、继续教育学院、创培学院、公开学院为单位，各校区各单位派出 1 支代表队。

该比赛规格在学院级别的篮球赛事中是最高的，参赛运动员水平高。每支参赛队伍的队员都是各个参赛单位经过精心挑选的精英，每个参赛单位的选拔方式基本都一样。会计系的选拔方式是推荐班里篮球技术较好的学生给系体育部，由该系上一届篮球队队长进行选拔。班里推荐之前，该班就组织了所有有参赛兴趣的学生进行了训练，主要是针对基本技术和基本战术进行训练，尤其是女生，针对基本技术训练的时间更多些；其中有 12 名男生参与了训练，20 名女生参与了训练，训练次数为 12 次。经过一轮训练，有 1 名男生和 2 名女生通过选拔，进入系篮球队训练，训练时间约 2 周，每周 4 次，每次约 2 小时。他们代表会计系参加与其他院系代表队的热身比赛 2 场，最后代表会计系参加学院举办的大学生篮球比赛 5 场，其中女子篮球队获得三水校区冠军。

除此之外，该班还积极邀请其他班级篮球队参加友谊赛，通过友谊赛来检验篮球队平时训练的效果。以赛代练，既能锻炼身体，又能提高班篮球队的综合水平。在赛场外，没有比赛任务的学生自动组成了啦啦队给赛场上的同学加油助威，增强了班级的凝聚力，创造了良好的班风。

③2017 年春季体育节之排球比赛。该比赛项目是学院举办的全院性比赛，主办单位是广州工商学院体育工作委员会和学院体育部，协办单位是学院学生会体育部和学院排球协会。比赛于 2017 年 4 月 24 日—5 月 9 日在三水校区排球场举行。以各教学系、国际教育学院、继教学院、创培学院、公开学院为单位，各校区各单位派出一支代表队。

该比赛规格在学院级别的排球赛事中是最高的，参赛运动员水平高。每支参赛队伍的队员都是各个参赛单位经过不同的选拔办法选出来的佼佼者。每个参赛单位的选拔方式大致相同。会计系的选拔方式是班级先将排球技术较好的学生推荐给系体育部，由该系上一届排球队队长进行选拔，最后择优确定系排球队的名单，并确定排球队集训的时间。

该班共有7名男生和16名女生喜欢排球运动，平时自发地集中一起锻炼，每周练习两次，每次练习约1小时。同时也有3名女生经过训练，进入会计系女子排球队，随队训练2周，每周训练3次，并代表会计系参加学院举办的大学生排球比赛6场，最终获得亚军的好成绩。

④2017年春季体育节之大学生校园定向越野赛。定向运动在广州工商学院开展的时间不长，2014年9月引进学院，学生只有在体育课上才能够接触到此项目，在中学期间接触过定向运动的学生更是少之又少。因此，学生对该项目的了解甚少，基础比较薄弱，参与度明显没有其他项目高。该项目的选拔与其他项目不同，需要有专用器材才能够进行。会计系体育部采用了先在班级报名，然后再筛选的办法进行选拔。由于此项目较陌生，缺乏高水平运动员的指导，学生的参与兴趣自然不大。只有参加过定向运动课程的1名男生和3名女生报名进入会计系系队，随其他队员一起训练。训练时间为每周3次，每次约90分钟，训练强度较大，主要训练方式是地图认知、体能训练、跑图训练等，逐步提升运动员的综合能力。

大学生校园定向越野赛是学院举办的全院性比赛，主办单位是广州工商学院体育工作委员会和学院体育部，协办单位是学院学生会体育部和学院定向运动协会。比赛于2017年5月19日下午4：10在三水校区运动场进行。以各教学系、国际教育学院、继教学院、创培学院、公开学院为单位，各单位派出一支代表队。此次比赛设有百米定向和短距离赛，分男子组和女子组。会计系实验班的1名男生和3名女生参加了百米定向和短距离赛，有1人成绩优秀，进入前八名。

⑤2016年秋季体育节之大学生足球比赛。该比赛项目是学院举办的全院性比赛，主办单位是广州工商学院体育工作委员会和学院体育部，协办单位是学院学生会体育部和学院足球协会。比赛于2016年10月25日—11月3日在三水校区足球场举行。以各教学系、国际教育学院、继续教育学院、创培学院、公开学院为单位，各单位派出一支代表队。

该比赛在学生中的影响较大，喜欢足球的学生较多，但性别比例差别明显，男生居多，女生选择该项目进行运动的人数非常少，但这不影响该班学生参与的热情。据不完全统计，参与足球锻炼的男生有10人，参与锻炼的时间超过100小时。平时该班有男生的比赛时，女生也会自发地到场给他们加油助威，展示了一个团队的优良精神面貌。

⑥2016年秋季体育节之乒乓球比赛。该比赛项目是学院举办的全院性比赛，主办单位是广州工商学院体育工作委员会和学院体育部，协办单位是学院学生会体育部和学院乒乓球协会。比赛于2016年10月25日—11月3日

在学院三水校区乒乓球室举行。以各教学系、国际教育学院、继续教育学院、创培学院、公开学院为单位，各校区各单位派出一支代表队。

该比赛规格在学院级别的乒乓球赛事中是最高的，参赛运动员水平也高。每支参赛队伍的队员都是各个参赛单位经过精心挑选的精英，每个参赛单位的选拔方式大体是先由班级推荐，系体育部统筹，然后安排比赛，获得比赛前三名的学生进入系队，并随队训练，最后代表本系参加学院的乒乓球比赛。

乒乓球比较受女生喜欢，因为它属于室内项目，免受阳光直射。据统计，该班有 21 名女生对乒乓球有较深的兴趣，平时都会邀同伴一起到学院乒乓球室进行训练。

⑦在实验班开展趣味运动会等实践活动。该班分别于 2016 年 11 月 5 日、2017 年 3 月 11 日、5 月 20 日和 11 月 4 日举行了不同项目的小型趣味运动会，一共 4 场，全班学生都参与。每场趣味运动会都由班委策划，辅导员和“五进”实践研究小组共同审核，全班学生集中实施。具体的组织方法是：首先，由班委拿出组织方案，包含活动的时间、地点、内容、所需物资等，其他学生根据活动内容，结合自己的能力，确定参加项目，并做好报名工作，交由班委根据方案安排，并告知参加学生，根据本人所参与的项目，做好相关的准备。同时班委成员还兼顾后勤保障工作，包括场地和器材的申请、其他所需物资的购买等，确保每场趣味运动会的顺利进行；同时也确保了该班学生参与体育活动的时间和次数。这 4 场小型运动会，既促进了学生“进体育场馆”的实际行动，又增强了同学之间的情感，其乐融融。

小型趣味运动会的项目包括拔河、踩气球、“大脚丫”、两人夹球前进、原地投篮比赛、运球上篮、“两人三足”、“九人十足”、抢椅子、单脚赛跑等。这些趣味项目里，有个人项目，也有集体项目，既能展示个人能力，又能促进团队默契，比如踩气球、原地投篮比赛、运球上来比赛、抢椅子、单脚赛跑等都是属于个人项目，有比较速度的，有比较反应的，有比较爆发力的等；拔河、“大脚丫”、两人夹球前进、“两人三足”、“九人十足”等都属于集体项目，既能锻炼学生之间的配合默契，又能体现团队作战能力，特别是拔河、“大脚丫”和“九人十足”，都是需要全部参与的学生之间配合才能够取得好成绩。在这四次趣味运动会中，该班所有学生都参与进来，体验了不同运动项目的乐趣。在这么多的游戏中，学生根据自身条件和兴趣参与其中，在游戏中体验运动，在运动中玩转游戏，除了能锻炼个人身体、践行“进体育场馆”外，还能增强同学之间的友谊，促进良好班风的形成，一举多得。

（2）邀请专家、教授及获奖学生开设讲座。

①邀请专家、教授给该班学生做讲座。“五进”实践研究课题组邀请有一定知名度（特别是在如何进行有效的身体锻炼方面具有较深造诣）的教授，给该班学生举行讲座，主题是“如何有效地进行身体锻炼”。受邀教授是广州工商学院体育部刘嘉丽教授，她在退休之前担任广东技术师范学院体育部副主任，从教三十几年，在体育教学上颇有造诣，教学效果显著，深受学生的喜爱，特别是对学生进行身体锻炼有着独特的见解，在广东技术师范学做过类似的专场报告近十场，场场爆满。2017 年 11 月 16 日下午 2：30，在行政楼二楼会议室，刘嘉丽教授风趣、形象、客观、生动地给学生做了一场精彩的讲座。讲座主要面对会计系学生特点进行了详细、全面的剖析，指出从事会计工作的人由于职业特点，通常一坐下来就是几个小时，致使很多人或多或少都会出现一些身体不适，比如颈椎不适、肩周炎、视力下降、腹部赘肉逐步增多等，这些都是长时间处于静止状态，且缺少运动造成的。对于如何有效地避免以上不良现象、让身体处于健康状态，刘教授开出了相应的“处方”：首先，在学校期间，大一、大二学生要认真上好体育课，争取在课上能够学会自己较喜欢的运动技术，至少要掌握 1 ~ 2 个项目，为今后工作期间能够有效地进行身体锻炼夯实基础。学生在校期间，有很好的辅助条件可以掌握运动技能，有相对较多的运动场地和器材、比较专业的体育教师指导，同时还有一起运动的伙伴。以上条件都是现成的，且是免费的，这是在参加工作后无法比拟的优越条件。因此要选择适合自己的运动项目，以及志同道合的运动伙伴，在大学期间打下很好的运动基础，以便踏出校门、走进社会后继续保持运动、锻炼身体。其次，在思想上要充分认识到适量的运动能够带来健康的身躯和体魄的重要性。现在很多学生对此都不以为然，没有引起足够的重视，仗着年轻、身体好，甚至有极个别学生几乎在校期间都没怎么运动，这是极端的行为。最后，会计系学生中，女生居多。由于性别原因，女生大多怕出汗、怕晒太阳、怕累，慢慢形成了不爱运动的氛围。基于这点，建议女生可以选择下午日落后的时间和晚间进行身体锻炼，但这个时间段可能会影响到个别运动项目，比如篮球、排球等；也可以选择较适合女生运动的项目来锻炼，比如排球、网球、乒乓球、瑜伽等。

②邀请学校在各类体育赛事活动中获奖的学生分享经验。2017 年 12 月 14 日下午 2：30，在行政楼二楼会议室举行了一场经验分享会，由邀请 2017 年获得全国大学生定向锦标赛本科乙组男子金牌获得者——电子系 2015 级学生陈建，2016 年获得广东省大学生定向锦标赛甲组女子组百米赛的金牌获得者——物流系 2014 级学生李翠婷，面对面和该班学生分享他们在大学期间如何与定向运动结缘、如何通过系统训练获得金牌。陈建和李翠婷的运动经历有着极大的相似性，当他们加入学院定向运动队之前，对定向运动的认

识几乎都为零，只是抱着积极参与的态度参加了学院定向队的招人测试，加上他俩平时都比较喜欢运动，所以在众多的测试者中脱颖而出，成功进入学院定向队。在学院定向队系统科学的训练下，他俩的运动竞技水平日益见长，慢慢成为运动队的骨干队员，并代表学院参加过 2015、2016、2017 年广东省大学生定向锦标赛和 2016、2017 年全国学生定向锦标赛，最终“修成正果”，获得金牌，既给自己的运动生涯添上了浓墨重彩的一笔，也为学院在高校体育运动界赢得了荣誉，扩大了影响。最后，他俩寄希望师弟师妹们学习空闲之余，要积极响应学院“进体育场馆”号召，在体育课上找到自己喜欢的运动项目，修得一至两项运动技能，积极投入到训练中去，享受运动给我们带来的快乐，同时也享受运动给我们带来的身心健康。除此之外，运动能力超群者一定要积极参与学院的不同运动队，通过系统的科学训练，不怕辛苦，不怕累，努力提升自己的运动竞技能力，代表学院外出参加各类比赛，争取拼出成绩，为个人增添荣誉，同时也能为母校赢得掌声，扩大学院在各个领域的影响力。

（3）开展“进体育场馆”体会交流会和方法交流会。

①“进体育场馆”体会交流会。2017 年 5 月 11 日下午 2：30，“五进”实践研究课题组邀请学院学生会体育部部长、各系体育部部长和部分干事及 2015 级财务管理 B1 班全体学生欢聚在学生活动中心，畅谈他们“进体育场馆”的体会。经过一个下午的激烈讨论，结果整理如下：

第一，适量的运动能够增强体质，促进身体健康——这是当天下午几乎所有与会者的共同认识。院学生会体育部、各系体育部的部长和干事中，有个别人之前身体偏弱，通过适量的运动慢慢改变身体状况，最明显的一点就是以前天气稍有变换他就会感冒，现在经过体育锻炼，感冒几乎远离而去；还有个别人之前跑 1000 米都几乎跑不完，就算勉强跑完了，也累得不成样子，现在经过多次训练，跑完 1000 米没什么问题，成绩也在逐步提升。

第二，通过运动，能结识不同的朋友，增进友谊。在球场认识新朋友是最快的，也是最直接、最真诚的形式，因为有共同的兴趣爱好就会有共同的话题，在平时的生活中经常联系，经常聊天，新的友情也就会越来越牢固。

第三，通过组织，参与体育运动，既能促进班级优良学风的形成，又能增强同学之间的感情。特别是组织班级活动，从开始的策划、组织、协调、运动器材的准备（含购买），到活动中的各种保障，没有一个强大的、团结的、无私的团队，几乎是无法完成任务的。因此，多组织类似小型趣味运动会的体育活动，除了能强身健体外，还能促进良好班风学风的形成，同时能增强同学之间的感情。在平时的生活与学习中，同学之间的交流可能会少些，但是参与这些趣味运动会需要所有学生一起交流、一起努力、一起分

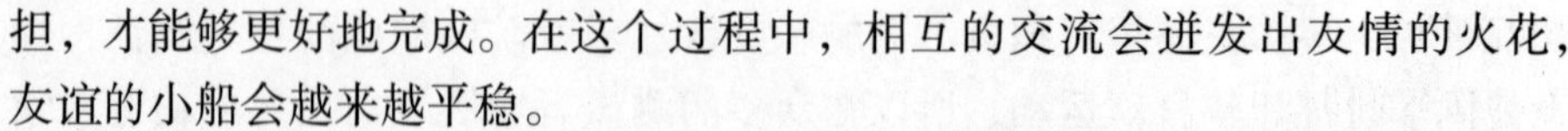

担，才能够更好地完成。在这个过程中，相互的交流会迸发出友情的火花，友谊的小船会越来越平稳。

第四，体育活动也是一种缓解心理压力的方法。当学习压力较大的时候，到田径场跑几圈，到健身房锻炼锻炼，骑自行车绕校园环行几圈；约上同伴到篮球场上打打球，到足球场上踢踢球，到网球场、排球场等比试比试。当挥汗如雨的时候，所有的压力都会随汗水而去，为迎接下一轮的挑战做好准备。

②“进体育场馆”方法交流会。2017 年 10 月 12 日下午 2：30，“五进”实践研究课题组邀请学院学生会体育部部长、各院系体育部长和部分干事以及 2015 级财务管理 B1 班全体同学欢聚在学生活动中心，畅谈“进体育场馆”的方法。经过一个下午的激烈讨论，结果如下：

第一，寻找到 1 ~ 2 项适合自己的运动项目，为终身运动打下坚实的基础。众所周知，现在的体育项目种类繁多，让人目不暇接，不同运动项目的优势不一，吸引力也不一样，但是我们必须要根据自身的条件进行选择，合适自己的才是最好的，切忌胡乱跟风。

第二，寻找志同道合的同伴。在践行“进体育场馆”的过程中，个人的投入度和参与度很关键，但是能找到和自己兴趣爱好一致的伙伴也很重要。有些运动是个人完成的，属于个人项目，比如跑步、骑自行车、健身等；有些运动则需要同伴一起完成，属于集体项目，比如篮球、足球、排球等，都是要和同伴一起配合才能够完成的。个人项目相对比较枯燥乏味，但多数个人项目都是有氧运动，对强身健体非常有帮助；而集体项目，相对个人项目而言，则丰富得多，有得分，有对抗，是大部分年轻人所喜欢的项目，但大部分的集体项目都属于无氧运动。无氧运动很重要的一点是运动后要及时、有效地进行身体放松，让堆积在身体的大量乳酸能够及时地转化，减少身体的不适，为下次运动做好准备。如果每次运动回来都感觉异常的疲累，那么，运动的激情也就会逐步减退，甚至消失，这是得不偿失的。

第三，先给自己定个小目标，再慢慢过渡到中目标，最后到大目标。每名学生的身体素质都不一样，给自己定的目标也要结合自身条件，切合实际，才能够起到正面的、有效的效果。比如运动能力较弱的学生可先制订一个小目标，一周训练 2 ~ 3 次，每次 30 分钟左右，运动时间约 2 周。先在小运动量的体验中找到运动的乐趣，打好基础。如果一开始就长时间地运动，身体可能会承受不了，也就会失去运动的乐趣，激情减退，其结果也就适得其反。接着制订一个中目标，一周训练 3 ~ 4 次，每次约 60 分钟，运动时间可持续 4 ~ 5 周。在小目标的基础上，获取一定的运动乐趣后，让运动的激情继续燃烧，扩大运动的战果，在之前的基础上，增加运动的次数，延长运动的时间，确保运动的效果。最后给自己制订一个大目标，就是保持每周训练的次数和时间，将运动周数延长至一学期，甚至一年，养成良好的运动习惯，最终成就终身体育。

（四）“进体育场馆”实践研究的成效分析

为了了解和掌握“五进”之“进体育场馆”实践研究的成效，在完成各项实践研究任务之后，课题组又进行了一次问卷调查。本次调查主要涵盖以下五个方面：调查方法、调查对象、调查目的、调查基本情况、调查数据分析与实践研究成效总结。

1. 调查方法

问卷调查法、跟踪调查法。对前期调查中的学生进行跟踪调查，获取相关数据，评估“进体育场馆”实践研究和建设的成效。

2. 调查对象

广州工商学院 2014—2017 级学生，调查学生 855 人。

3. 调查目的

对“进体育场馆”实践研究和建设成效进行成果检验调查，以便及时总结经验，形成常态化、科学化的体制机制，在动态化的实践研究及建设过程中，进一步完善和加强“进体育场馆”实践机制。

4. 调查基本情况

调查时间为 2018 年 3 月 27 日—4 月 7 日，通过“腾讯问卷”网制作电子问卷生成网络链接地址，再由辅导员对学院各班群发链接地址，实时跟踪问卷的回收情况。收回问卷 855 份，有效问卷 855 份，有效率 100%。问卷统计：随机发放，分年级统计。有效问卷中：大一 481 份，大二 249 份，大三 119 份，大四 6 份。

5. 调查数据分析与实践研究成效总结

本课题主要从以下八个方面进行了数据对比分析。

（1）对“进体育场馆”内涵的了解对比。对比两次调查结果，认为自己了解“进体育场馆”内涵的，第二次调查占比 62.4%，比第一次调查高出 7 个百分点；认为自己不了解“进体育场馆”内涵的，第二次调查只占 4.1%，比第一次调查减少了 7.8 个百分点（见表 1）。可见，经过一年的“进体育场馆”的引导，学院学生对“进体育场馆”内涵的了解有了明显提高。

表 1 对“进体育场馆”内涵的了解

单位:%

年份	非常了解	了解	一般	不了解
2017	18.8	36.6	32.7	11.9
2018	13.5	48.9	33.6	4.1

（2017 年调查学生人数 1 000，2018 年调查学生人数 855）

（2）“进体育场馆”对未来生活的重要性对比。第二次调查中，83.1%的学生认为“进体育场馆”在未来生活中占据重要位置，比第一次调查的 77.2%提高了将近 6 个百分点；认为“进体育场馆”在未来生活中不重要的学生，第二次调查也比第一次调查下降了 3.2 个百分点（见表 2）。由此说明，大部分学生能意识到“进体育场馆”的重要性，但仍然有 2.7%学生认为“进体育场馆”在未来生活中不重要。

表 2 “进体育场馆”对未来生活的重要性

单位:%

年份	非常重要	比较重要	无所谓	不重要
2017	30.2	47	16.8	5.9
2018	22.5	60.6	14.3	2.7

（2017 年调查学生人数 1 000，2018 年调查学生人数 855）

（3）“进体育场馆”的目的对比。在“进体育场馆”的目的方面，对比两次调查的数据发现，第二次调查数据中，选择“强身健体”“释放压力和摆脱烦恼”的比例升高了，选择“应付考试”和“完成学业”的比例也升高了，选择“丰富课余生活”的比例降低了（见表 3）。

表 3 “进体育场馆”的目的

单位:%

年份	强身健体	丰富课余生活	释放压力和摆脱烦恼	交友	应付考试	完成学业	塑造形体	娱乐消遣	其他
2017	82.7	63.9	69.8	23.8	28.7	33.7	46.5	34.7	12.9
2018	85.4	56.7	70.2	18.1	32.3	42.3	45.6	33.1	11.5

（2017 年调查学生人数 1 000，2018 年调查学生人数 855）

（4）“进体育场馆”的次数和时间对比。在“进体育场馆”的次数方面，第二次调查中选择“每天”和“每周 3 ~ 4 次”的比例有明显升高（见

表4)。在“进体育场馆”的时间方面，第二次调查中选择“30分钟以下”和“31～60分钟”的比例有明显的升高（见表5)。可见学生“进体育场馆”的次数和时间有了明显的提高，体育人口的数量明显提高。

表4　“进体育场馆”的次数

单位:%

年份	每天	每周3～4次	每周1～2次	偶尔
2017	11.4	23.3	31.7	33.7
2018	13.9	30.6	27.6	27.8

(2017年调查学生人数1 000，2018年调查学生人数855)

表5　“进体育场馆”的时间

单位:%

年份	30分钟以下	31～60分钟	61分钟及以上	不确定
2017	10.9	36.1	25.7	27.2
2018	21.8	44.3	12.2	21.8

(2017年调查学生人数1 000，2018年调查学生人数855)

(5)“进体育场馆”的形式对比。对比两次调查的数据可以看出，“上体育课”和“和同学一起锻炼”仍是学生“进体育场馆”的主要形式，且第二次调查的比例有所提高；选择“学校体育社团”活动的比例，第二次调查反而比第一次调查减少了（见表6)。

表6　“进体育场馆”的形式

单位:%

年份	上体育课	单独锻炼	和同学一起锻炼	学校体育社团
2017	78.7	35.6	64.4	12.4
2018	87.4	40.2	69.2	8.8

(2017年调查学生人数1 000，2018年调查学生人数855)

(6)“进体育场馆”主要影响因素的对比。在“进体育场馆”的影响因素方面，第二次调查时，选择“场地、器材缺乏”和“缺乏指导”的比例减少了，选择“怕累”“学习任务重”“身体不好、不宜参加”“没有兴趣”的比例却增加了（见表7)。可见学生进体育场馆的主要影响因素是学生自身心理和身体方面的因素。

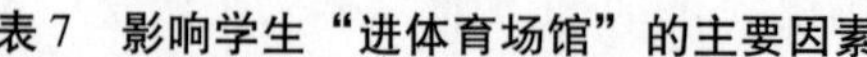

表7　影响学生“进体育场馆”的主要因素

单位：%

年份	学习任务重	场地、器材缺乏	怕累	身体不好，不宜参加	受他人影响	缺乏指导	没有兴趣	其他
2017	34.7	61.9	14.4	12.9	14.9	30.2	14.4	23.3
2018	36.4	54.3	19.8	13.8	14.2	24.4	20.6	21.8

（2017 年调查学生人数 1 000，2018 年调查学生人数 855）

（7）对学校的体育硬件设施满意度的对比。对比两次调查，虽然对学校的体育硬件设施满意度有所提高，但第二次调查仍有 34.7% 的学生对学院体育硬件设施表示不满意，且直接表示不满意的学生占 14.7%（见表 8）。由此看出，学校还需在体育硬件设施方面适当地增加投入，以满足学生体育锻炼的需要。

表8　学生对学校的体育硬件设施满意度

单位：%

年份	非常满意	比较满意	一般	不太满意	不满意
2017	2	10.4	53	0	34.7
2018	2.2	16.7	46.3	20	14.7

（2017 年调查学生人数 1 000，2018 年调查学生人数 855）

（8）对学校体育氛围的满意度对比。根据两次调查的数据，可以看出学生对学校的体育氛围满意度有了明显提高，第二次调查数据比第一次调查数据的提高了 13.6 个百分点；而不满意度方面，第二次调查数据比第一次调查数据降低了 13.1 个百分点（见表 9）。可见这一年多来，在学院多方努力下，比如学院体育部和院级、系级的学生社团开展丰富多彩的竞赛活动，邀请体育专家及获奖学生开办讲座，开展“进体育场馆”心得和方法交流会，组织实验班开展班级小型趣味运动会等，学生“进体育场馆”方面取得了一定的成效。

表9　学生对学校体育氛围满意度

单位：%

年份	非常满意	比较满意	一般	不太满意	不满意
2017	3.5	16.8	50.5	13.9	15.4
2018	5.7	28.2	49.9	8.7	7.5

（2017 年调查学生人数 1 000，2018 年调查学生人数 855）

（五）“五进”之“进体育场馆”实践研究的结论及对策

目前，学院通过加强“进体育场馆”的倡导和宣传、开展形式多样的“进体育场馆”活动，大大提升了学生进体育场馆的积极性，在一定程度上使“进体育场馆”的精神实质深入学生的内心。

1.“进体育场馆”实践研究的结论

通过实践研究，综合实践活动前后相关数据的调查分析，课题组发现“进体育场馆”的效果逐渐显现，学生进体育场馆的热情大大提升。具体表现在：

第一，学生对“进体育场馆”内涵的了解加深。课题组对学生“进体育场馆”的不断宣传教育，使学生逐渐懂得健康的身体是每一个人工作和学习的重要保证。积极运动、健身和锻炼既能彰显一所大学朝气蓬勃的活力，更是保障大学生们身心健康必须完成的功课。学生掌握了相关的体育知识。体育，就是“以身体活动为媒介，以谋求个体身心健康、全面发展为直接目的，并以培养完善的社会公民为终极目标的一种社会文化现象或教育过程”。体育的这一定义说明了它的本质属性，体育就是对人身体的教育，是教育的一部分，是一种与维持和发展身体的各种活动有关联的一种教育过程。要顺应社会的发展，体育教育越来越引起人们的关注。课题组大力倡导、强化实践，使得学生关注身心健康，“生命在于运动”已然成为学生挂在嘴边的命题，他们深深明白体育运动是增强体质的重要手段之一。“进体育场馆”是一个发展身体、增强体质、学习锻炼身体的知识和技能、培养道德和意志品质的教育过程必不可少的形式，是对人体进行培育和塑造的过程，是教育的重要组成部分，是培养全面发展的人的一个重要方面。生命的本源在于运动，因此，大学生要增强体质，健康向上，积极努力，挑战人的意志力和爆发力。只有这样，生活才会迸发巨大激情和魅力，愈加精彩、完美。学生对体育有了深刻的认识，对“进体育场馆”的认知也就有了比较深刻的理解，这也说明学生对“进体育场馆”的内涵有了比较深刻的理解。

第二，学生进体育场馆的次数日益增多，参与体育活动的人数不断增加，学生参与体育竞赛项目的积极性也愈加高涨。由于学院对学生“进体育场馆”在理论上强化宣传教育，在形式上注重落实，使学生对“进体育场馆”的内涵有了深刻理解，他们就更加积极和主动地参加体育运动。同时学校各个相关部门配合“进体育场馆”的实施，开展各种类型体育活动，学生进行体育活动的积极性愈加高涨。学生通过积极参加“进体育场馆”活动，体会出体育运动需要顽强、坚毅、拼搏，需要跌倒了爬起来再继续，在哪里跌倒就在哪里爬起来，永不服输，团结一致，共同奋斗。于是，体育精神源流自然浇筑了学生的心田，使学生在体育运动中有了更高、更远、更强的目标与追求，懂得了要不断突破自我的道理。由此，“进体育场馆”学生活动的氛围越发热烈，热情不减。

第三，开展“进体育场馆”活动，促进了学校强化运动场所的建设，学生对学校体育的硬件设施和学校的体育氛围的满意度大大提高。原先提供给师生们健身和运动的场所比较有限，体育场主要用于体育课教学。受到地域和发展空间的限制，原来在课余时间参加体育活动的学生不是很多。学校倡导“进体育场馆”后，在现有的空间范围内，挖掘闲置空间，整修废弃场所，建设新的场地，大面积地为师生增加健身和运动的场所。比如，整治现有的运动场地，修建网球场，扩建篮球场，整修健身房、体操房、舞蹈房、瑜伽馆、乒乓球室、武术馆、羽毛球场以及广场舞厅等运动场所。学生对学校体育的硬件设施和学校的体育氛围的满意度大大提高。

第四，开展“进体育场馆”活动，使大学生有了很强的健身意识，积极踊跃地参与体育活动，促进了身心健康。人的身体和心理密不可分，健康的心理源于健康的身体，心理不健康则会导致身体异常甚至患病。学生不断进行体育锻炼能增强体质，促进身体形态的发育，改善人体机能，提高运动能力，提高认识水平，培养良好的情绪和意志品质，形成优良的性格特征，对促进心理健康起到积极作用。

第五，“进体育场馆”活动虽然效果显著，但还有需要改进加强的地方。有少部分学生仍然少进或不进体育场馆，认为“进体育场馆”对现实和未来的生活虽然意义重大，但体育运动坚持不易，一苦二累。学院体育场中，学生有兴趣的锻炼项目（如游泳馆或池）还没有相应的设施。快速发展的在校生人数急需体育运动组织的健全与管理水平的提升。文化课与运动时间如何均衡分配？科学的评价指标和平台如何制定和搭建？怎样凝练出有特色的校园体育文化？体育教学与课外体育活动如何恰当融合？这些问题还需要继续探究与改进。

2.“进体育场馆”实践研究的对策

综合上述研究，结合学院的实际情况，课题组主要提出以下几个方面的对策：（1）对学生加强“进体育场馆”重要性的宣传教育。学校要利用各种形式定期对学生“进体育场馆”重要性进行宣传教育，使学生坚定体育锻炼的意识，相信体育运动是苦中有乐，是身心健康的重要途径，树立起“终身体育”的思想，进而组织开展各种“进体育场馆”活动，继续引导学生自主参与各种体育锻炼形式，在参与体育活动中磨练意志品质、培养吃苦耐劳精神，使学生懂得正视困难和挫折，提高心理承受能力，从而有效地提高学生的身体素质和心理素质。

（2）开展形式多样的“进体育场馆”活动，使其常态化。在学生明确自主参与体育锻炼重要性的同时，学校要组织相应部门监督学生日常的体育锻炼，还要定期开展形式多样的“进体育场馆”活动，如举办体育节、各种趣味运动会，开展院级、系级、班级、宿舍级的体育比赛和丰富多彩的校园体育文化活动，从而保持学生参与体育锻炼的积极性，提升学生的体育锻炼兴趣，使整个校园内形成一个全民健身的良好氛围。

（3）建立课外体育锻炼辅导制度。选择经验丰富的体育教师作为教练或指导，优选有体育专长的学生成立学校专业的体育运动队伍，进行课外专业训练，代表学校参加各级别比赛，这可以展现一个学校的体育竞技水平，可以展现学生的技能特长，可以在运动竞赛的成绩中让学生感受到凝聚、激励的能量，让学生具有成就感，从而潜移默化地提升了体育锻炼的积极性。其次，这种成就感无形中会使很多学生产生向往和需求，学院因势利导地建立课外体育锻炼辅导制度，管理指导学生根据自身的情况确定锻炼目标、选择锻炼项目，制定、实施和适时调整体育锻炼计划，使学生强体健身落到实处。

（4）加强体育场馆建设。继续挖掘学校可利用的空间，建设种类丰富、用途适当的运动场地，满足学生进行各种形式体育活动对相关的场地、资源的需求。例如，对现有的和新增加的一些分散的运动场地，实行分区域、分类别建设和管理，合理建设，定期维护，醒目标记，有序管理，持续使用。同时优化体育场馆和体育设施的管理，提高体育场馆设施的利用率，延长体育场馆设施的使用时间，可以充分发挥学生的积极性、主动性和创造性，针对不同功能的运动场所，鼓励学生参与管理，既保证了锻炼的场地，又保证了管理的到位，还提供了大学生管理实践的机会。

（5）引进智能化体育锻炼管理信息系统。适当地引进以学生实际运动需求为导向设计的智能化体育锻炼管理信息系统，将线下和线上多种学习和运动方式结合起来，为学生与学生、学生与教师提供即时化交流互动平台（例如学生可通过手机 APP 完成与同伴或队友的交流互动），拓展体育学习和锻炼的时间和空间，弥补体育教学资源的不足，优化高校课外体育活动管理模式，促进学生体育锻炼进一步朝着个性化发展。

（6）构建新的评价指标。可以构建新的评价指标，如将每一学期的大学体育分为体育课堂教学 1 学分、体育社团活动 1 学分的两分学制。体育课堂教学评分的依据可按理论、出勤率、课堂表现、技能与素质达标分进行评价；体育社团活动学分评价则可从以参与社团体育活动的次数为主、课余体育竞赛为辅两方面考虑，再制定两者的分值比例。遵循素质教育的基本发展方向、倡导全人教育、体现和谐教育是当代中国学校体育健康教育思潮的未来发展方向。

（7）创建和谐的体育课堂，促进大学生身心协调发展。采用娱乐性的教学手段，将集体活动贯穿于整个教学过程之中，促进大学生参与运动，形成师生之间、学生之间的多边互动过程，营造一种轻松和谐的教学氛围，让学生在锻炼中体验欢乐，消除忧郁、焦虑、躯体不良感受，增进交往，在增强大学生体质的同时促进其全面发展。

（8）深化体育教学改革，不断提高体育教学质量与效益。以大学生喜爱的运动项目为载体，融健康教育内容、身体素质练习于运动技能学习之中，采用形式多样而有趣的体育教学方法，使体育教育真正做到“育人、育体和育心”。

（9）拓展高校体育教学时空，搭建身心良性互动平台。构建课内外“一体化”的高校体育课程结构，使体育教学与课外体育锻炼、业余运动训练、运动竞赛有机结合，把体育教学的时间、空间进行延伸，让体育内涵扩大，为大学生提供更多的锻炼和交流机会，积极践行“进体育场馆”，提高体质健康水平。

（10）建构高校体育与大学生心理健康效益互动模式。高校体育与大学生心理健康效益互动模式的建构应重点围绕组织领导体系、师资队伍建设和互动运作体系三大系统进行。首先，学校成立大学生健康教育领导小组，实行党政统一领导，下设大学生健康教育中心，指导大学生健康教育和辅导工作的开展和实施；其次，从提高教育者自身的心理素质和业务素质两方面来加强师资队伍建设；最后，寻找高校体育与心理健康的有效结合点，全方位地开展体育形式的心理健康教育。体育课、课外体育锻炼与课余体育竞赛构成了课内外一体化课程体系。体育课偏向于体育理论知识的传授、技能的传习，以及体育锻炼态度、规则意识的形成。课外体育锻炼与课余体育竞赛则是践行大学体育“健康第一”指导思想的重要途径。通过学分制体育社团建设，鼓励吸引大学生在课余时间多参与、多组织由学生群体自主练习的体育锻炼活动，巩固并提高体育课中学习的运动技能，达到提高体质的效果。

四、“进体育场馆”实践研究的成果及应用

通过实践研究，课题取得了有价值的研究与实践成果，建立了一种具有本校特色的，对学生健康成长具有针对性、实效性和开放性的“进体育场馆”综合路径。

（一）“进体育场馆”课题实践研究的创新特点

“进体育场馆”实践研究的创新特点主要体现在以下三个方面：

1. 研究凝练和总结出新的育人优势

贯彻学院“德学”“五进”理念，通过倡导推进大学生“进体育场馆”实践研究，凝练和总结出育人的新优势。大学生参与运动健身能够养成科学的生活习惯，锻炼新的支撑力，持久耐性，个体行为不轻言放弃。运动健身的凝聚、激励和鼓舞的功能优势，发挥的独特育人作用，可使“育人为本，德育为先”的教育规范更接地气。

2. 研究探明培育学生运动健身的动力

贯彻学院“德学”“五进”理念，通过倡导推进大学生“进体育场馆”实践研究，让学生发现运动健身带来的苦乐和成就别有一番滋味。体育锻炼让学生深刻感受到运动中的艰苦和赢得成就的身心愉悦。这种亲身经历或感受对学生是一种极深刻的体会，胜过无谓的说教。学生慢慢会喜欢上体育锻炼，或对体育锻炼由不想参加转为积极参加、不重视转为重视、不自主参加转为自主参加，不断培养终身锻炼的意识和习惯，从而具有自我锻炼的能力和动力。同时，学校培养的学生——身体和心理健康的劳动者或叫健全的人，这一目标也得以实现。

3. 研究寻求运动健身的具体形式

贯彻学院“德学”“五进”理念，通过倡导推进大学生“进体育场馆”实践研究，寻找“进体育场馆”的多种路径、具体方式，让学生不仅有了自主健身的动力，还在长期的健身运动中品尝到更多愉悦的体验和美的感受，而不是简单的苦、机械的累。

总之，“进体育场馆”实践研究既有理论探讨，又有实践操作，具有很强的适用性。此外，“进体育场馆”实践研究在功能上定位为应用性研究，在性质上定位为综合性研究，在目前相关研究成果普遍缺乏应用性与综合性特征的情况下，这两个定位本身就带有较强的创新性。

（二）“进体育场馆”课题实践研究的主要成果

“进体育场馆”实践研究根据学院办学特点，从学生“进体育场馆”的现状出发，在大量调查研究和实践探索的基础上，针对学生“进体育场馆”的现状及问题进行分析、研究，寻找出存在的问题，并对此进行剖析，找出根源所在，提出解决途径，取得了有价值的研究与实践成果。

1. 课题研究报告

在调查的基础上，深入挖掘学院学生“进体育场馆”现状和教育过程中存在的主要问题，对存在问题的原因进行分析，从提出问题、分析问题、解决问题入手，通过一系列研究，创建“进体育场馆”的综合路径，并形成完整的“五进”之“进体育场馆”实践研究报告。

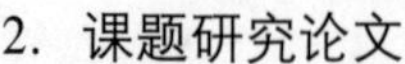

2. 课题研究论文

在本课题研究期间，完成问卷调查、调查报告各1份，阶段性研究论文5篇。

（1）调查报告。

①罗美娥、王云丽：《广州工商学院学生“进体育场馆”调查问卷》。

②王云丽、罗美娥：《“五进”之“进体育场馆”调查报告》。

（2）阶段论文。

①孔令敏：《论体育锻炼与工匠精神之结合意义》，载《当代体育科技》2017年5月刊。

②李功清：《“五进”之进体育场馆——基于马克思主义关于“人的自由全面发展”的思考》，载《长江丛刊》2018年6月刊。

③周敏：《进体育场馆视域下大学生拉丁舞的教学与训练研究——以广州工商学院为例》，载《智库时代》2018年5月刊。

④林伟光：《高校学生课外体育活动效果提升策略》，载《当代体育科技》2018年5月刊。

⑤赖荣亮：《大学体育课程课内外一体化的可行性研究——基于学分制体育社团视角》，载《当代体育科技》2017年10月刊。

（三）“进体育场馆”实践研究成果的应用与推广

建立了一种具有本校特色的，对学生健康成长有针对性、实效性和开放性的“进体育场馆”综合路径，真正实现学以致用，真正使得“进体育场馆”成为学生学习生活的需要。

在不断开展研究和实践活动的基础上，发表“进体育场馆”的相关论文。本课题研究成果已在全校范围内普遍应用和推广。

“‘五进’教育实践活动的理论与实践研究”之“进社会”实践研究报告

方圆妹

一、“进社会”实践研究的背景、目的与意义

《国家中长期教育改革和发展规划纲要（2010—2020年）》明确提出：“教育要注重知行统一，坚持教育教学与生产劳动、社会实践相结合。要坚持能力为重，优化知识结构，丰富社会实践，强化能力培养，着力提高学生的学习能力、实践能力和创新能力。”2012年，教育部、财政部等七部门联合下发的《关于进一步加强高校实践育人工作的若干意见》（教思政〔2012〕1号）指出“各高校必须认真落实并加强新形势下高校实践育人工作这一重要议题”，强调社会实践在人的全面发展过程中的决定作用，明确提出把实践育人工作摆在人才培养的中心位置。新时代高等教育步入了大众化阶段，人才供给的层次和类型日益多样化，社会实践在高等教育人才培养中的地位日益凸显。如何正确认识、科学设计和推进社会实践育人模式的创新，是每一所高校都必须深度思考的问题。

（一）“进社会”实践研究的背景

美国实用主义教育家杜威认为：真理和生活需要分不开，探求真理不能脱离实践经验。他在《民主主义与教育》中指出：“就人类来说，信仰、理想、痛苦和实践的重新创造，伴随着物质生存的更新。通过社会群体的更新，任何经验的延续都是存在的事实。教育在它最广的意义上就是这种生活的社会延续。”① “做中学”是他倡导并从哲学的认识中做出的推论，也是他对社会实践重要性的著名论断，与广州工商学院院长邝邦洪教授提出的“五进”教育实践活动中的“进社会”意蕴不谋而合。邝邦洪教授指出：“大学生‘进社会’是指大学生积极采取多种措施（如志愿服务、专业实践、挂职锻炼、科技创新、科技下乡、科学研究、创业实践、勤工俭学等方式）融

① 约翰·杜威. 民主主义与教育［M］. 北京：人民教育出版社，2011：85.

入社会，通过自己的体力劳动或智力付出而有利于社会、服务于社会、适应于社会。”① 在社会主义现代化建设的新时期，随着改革开放不断深入，教育环境的深刻变革，大学生“进社会”在高等教育中的地位和作用愈加突出和重要。要使大学生“进社会”不断取得实效，不仅要在理论上不断完善和创新，在实践上也要不断改进、完善与创新。因而，对大学生“进社会”的实践研究就显得尤为必要。

对大学生“进社会”的实践研究，即是对大学生社会实践活动在实践层面上的研究。在中国知网中，以“大学生社会实践”为主题词，查得文献1 839 篇，按照相关度取得前 200 篇作为参考文献进行分析。经分析，相关研究具有以下特点：

第一，从研究内容上看，研究内容主要集中于两类：第一类是大学生社会实践现状、问题及对策的研究。存在问题主要是重视不够，审核、评价体系不完善，内容、形式不创新，基地建设不健全四个方面。相应的对策就是提高对大学生社会实践的重视，完善审核、评价体系，丰富实践内容，创新实践形式以及加强实践基地建设等。研究内容千篇一律，缺乏创新。第二类是涉及大学生社会实践活动模式的创新以及长效机制的探索。黄旭、柳莉的《大学生社会实践活动“五化”模式创新与实践——以重庆理工大学为例》提出了大学生社会实践活动在机制长效化、内容课程化、主题时代化、形式基地化、过程全员化等方面的“五化”模式。② 陈群、肖亚辉的《大学生社会实践的主体困境及参与模式建构》提出了加强顶层设计、完善遴选体系、调整自我认知、疏通反馈渠道四个方面构建大学生社会实践主体参与的新模式。③ 在模式的构建上，大部分过于宽泛，不够具体，难于实施和把握。

第二，从研究涉及的主体上看，众多研究中均能总结出大学生社会实践存在的问题并提出相应对策，主要是从政府、学校、教师、管理者四个维度出发，鲜有从“学生”即实践的主体这个维度进行系统的分析并提出对策。

第三，从研究的方法上看，研究者多采用经验分析和理论研究，缺乏实证研究，欠缺说服力。

基于上述分析，本研究将改变传统的研究视角，将研究视角转移到受教

① 邝邦洪. 高校开展“五进”教育实践活动的意义与途径［J］. 广东技术师范学院学报，2015，36（9）：101.

② 黄旭，柳莉. 大学生社会实践活动“五化”模式创新与实践——以重庆理工大学为例［J］. 重庆科技学院学报（社会科学版），2015（9）：52－54.

③ 陈群，肖亚辉. 大学生社会实践的主体困境及参与模式建构［J］. 吉林师范大学学报（人文社会科学版），2016，44（6）：101－105.

育者身上，从大学生发展的需要和心理需求出发，创新研究方法，在对学院在校大学生践行“进社会”实践活动情况的调查和实验的基础上进行实证研究，切实找到提高大学生践行“进社会”实效的方法和路径。

（二）“进社会”实践研究的目的

开展民办应用型大学生“进社会”实践研究，主要有以下目的：

第一，掌握大学生“进社会”实践情况，发现问题的症结所在。对当前民办应用型高校学生践行“进社会”实践活动情况进行调查，了解情况，发现问题，以便对症下药，探索一条民办应用型高校大学生“进社会”实践的新路子。

第二，创新大学生“进社会”实践育人模式，拓宽和加深“进社会”实践的宽度和深度。加强民办应用型高校学生“进社会”实践与社会生活及专业学科的联系，拓宽“进社会”实践的宽度；挖掘“进社会”实践的教育资源，加深“进社会”实践的深度。从当前社会对未来应用型人才能力培养的现实需求出发，探索实践规律，创新大学生“进社会”实践育人模式。

第三，充实大学生“五进”实践研究理论，提升实践育人实效。在已有成果的基础上，通过现实运用，探索“进社会”的实践理念、原则和路径等问题，不断丰富和完善“五进”项目理论研究成果，为推广“五进”教育实践活动提供借鉴和参考，贯彻落实“立德树人”的根本任务，提升实践育人实效。

（三）“进社会”实践研究的意义

“进社会”是培养大学生的重要途径和有效方式，对民办应用型高校学生进行“进社会”实践研究具有重要的理论意义和实践意义。

1．理论意义

对民办应用型高校学生进行“进社会”实践研究，在理论上，不仅能充实和丰富“五进”教育实践理论成果，而且能为应用型高校人才培养模式提供理论参考。

（1）充实和丰富“五进”教育实践理论成果。“进社会”是“五进”教育实践活动中不可或缺的重要内容，是与“进课室、进图书馆、进实验实训室、进体育场馆”共同造就德、智、体、美、劳全面发展的合格大学生的重要环节。通过开展“进社会”实践研究，在实践中检验、升华“五进”教育实践活动的理论观点，使“五进”教育实践活动的研究理论成果逐步得以充实、丰富，深化“五进”实践研究，促使“五进”教育实践活动发挥更大效能。

（2）为应用型高校人才培养模式提供理论参考。马克思指出："全部社会生活在本质上是实践的。"① 按照马克思主义认识论的观点，实践是认识的来源，离开了实践活动，人的认识就是无本之木、无源之水。"进社会"是应用型民办高校培养应用型、技术技能型人才的重要环节。"进社会"实践研究是基于对应用型民办高校大学生特点的分析，旨在进一步提升应用型民办高校培养应用型、技术技能型人才质量的研究。其结果侧重于形成在实践层面上的理论，以便为其他民办应用型高校培养应用型、技术技能型人才提供理论上的参考，从而促进应用型高校人才培养模式的进一步完善。

2. 实践意义

对民办应用型高校大学生进行"进社会"实践研究，在实践上，不仅有助于强化"德学"精神和增强大学生践行"五进"教育实践活动的实效性，而且有助于为经济社会发展培养"适销对路"的应用型人才。

（1）有助于强化"德学"精神和增强大学生践行"五进"教育实践活动的实效性。学院院长邝邦洪教授提出的"以德为行，以学为上"教育思想是一种内涵丰富的人生"德学"，即"把高尚的道德作为人的行动指南和行为准则；把不懈学习、勇攀科学高峰作为人一生至上的追求和目标"，旨在把大学生培养成不仅掌握科学文化知识，而且具有远大的理想、坚定的信念、高尚的情操、健康的体魄、完美的人格的德才兼备的人。② 加强"进社会"实践研究就是对"德学"精神的进一步弘扬。同时，"进社会"是"五进"中最后一环，起着综合运用和检验效果的重要作用。因而，加强"进社会"实践研究，使"进社会"实践活动得到更好的实施和践行，有利于增强大学生践行"五进"教育实践活动的实效性。

（2）有助于为经济社会发展培养"适销对路"的应用型人才。在对如何办好一所新设置的民办应用型本科院校，如何为区域经济社会发展培养应用型、技术技能型人才问题的探索和实践上，学院提出，锤炼学生能力，为经济社会发展培养"适销对路"的应用型人才。③ "进社会"实践研究以"民办应用型大学生'进社会'应该提升哪方面的素养，如何提高素养"的根本性问题为出发点，对于深化"五进"教育实践活动所要解决的"如何

---

① 马克思恩格斯全集. 第1卷［M］. 北京：人民出版社，1995：54.

② 邝邦洪. 关于"以德为行，以学为上"教育思想的思考与实践［J］. 高教探索，2011（3）：55－60.

③ 邝邦洪，乔丽媛，李赣，黄仁刚. 创建高水平应用型大学　培养服务区域应用型人才的探索与实践［J］. 广东职业技术教育与研究，2016（4）：62－67.

培养人才和如何培养出特色人才”[①] 的问题具有重要的促进作用。“五进”教育实践活动又是为经济社会发展培养“适销对路”的应用型人才的创新举措。因此，对“进社会”实践的研究，有助于为经济社会发展培养“适销对路”的应用型人才。

（四）“进社会”实践研究的要求

为明确课题实践研究的目标、确保课题实践研究顺利开展，课题组分别对活动组织者和研究对象提出以下实践要求。

1．对实践研究组织者的要求

（1）活动组织者在全面深刻掌握学院所倡导的在大学生中开展“五进”教育实践活动的深刻内涵、目的和意义的基础上，制订“进社会”实践研究方案。

（2）活动组织者均应按照“进社会”实践研究方案执行各项任务并组织开展各项活动（特殊情况除外）。同时，根据项目进展情况不定期召开会议，及时做好工作安排和总结。

（3）活动组织者需及时收集“进社会”实践研究相关资料，包括活动计划、照片、视频资料、学生心得体会等，同时做好实践活动评价与总结工作。

2．对研究对象的要求

（1）选取典型班级作为研究对象，要求活动主体男女比例均衡，有较高的组织纪律性，能积极主动参与实践活动。

（2）在实践研究过程中，积极配合指导教师完成各项实践任务。同时，遵守纪律，注意“进社会”实践活动中的安全问题。

（3）研究对象在参与“进社会”实践活动后都必须提交相应的实践报告或个人心得体会。

二、“进社会”实践研究的分工与实施

明确分工、实施的步骤与过程，以及研究方法，是本课题实践研究顺利开展的重要保障，需要进行详尽的部署和安排。

（一）“进社会”实践研究的课题组成员及分工

为使实践研究顺利开展，成立“进社会”实践研究课题组。课题组成员

---

① 邝邦洪．践行五进　立德树人——高校师生成长的路径［M］．广州：广东高等教育出版社，2018：6.

均来自学生工作一线，具体分工如下：

（1）组长：方圆妹（思政部），主要负责撰写课题实践研究方案、统筹安排小组工作任务并做好小组会议组织、阶段性成果汇报、各项研究材料整合以及实践研究报告编写等工作。

（2）联络员：洪卫烈（团委），主要负责课题组与综合组的工作沟通与衔接，跟进课题组工作进度，协助组长开展实践研究的相关工作。

（3）成员：

熊玉琴（会计系），主要负责本次问卷调查的设计、收集、整理及总结等调研工作，并参与开展"七个一"工程相关活动。

黄莲露（后勤服务公司），主要负责起草"进社会"实践活动研究实验班管理办法和团委"进社会"资料收集整理工作。

邹国文（计算机系），主要负责指导实验班（计算机系2015级数字媒体B2班）开展"七个一"工程相关活动，并做好资料的收集和整理工作。

刘庭辉（物流系），主要负责指导实验班（物流系2016级食品质量与安全B1班、物流管理B1班）开展"七个一"工程相关活动，并做好资料的收集和整理工作。

钟伟（电子系），主要负责指导实验班（电子系2015级电子信息工程B1班）开展"七个一"工程相关活动，并做好资料的收集和整理工作。

（二）"进社会"实践研究的具体实施

在课题实践研究的过程中，按照"调研阶段—实践研究阶段—实践研究成果总结阶段"三大阶段实施课题实践研究。

1. 2016年9月—2017年3月：调研阶段

调研内容：实行"两条线调研"。一条线是针对学院在校大学生进行调查问卷的发放、整理、分析并对调查问卷所反映的现状和对策进行归纳总结；另外一条线是针对学院常规"进社会"实践活动的现状和对策进行归纳总结。在"两条线调研"基础上提出实践研究的实施方案。

2. 2017年3月—2018年3月：实践研究阶段

实践内容：实施开展"七个一"工程。

（1）创建一个平台——广州工商学院"进社会"实践活动微信公众号。创建广州工商学院"进社会"实践活动微信公众号平台，促进线上交流讨论、资讯共享，实现优秀成果的实时分享及推广。

（2）上好一堂课——如何写好大学生社会实践报告。写好一份社会实践报告是大学生参加"进社会"实践活动的基本技能。如何写好大学生社会实践报告，这是大部分学生在参与社会实践活动时产生的第一个疑问。为此，选派相关教师通过授课的方式为实验班学生进行解答，帮助学生为“进社会”实践做好准备。

（3）强化一项技能训练——社交礼仪训练。待人接物的能力是当前大学生普遍缺乏的一种能力，通过社交礼仪训练可以为大学生解决这些问题，提高大学生的修养和素质，更好的适应社会。邀请相关专业人士对实验班进行社交礼仪的训练，主要训练的内容包括了社交礼仪中的服饰礼仪、行为礼仪和沟通礼仪。

（4）培养一种精神——“工匠精神”。“工匠精神”是一种职业道德，任何一个“社会人”都需要“工匠精神”，社会也急需具有“工匠精神”的人才，这种精神一旦形成，将终身受益。为此，我们着力培养实验班学生的“工匠精神”。主要形式有：一是通过请专家学者给学生讲讲“工匠精神”，让学生内化于心，外化于行；二是带学生去相关企业亲身感受“工匠精神”，感受“工匠精神”给企业乃至整个社会所带来的积极影响和创造的非凡价值。

（5）开展一次专业性社会调查。社会调查能够帮助学生学会调查研究的方法，培养分析问题、解决问题和独立工作的能力。组织实验班学生利用假期开展社会调查活动，指导学生根据专业特长和专业优势确定调查主题，引导学生将自己所学的专业知识运用到现实生活中，发扬理论联系实际的优良传统，并用调查研究的成果服务社会。

（6）做好一个社会公益项目。参与社会公益项目，能够弘扬助人为乐的高贵品质，体现勇于承担社会责任、为社会无私奉献的精神风貌。为此，安排实验班学生参与“森童·彩虹桥”阳光少年成长活动。该活动是佛山三水区志愿者联合会和三水区张边社区家庭服务中心联合开展的关注离异家庭少年（即“阳光少年”）成长的公益项目，旨在为9～12岁的阳光少年搭建一个培养自信心的健康成长平台。建立“一对一帮扶”制度，即每一名大学生有1名固定的帮扶对象。这有利于大学生对固定的对象进行长期关注，也有助于双方的沟通交流，及时发现问题和解决问题，写好“帮扶日记”。

（7）培养一支“展翅计划”项目队伍。广东“展翅计划”项目是大学生专业实践的一个非常好的平台。广东“展翅计划”共分为十个服务项目，包括实习、见习、创业、就业创业宣讲等多个方面。开展大学生走进省直单位、走进优秀民企、走进基层、走进社会服务机构等实习项目，以及大学生共青团和青年工作实习项目，重点加强大学生对不同职业岗位的了解和认识，积累工作经验，提高工作能力。从调研的情况来看，目前本校在“展翅计划”项目上并无突出表现。以此为契机，深入研究“展翅计划”项目对大学生的要求，加强对参加“展翅计划”项目学生的指导和管理，通过前期的培训和训练，如开展冷链物流科普咨询服务活动、开展“挑战职场”面试模拟大赛等，形成一支具有特色的“展翅计划”队伍。

3. 2018 年3—12 月：实践研究成果总结阶段

总结内容：实践研究小组总结实践成果，撰写实践研究报告、实践研究论文，上交优秀实践成果。

（三）“进社会”实践研究的研究方法

在课题实践研究的过程中，主要采取了文献分析法、问卷调查法、个案研究法、模式构建法等四种研究方法。

1. 文献分析法

通过对以往文献资料的整理分析，了解其他研究者在该领域的研究达到了什么水平，以作借鉴；分析以往研究的视角和重点，以作比较，然后才能确定一个恰当的研究视角。可见，充分的文献分析可以为理论形成与深化研究奠定基础。在“进社会”实践研究中采用文献分析法的主要目标是对当前应用型大学生“进社会”实践的研究情况有一个整体的把握，对已有的大学生“进社会”实践内容及方法做出恰当的评价和借鉴，最后有针对性地提出大学生“进社会”实践新对策。具体分为两方面：一方面系统梳理历史研究资料，了解以往“进社会”实践研究的相关状况，掌握“进社会”实践研究的发展脉络；另一方面，收集当前反映“进社会”，特别是应用型大学生“进社会”实践发展现状的文献资料，从中探究应用型大学生“进社会”实践发展的重要性及其当前研究存在的局限等。文献分析的范围包括新闻报道、调查报告、专著、学术论文以及学院师生以往研究成果等，经过分析和筛选，从中选取精华部分，作为本研究的有力材料。

2. 问卷调查法

应用型大学生“进社会”实践研究的资料直接来源于大学生自身和大学生“进社会”实践。因此，要搞好这项研究，就必须加强实际调查。只有通过科学的调查研究，才能充分掌握应用型大学生对“进社会”实践的认识及其产生困惑的原因和类型、以及大学生“进社会”实践能力等情况，为提出正确的教育和实践措施打下基础。本研究中，问卷调查主要分为两个部分。一是关于大学生“进社会”实践活动现状的调查：主要的调查对象是学院在校大学生，通过调查了解目前学院在校大学生“进社会”实践的现状。二是关于实验班“进社会”实践活动现状的调查，希望通过对实验班的调查，了解实验班前后的具体表现，体现为参加实验班前后在认识水平、基本技能提升等方面的对比。这两份问卷的结构都是由客观选择题和主观题两部分组成，其中客观题占 90%。经过调查、分析得出影响应用型大学生“进社会”

实践能力的关键因素，从而有针对性地提出具有科学性和实效性的教育和实践措施，由此来提升大学生“进社会”的实践能力。

3. 个案研究法

在本研究中，对个案研究法的运用上主要是为了实现普遍性与特殊性的结合，从而验证实践研究的成果是否具有可行性和有效性。为此，在“进社会”实践研究中我们将实验班作为个案研究的对象。我们选取了4个实验班，在实验班进行特定的“进社会”实践理论与技能的培训和训练，使得我们的观点、实践模式等得以论证，呈现直观的效果。

4. 模式构建法

模式是指从生产经验和生活经验中经过抽象和升华提炼出来的核心知识体系。在本研究中，模式构建法主要应用于构建应用型大学生“进社会”能力培养需要的梯级实践模式，简称“三级阶梯实践模式”。该模式以大学生“进社会”实践实证研究为基础，分别构建了“三项基本能力”“两项专业锻炼”“一项指向性实习”的三级阶梯实践体系，旨在通过此模式提高大学生参与“进社会”的积极性和主动性、提升大学生“进社会”的核心素养以及强化实践育人的目标。模式构建法在这一过程中的合理应用，不仅整合了大学生“进社会”的研究成果，还对其进行科学结合、重构与创新，从而使其有效地应用到大学生“进社会”实践中去。

三、“进社会”实践研究的主要内容

掌握基本情况是开展工作的第一步。此部分主要针对本课题实践研究的相关概念进行界定，并试图从“进社会”实践研究的前期、后期调查与分析以及实践研究的组织实施情况来呈现整个实践研究的主要内容。

（一）“进社会”实践研究的相关概念界定

本课题实践研究在借鉴以往研究成果的基础上，界定了包括“五进”教育实践活动、“进社会”、大学生“进社会”、“进社会”三级阶梯实践模式等四个核心概念，为本研究的相关论述作铺垫。

1. “五进”教育实践活动

“五进”教育实践活动是学院现任院长邝邦洪教授于2012年提出来的，是指在大学生中开展“进课室、进图书馆、进实验实训室、进体育场馆、进社会”的教育实践活动。这一举措是在继承我国近现代著名教育家教书育人思想的基础上，根据时代发展的需要和社会进步的要求，为完成培养德智体美劳全面发展的社会主义事业建设者和接班人的重要任务，在不断创新中提

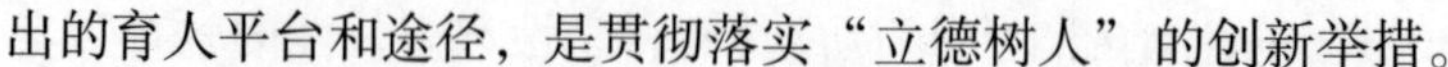

出的育人平台和途径，是贯彻落实“立德树人”的创新举措。

2. “进社会”

“进社会”是在“以德为行、以学为上”教育思想的影响下所开展的“五进”教育实践活动的一个重要环节。它可以帮助学生更全面地了解社会，认识到社会既有好的一面，也有不良的一面，缩短与社会的距离；培养学生与他人的沟通协作能力，帮助他们在实践中深刻地认识自我、战胜自我、超越自我，不断地磨砺自己的意志，提升心理承受能力、抗挫能力和适应社会能力；在“进社会”的过程中帮助他们树立正确的世界观、人生观与价值观，增强社会责任感和使命感。

3. 大学生“进社会”

大学生“进社会”是指大学生积极采取多种措施（如志愿服务、专业实践、挂职锻炼、科技创新、科技下乡、科学研究、创新实践、勤工俭学等方式）融入社会，通过自己的体力或者智力付出而有利于社会、服务于社会、适应于社会。

4. “进社会”三级阶梯实践模式

模式，是对现实事件的内在机制以及事件之间联系的直观描述。简单来说，模式是解决某一类问题的方法论，将解决某类问题的方法进行总结归纳并提升到理论高度。“进社会”三级阶梯实践模式是指在大学生中开展“三项基本能力”“两项专业锻炼”“一项指向性实习”的活动。该模式要求学生必须由低一级向高一级逐步前进，即必须先具备了“三项基本能力”，才能参与“两项专业锻炼”，“两项专业锻炼”考核合格之后才能迈向“一项指向性实习”，是一个梯级渐进式的过程。其目的在于使学生积淀“进社会”的基本能力、掌握将专业知识运用于实践的能力以及形成更好地服务社会的能力，从而贯彻落实立德树人的根本任务。

（二）“进社会”实践研究的前期调查与分析

为了深入了解并掌握学院学生当前践行“进社会”活动的现状，获取学生对“进社会”活动的认识、看法和建议，为探索“进社会”的有效路径和方法奠定基础，2017 年 3 月，本研究小组对广州工商学院在校大学生“进社会”实践活动情况进行问卷调查，一共发放调查问卷 3 200 份，回收有效问卷 3 137 份，问卷有效率达到 98%。从问卷所得数据可知：广州工商学院大学生“进社会”实践活动总体呈现稳步发展、良性向好的趋势，但也存在需要进一步提高的空间。

1. 认识程度、参与程度有待提高

调查数据显示，在对“进社会”活动的认识程度方面，“系统了解过的”有 597 名学生，“大概了解的”有 1 413 名学生，“知道一点的”有 744 名学生，“不太了解的”有 383 名学生，分别占调查人数的 19%、45%、24%、12%（见图 1）。可见，大部分学生对“进社会”实践只有大概的了解，很少做到系统的了解。

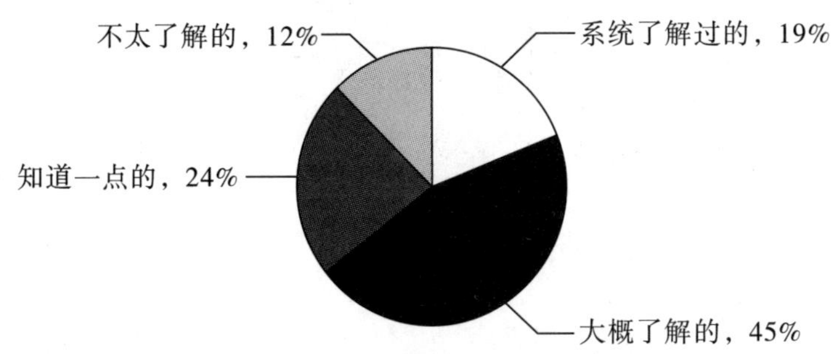

图 1　学生对“进社会”活动的认识程度

在“进社会”活动的参与程度方面，“在过去一年来主动参与‘进社会’活动的次数”的问题中，有 1 510 名学生选择了“3 次以上（包括 3 次）”，有 760 名学生选择了“1 ~ 2 次”，在过去一年内没有参与‘进社会’实践活动的有 867 名学生，占总人数的 28%（见图 2）。数据显示，在参与的次数上处于两个极端，参与次数多的和不参与的所占比重较大。这表明总体的参与程度稍微偏低。在对于“在过去一年内完全没有参与‘进社会’实践活动的主要原因”的调查中发现，原因主要集中在“参与途径少”“忙于学习没有时间”和“感觉意义不大”三个方面，分别占比 55%、22%、11%（见图 3）。但是，对于在“你是否认为‘进社会’参加社会实践是大学生走出校园、了解社情、服务社会的重要途径?”这一问题，有将近 97% 的学生选择了“是”（见图 4）。这说明大部分学生能意识到“进社会”实践的重要意义，但缺少“进社会”实践的主动性和积极性。

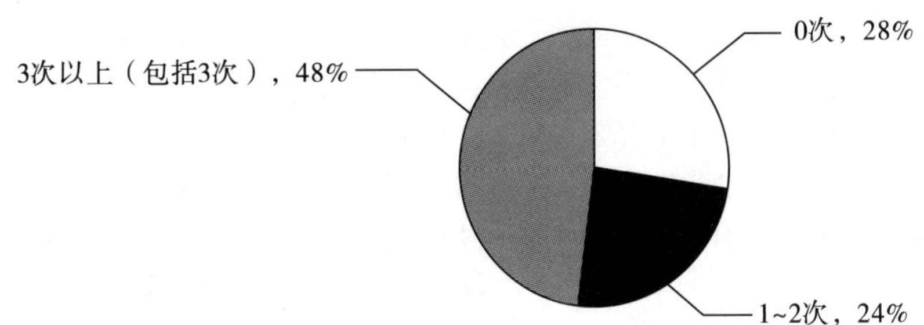

图 2　在过去一年来主动参与“进社会”活动的次数

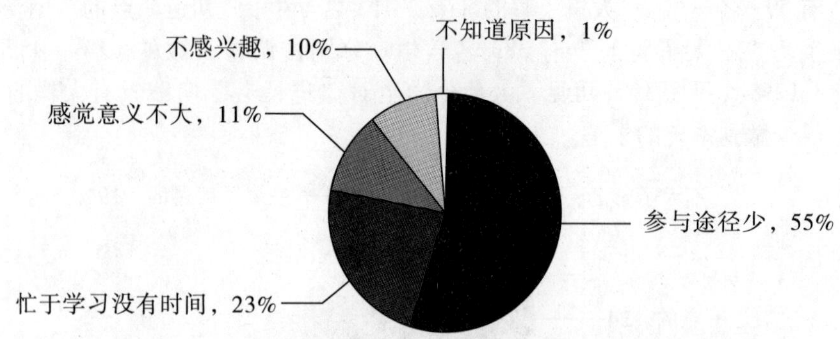

图3 在过去一年内没有参与“进社会”实践活动的主要原因

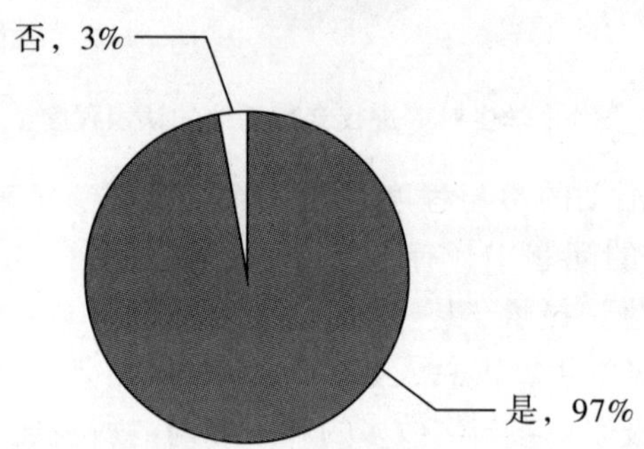

图4 你是否认为“进社会”参加社会实践是大学生走出校园、了解社情、服务社会的重要途径

2. 实践内容的专业性有待提高

融入专业元素的“进社会”实践活动能有效地将专业理论知识和实际应用结合起来。大学生带着问题进社会，带着答案回课堂，能将理论与实践更好地结合起来。调查发现，寒暑假社会实践、志愿者服务等公益活动、勤工俭学、教育见习、顶岗实习、调研、参与红色革命圣地等“进社会”实践活动受到大学生不同程度的青睐。大学生参与最多的“进社会”实践活动类型排在第一位的是寒暑假社会实践活动，有81.25%的学生选择了此类型；排在第二位的是志愿者服务等公益活动，有33.52%的学生选择了此类型；排在第三位的是勤工助学类活动，有30.11%的学生选择了此类型（见图5）。而教育教学实习、顶岗实习以及专业调研这三类与专业有关的实践形式，学生参与得较少，分别只有22.73%、18.18%、7.39%的学生参与过这类实践，且三者占比逐个递减，专业性越强的活动参与的学生越少。可见，当前大学生“进社会”的类型和形式多数与专业的联系不够紧密。但是在问及“‘进社会’实践活动应当从哪些方面进行完善”时，“形成自己的专业特色活动”的建议占比最高，达到59.09%（见图6）。“拓宽‘进社会’实践活动的内容、形式和类型”占56.25%，说明学生更喜爱或更渴望参与能运用所学专业知识、发挥专业技能和特长、体现自身价值的社会实践活动。

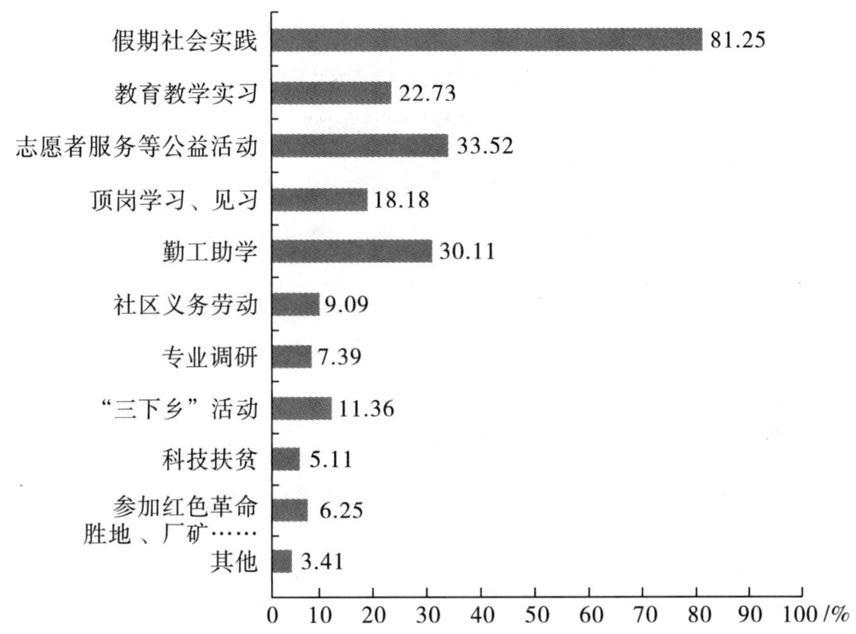

图5 你近一年来参加的“进社会”实践活动属于哪一类型

3. “进社会”实践的指导与能力培养有待加强

对于“在学校因素中，你认为最影响参加‘进社会’实践活动质量的主要原因是什么”的问题，学生的选择主要集中在三个因素：教师的指导、专业的关联度以及有针对性的培养（见图7）。在对“进社会”实践提出的意见和建议中，大部分学生指出有必要加强“进社会”能力培养，使“进社会”更顺利、更有成就感。可见，有指导的专业性的“进社会”实践与能力培养是影响大学生“进社会”实践的关键因素。

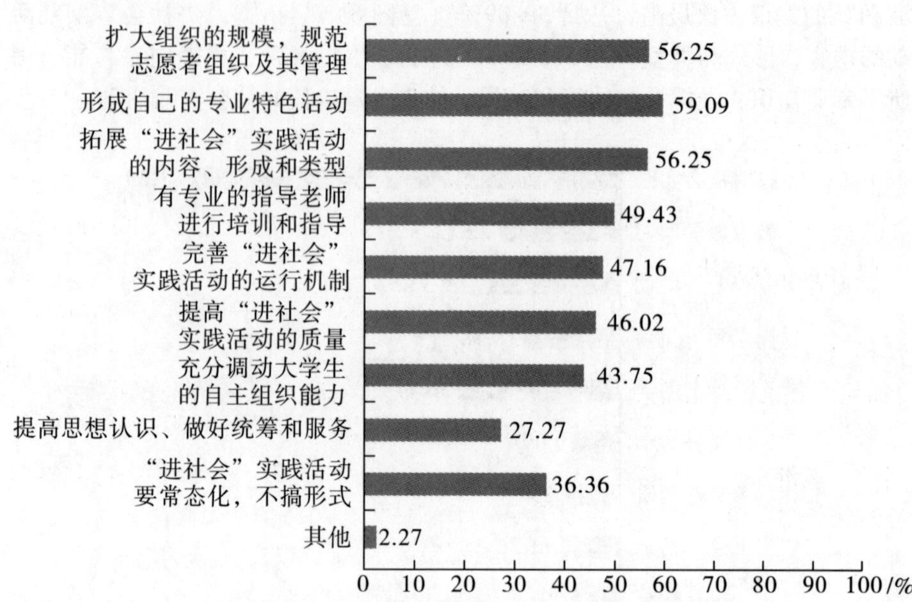

图6　你认为“进社会”实践活动应当从哪些方面进行完善

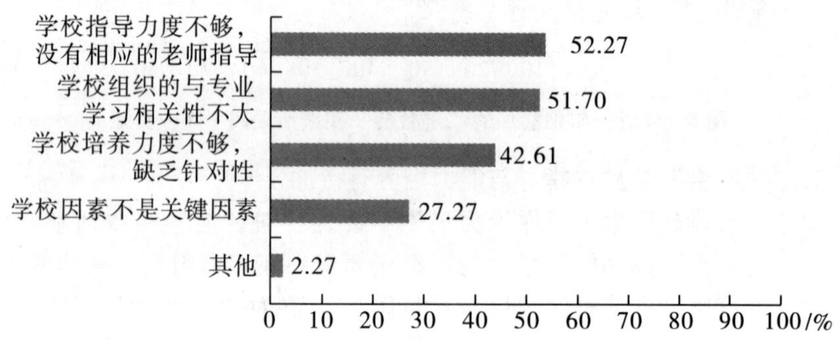

图7　在学校因素中，你认为最影响参加“进社会”实践活动质量的主要原因是什么

（三）“进社会”实践研究的基本内容

“进社会”实践研究的“七个一”工程是在以前期调研为依据，以“内外兼修、知行合一”为理念，以“培养高素质应用型人才”为目标的基础上提出来的。

1. 开展丰富多彩的活动引导大学生积极“进社会”

（1）创建了“进社会”实践活动微信公众号。为了实现从“单向交流”向“双向互动”转变，课题组于2017年初创建了广州工商学院“进社会”

实践活动微信公众号平台，目的在于促进线上的交流讨论、资讯共享，实现优秀成果的实时分享及推广。公众号设有“实践动态”“实践交流”和“关于我们”三大栏目。“实践动态”包含信息发布、活动安排、新闻报道三个子项目。“实践交流”包含讨论区、展示区和答疑区三个子项目。“关于我们”包含实践项目、小组成员、实验班三个子项目。公众号的创建，推进了实践研究的有序开展，不仅使得相关信息得到及时传递，也使得相关问题及时被发现、被解决。

（2）开展“如何写好大学生社会实践报告”主题讲座。2017 年 5 月 25 日和 26 日，课题组成员邹国文老师和刘庭辉老师分别为四个实验班开讲“如何写好大学生社会实践报告”主题讲座，主要解决调查中发现的大学生社会实践报告存在的格式错误、写作重点不突出、行文不严谨、创新不足等问题。该讲座的主要内容包括三个方面：一是大学生社会实践报告的基本框架结构；二是撰写实践报告的方法和主要步骤；三是对学院寒假社会实践一等奖优秀报告进行赏析；四是为学生答疑解惑。该讲座深受学生欢迎。撰写社会实践报告是学生的常规任务，每年寒暑假他们都需要根据自己的社会实践内容撰写社会实践报告，但是每次都不知道从何写起，听了讲座以后，写好社会实践报告不再是一件令人头疼的事情了。9 月初，两位老师根据评阅学生提交的心得体会情况，评选出“优秀心得体会”并于 10 月 12 日为获奖的学生颁发了获奖证书。

（3）开展大学生社交礼仪训练。2017 年 11 月 1 日，在广州工商学院三水校区活动中心五楼开展大学生社交礼仪训练。本次活动由课题组成员熊玉琴老师主持。活动邀请了学校礼仪协会指导教师谢彩丽和礼仪协会成员为实验班的学生开展服饰礼仪、行为礼仪、沟通礼仪等方面的培训，以提升学生的个人修养及礼仪规范，使他们更好地适应社会。参加社交礼仪训练的学生表示，通过学习和训练，不仅认识到自身在人际交往和沟通交流方面的不足，而且认识到社交礼仪在当今社会人际交往中的重要性，一个人生活在社会上，要想让别人尊重自己，首先要学会尊重别人。掌握规范的社交礼仪，能为交往创造出和谐融洽的气氛，建立、保持、改善人际关系。

（4）开展“走进佛山工匠精神的发源地——南风古灶”活动。2017 年 5 月 13 日，由思政部牵头组织学生开展“走进佛山工匠精神的发源地——南风古灶”活动。南风古灶是佛山工匠精神的发源地，佛山的第一批“瓦匠”就是从石湾的南风古灶出发的，工业文明的第一把火也是在这里开始烧起来的。在南风古灶的参观过程中，学生看到了至今仍在使用的坚固与美观兼具的南风古灶、颇具特色的陶制路灯、古老的柴烧龙窑、竹状陶瓷墙等纯手工艺品，感受到了石湾陶瓷的魅力及石湾工匠一丝不苟、精益求精的工匠精神。在这种精神的感染下，学生来到陶艺室，沉下心来用心制作陶瓷品，真正做到了践行“工匠精神”，从我做起，从小事做起。

（5）开展专业性社会调查。按照计划，课题组组织实验班学生利用暑期开展专业性社会调查。调查分为两个阶段：第一个阶段的主要任务是由专任教师根据该实验班的专业特点拟定5～10个社会调查的题目提供给学生，学生可根据自己的兴趣选择其中一个题目，利用暑期进行专业社会调查并形成调查报告。该阶段任务完成的时间是2017年7—8月。专业性社会调查参考题目的指导起到关键性的作用，学生得到教师的专业指导，提高了社会调查的针对性和专业性。例如，电子信息工程专业，由电子系朱洪杰、钟伟、余建想三位老师提供的专业性社会调查参考题目有：①粤东北地区农村宽带网络普及情况调查报告；②农村安全用电调查报告；③大学生用电观念调查报告——以广州工商学院为例。针对物流系食品质量与安全专业及物流管理专业，由张奭、刘庭辉、杨春敏、李瑞婷几位老师提供的专业性社会调查参考题目有：①B2C环境下我国电子商务配送物流运营状况调研报告；②关于快递员工作现状调研；③关于珠三角物流服务需求情况调研报告；④关于农村果蔬农药残留的学术调研报告；⑤关于农村居民食品安全意识的学术调查报告。第二个阶段主要的任务是组织评选，对暑期开展的专业性调查报告进行评选，完成的时间是10—11月。

（6）启动并顺利完成首轮“阳光少年”公益项目。在公益项目方面，课题组从实际出发，选取了与佛山市当地志愿者联合会和家庭服务中心对接资源，开展“阳光少年”公益项目。该项目首轮活动共六期，历时3个月，从2017年3月开始，到2017年5月结束。2017年3月11日（第一期），2017年“森童·彩虹桥”阳光少年成长营开班仪式暨团建活动正式启动，课题组成员熊玉琴老师出席开班仪式并指导开展活动。2017年3月26日（第二期），开展了青少年成长体验“小小演说家”活动。2017年4月15日（第三期），开展了“我是小记者”社区服务活动。2017年4月22日（第四期），开展了“圆梦大讲堂，彩虹小记者”社区服务活动。2017年4月29日（第五期），开展了“我是小记者”之“西江水厂之行”。2017年5月6日（第六期），开展了阳光少年成长营——“森童·彩虹桥”毕业典礼。参加首轮“阳光少年”公益项目的学生表示，通过这3个月的活动参与，自己不但加深了对社会现实的理解和认识，而且提升了自身的社会责任感和使命感。有的学生甚至发出了“书到用时方恨少”的感慨，表示通过这3个月的活动参与，感觉自己还需要进一步拓宽知识面和提高素养，才能为社会做更多更大的贡献。

（7）配合广东“展翅计划”项目开展前期预热活动。广东“展翅计划”

的实习活动主要集中在每年的7—8月，见习活动和就业创业服务活动则贯穿全年。为了激发学院学生对2017年广东“展翅计划”项目的报名热情，各系部开展了相配套的预热活动。

第一，联合团委，加大对广东“展翅计划”项目的宣传力度，强化学生对广东“展翅计划”项目的理解和认识，使更多的学生更加主动、积极地报名参与2017年广东“展翅计划”项目。

第二，工商管理系开展首届“挑战职场　模拟面试”大赛。本次比赛让学生通过模拟招聘，感受真实的面试氛围，切身了解到不同职位的基本素质和基本能力，夯实基础知识，从而更好地完善和提高自己，并根据社会的要求和自身的特长合理规划当前的学习与将来的就业发展。

第三，物流系物流管理专业开展冷链物流科普咨询服务活动。物流管理专业的学生发挥自身的专业优势，为同学们讲解冷链物流专业领域方面的基本知识和注意事项。在这次活动中，实验班2016级物流管理B1班有10名学生被授予广州拜尔空港冷链物流中心有限公司的国家级服务业标准化试点项目暨广东省现代服务业先进标准体系试点项目宣传员。

2. 构建应用型大学生“进社会”能力培养梯级实践模式

课题组在基于实证研究的过程中构建了大学生“进社会”能力培养需要的梯级实践模式，即“三项基本能力”“两项专业锻炼”“一项指向性实习”的三级阶梯实践模式。该模式的构建达到了提高学生参与“进社会”的积极性和主动性、提升学生“进社会”的核心素养以及强化“实践育人”的目标。

（1）构建应用型大学生“进社会”能力培养需要的梯级实践模式的目标与思路。中共中央国务院《关于进一步加强和改进大学生思想政治教育的意见》要求积极探索和建立社会实践与专业学习相结合、与服务社会相结合、与勤工助学相结合、与择业就业相结合、与创新创业相结合的管理体制。可见，国家对于大学生“进社会”实践的高度认同和重视。学院在“以德为行，以学为上”教育思想的引领下，以创建应用型高校为办学目标，积极倡导大学生开展“五进”教育实践活动，其中作为“五进”教育实践活动之一的“进社会”也得到了学生的积极响应并取得了较好的成绩。学院院长邝邦洪教授指出：大学生“进社会”是当代大学生人才培养、科学研究、服务经济社会发展、文化传承创新这四大功能中“服务经济社会发展”这一功能的具体表现，鼓励学生“进社会”的目的是让学生有利于社会、服务于社会、适应于社会。为了更好地实现这一目标，组织开展了“进社会”实践研究，在研究过程中总结提炼，创造性地提出构建大学生“进社会”能力培养需要的梯级实践模式，目的在于使学生积淀“进社会”的基本能力、掌握将专业知识运用于实践的能力，以及形成更好地服务社会的能力，即“三项基本能力”“两项专业锻炼”“一项指向性实习”的三级阶梯实践模式。三级阶梯实践模式要求学生必须由低一级向高一级逐步前进，即必须先具备了“三项基本能力”，才能参与“两项专业锻炼”，“两项专业锻炼”考核合格之后才能迈向“一项指向性实习”，是一个梯级渐进式的过程。大学生“进社会”能力培养的梯级实践模式的构建，是以“更好地服务社会”为出发点，一改以往毫无准备地开展社会实践而收效甚微的模式，帮助学生解决“进社会”前的疑问和难题，形成良好的素养；接着，在指导他们的过程中使学生掌握理论运用于实践的方法；最后，再给他们提供相应的平台，让他们通过平台展现自己，更好地服务社会。

（2）应用型高校大学生“进社会”能力培养梯级实践模式的具体内容。

①三项基本能力。

第一，撰写社会实践报告的能力。撰写出具有一定价值的社会实践报告是大学生参加“进社会”实践活动的基本技能，是参与“进社会”实践的必然要求。如何撰写一份有价值的社会实践报告，这是大部分学生在参与社会实践活动时的第一个疑问。在以往学生撰写的社会实践报告中，存在着格式错误、写作重点不突出、行文不严谨、创新不足等问题。因而，对学生进行系统的培训和指导是当务之急。收集学生在撰写社会实践报告过程中存在的疑问，请专业教师通过授课的方式为学生进行解答，指导学生掌握撰写社会实践报告的要领，为“进社会”做好准备。

第二，训练礼仪社交能力。荀子曰：“人无礼则不立，事无礼则不成。”社交礼仪是“进社会”能力培养的第二项基本能力。“进社会”实践，交际的圈子不同于学校的交际圈，和别人有效交流、待人接物是当前大学生普遍欠缺的一种能力。通过社交礼仪训练，使学生掌握人与人之间的交往原则和社交礼仪，创建和谐的人际关系，为顺利“进社会”创造了良好的人际氛围。当学生能够在“进社会”实践中体现良好的礼仪、展现良好的自我形象时，就会更受社会认可和尊重，同时也有利于促进学生心理健康和提高自信心。

第三，培养“工匠精神”能力。“工匠精神”是一种职业道德，任何一个“社会人”都需要“工匠精神”，社会也急需具有“工匠精神”的人才。这种精神一旦形成，将终身受益。2016 年两会上，李克强总理将“工匠精神”首次在政府工作报告中提出，可见“工匠精神”对于中国的发展有着举足轻重的作用。培养学生“工匠精神”不仅是国家的要求，也是应用型高校培养应用型人才的根本使命和民办应用型高校学生的立身之本。

②“两项专业锻炼”。

第一，开展专业性社会调查。“理论是灰色的，生活之树常青”，只有将理论付诸实践才能实现理论自身的价值，也只有将理论付诸实践才能使理论得以检验。社会调查能够帮助学生学会进行调查研究的方法，培养分析问题、解决问题和独立工作的能力，同时也是促进学生将理论与实践相结合的一种基本途径。各指导教师根据本专业学生特点拟定 6 ~ 8 个专业社会调查选题供学生参考，或指导学生根据专业特长和专业优势确定调查主题，也鼓励学生自行设计专业社会调查选题，在主题确立后组织学生利用假期开展社会调查活动，引导学生将自己所学的专业知识运用到现实生活中提出的问题中，发扬理论联系实际的优良传统，并用调查研究的成果服务社会。

第二，做一项专业性社会公益。当“专业性”与“公益性”相结合会产生什么呢？当在公益项目中投入专业知识、专业思维和专业态度，专业素养必将得到运用和提升，公益项目也将得到发展和创新。一方面，鼓励学生选择一项与自身专业相关的社会公益项目并坚持做好做实。如计算机专业的学生免费维修电脑、心理学专业的学生关注离异家庭少年成长、中文专业的学生传播中华优秀传统文化等。另一方面，鼓励学生创设基于互联网时代的“微公益”项目，开展公益创新项目。如“拍卖愿望”公益项目，收集农村贫困儿童的愿望，通过微博借助社会力量，帮助孩子实现心愿。“重温经典”公益项目，收集大学生喜爱的经典书单，通过微信方式为大家提供免费经典阅读等。通过切身的公益实践，加强大学生对社会的责任感及志愿服务精神的感知。

③“一项指向性实习”。

将完成前面两个梯级并考核合格的学生推荐到相关的单位进行实习，使其前面两个梯级的成果在一个完整、规范的模式得以运用。可选取广东“展翅计划”项目，该项目是大学生进行专业实践的一个非常好的平台。广东“展翅计划”项目共分为十个服务项目，包括实习、见习、创业、就业创业宣讲等多个方面。开展大学生走进省直单位、走进优秀民企、走进基层、走进社会服务机构等实习项目，以及大学生共青团和青年工作实习项目，重点加强大学生对不同职业岗位的了解和认识，积累工作经验，提高工作能力。深入研究“展翅计划”项目对大学生的要求，加强对参加“展翅计划”项目学生的指导和管理，通过前期的培训和训练，形成一支具有特色的“展翅计划”队伍，实现“更好服务社会”的终极目标。

（四）“进社会”实践研究的成效分析

“进社会”实践研究选取了学院四个本科班级，即物流系 2016 级食品质量与安全 B1 班、2016 级物流管理 B1 班，电子系 2015 级电子信息工程 B1

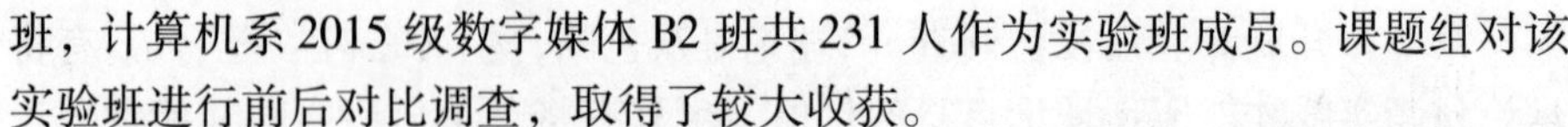

班，计算机系 2015 级数字媒体 B2 班共 231 人作为实验班成员。课题组对该实验班进行前后对比调查，取得了较大收获。

1．“进社会”实践的知与行被激活

通过初期的问卷调查，在充分掌握实验班“进社会”实践的情况及特点的基础上，提出在实验班实施“七个一”工程的解决方案。有计划有步骤地在实验班实施“七个一”工程后，再次以问卷调查、访谈的形式对实验班“进社会”实践的情况进行了解。调查的数据显示，实验班在实施“七个一”工程前后呈现出较大的不同。

第一，学生加深了对“进社会”教育理念在内涵、意义及实施路径等方面的认识和理解，解决了“知”的问题。在“有系统了解”的问题中，后期调查的数据显示，“系统了解并掌握”的学生占比明显比前期调查的学生占比上升了 63%，“不太了解”的比例降低 12%（见图 8）。这说明通过在实验班实施“七个一”工程，实验班的学生对“进社会”实践活动有了更深刻的认识和理解。

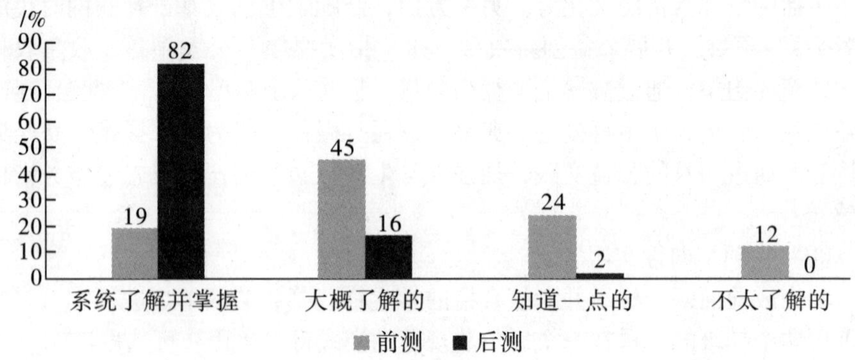

图 8　学生对学校开展“进社会”的了解情况前后对比

第二，提高了学生“进社会”实践的主动性和积极性，解决了“行”的问题。在大学生参加“进社会”实践活动情况中，学生的参与程度也发生了变化：一年内参与“进社会”实践 3 次以上的学生由原来的 48% 上升到 92.71%。其中“没有参加过”的人数由原来的 28% 下降为 2%，说明学生参加“进社会”实践的主动性和积极性大大提高了。

2．“进社会”实践的综合素质得到提升

在“进社会”实践活动对自身能力的影响方面，实验班学生在进行阶段性“进社会”实践活动后的自身能力变化情况显现良好态势（见表 1）。大学生在“进社会”实践活动中各方面都得到锻炼，其中自身素质的提升主要集中在“积累社会阅历和经验，增强社会适应能力；提高沟通能力，学会与

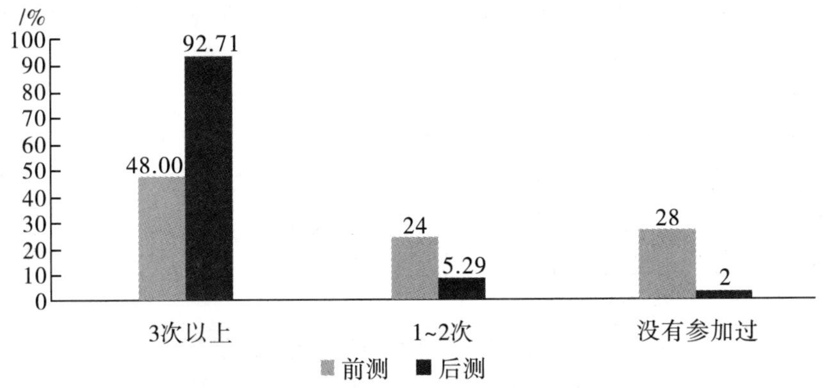

图 9　学生参加“进社会”实践情况的前后对比

不同的人沟通；增强实践能力和创新能力；培养社会责任感和团队协作精神”等方面。这表明经过“七个一”工程的教育和训练，学生“进社会”实践的综合素质得到有效提升。

表 1　参加“进社会”实践活动对自身能力的影响

参加“进社会”实践活动对自身能力的影响	响应		个案百分比
	人数	百分比	
增强实践能力和创新能力	116	12.66	60.42
培养社会责任感和团队协作精神	115	12.55	59.90
了解工匠精神，提高专业技能	73	7.97	38.02
提高沟通能力，学会与不同的人沟通	130	14.19	67.71
积累社会阅历和经验，增强社会适应能力	131	14.30	68.23
提高了思想道德素质	65	7.10	33.85
增强自主学习能力和分析判断能力	83	9.06	43.23
挖掘能力，增长才干	65	7.10	33.85
学会组织协调，提高解决问题能力	78	8.52	40.63
夯实专业知识，完善知识结构	55	6.00	28.65
其他	5	0.55	2.60
合计	916	100.0	203.30

综上所述，在对学院在校大学生“进社会”实践进行的调查以及对实验班前后调查数据的对比中，课题组认为实施“七个一”工程，关注培养大学生“进社会”实践的基本能力、重视大学生“进社会”实践活动与专业学习的关联性，注意调整社会实践活动的内容，用心指导大学生开展具有专业特色的社会实践活动，有利于提高大学生“进社会”实践的效能。在此基础

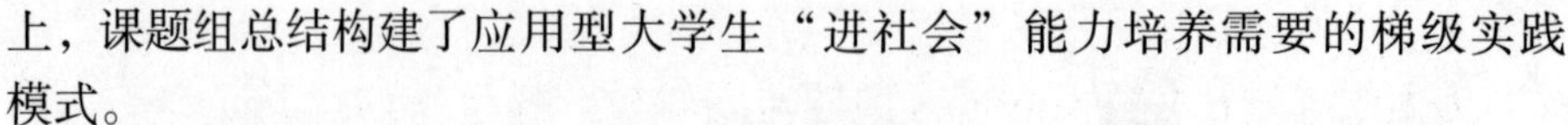

上，课题组总结构建了应用型大学生“进社会”能力培养需要的梯级实践模式。

四、“进社会”实践研究的成果及应用

“进社会”实践研究以独特的视角创造性地构建了全新的大学生“进社会”能力培养需要的梯级实践育人模式，为大学生“进社会”实践教育提供一种新的思路，开辟一条新的途径，从而有效地改进和加强大学生“进社会”实践教育，为学校“进社会”实践的应用和推广提供借鉴。

（一）“进社会”实践研究的主要观点及创新特色

“进社会”实践研究的主要观点及创新特色是本研究的灵魂，是着力最多且最具价值的部分。

1.“进社会”实践研究的主要观点

民办应用型高校大学生“进社会”实践是本研究的核心内容，该内容是由若干个研究的主要观点构成和展开的，这些主要观点是核心内容的重要支撑。

（1）创新高校“进社会”实践育人模式是培养高素质应用型人才的客观要求。高素质应用型人才培养强调人才不仅在科学技术应用等方面要有突出的能力，而且应具备较强的科研精神，在注重能力培养与发展的同时培养一定的开拓意识。实践的观点是马克思主义哲学的基本观点。实践育人是全面落实党的教育方针、提高人才培养质量的必然要求。培养高素质应用型人才要将实践放在人才培养的高度，紧紧把握人才培养这条主线，转变旧有的传统观念，树立马克思主义实践观，把高校社会实践放到“关乎学校的人才培养质量、关乎大学生的健康成长、关乎毕业生的综合素质和学校形象的高度来认识”①。创新高校“进社会”实践育人模式就是要充分认识大学生“进社会”实践在高等教育中的独特地位和作用，就是要能够正视大学生“进社会”实践普遍存在的问题，并提出有针对性、具有可行性的育人模式，从而达到主观与客观相统一、知与行相统一，切实提高高素质应用型人才培养的质量。

（2）提高大学生“进社会”实践效能的首要任务在于解决大学生自身存在的问题。提高大学生“进社会”实践效能的首要任务到底是组织者还是

① 张绪忠. 立体本位型社会实践育人模式的构建［J］. 教育评论，2016（6）：98－101.

当事人主体，这是一个值得深度探究的问题。传统观点认为，高校“主题式”为主的“进社会”实践模式因其时间较短、参与人数较多、形式单调等弊端的存在，导致大学生“进社会”实践效能低下。但经过本次研究调查，课题组发现导致大学生“进社会”实践效能低下的真正原因并不完全在于组织者。也就是说，社会实践的组织者在一定程度上会影响大学生“进社会”实践的质量和效果，但不是起决定性作用的因素。真正的因素是大学生本身的素质，也就是他们自身存在的问题。这是首要的、关键的、起决定性的因素。因此必须首先找出大学生自身存在的共性问题，并通过一定的方式方法逐一进行突破。

（3）“进社会”三级阶梯实践模式对提高大学生“进社会”实践效能具有普适性。普适性是指某一事物（特别是观念、制度和规律等）比较普遍地适用于同类对象或事物的性质。事物普适性源于事物的共性和规律，具有普遍意义。“进社会”梯级实践模式坚持以调查研究为依据，以“内外兼修、知行合一”为基本理念，以“培养高素质应用型人才”为根本目标，遵循大学生成长成才规律。这一模式是经过广泛调查，在适当借鉴心理学、教育学、管理学、哲学等相关学科的研究方法和内容的基础上构建的。该模式是针对当前高校大学生“进社会”实践现状，在“进社会”实践理论基础上提出的新的实践模式，更符合当前大学生“进社会”实践的运行模式，更突出大学生在“进社会”实践中的主体地位，更能调动大学生“进社会”的内在积极性，因而普遍适用于高校大学生“进社会”实践教育，具有普适性。

2.“进社会”实践研究的创新特色

创新是推动研究发展和进步的不竭动力，是研究中最具特色和最具价值部分的呈现。“进社会”实践研究的特色和创新之处主要有以下三点：

（1）研究视角独特。研究视角的独特体现在研究主体的独特和研究学科的独特两方面。研究主体的独特，表现为本研究一改以往大多从组织者（高校）角度研究大学生“进社会”实践教育模式的方式，从受教育者或当事人（大学生）视角出发，通过对“进社会”实践教育的内容和方法的深度梳理，从学生的实际出发，提炼出大学生“进社会”实践的“三项基本能力”“两项专业锻炼”“一项指向性实习”的三级阶梯实践模式，着重解决“进社会”实践教育的根本性问题，着力提高“进社会”实践教育的效能问题。研究学科的独特，表现为本研究一改以往大多从管理学角度研究大学生“进社会”实践教育模式的方式，从心理学视角出发，用心理学上的需求理论来探究大学生“进社会”实践的能力需要，从而提出“进社会”梯级实践模式。现实生活中，进入任何一个新的、未知的领域，当事人都会考虑是否具备自身条件的问题，根据实际情况对自身条件做某些调整以便适应新领域，从而避免走弯路、碰壁等情况，在新的领域中得心应手，不断增强信心，不断提高积极性，收获源源不断。因而，当作为受教育者的大学生初涉社会时，不仅需要平台，更加需要知道自己应具备哪些能力和素质、做好哪些方面的准备，以便在进入社会实践的初期获得安全感和尊重。当这种安全感和被尊重的需要得到满足，就能形成良性循环，效能由此提高。

（2）研究方法突破。本研究采用的研究方法主要包括文献分析法、问卷调查法、个案研究法、模式构建法。其中，将问卷调查法、个案研究法、模式构建法相结合，共同发挥合力。一方面，大学生“进社会”实践的研究和实施，必须建立在对大学生“进社会”实践现状充分掌握的前提下。问卷调查法和个案研究法相结合，可以对问题进行定量和定性的综合分析，从而客观真实地反映大学生“进社会”实践的现状和大学生“进社会”实践的能力水平。另一方面，模式构建法是本研究在研究方法上的重大突破，即将之前文献分析、问卷调查和个案研究各环节积累的研究成果综合运用到“进社会”三级阶梯实践模式的构建中。这时候需要沿着研究的主线索，层次分明地合理安排模式中的各个要素，从而构建出具有科学性和实效性的大学生“进社会”三级阶梯实践模式。在这一过程中，更能突显研究方法在本研究中的重要意义。

（3）构建模式创新。创新高校“进社会”实践育人模式一直是“进社会”实践研究长期深刻思考的根本性问题。本研究中构建的应用型高校大学生“进社会”能力培养需要的梯级实践模式就是本研究的亮点及主要研究成果。该模式由“三项基本能力”“两项专业锻炼”“一项指向性实习”三个子系统组成，在“内外兼修、知行合一”理念的引领下，由下而上，逐步突破学生自身局限，培养学生“进社会”基本能力，使之掌握将专业知识运用于实践的能力以及形成更好服务社会的能力。该模式可以在全校“进社会”实践教育中广泛使用，具有普适性。该模式可以在大学生“进社会”前使用，起到强化自身素质、提高信心的作用；可以在大学生“进社会”过程中使用，帮助大学生理性应对社会实践中面临的各类问题，起到坚定信心的作用。该模式的教育目标是发挥“进社会”实践教育的正能量，提升大学生“进社会”实践效能。该模式是在反复实践中被证明了的、确实能够提升“进社会”实践效能的实用工具。希望该模式能被其他高校所运用，并在实践中不断完善和丰富。

（二）“进社会”实践研究的主要成果。

经过两年来的实践与研究，课题组首创了应用型高校大学生“进社会”

能力培养需要的梯级实践模式。在研究的过程中产生的主要成果具体如下。

1. 调查报告

为体现研究的客观性，并为研究奠定坚实的基础，课题组对学院在校大学生及实验班学生进行问卷调查，对收集到的数据进行整理、分析并形成相应的调查报告。

（1）熊玉琴、方圆妹：《广州工商学院在校大学生“进社会”实践活动情况调查问卷》。

（2）方圆妹、熊玉琴：《广州工商学院实验班“进社会”实践活动情况调查报告》。

2. 研究论文

课题组成员在研究的过程中，不断研究、探索、总结并形成研究论文，以下为公开发表的论文。

（1）方圆妹：《大学生“进社会”能力培养需要的梯级实践体系构建——基于广州工商学院的探索》，载《太原城市职业技术学院学报》2017年第10期。

（2）黄莲露：《构建大学生“进社会”实践长效机制的路径探索——以广州工商学院为例》，载《青年时代》2018年第8期。

（3）洪卫烈：《浅谈应用型本科高校学生“进社会”活动的问题及对策——以广州工商学院为例》，载《教育现代化》2018年第10期。

（4）熊玉琴：《应用型大学生“进社会”实践活动优化策略研究——以广州工商学院“进社会”实践活动为例》，载《教师》2018年第11期。

（三）“进社会”实践研究的应用与推广

推广“进社会”实践研究成果，让更多的大学生受益，对于推进应用型高校大学生“进社会”实践改革，贯彻“立德树人”根本任务具有重大意义。

1. “进社会”实践研究应用与推广的主要做法

“进社会”实践研究的应用与推广需要一套完整的体系作为保障，使“进社会”三级阶梯实践育人模式真正发挥作用。这一套完整的保障体系包括领导机构保障体系、师资力量保障体系、模式课程化保障体系、资源建设保障体系和科学评价保障体系。

（1）成立“进社会”实践领导机构。学校应进一步加强对大学生社会实践活动的重视程度，成立“进社会”实践领导机构，明确学校各个部门在社会实践活动的主要责任和任务，由学院党委、学生处、团委、思政部、就业指导中心、校企合作中心等部门统一推进，切实完善学生参与社会实践活动的制度保障体系，真正使学生“进社会”实践落实到位。同时，学校还应该充分利用校园媒体的优势，通过开辟“进社会”实践专栏，加强对典型活动和优秀社会实践个案的报道，形成典型效应。

（2）配备“进社会”实践教育师资力量。从一名普通的大学生向“社会人”转变，需要引路人。这里的“引路人”就是能够胜任“进社会”实践教育的教师，可以从专业课程教师、思想政治理论课教师、团学干部、辅导员和实践基地等合作单位的社会工作者中选择，并按每位指导教师的专业、特长等进行分类，从多方面指导大学生应用“进社会”三级阶梯实践育人模式。

（3）“进社会”三级阶梯实践模式课程化。“进社会”三级阶梯实践育人模式的“三项基本能力”“两项专业锻炼”“一项指向性实习”都可以实现课程化，并且建议开发校本化课程。各高校可遵循实践内容分层分级化的理念，以“进社会”梯级实践模式为基调，绘制符合本校实际的育人课程。

（4）加强“进社会”实践资源基地建设。学校要加强校外“进社会”实践基地建设，积极寻求地方各级政府和社会的广泛认可与支持，并主动与社区、乡镇、企事业单位等建立持久的联系，努力建设好各类型的大学生实践基地，让学生在“进社会”实践基地中接受锻炼，逐渐成长，同时给当地带来一定的社会和经济效益。加强教学科研基地、勤工助学基地、择业就业基地、创新创业基地等多种形式、多种功能的综合“进社会”实践基地转化，从而把“进社会”实践基地真正建设成为大学生迈出校门、走向社会和融入社会的实践平台。

（5）建立“进社会”实践成果的科学评价体系。学校在进行“进社会”实践成果的评价过程中，要坚持学生、学校、社会的三重价值取向，建立包括自评、服务对象评价、接受单位评价、实践指导机构评价在内的多方评价机制，科学设计活动评价量表，对“进社会”实践的选题、“进社会”实践活动计划、“进社会”实践过程、“进社会”实践成果、社会反响进行定性与定量分析，坚持从学生有无自身发展、学校有无成果收获、对社会有无裨益等方面入手进行考量；从“进社会”实践活动质量、完成情况和实际效果三个维度出发来评判，确保价值评判兼具全面性和具体性、科学性和可操作性。

2. “进社会”实践研究应用与推广的主要成效

将课题实践研究的主要成果——应用型大学生“进社会”能力培养的梯级实践模式在学院大学生当中进行应用与推广，经过一年多时间的验证，发现学生参与“进社会”的积极性和主动性得到提高，学生的核心素养得到提升，“实践育人”的目标得到强化并在“进社会”实践中取得优秀成绩。

（1）提高应用型高校大学生参与“进社会”的积极性和主动性。调查显示，学生参与“进社会”的积极性和主动性不高的主要原因是缺乏“进社会”实践经验和有针对性的指导。而在经过“进社会”能力培养梯级实践模式训练的学生在进行“进社会”实践的过程中，对于指派的任务会更容易上手，并能自觉进行角色的转换，主要的原因在于他们在训练的过程中积累了一定的实践经验，并在每个环节中遇到问题都能得到及时的指导和解决，学生的积极性和主动性得到了极大的提高，社会实践不再是应付任务、流于形式。

（2）提升应用型大学生“进社会”的核心素养。大学生“进社会”的核心素养是什么呢？从适应社会和服务社会的角度来讲，应当包括以“懂社交礼仪”和“弘扬工匠精神”为核心的道德素养、以“会进行社会调查”和“能撰写社会报告”为核心的专业素养、以“服务社会”为核心的职业素养。从学生反映的情况来看，学生在接受“进社会”能力培养梯级实践模式的训练之后，其“进社会”的核心素养表现得较为明显。相比未接受“进社会”能力培养梯级实践模式训练的学生，他们更能坐得住，做事更追求完美，更懂得和别人交流和交往，在服务社会的过程中有更大的收获。

（3）强化应用型高校“实践育人”目标。“进社会”是“实践育人”的载体，对大学生进行“进社会”能力培养是践行“实践育人”理念的前提。有学者指出：“实践教育是将知识转化为能力、精神、品格的必由之路和根本途径，是人才成长的决定性因素。”通过对大学生“进社会”能力培养，直接或间接地达到促进大学生成长成才的目的。“进社会”能力培养梯级实践模式不仅仅帮助学生掌握“进社会”的知识结构，提升学生的知识水平，更为重要的是培养学生良好的道德修养和职业素养，使之与社会交融和谐，充分发挥个体优势和个性特点，有力地强化了“实践育人”的目的。

（4）学院“进社会”实践硕果累累。随着“进社会”实践研究成果在学院的运用和推广，学院学生在“进社会”实践取得累累硕果。

① 2017 年 2 月，在由中共广东省委宣传部、广东省精神文明建设委员会办公室、广东省教育厅、共青团广东省委员会、广东省学生联合会主办的广东省大中专学生志愿者暑期文化科技卫生“三下乡”社会实践活动中，学院荣获“优秀组织奖”称号。

② 2017 年 9 月，会计系 2015 级财务管理 B4 班学生黄少丹、物流系 2014 级物流管理 B1 班学生蔡鈺灵、B7 班学生吴秀瑜 3 人荣获第八届中国大学生服务外包创新创业大赛三等奖。

③ 2017 年 11 月，在由共青团广东省委员会指导、广东省学生联合会主办的 2017“展翅计划”“首席实习生”评选活动决赛暨颁奖典礼中，学院被

组委会授予“优秀组织奖”。学院学生邓颖焱获得“最佳人气奖”，并成功签约成为展翅网公益形象大使。

④ 2017 年 12 月，在由教育部学校规划建设发展中心主办的 2017 年应用型人才技能大赛“实习委员杯”求职精英挑战大赛中，会计系 2015 级财务管理 B7 班学生戴莉蓉荣获二等奖，会计系 2015 级会计学 B2 班学生吴勋贤、会计学 B15 班学生林振锐、财务管理 B4 班学生黄少丹荣获三等奖。

⑤ 2018 年 1 月，在由广东省教育厅主办的“关注民生 · 实干兴邦”主题教育社会调研大赛中，会计系 2015 级财务管理 B2 班学生胡敏荣获三等奖，会计系 2016 级会计学 B7 班学生刘宇柔、王丹映、吴艳亭荣获优秀奖。

⑥ 2018 年 2 月，在由共青团佛山市高明区委员会主办的高明区 2018 大学生公益花市创业实践活动中，会计系 2016 级会计学 B2 班学生李子俊荣获“热心公益奖”和“十佳方案奖”。

综上所述，“五进”之“进社会”实践研究从实践层面上为践行“进社会”提供了理论基础和实践依据。经在实验班反复论证，研究成果“应用型高校大学生‘进社会’三级阶梯实践模式”以应用型高校大学生自身存在的问题为研究视角，以提高应用型高校大学生“进社会”实践效能为目标，通过逐步解锁应用型高校大学生在“进社会”实践过程中的困境，不断提高应用型高校大学生参与“进社会”的积极性和主动性，不断提升应用型高校大学生“进社会”的核心素养，推进“进社会”实践硕果，强化应用型高校“实践育人”目标。

实践研究论文编

“五进”视阈下的大学生习惯养成教育探索①

马英子

梁启超在《少年中国说》中说道：“少年强，则中国强。”大学生是中国特色社会主义事业的建设者、接班人，大学生综合素质水平决定社会主义事业建设的成效，决定国之命脉。叶圣陶先生在关于教育的论述中指出，教育的目的在于养成习惯，增强能力。大学是习惯养成的重要时期，是习惯养成教育的重要时期，珍惜大学阶段的黄金时间，重视良好行为习惯的培养，才能提高学生综合素养，促进学生终身发展。

一、当前大学生行为习惯存在的主要问题及原因

（一）缺乏目标，学风涣散

在中学阶段，老师、家长对学生强调高考是人生的转折点，把握住了高考就掌握了未来的命运，一切以学习为主，重视学习与考试，忽视其他方面的教育，学生学习的唯一目标就是考上大学。经过激烈的高考竞争，进入大学后，没有了升学压力，老师和家长也不再像高中那样时时督促，一些学生便慢慢松懈下来，最初的新鲜感逐渐退去，心中只剩下无限茫然，对大学阶段缺乏规划，对所学专业现状和就业缺少关注，找不到前进的方向。部分学生没有明确的学习目标，缺乏学习的动力和兴趣，学习态度不够端正，自律性差，缺乏勤奋努力、刻苦钻研的精神。

（二）依赖手机，玩物丧志

网络信息技术给人们带来便利的同时，也给大学生的好习惯养成带来许多负面影响。网络影响大学生的学习、生活习惯，影响大学生的心理健康。大学生在学习中遇到问题，懒于思考，从网络中寻找答案，剥夺了很多动脑动手的机会。学生获取信息的渠道大多源于手机，没有形成良好的阅读图书的习惯，导致学生获取的知识“碎片化”，难以形成系统的知识结构与体系。

---

① 本文已发表于《当代教育实践与教学研究》2018 年 7 月刊。

部分学生课堂上无心听讲，课堂外休闲上网，熬夜打网游、上网购物、吃饭点外卖、不劳动、不运动，不健康的生活习惯严重影响身体健康。学生对手机、网络的依赖过重，一旦离开手机、网络就无所适从。许多网络游戏、网络视频等充斥着暴力、血腥、色情等不健康内容，易使他们形成冷漠、自私的性格。部分学生沉迷于网络游戏、社交软件，同学间沟通交流少，同学情谊不深，缺少情感依托。网络上拜金主义、享乐主义等不良价值观的渗透，使大学生的世界观、人生观、价值观发生扭曲，最终逐渐迷失自我。

（三）缺乏责任，生活无规

当今的大学生多为“95 后”，从小被溺爱。有些学生不懂如何与人相处，缺乏人际交往的自信与技巧，形成以自我为中心、任性、自私自利的性格，缺乏责任心，集体意识薄弱。部分学生诚信意识淡薄，考试作弊，毕业后不主动偿还助学贷款者不在少数。高中时期，家长让孩子一心学习，什么都不让孩子自己动手，导致有些学生缺乏基本的生活自理能力，没有养成良好的生活习惯，寝室脏乱，作息不规律，缺乏体育锻炼，身体素质差。家长对孩子从小寄予过多期望，导致学生心理压力大，抗挫折能力差。

二、以“五进”实践活动为平台探索大学生习惯养成教育

在大学生中开展“五进”——“进课室、进图书馆、进实验实训室、进体育场馆、进社会”教育实践活动具有深远意义。“五进”从不同方面强调大学生必备的多种素养，将当代大学生的全面发展与历史使命紧密联系，是培育大学生成才的重要途径。“五进”实践活动促使大学生形成良好的行为习惯，促进大学生树立奋斗目标，重燃学习热情，建设良好学风，增强大学生将理论应用于实践的能力，锻炼健康体魄，提高大学生的综合素质，打造能适应社会并能为社会创造价值的有用之才。

（一）“进课室”

“课室”是教育主渠道，是大学生学习生涯的主阵地。“进课室”是“五进”实践活动的基础，是指大学生走进课堂和教室。在课堂上，大学生认真聆听教师的讲解，做到不迟到、不旷课，课前充分预习，课中理解透彻，课后及时复习巩固，掌握好扎实的专业基础知识。“进课室”是“五进”之首，强调大学生要坚持“学习是学生的天职”这一理念，始终把学习放在大学生涯的首要位置，回归学习，点燃学习的热情，不仅是为了学知识而学习，也是为了掌握适合自己的学习方法而学习。

"进课室"实践活动要结合学生实际，开展学生日常学习相关的比赛活动，如"学习之星"评比大赛、"课堂笔记大赛"、学习方法分享沙龙等，调动学生的学习积极性，通过朋辈之间的互相学习、交流、探讨，形成"你追我赶"的良好学习氛围，从不学习到被动学习，最终升华为主动学习。促使学生在日常生活中珍惜有限的学习时间，养成良好的学习习惯，促进习惯养成教育的开展与持续。

（二）"进图书馆"

大学阶段是人才进入社会的准备阶段，而社会所需要的人才除了应具备专业素养外，还应具备健康的人格、高雅的品位、多元文化的包容等品质。图书馆是人类文明的结晶，是大学生的知识之源，亦是良师益友。法国科学家笛卡尔说："读一本好书，就是和许多品德高尚的人谈话。""进图书馆"要求大学生多到图书馆查阅或借阅有关书籍资料，充分利用图书馆收藏保存的人类科学文化知识典籍，巩固知识点，拓宽知识面，修身养性、提高自身素养。

通过开展形式多样的比赛活动，例如"朗读者"、演讲比赛、"一站到底"知识竞答、读书分享沙龙等，激发学生的求知欲，让学生养成主动进图书馆的习惯，充分利用好图书馆这个知识宝库，博览群书，净化心灵，增长人生智慧，提高人文修养，不断完善自身人格。

（三）"进实验实训室"

大学生在学习专业知识的基础上，应积极进入校内外实验实训室进行实际技能训练，不断提高动手能力，增强专业技能，提高职业能力。意大利数学家、物理学家、天文学家伽利略说过："科学的真理不应该在古代圣人蒙着灰尘的书上去找，而应该在实验中和以实验为基础的理论中去找。"实践活动是培养学生综合能力的重要途径，若忽视实践，学生所学知识难以成为技能，教学便成了无本之木，无源之水。进实验实训室能培养学生的创新思维，提高学生观察能力、分析和解决问题的能力。

通过组织开展学生专业相关的技能大赛，例如"挑战杯""会计技能大赛""实验设计比赛""软件开发大赛""商业精英模拟赛"等，最大限度地激发学生的学习兴趣，让学生多进实验实训室，多动脑思考、动手操作，帮助学生更生动形象地掌握枯燥乏味的理论知识，以理论指导实践，用实践检验理论。促使学生从不得已进行实验实训，慢慢转变为兴趣驱使下的主动进行实验实训，能有效地促使学生改变好高骛远的心态，逐渐克服自身惰性，提高适应社会的能力。

（四）“进体育场馆”

目前许多大学生的课余活动主要是上网和玩游戏，参加体育运动的时间少之又少，长此以往，大学生的身心健康受到不可忽视的影响。“生命在于运动”，大学生要经常到体育场馆进行体育锻炼，提升运动素质，增强体质。大学生进体育场馆不仅有利于提升应变能力、竞争意识、合作意识、交际能力等综合素质，还能磨炼学生果敢坚韧、独立自制的意志品质，使人更加乐观开朗、积极向上，从而促进人格全面发展。很多研究表明，体育运动锻炼与个体的生活满意度、幸福感有着正相关的关系。因此高校在开设体育课、开展运动会之余，应积极开展丰富多彩、学生喜闻乐见的体育活动，例如“奔跑吧，青春”“趣味运动会”“撕名牌”活动以及社团组织的轮滑、街舞、武术、球类运动等，激发学生的运动热情，主动放下手机，走出宿舍，走向体育场，积极参与体育运动，强身健体、砥砺意志，凝聚和焕发青春活力。“身体是革命的本钱”，有了健康的体魄，才能更好地学习，更快乐地生活。

（五）“进社会”

大学是一个小社会，而社会是一个大学堂。大学生应积极通过多种渠道，如志愿者服务、专业实践、社会调研、创业实践、勤工助学等方式融入社会、适应社会、服务社会。“实践是检验真理的唯一标准”，大学生通过接触社会，用所学专业知识服务于社会，不仅能巩固专业理论知识，还能激发出学生的创新思维。大学生走出“象牙塔”，深入社会各行各业，了解社会现状，投身于社会实践，更能深刻认识到工作的艰辛不易，进一步了解社会需求，及时认识到自身存在的不足，在社会中经历困难与挫折，成功与失败，进而越加珍惜现有的学习机会，更加刻苦努力地学习，提升自身竞争力，为毕业后正式踏入社会打好基础。

大学生要充分利用寒暑假进行有意义的社会实践，不应让社会实践流于形式。积极参加志愿者活动、义工活动、暑期“三下乡”等体验经历式“进社会”活动，参加“我的中国梦——立志·修身·博学·报国”社会调研活动，以及实习实训、企业走访、毕业生跟踪调查等形式的“进社会”活动，有助于大学生加强道德修养，树立正确的价值观，养成良好的行为习惯，通过与不同人物的交往，不断提高与人沟通、团结协作、尊重理解他人的能力。在社会实践中增强学习的动力，学会感恩，学会承担责任。

三、结论

“进课室、进图书馆、进实验实训室、进体育场馆、进社会”五大环节彼此联系，缺一不可，共同构成高校育人的统一体，是造就德智体美劳全面发展的合格大学生的创造性举措。播种一个行动，收获一个习惯；播种一个习惯，收获一个性格；播种一个性格，收获一种命运。习惯养成教育对大学生的成长和成才起着巨大的推动作用，大学生加强习惯养成教育势在必行。

参考文献：

[1] 叶圣陶. 叶圣陶教育文集［M］. 北京：人民教育出版社，1994.

[2] 田爱民，胡滨，董伟英. 论加强大学生文明行为养成教育［J］. 沈阳农业大学学报（社会科学版），2007，9（6）：884－887.

[3] 黄洁. 对大学生文明行为养成教育的思考［J］. 黑河学刊，2015（5）：89－90.

[4] 钟伟强. 以德为行　以学为上——来自广州工商学院“五进”的探索与实践［M］. 广州：广东高等教育出版社，2015.

新时代高校大学生主动“进课室”学习的探索研究

蔡宗坚

大学生作为掌握社会新技术和新思想的前沿群体、国家培养的高级专业人才，代表着最先进的流行文化，代表年轻有活力的群体，是推动社会进步的栋梁之材。但目前在部分地方院校中，高校学生学习兴趣淡漠、学习热情不高的现象较为普遍，学生的学习目的和目标注重实用、实惠，缺乏远大理想。绝大多数大学生认为学习是为了将来找一份好工作，表现出在学习观上的狭隘。他们对学习本身的作用，如满足求知欲，实现自我提高、自我发展、自我完善的关注度不高；协作意识较差，适应能力弱，依赖性强，政治观不稳定，但不乏理性爱国；求知欲强，敢于尝试，但抗挫能力弱。这些现象，让高校教育者感到任重而道远。面对高校学生的这些现状，广州工商学院院长邝邦洪教授及时提出了“以德为行，以学为上”教育思想，并在这一教育思想的基础上，结合广州工商学院的具体情况和学生的特点提出了“五进”（进课室、进图书馆、进实验实训室、进体育场馆、进社会）教育实践思想。这是高校大学生健康成长迫切需要的，是他们成长的基石。

一、简析“五进”教育思想中“进课室”的内涵

“五进”教育理念是指“进课室、进图书馆、进实验实训室、进体育场馆、进社会”。其中“进课室”是指大学生走进课堂和教室。走进课堂，就是要求大学生准时到课堂听课，认真聆听教师对知识和技能的讲解，学好专业知识；走进教室，就是要求大学生利用课余时间自觉到教室做作业、自学或讨论，夯实知识基础。学生通过“进课室”，在教师的引导下，增强学习意识，学会科学学习，学会解决问题的方法，端正做人的态度，学会正确的思维方式等。

二、影响大学生“进课室”的因素

从哲学的角度思考，世界万事万物的发展变化总有其内外因素的影响。因此，影响大学生不想进课室的因素也是多种多样的，既有大学生个人的原

因，也有教师、学校、社会等多方面的原因。其表现归纳如下：

（一）内因——学生自身原因

（1）有些学生缺乏对马克思主义和党的思想理论的深入学习，政治信仰不坚定，没有树立崇高的理想。

（2）进入大学后，一些学生对自己的未来没有进行科学的规划，且远离父母的管教，自制力不强。学习态度不端正，没有树立起积极的学习态度。他们狭隘地把学习理解为只是为了考试，对未来感到迷茫，产生懒惰情绪，容易受外界诱惑而难以自拔。

（3）有些学生高考后选择专业志愿带有很大的盲目性，对专业学习的困难度预计不足。部分学生学习兴趣不够，情绪低落，产生不想上课等心理。

（4）有些学生学习基础差，上课时听不懂教师讲课，因此干脆不想进课室听课。

（5）有些学生因为恋爱受挫，无心学习，整天沉浸在失恋的痛苦中。

（二）外因——社会、学校、家庭

（1）有些学生因为生活困窘，只能边学习边打工，从而影响学习。

（2）有些学生确实有事，因而只能“舍大取小”，牺牲上课时间。

（3）有些学生学习成绩较好，在自学掌握了课堂知识以后，为了考证、发展个人兴趣等逃课，不进课室听课或学习。

（4）有些教师缺乏个人教学魅力，不能吸引学生。

（5）有些学生因为家庭的变故，如父母离婚、父母生意失败等，对学习无法产生兴趣。

三、引导大学生主动“进课室”的对策

（一）加强大学生思想政治教育

《国家中长期教育改革和发展规划纲要（2010—2020年）》指出：“高等教育承担着培养高级专门人才、发展科学技术文化、促进社会主义现代化建设的重大任务。”人才培养不只是大学的事，更是全社会的共同责任，需要打破部门、领域、行业和区域的界限，社会各有关方面积极参与、协同创新。对于大学生的思想政治教育，可以改变传统的教育模式，打破传统的政治教育班会只在教室里进行的观念，协同社会上的有关机构、团体，一起参与大学生的思想政治教育，这种形式相信能给大学生留下更为直观的印象，

更能引起他们的共鸣。如：进行爱国主义教育，可以带学生到部队里，和军人一起开一次爱国主题的政治教育班会，让学生亲身感受军人的爱国情怀；还可以通过思想政治理论课、学生党校、形势与政策教育、微信公众平台、微博等多种网络渠道开展政治教育，让大学生在理论学习与社会实践中感受责任。同时引导大学生积极投身到中国特色社会主义事业的实践中，在时代和社会的发展、进步中汲取营养，培养爱国情怀。这种为“中华之振兴”而读书的爱国情感基调能激发起学生学习的兴趣，这是大学主动“进课室”的关键所在。

（二）培养大学生树立坚定的理想信念

理想信念是人的心灵世界的核心。有无理想信念，有什么样的理想信念，决定了一个人的人生是高尚充实，还是庸俗空虚。追求远大理想，坚定崇高信念，是大学生健康成长、成就事业、开创未来的精神支柱和前进动力。大学生树立远大、坚定的理想信念后，就会好好规划自己的大学生活和人生，端正学习态度。要让他们明白，一个人在成长成才的道路上，并非只有成功与鲜花，也可能遇到挫折和失败。是在逆境中奋起，还是在逆境中消沉，常常成为一个人能否成功的关键。理想信念是激励人们迎接挑战、克服困难的精神支柱和强大力量，理想信念越坚定，克服困难的勇气就越大，意志就越坚定。所以说，树立科学的理想信念是培育大学生主动“进课室”意识形态的内在动力。

（三）巧用情感宣泄法，解决学生不想进课室的心理问题

在平时的工作中，教师要认真分析学生不进课室的原因，“对症下药”，才能“根治”。在此列举一个案例：会计学专业的大二男生陈某，由于大二的课程比较多，又要应付各类考证考试，学习压力的骤增使他有点措手不及，难以应付，于是突然产生焦虑、恐慌、烦躁、坐立不安等不良的情绪。为了减压，他经常酗酒、逃课，以为可以“借酒消愁”，可谁知道是“借酒消愁愁更愁”。

笔者找他了解情况后，在某个星期天约他一大早去爬白云山，并约定赶在日出时爬到山顶，且必须一口气冲上去。他答应了，但中途几度想休息，笔者对他说：“坚持就是胜利！要不然，你就看不见日出那瞬间的美丽。人生也是如此，不坚持你的理想，不努力克服暂时的困难，你的理想就永远实现不了。要想成功，必须要敢于对困难亮剑。”笔者的一番话，激发了陈某潜在的斗志。他大喊一声，加快了奔跑的步伐，一鼓作气登上白云山山顶。俯瞰繁华的城市，凝视初升的太阳，两人一起用力呐喊。后来陈某跟笔者

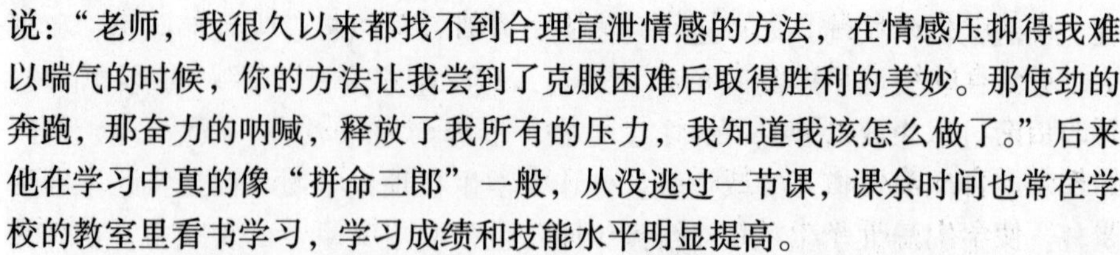

说："老师，我很久以来都找不到合理宣泄情感的方法，在情感压抑得我难以喘气的时候，你的方法让我尝到了克服困难后取得胜利的美妙。那使劲的奔跑，那奋力的呐喊，释放了我所有的压力，我知道我该怎么做了。"后来他在学习中真的像"拼命三郎"一般，从没逃过一节课，课余时间也常在学校的教室里看书学习，学习成绩和技能水平明显提高。

在这个心理危机干预案例中，笔者以呐喊法和运动法交替并用进行干预，让学生的不良情绪得到合理的宣泄。合理情感宣泄是指人的不满情绪、心中的积郁用合理的方式去疏散和吐露，从而释放过度积聚的心理能量。平时常用的合理宣泄的方法主要有：倾听法、哭泣法、呐喊法、运动法、音乐熏陶法。呐喊是宣泄情感很好的方法，它能够将人憋在内心的闷气释放出来，有效地缓解压力。笔者读大学期间曾携笔从戎，高强度的军事训练常让笔者和战友倍感压力，后来就是通过呐喊释压的方法保持着高昂的斗志，最后由一名普通的大学生转变成了一个合格的军人。人们常说"生命在于运动"，这是很有道理的。喜欢运动的人，永远充满活力。劳逸结合有助于减轻压力，及时消除疲劳，同时还能有效转移人的注意力，以此减轻紧张度。长时间、高强度从事脑力劳动的人更应该进行有益而适宜的运动。经常进行体育活动还可以降低心率和血压，减轻特定应激源对生理的影响；进行体育活动可以使人改变消极心境，提高自信和自我效能感，特别是长跑，还能起到磨炼意志的作用。

（四）开展和鼓励学生参加紧扣专业的技能竞赛，增强学生的学科知识应用能力

传统的学生活动往往强调的是实践性、趣味性和娱乐性，较少涉及学科和专业知识。因此，学生工作团队在组织学生活动时，紧扣专业特色，开展技能竞赛活动，寓教于乐，如开展"会计技能大赛""营销大赛""皮具设计大赛"等。这大大提高了学生参与活动的热情。在这种环境的熏陶下，特别是在学院"单项冠军获奖"的鼓舞下，学生积极参加全国和省市级的各项比赛，热情高涨，并屡获佳绩。因而，开展和鼓励学生参加紧扣专业的技能竞赛，增强了学生的学科知识应用能力，大大提高了学生"进课室"学习的热情。

（五）提高教师教学水平，增强教师的个人魅力和感染力

时代的发展和学生身心发展的需要对教师提出了更高的要求，教师应当根据自身对教材的理解和具体教学活动的特点，将抽象的教学目标具体化，从而落到实处。即教师在教学内容的准备和实施过程中加入自己的主观改

造，将其内化成自身的素质，并根据学生基础的差异灵活地进行处理，允许学生对已有的结论和标准答案提出质疑，从而在师生思想的相互碰撞中得出新的结论。在课堂教学中，教师的魅力还体现在教师的语言表达能力上：有的教师语言准确生动、清楚明白、表达得体，此时的语言就具有感染力和说服力，使学生愿听并能引起共鸣，教师在课堂上旁征博引、深入浅出、循循善诱，课堂气氛生动活泼，师生之间进行良好的互动；有的教师言辞干瘪、词不达意，课堂气氛单调沉闷，学生纷纷逃课。因而，提高教师教学水平，增强教师的个人魅力和感染力是吸引学生进课室的关键因素之一。

（六）加强学生“以德为行，以学为上”的教育理念引导学习

“以德为行”，就是要把加强道德建设作为提高干部、师生整体素质的核心和灵魂，以高尚的道德规范来指导大家的言行。社会需要有理想、有道德、有文化、有纪律的德智体美劳全面发展的社会主义事业接班人；社会各界都需要德才兼备的人才，中国共产党选拔干部历来强调德才兼备，任人唯贤。“以学为上”，就是要把学习放在重要的位置上，树立终身学习的理念。在信息化时代，学习将成为人类的第一需要，终身学习将成为一种生活方式和社会的普遍行为。我们只有成为终身学习者，才能保证自身知识不断更新，适应社会的不断变化，增强竞争实力，才能在社会上有所作为。深入贯彻这一理念有利于激励学生树立德才兼备的成才观，并积极去践行，争取早日成才，报答父母，回报社会。这是学生“进课室”的思想行动指南。

四、结语

大学生主动“进课室”的关键是深入学习“以德为行，以学为上”教育思想和践行“五进”教育思想。同时，根据学生的具体情况，各部门协同发挥主观能动性，积极引导学生“进课室”。

参考文献：

［1］本书编写组．思想道德修养与法律基础［M］．6版．北京：高等教育出版社，2013.

［2］邝邦洪．以德为行　以学为上——高校师生成长的基石［M］．广州：广东高等教育出版社，2011.

［3］蔡宗坚．合理情感宣泄在民办高校心理危机干预中的应用［J］．中国—东盟博览，2012（9）.

双管齐下促进学生“进课室”

杨孟闺

教师是教学活动的组织者和教学的主体，教师的态度及教学水平直接影响着学生的学习兴趣和学习成绩，因此，教师上好课是吸引学生“进课室”的关键。辅导员作为大学生思想政治教育的主体和管理者，也应通过抓班级纪律、培养学生学习兴趣及增强班级凝聚力的方式来引导学生“进课室”。

一、教师上好课，吸引学生“进课室”

（一）教师必须要有扎实的专业知识和出色的授课能力

上课是教学工作的中心环节。要上好一节课，教师必须要有扎实的专业知识和出色的授课能力。教师的专业知识对教师教学有着极大的影响。古人云：“且夫水之积也不厚，则其负大舟也无力。”如果一个教师的知识储备不足，那么他在教学中必然会捉襟见肘，十分被动，更不用说有高屋建瓴的见解。当今社会，知识更新换代速度快，对教师提出了更高的要求，要求教师不断学习、终身学习。“一朝学成而受用终身”的观点已经过时。教师之学高，靠学习，其品性、操行、风貌、言谈、举止也都要通过学习和修养予以提升。在新的形势下，教师的角色发生了翻天覆地的变化。教师不应该只是简单的教书匠和传统的知识传授者，而更应该成为研究者。教师由经验型向研究型转变才更符合时代需要。要完成这样的转变，需要以扎实的专业知识为基础，需要教师加强专业知识的学习。但教师光有专业知识是不够的，还应该具有出色的授课能力，包括了解学生的能力、处理教材的能力、课堂教学能力、处理师生关系的能力等。其中，课堂教学能力是教师必须具备的关键能力。有一些教师，虽然具备扎实的专业知识和很强的专业能力，却不知道如何教学生，肚子里有货倒不出来，无法让学生理解，自然得不到学生的认可。因此，教师学会如何指导学生思考和学习、培养自己的课堂教学能力尤为重要。除此之外，教师教学也要以生为本、以教材为本，了解学生和教材。处理师生关系也是教师必须具备的能力，新形势要求教师从讲台上走下来，与学生合作，建立和谐的师生关系。课堂是教师和学生互助和交往的舞台。只有这样，教师才能与学生建立和谐的师生关系，才能更好地促进教学。

（二）备好课是教师上好课的前提

备课是一个极其重要的再创造过程。教师要想上好课，必须在备课上下功夫。教师在上课前做好充分的准备，在课堂上才能游刃有余。备课不只是写好一份教案，还包括备教材、备学生、备教法等。备教材就是要对教材进行研究。教师需要先弄清楚教学大纲的要求，再按照大纲的要求，对教材进行整体把握，同时把握每一章、每一节甚至每一个知识点在教学中的地位，抓住教材的重难点，分清主次。在备课过程中，教师要多思考，积极从有关的参考资料中吸取营养，遇到疑难的问题要和其他教师一起研究。总之，要吃透教材，这样才能合理地确定教学的目的、重点、难点，真正做到从教材实际出发。学生是学习的主体，教师备课归根到底是为了促进学生的学习，因此教师必须要了解其授课的对象。学生的发展呈现出阶段性特征，教师要根据学生的身心发展特点备课，同时还要了解学生原有的学习基础、他们的学习需求和在学习中存在的困难。教学方法的选择对课堂教学效果有着很大的影响。教师应根据教学内容与对象选择合适的教学方法。如灵活运用启发式教学方法，调动学生的积极性，引导他们思考。在教学过程中，除了给学生传授知识，更重要的是培养学生的能力，开发学生的智力，使他们能够独立获取知识和运用知识，养成勤于思考、善于思考的习惯。因此，教师上课前要认真考虑提出什么样的问题最能引起学生思考，把学生的思维引向深入。

（三）善于反思是教师上好课的保障

孔子曰："吾日三省吾身。"这说明了反思的重要性。教师在课后进行反思对于课堂教学具有深远的意义，它是教师上好课的保障。课后对课堂教学进行分析，及时发现课堂存在的问题，总结教学经验，有利于改进教学，提高课堂教学质量。很多教师认为上完课就意味着课堂的结束，没有及时进行反思与分析。这种做法不利于自我提高，势必影响教学水平的提高。教师课后应及时回顾备课和上课的全过程，分析在本堂课中有没有实现原有的教学目标，在何种程度上实现了教学目标；有没有突出重难点、将难点讲清楚，如果没有讲清楚，原因是什么；哪些问题在备课时没有考虑到；学生在学习中的反应如何；下堂课教学有哪些需要改进和注意的地方等。

二、辅导员做好管理工作，引导学生“进课室”

（一）严抓班级纪律，督促学生“进课室”

俗话说，“没有规矩不成方圆”。良好的纪律是教学质量的保证。班级纪律的好坏直接影响教学工作各方面的好坏，抓好班级纪律是辅导员工作的重中之重。那么如何抓好班级纪律呢？可以从以下几点着手：第一，培养班干部，发挥榜样的力量。一个班级完全靠辅导员来管理，效率会很低。辅导员要建立一支团结的班干部队伍，发挥榜样和同辈的作用来加强班级管理。班干部应该由学生民主选举产生。让学生选出心目中优秀的学生，这样的班干部更具有号召力和领导力。辅导员要定期召开班干部会议，告知班干部要以身作则，发挥模范作用，协助老师抓好纪律。第二，建立有效的量化考核机制。要管好一个班级的纪律，必须建立一套行之有效的考核机制，使班级纪律管理规范化、制度化。每周结束时，根据纪律委员的考勤记录，对全勤的学生进行表扬，对迟到、早退特别是旷课的学生进行批评教育。每个月进行一次排名，对相应学生做出奖惩处理。第三，加强与任课教师的协调与沟通。辅导员应及时和任课教师进行沟通，让任课教师了解和配合本班的管理工作，形成合力，将班级管理得更好。

（二）培养学生的学习兴趣，吸引学生“进课室”

兴趣是最好的老师，也是学生学习和“进课室”最大的动力。作为辅导员，要正确引导学生，帮助他们培养浓厚的学习兴趣，进而吸引他们主动进课室。第一，帮助学生设立恰当的学习目标。目标的设立与达成，有利于培养学生的学习兴趣。可以帮助学生建立近期小目标、中期目标和长期目标。目标的达成可以增强学生的信心，促使学生积极为完成更为长远的目标而努力。在一个个目标实现之后，学生会对学习越来越有兴趣，从而主动“进课室”学习。第二，培养自我成就感。在学习过程中，每当学生获得成功或取得进步，就鼓励他们进行自我奖励。取得小的成功或进步就给自己小的奖励，如去唱歌、聚餐等；取得大的进步就给自己大的奖励，如去旅游等。

（三）增强班级凝聚力，带动学生“进课室”

学生的积极性和班级凝聚力是息息相关的。一个具有凝聚力的班级，必然是团结、积极、向上的。因此，培养班级凝聚力是增强学生学习积极性、带动他们“进课室”的重要手段。辅导员可以从以下几方面来增强班级的凝聚力：第一，明确班级的目标。一个人的成长需要目标，同样，一个班级也需要有自己的目标。这个共同的目标可以激励学生努力奋斗。辅导员可以与班委一起，根据班级的实际情况，设立一个合适的班级目标，明确班级未来的发展方向。第二，开展丰富多样的集体活动。如定期组织学生进课室进行集体自习，加强同学之间的交流，培养良好的班风，形成良好的学习氛围。又如开展学习经验交流会，请班上学习成绩好的学生分享学习心得与经验，与其他同学一起探讨。第三，建设班级文化。班级文化是一个班级内在素质和外在形象的集中体现，建设班级文化是增强班级凝聚力的有效途径。如发动学生设计班徽、班服、创作班歌等。这些活动能促使学生更加热爱班集体。

三、结语

“五进”教育理念的提出，对学院的人才培养有着重大的意义。“进课室”作为“五进”实践活动的基础，对整个活动的开展有着深刻的影响。如何吸引学生“进课室”、提高学生学习的自觉性是我们应该着重考虑和解决的问题。教师和辅导员在大学生的学习生活中扮演着重要的角色，吸引学生“进课室”既需要教师的努力也需要辅导员的教育和引导。两者都应积极发挥自己在教育中的作用，为吸引学生“进课室”而共同努力。

参考文献：

［1］邝邦洪. 以德为行　以学为上——高校师生成长的基石［M］. 广州：广东高等教育出版社，2011.

［2］钟伟强. 以德为行　以学为上——来自广州工商学院“五进”的探索与实践［M］. 广州：广东高等教育出版社，2015.

民办高校思想政治课视域下学生阅读能力研究

——基于广州工商学院“进图书馆”的实践研究

杨朝晖

高校思想政治课是一门人文学科，对学生的人文素养要求较高。课外阅读是学生增长人文知识的重要途径。对于民办高校而言，提高学生的阅读能力对提高思想政治课的实效性也有着极其重要的意义。

一、广州工商学院学生阅读现状调查与分析

2016 年下半年，广州工商学院积极推动开展“进图书馆”实践研究。2017 年 3 月，“进图书馆”课题研究小组在全校范围内抽取了 630 个调查样本，以问卷调查的方式对学生阅读现状进行了深度调研。从调查结果看，学生的阅读现状呈现以下特点。

（一）对课外阅读重视不足

学生普遍对课外阅读的重要性认识不足，缺乏良好的阅读习惯。有 40% 的学生认为课外阅读“不重要”或对课外阅读“没什么感觉”。在回答“你喜欢阅读吗?”这一问题时，认为“不太喜欢”或“很不喜欢”的学生共占 37%。有 68% 的学生表示“不会”每天在课余抽时间进行课外阅读。

（二）缺乏深层阅读

在阅读内容的选择上，学生停留于浅表阅读，追求感官的轻松愉悦而忽视内容的思想性和教育性。在选择读物类型时，列出的 11 个多选项中，选择“娱乐八卦”类的学生占 42%，选择“网络小说”类的占 30%，而选择“经典文学”类的只占 33%。有 22% 的学生认为经典文学“读与不读无所谓”，而有 11% 的学生认为经典文学“已过时，没有阅读价值”，有 6% 的学生认为“很枯燥，不感兴趣”。

（三）不注重读书方法的使用

多数学生在阅读时没有运用读书方法，读完一本书后不作任何评述或总

结。有48%的学生在读书时“随便看看，不做笔记”，“做读书笔记”的只占8%，“选择性阅读摘抄”的占31%，“边做边批注”的只占13%。

二、课外阅读对民办高校思想政治课的重要性

广州工商学院开展的“进图书馆”活动，目的是为了引导学生博览群书，提升人文底蕴。“进图书馆”活动的开展，与思想政治课的教学有着密切的关系。学生的阅读水平、阅读效果直接影响着民办高校思想政治课的教学效果及教学目标的达成。

（一）课外阅读培养学生健全的人格，为实现思想政治课的教学目标奠定思想基础

古人云，“腹有诗书气自华”。培根说过：读史使人明智，读诗使人灵秀，数学使人周密，科学使人深刻，伦理学使人庄重，逻辑修辞使人善辩，凡有所学，皆成性格。朱永新认为“一个人的精神发育史就是他的阅读史”。可见，读书能对一个人的思想成长产生巨大的影响。阅读可以帮助人们构建完整的精神世界、洗涤“灵魂”、提升思想高度。尤其是中华优秀传统文化典籍，无论是理论巨著还是文学经典，总是充满着无穷的精神力量，引领着青年一代“见贤思齐焉，见不贤而内自省也”，学习杰出人物心怀天下的思想格局，培养谦谦君子之大气，练就自强不息之坚韧。博览群书的学生，自然能够严于律己、视野宽广、知书达礼、明辨是非，具有一颗热爱生活的乐观、豁达之心。高校思想政治课以培养学生正确政治观、人生观和价值观为教学目标，在思想政治课堂上引导学生广泛阅读，将使教学目标的达成事半功倍。

（二）课外阅读能激发学生对思想政治课的学习热情

高校思想政治课是一门理论性较强的学科。相对于专业课，学生对思想政治课的学习缺乏兴趣，觉得思想政治课所讲授的内容枯燥。这是因为他们孤立地看待教材中的理论知识，就理论而学理论，而不去联系理论提出者的个性特点与自身经历，也不去探究这些理论所提出的具体的时代条件，更没有真正理解这些思想理论的深远意义。教师要把思想政治课上得有声有色，就必须把理论知识讲活，对相应的背景作介绍，但课堂上的时间有限，不可能深入介绍，这就需要指导学生进行相关文献阅读作为铺垫。例如，在讲《毛泽东思想和中国特色社会主义理论体系概论》一课时，要了解毛泽东思想提出的历史背景和意义，可以让学生阅读《毛泽东传》；要理解习近平总书记治国理政思想中“为人民办实事”爱民为民的深厚情怀，就让学生看看

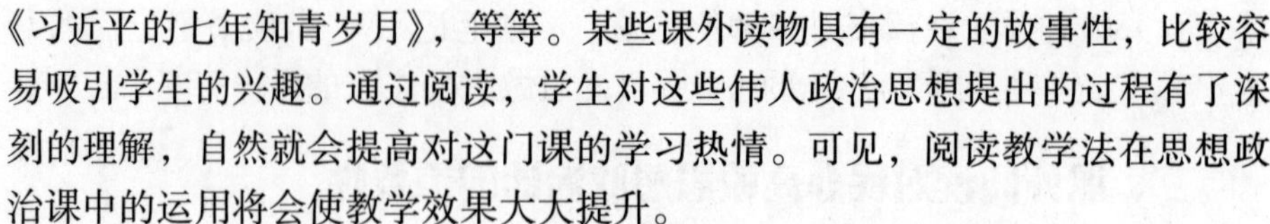

《习近平的七年知青岁月》，等等。某些课外读物具有一定的故事性，比较容易吸引学生的兴趣。通过阅读，学生对这些伟人政治思想提出的过程有了深刻的理解，自然就会提高对这门课的学习热情。可见，阅读教学法在思想政治课中的运用将会使教学效果大大提升。

（三）课外阅读能培养学生的科学精神和思辨能力

阅读自然科学类图书不但能使人增长科学知识、了解生活中的各种自然现象，还能激发强烈的求知欲，培养追求科学、探索真理的精神，使人们在分析问题时能尊重事实、坚持真理，排除各种伪科学的干扰。而阅读人文社科类书籍，了解人类社会发展的沉与浮、历史人物的成与败，领悟人类伟大的思想成果，能使人明辨是非，用历史的眼光辩证地看待身边的事物，培养独立思考能力，尊重并遵循事物发展规律，把握好人生中各个关键的阶段，树立起理想、信念、人格、道德。教会学生运用马克思主义方法论分析问题和解决问题是高校思想政治课的重要任务。涉猎各科的海量阅读能使学生的科学精神和思辨能力实现有机统一，在纷繁复杂的表层现象中保持清醒的头脑，勇于探索，坚持用科学的方法独立自主地思考问题、解决问题。通过阅读，培养学生实事求是、理性客观的思维方式，能为思想政治课教学目标的实现奠定思维基础。

三、民办高校思想政治课要加强对学生的阅读指导

“进图书馆”实践活动的深入推进可以强化民办高校思想政治课的教学效果，同时，“进图书馆”教育理念又能指导思想政治课更好地实施阅读教学法，让教师有针对性地引导学生阅读。一直以来，民办高校大学生对课外阅读基本缺乏系统的规划，阅读比较随性，对选择什么书看、该看书上的什么内容、怎样看才更有效果等问题的认识较为模糊。因此，如何通过思想政治课加强学生的阅读能力是摆在思想政治教师面前的一个重要任务。针对目前民办高校大学生存在的“阅读迷茫”现状，对他们开展行之有效的阅读指导显得十分有必要。阅读指导应做到“以师为导、以生为本”，既要体现教师在整个阅读实践过程中的主导地位，又要紧密结合学生实际所需，主要从以下几方面着手。

（一）确定阅读目标和阅读计划

虽然每个学生已有的阅读量和知识结构都不尽相同，但仍存在一些共性，如人文知识薄弱、政治理论知识缺失、文理科知识截然割离。根据学生

表现出来的共性及思想政治课的育人目标，可以把阅读目标确定为强化历史人文基础、深化理论知识的学习、提高对社会问题的思想认识等三个层次。三个目标层次由低到高、循序渐进。教师在确定目标的基础上制定阅读计划。阅读计划的周期与教学进度相应，每讲授一个模块（或单元）内容就制定一个阅读计划，让学生通过阅读加深对教材理论知识的理解，同时弥补阅读现状的不足。阅读计划应包括指定阅读的书目、阅读形式（如个人阅读还是小组阅读）、阅读时间规定、阅读效果展示、总结和反思等完整的过程。阅读计划要切实落实，要求每个学生都严格执行，保证按时按质按量完成阅读任务。

（二）布置阅读书目

阅读书目的选择是决定阅读成效最关键的一环。有什么收获，取决于看什么书。阅读书目要根据思想政治课教学内容的模块（或单元）来选择，既要紧贴教学内容又要拓展学生的思维。如讲《毛泽东思想和中国特色社会主义理论体系概论》一课的第一模块时，可阅读《毛泽东思想（文献导读）》《苦难辉煌》；讲第二模块时可阅读《邓小平理论概论必读文献选编与导读》《大国崛起》；讲第三模块时可阅读《习近平谈治国理政》《习近平的七年知青岁月》《之江新语》《摆脱贫困》等。阅读书目的选择要注意几点：第一，兼顾文理学科读物。思想政治课虽是人文社科类课程，但理论的总结是基于实践活动而得的，而实践既包括人类社会的实践，也包括自然科学研究的实践，不能把思想理论孤立于自然科学来学习。因此，学生具备的知识越丰富、越全面，他们对思想政治课的领悟能力就越强。例如，在讲授“五位一体”中的文化建设时，可推荐学生阅读《世界科学技术史》《人工智能的未来》《科技之巅 2：麻省理工科技评论 2017 年十大全球突破》等，让学生充分理解科技文明对社会发展的强大推动作用。第二，要体现经典性与时效性相结合。经典文献历久弥新，包含着政治理论的基本原理知识；时效性著作则从现代社会发展的角度论证经典理论的科学性和正确性，有利于帮助学生更深刻地理解经典理论的历史意义。如对于《马克思主义基本原理》一课，除了让学生阅读《资本论》《共产党宣言》等最基本的经典文献外，还要阅读《七个怎么办：马克思主义与当代社会》《马克思主义与中国的社会发展》《永远的马克思》等彰显马克思主义时代价值的论著，这些有助于学生理解马克思主义对人类社会的伟大贡献。此外，学生还要阅读权威时政评论文献，掌握理论联系实际的方法，学会运用经典的理论知识分析当前国家治理及国际关系等问题。

（三）阅读效果反馈与评价

读完一本书后有什么收获和感受，需要通过一定的形式反馈出来。如果只布置书目而不作跟踪检查，那就会虎头蛇尾，对学生的阅读指导工作也会失去意义。因此，阅读效果的反馈与评价是必不可少的。阅读效果的反馈可以通过成果展示来体现。阅读成果的展示可以采用多种方式进行，如小组交流、课堂讨论或演讲、橱窗展示、阅读心得汇编、评选优秀读者并给予奖励等。通过展示阅读效果，一方面能充分肯定学生的阅读成果，发挥学生的个性和特长，调动学生的主观能动性，激发其阅读兴趣；另一方面能增强学生学习政治理论的积极性，培养学生的洞察能力和创新能力。

（四）指导读书方法

法国杰出的数学家、哲学家和科学方法论者笛卡尔说："最有价值的知识是关于方法的知识"，"没有正确的方法，即使有眼睛的博学者，也会像盲人一样盲目摸索"。方法是一种思想工具。在信息爆炸、电子产品盛行的时代，良好的阅读习惯和高效的阅读方法弥足珍贵。要使"进图书馆"活动行之有效，必须指导学生掌握读书方法。

首先，要让学生养成勤"读"善"思"的读书习惯。《礼记·中庸》云："博学之，审问之，慎思之，明辨之，笃行之。"卢梭说，读书不要贪多，而要多加思索，这样的读书让他受益不少。在阅读过程中，要边读边思考，在博览群书的基础上学会慎思、明辩，在静思中得到思想的启迪和升华。如果读书只单纯追求量的增加而不做深入思考，那阅读效果只会事倍功半。只有达到"众里寻她千百度，蓦然回首，那人正在灯火阑珊处"的豁然开朗，才能达到静心读书中格物致知的最高境界。

其次，要让学生善于运用读书方法。读书的方法有许多种，结合思想政治课的特点，学生阅读应采用精读为主、泛读为辅的方式，思想理论文献比较深奥，要精读才能深谙其精髓，一般的人物传记、文学作品、科普读物等较容易看懂的则可泛读。具体的读书方法以读书笔记法、批注法、摘抄法为主。

读书笔记法。我国自古有"不动笔墨不读书"的良训，撰写读书笔记是一种传统而高效的读书方法。叶圣陶先生曾说："阅读是吸收，写作是倾吐"。曾详芹在《阅读学新论》中说到"从选拔读物开始，到阅读结束写下笔记或评论为止，始终是表达和吸收同时协作的过程"。撰写读书笔记其实是把阅读感悟通过文字表达出来，是强化阅读思考的重要方法。学生在撰写读书笔记的过程中，积累人文素养，围绕某一阅读主题放飞思想、评点人物、谈论作品优劣，通过笔端尽情表达自我，把自由阅读与自由写作相结合，对激发阅读热情有着促进作用。

批注法。毛泽东读书时经常用批注法，在书页空白处写了密密麻麻的批注，短的只有一字，长的达2 000字。清代唐彪在《读书作文谱》中写道："读文而无评注，即偶能窥其微妙，日后终至茫然，故评注不可已也。"基于此，他认为阅读时有三者记：一记"可疑之处"，二记"精微之处"，三记"古今典故"。在他看来："有此三者当记，苟不专置一册子记之，久而遗忘，不及请问高贤，生平学问，因此欠缺者不少矣!"写批注的过程使人思路开阔、视野宽广。古人的这些论述精辟地总结了批注读书法的重要性。

摘抄法。摘抄法就是把书籍中有价值的内容集中摘录在既定的本子上，如摘抄经典故事、观点、名人名言、美文文段、词句等。摘抄的过程是一个理论水平和审美能力不断提升、文字语言不断积累丰富的过程。

在民办高校思想政治课开展阅读教学，是"进图书馆"活动不可或缺的组成部分。要顺利开展阅读教学，贵在坚持。对教师而言，要坚持不懈地指导学生更好地读书；对学生而言，要持之以恒地多读善思，尤其是坚持运用高效的读书方法，切不可半途而废。

参考文献：

[1] 弓立新. 一个人的精神发育史就是阅读史——朱永新和孙云晓的对话录 [J]. 少年儿童研究，2007 (5)：31 -37.

[2] 王培基. 主要的读书方法 [J]. 汉字文化，2011 (2)：90 -96.

[3] 侯娟侠. 浅谈网络时代读书的意义和方法 [J]. 西安邮电大学学报，2010，15 (1)：155 -158.

[4] 刘援朝. 读书的方法 [J]. 贵阳文史，2010 (5)：87 -88.

[5] 王国维. 人间词话 [M]. 北京：中国出版集团研究出版社，2017：19.

[6] 卢伟峰. 在读书笔记中实现自由读写的结合 [D]. 福建：福建师范大学，2005.

[7] 石仲泉. 毛泽东的四大读书方法 [J]. 人民论坛：政论，2009 (6)：31 -31.

[8] 冯丽娟.《读书作文谱》对当代中学语文阅读教学的借鉴与启示论略 [J]. 语文学刊 (教育版)，2016 (12)：99 -101.

影响民办应用型高校学生积极“进图书馆”的客观因素分析

——基于广州工商学院的调查研究

赵永林

大学生应该具备基本的阅读能力。民办应用型高校的学生跟其他类型高校的学生在阅读能力方面有所差别。民办应用型高校的学生文化理论课学习相对较差、知识薄弱、阅读能力较差，学术科研能力稍弱，但是他们头脑灵活、思维活跃、兴趣广泛、组织活动和动手实践能力强，偏向应用型技术技能型。

一、广州工商学院学生阅读现状分析

广州工商学院倡导的“进图书馆”教育活动是为了营造浓厚的校园书香气氛，提高学生的阅读能力。那学院学生目前的阅读情况是怎样的呢？带着这个问题，我们在全院范围内抽样进行了关于大学生阅读途径、方法的问卷调查。调查所用方法是网上问卷调查法，即在学院网站和公众号上发布预设好问题和选项的问卷，全院学生参与选择，最后统计和分析数据。

从调查结果中发现，本院学生阅读现状存在以下几个问题：阅读目标不明确，没有良好的阅读习惯，缺少阅读技巧，阅读内容品味不高，阅读量不足。

二、影响民办应用型高校学生“进图书馆”的客观因素

影响民办应用型高校大学生“进图书馆”阅读积极性的因素有很多，除了自身的主观因素（学历、性别、年龄、爱好、习惯等）外，也有外部客观因素，主要包括家庭环境、学校环境、社会环境、市场环境等。

（一）家庭环境

家庭环境对于大学生阅读行为的影响主要体现在四个方面：认识态度、指导方法、外围支持、参与程度。父母对孩子阅读的态度、指导方法、支持

参与程度等方面有着很大的影响。

家庭社会经济背景较好的学生，其在课外阅读上投入的时间较多，阅读兴趣更广泛。国内外研究均表明：家庭拥有的文化资源数量，包括书籍量、其他学习工具等会影响孩子的阅读成功。

（二）学校环境

学校环境对大学生的阅读能力有重要影响，学校内的阅读风气直接影响学生的阅读行为。好的阅读风气能够提高学生的阅读能力。民办应用型高校的整体阅读风气欠佳，学生读书学习的欲望不足，大多数学生上大学是为了拿个大学文凭。学生重视对专业技术知识的获取，以及动手能力、实战能力的训练。因此，他们阅读的书籍也以实战、技能、技术、应用类居多，人文学科类较少。

对大学生来说，最重要的是要学会利用图书馆。通过对全院学生所做关于大学生阅读途径、方法的调查发现，28.57%的学生获得书籍的主要来源是图书馆（见表1），学生比较喜欢的读书地点也是图书馆（见图1）。

表1　获得书籍的来源

选项	人数	比例
购买	34	40.48%
图书馆借阅	24	28.57%
问他人借阅	2	2.38%
网络阅读	21	25%
其他	3	3.57%
本题有效填写人次	84	

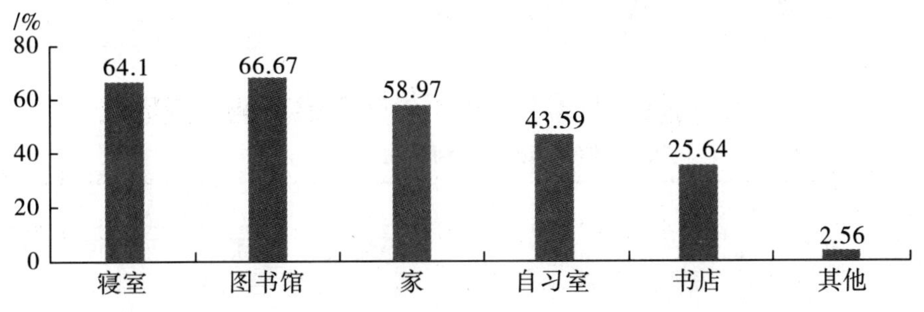

图1　你更愿意选择的读书地点

图书馆不仅是阅读最可信赖的、长久的物质保证，更是学生最无私的良师益友。图书馆可以通过对学生阅读行为的组织和管理，使学生阅读效率实现最大化，同时也担负着对阅读行为的教育职能。因此，与课堂阅读相比，图书馆阅读更趋向于个性化阅读，更有利于学生综合能力的发展。

另外，通过对被调查者进行关于阅读方式的调查得知，约50%学生的阅读方式是纯阅读（见表2），很少学生有做读书笔记和批注的习惯。

表2　你最主要的阅读方式

选项	人数	比例
做读书笔记	7	8.33%
选择性阅读摘抄	26	30.95%
边阅读边批注	9	10.71%
纯阅读	42	50%

（三）社会环境

大学生受社会流行思潮、流行现象的影响较大。而民办高校大学生的阅读在一定程度上受社会流行现象和青年热点的影响更大。从调查结果可知，有15.38%的学生会通过网络途径获取书籍（见图2），有50%的学生选择的阅读交流方式是使用各种网络途径（见表3），如QQ、微信、微博、公众号等。由此可见，网络对民办高校大学生的阅读途径、阅读方法和阅读能力都产生了很大的影响。

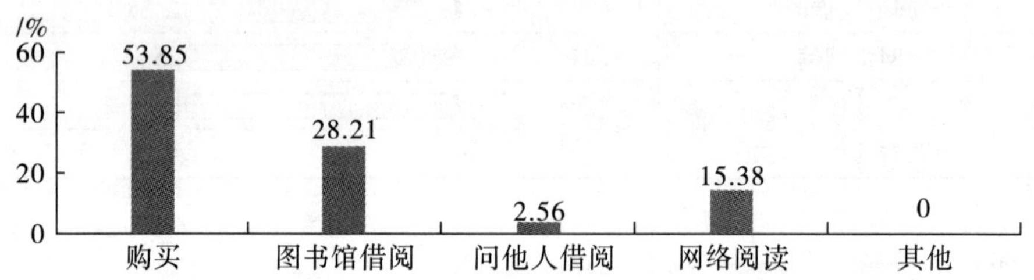

图2　你所阅读书籍的主要来源

表3　你会选择以下何种阅读交流方式

选项	人数	比例
和老师或同学交流	18	30%
网络发帖写书评	18	30%
空间、微博贴吧等自媒体	12	20%
没有交流	12	20%
本题有效填写人次	60	

改革开放40多年来，经济的飞速发展带来了物质的繁荣，但人们的阅读风气反呈下降之势。这种大环境对学生阅读的挑战是严峻的，其中电视、网络对学生的阅读产生了很大的冲击。阅读影视娱乐、服饰文化、家庭生活等报刊和爱情、武打小说已成为当今相当一部分民办高校学生的阅读取向，这反映出现代大学生文化群体的一个文化价值取向。这种消遣性阅读取向直接影响了大学生的成才和整体素质的培养。对此，学院必须保持清醒的头脑，究其原因，分析其利害关系，以便积极引导，帮助他们建立正确的阅读观。

（四）市场环境

根据智研咨询网发布的“2016年图书细分市场增长状况及行业贡献度”（见图3），教育出版在中国图书出版业中占据重要地位，教材是教育出版的主要组成部分，主要包括教材教辅类、培训类图书及工具书等，其中课本是最为主要的产品。面向专业技术人才的专业图书也比较多，例如财经、医学、法律、计算机、科技等方面。而面向大众出版的图书以日常生活、休闲阅读和文化等大众类读物为主。民办应用型高校的大学生接触最多的图书是教材，其次是专业技术类、考试图书，再次是大众化读物，经典著作则比较少。

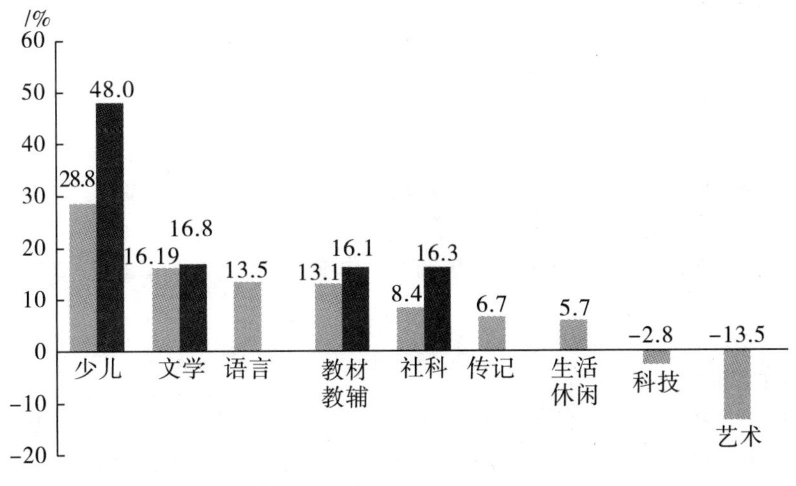

图3　2016年图书细分市场增长状况及行业贡献度

根据智研咨询网发布的《2018—2024年中国图书出版行业市场分析预测及投资战略研究报告》，电子书、网络小说、电视剧、电影、网剧、漫画、有声书等开始充斥市场，是大学生比较青睐的对象。通过对广州工商学院学生的调查发现，本校学生的阅读选择深受出版市场环境的影响，市场也在不断迎合他们的口味。

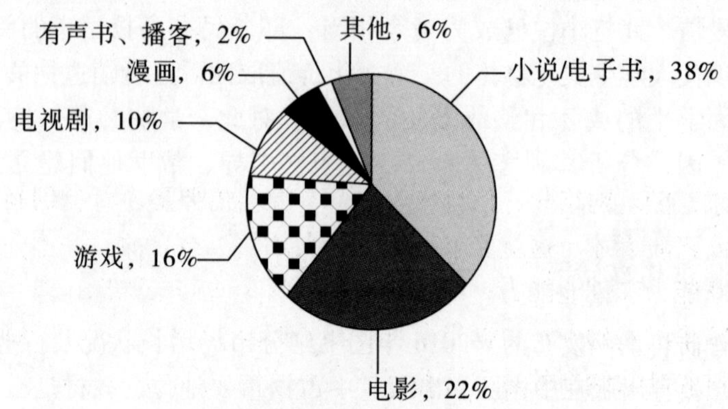

图4　小说/电子书是最受青睐的IP内容形式

总之，影响民办应用型高校大学生“进图书馆”积极阅读的客观因素主要有家庭环境、学校影响、社会环境和市场环境等。这些因素共同起作用，对他们的阅读兴趣、阅读习惯、阅读内容、阅读质量等方面有着潜移默化的影响。为了更好地提高民办应用型高校学生的阅读能力，在家庭中父母要树立榜样；学生要加强阅读教育；社会要营造全民阅读的氛围；出版市场要净化。这样多方合力，才能取得效果，才能实现“进图书馆”教育的预设目标。

参考文献：

［1］李青燚，陈鑫，裴梦博．家庭环境对大学生阅读行为的影响研究［J］．现代商贸工业，2017（11）：138－139.

［2］王卫霞．家庭背景对大学生阅读影响的实证研究［J］．中国出版，2015（17）：70－72.

［3］邢素丽．社会环境中文化因素对大学生阅读需求的影响［J］．上海高校图书情报学刊（季刊），1997（2）：25－27.

［4］高英杰．大众文化对现代大学生阅读取向的影响［J］．工会论坛（山东省公会管理干部学院学报），2002，8（4）：78－79.

“双创”教育下大学生“进实验实训室”活动探索①

施继华

近年来，随着网络化、信息化的普及，社会需要更多具备创新能力和创业能力的高素质人才。这就要求高校进行人才培养教育时，要不断注重培养学生的创新能力和创业能力。广州工商学院院长邝邦洪教授在继承中国传统教育思想精华的基础上，根据当今时代发展的要求和社会进步的需要，在不断与时俱进和吐故纳新的过程中凝练形成了“五进”育人理念。“五进”之“进实验实训室”是指大学生在学习专业知识的基础上，积极进入校内实验实训室进行技能实际训练，通过实验实训，不断提高自己的实操能力，提升自己的创新思维和创新能力。

一、创新创业教育背景

自从国务院总理李克强同志在夏季达沃斯论坛上公开发出“大众创业、万众创新”的号召，“双创”一词由此开始走红，几个月后也写入了政府工作报告。“十三五”规划纲要和政府工作报告阐述并强调了“双创”的内涵与意义，国家领导人在不同场合的发言中也多次提到“双创”对于国家和社会经济发展的重要战略作用。“双创”已经成为新时代新背景下的热词，这对于承担着人才培养重任的教育尤其是高等教育而言，既带来了重大的机遇，也使之面临崭新的挑战。对于个体而言，创新能力决定着一个人的发展潜力和发展高度，有创意、能创新、善创业是新时代人才的重要标志。

广州工商学院目前正在积极开展大学生“进课室、进图书馆、进实验实训室、进体育场馆、进社会”的“五进”实践活动，这是学院培养大学生德、智、体、美全面发展的创新举措，与“双创”教育目标不谋而合。现在广州工商学院建立了开放型的实验实训室，尽力使实验实训内容具有综合性、创新性、创业性的特点，并随着社会经济的发展，为学生提供充分施展才华的平台，从而激发学生的创造潜能。同时，学校还会在时间、空间、仪器、设备等方面为那些有想法、有研究兴趣的学生提供开放的实践条件，让

① 本文已发表于《知识经济》杂志2018年2月刊。

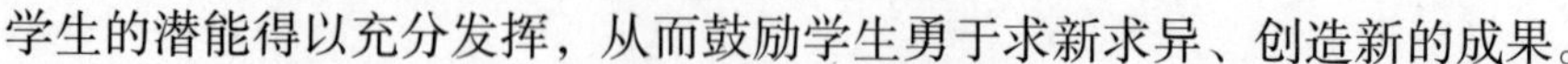

学生的潜能得以充分发挥，从而鼓励学生勇于求新求异、创造新的成果。

二、“双创”教育下的“进实验实训室”活动

广州工商学院提出创新创业教育与实训室结合的教学理念，希望学生通过“进实验实训室”活动模拟创业过程，学会与创新创业相关的技能，提升就业核心竞争力。传统的教育教学模式与高素质技能型人才培养的要求越来越不适应，已经不能满足现代社会人才培养的需要。如何增加大学生的实践经验，提升大学生创新创业能力，使大学生适应社会的发展，已成为各大高校人才培养改革的关注重点。广州工商学院学生“进实验实训室”活动既有大学生创新创业实训基地，也有学生活动形式——“模拟经营节”。

（一）大学生创新创业实训基地

广州工商学院结合专业特点和人才培养要求，紧密围绕高等职业教育和应用型院校的特点，创立了一系列创新创业实训基地，旨在不断创新人才培养模式，加强创新创业教育和就业指导服务。大学生创新创业实训基地由校企共建，以“校企合作、实习实训、创新创业”三位一体的模式，以真实的项目、真实的企业运作环境，为增强大学生的创业意识、提高创新创业能力，孵化创新创业项目（见表1），实现“企业、学校、学生”三方共赢的目标。

表1　广州工商学院大学生创新创业实训基地项目

项目	实训主要内容
菲卡丹 校园创业中心	由广州工商学院投入场地，爱上美公司投资，双方共同运营、共同管理。学生在这里，一是在可以学习美容化妆、美甲等知识的同时进行勤工助学；二是通过门店运营管理及实践锻炼，培养职业道德、团队合作精神、敬业精神，为培养连锁门店店长做准备；三是提前接触企业，做好职业生涯规划。为了鼓励学生创业，爱上美公司将把这里所得利润的20%作为学生加盟店的创业基金
电子商务运营中心	目前主要为企业提供电子商务服务。学生主要是参与企业网店的运营、店铺装修、网络营销、网站维护、网站优化等项目，提高综合素质和就业能力。同时这里还将开拓快递物流业务，主要目的是为学生提供仓储与物流实践，培养学生吃苦耐劳、诚信精神和责任感，提高学生的相关业务能力

续上表

项目	实训主要内容
门店体验中心	这里是依托花都狮岭——中国皮革皮具之都，与广东省皮具创意文化协会共同创建门店体验中心，由广州工商学院提供场地，企业出资装修，会员企业提供产品。按照职业经理人管理团队方式面向全院组建营销团队，开展箱包的线上线下直销。目的是培养学生的营销技能、沟通技巧、商务礼仪、团队合作精神以及服务意识，提高学生的就业创新能力
京东校园实训中心	由广州工商学院提供教学实训平台，企业为学生提供可持续发展的职业通道，对参与学生进行阶段培训。学生通过对企业业务的实操了解电子商务平台运营流程，同时培养良好的心理素质、社交沟通能力、逻辑思维及危机处理能力，促进职业认知、职业素养、职业道德、职业心态的养成

（二）模拟经营节

广州工商学院以校园文化活动为载体，以现实的营销项目、真实的企业化运作为手段，总结提取在校园内可操作的大型创业实战模拟活动，开展了“模拟经营节”。它在大学生创业基础课程及其他相关专业课程的基础上，一定程度地提升了人才培养水平，强化了实践育人环节，服务了区域经济社会的发展。

“模拟经营节”突出学院院长邝邦洪教授所提出的，积极倡导开展“五进”活动中“进实验实训室”的要求，让大学生在学习专业知识的基础上，以此为平台积极进入校内实验实训室和校外实验实训室进行技能实战化训练，通过有针对性的实践能力训练，不断提高实际操作能力，同时努力培养公共道德、职业道德和团队协作精神。

“模拟经营节”始创于2004年，迄今为止已成功举办十三届。作为广州工商学院独具特色的综合知识应用实训模拟、教学活动，它具有创业实践教学和校园文化活动的双重特点。“模拟经营节”的举办时间为每年5月初，活动持续三天，直接面向全校学生，学生以自由组队的形式通过竞投摊位开展市场经营活动，并将所有在校师生作为真实的顾客。学生通过创办各类企业、经营各种商品，感受市场运行的规律，熟悉企业创办的要求与程序，实践经营与管理理念，真正体验“挣钱”与“赔钱”的酸甜苦辣，锻炼自主创业的胆量。在“模拟经营节”活动中，学生全面实践课堂知识，顺利完成模拟公司的成立、市场调查、资金筹集、摊位策划、营销策略、采购进货、广告宣传、市场开业、商品经营等全过程的经营与管理，解决了大学生创业存在的缺乏运营、营销等方面经验，创新能力不强，心理承受能力弱等问题，培养了创新创业能力和团队合作的精神。

三、大学生“进实验实训室”活动成效

（一）建设创新创业实训基地取得的成效

第一，学院校企合作初具规模。广东省皮具创意文化协会内的皮具企业均与广州工商学院有合作关系，并与学院合作开展校园皮具展销等实践活动，在校园实验楼共建“皮具展销实训室”。市场营销类专业学生经过初步的培训，加上教师的指导，已经能独自开发客户并与客户进行商务谈判。

第二，在创新创业实训基地接受培训的学生来自各个专业，比如市场营销、电子商务、金融管理等，形成了专业知识互补的团队结构。所有学员经过在校的课程学习，掌握了扎实的专业基础知识；通过课余的自学，对产品的市场调研、营销策划、品牌推广、产品推广、产品销售等方面有了更多的了解，对自主创业也有了一定认识，逐渐具备创新创业能力。

（二）开展“模拟经营节”活动取得的成效

第一，“模拟经营节”从一个品牌活动建设成了“大学生创业实务”的理实一体化课程，并被正式纳入大学生创业课程的实战环节，成为市场营销等专业的必修课。2012 年，以“模拟经营节”实战案例为背景素材，根据创业过程提取的典型工作任务，学院将“模拟经营节”创业指导经验总结提升为理论，编写出版了《大学生创业实务》教材；开发了高度融合“模拟经营节”实战活动的“大学生创业实务”网络课程，该课程获得第十六届全国多媒体教育软件大奖赛广东省网络课程二等奖；“大学生创业教学模式的研究与实践”获 2013 年广东省财金类教学指导委员会教育教学改革项目立项。

第二，源于“模拟经营节”实战的理论用于指导实践，取得了比较显著的成果，逐渐引导学生从课堂走向课外、从校园走向社会。实践证明，“模拟经营节”活动的持续开展，不但强化了学生的职业素养、综合实践能力和创新创业能力，而且成为学生自主创业的孵化平台。近年来广州工商学院经济贸易系有 80 余名学生通过“模拟经营节”最终走上了成功的创业之路。

参考文献：

[1] 杨晓波，花慧，刘树佳.“双创”背景下大学生创业教育需求分析[J]. 教育教学论坛，2016 (22)：35－36.

[2] 赵吉成，韦必力. 浅谈“大众创业、万众创新”视域下高校双创教育[J]. 业者论坛，2015 (9)：1－6.

[3] 王龙. 民办高校“双创”教育的困境与出路[J]. 科技创业月刊，2015，28 (17).

从毕业作品展反思“进实验实训室”的效能

——以广州工商学院为例

李丹艳　罗荣富

一、“进实验实训室”的基本理论

实验实训教学分为实验教学和实训教学两个部分。

实验教学是深化高校教师“进实验实训室”的有效措施，明确了应用型本科教学的定位。教师通过进实验室，在教学模式上进行提升，不仅是要指导学生学习专业知识“是什么”“怎么做”的基本理论和实践知识，而且还需要根据人才培养方案的定位，培养本科生理解所学技能背后的知识体系，弄清楚知识体系里关于“为什么”的内容。

实训教学是通过模拟实际工作环境，运用实践中的案例进行教学。其重点在于培养学生的团队协作精神和实际解决问题的能力，从理论知识升华为实验实训知识，全方位提高学生的职业素养和专业技能。

因此，在广州工商学院“以德为行，以学为上”的育人思想指导下，以建设应用型本科院校为定位，各专业都增强了实验实训教学与理论教学的紧密联系。本文以广州工商学院美术设计系的毕业作品展为切入点，发现学生在毕业设计的实验实训课程中所存在的问题，通过积极践行“进实验实训室”，提高学生的动手实践能力。

二、问题的提出

“五进”教育实践活动之“进实验实训室”的效果，直接体现在实验实训教学上。实验实训教学是应用型本科院校教学中的重要组成部分，是提高学生实践技能、使学生适应社会工作需求的有效方式。实验实训教学中又以美术设计系的毕业作品创作最具代表性，例如环境艺术美术设计专业的人才培养方案在毕业课程设置上明确开设了“专题设计Ⅲ”“就业技能特训”“毕业实训”等服务于毕业作品创作的若干课程。“进实验实训室”是通过实验实训课程进行毕业作品的设计和制作，并反复打磨作品，最终完成创作。师生通过完整学期区间的教学、实训，反复在毕业作品的专题设计、作品制作、技能特训等环节模拟真实的工作项目场景，最终完成毕业作品的制作。毕业作品的创作过程中存在的实践方面的问题具体如下：

第一，实验实训教学脱离市场需求，缺少高质量、高标准的仪器设备。毕业作品展作为艺术设计类专业传统的成果展现方式，在设计、创作的过程中，因为教师脱离市场、学生缺乏工作经验，二者皆受限于授课的范围，所以存在缺乏对市场需求准确认知的问题。同时因教师知识和能力的限制，培养学生动手能力的培养问题往往得不到足够的重视，未能培养出与美术设计专业的人才培养目标相符的应用型人才。更重要的是，普通的民办大学缺乏双一流大学那般雄厚的资金和设备，因此在培养学生的实践能力时，需要另辟蹊径，根据应用型本科院校的学生特点设置实践模式。

第二，实验实训课程的指导不到位，理论与实践教学比例不科学，设计与作品脱节。为完成毕业设计，学院开设了整个学期的实践操作课程。指导教师专门为学生的毕业设计给予反复指导。学生在课堂内外根据教师的指导，充分发挥艺术创作才能。因为学习的时间较长，学生需要不断地打磨创作的作品，还要根据市场的导向提升作品的创新性和社会价值。因此，有的教师在指导的过程中所带的学生人数较多，难免出现指导不到位的情况。学生所获指导不到位，缺乏与指导教师的有效互动，导致出现实验实训课程指导不到位的问题。作为学生理论学习补充的实验实训教学的比重也相应降低，继而导致理论教学与实验实训教学的比例不科学。

第三，在设计作品中，价值取向、形式表达的创新难以得到体现。艺术设计毕业作品的优劣，往往是学生向学院、向自己交上的答卷质量高低的衡量标准。例如在公共艺术的专业实验实训课上，应培养出以高校应用型本科教育要求和市场需求、就业为导向，服务于区域经济和珠江三角洲地区中小企业的、具有公共艺术的理论知识与应用能力的人才。

三、学院师生“进实验实训室”的变革及提升

在广州工商学院，美术设计系以毕业作品展的方式呈现了应用型教学的结晶。应用型本科院校除了特别注重学生的实践能力之外，还应该从以下三个方面改进和提升有关工作。

第一，确定人才培养目标，认真做好实验实训教学的整体规划。作为应用型本科院校，在专业设置和人才培养方案的设置、学院的整体布局上，都应该将实验实训教学的内容进行全盘考虑。若将毕业作品比喻成最终的成果，那每个课程设置及相应的实验实训环节则是造就最终成果的一砖一瓦。

把前期的课程设置融入实验实训课程，做好应用型课程的整体规划，通过点点滴滴的实训水平积累，完成人才培养的计划。

第二，紧跟市场的变化，判断人才需求的趋势。社会的迭代速度不断提升，市场对于人才的需求也日新月异，产业的融合与创新都在不断更新。作为向社会输送人才的高校，更应通过设置符合市场需求的“进实验实训室”课程，准确预见市场的发展及人才需求的趋势，进行实验实训室的建设，甚至具象到毕业作品的备展，形成一条紧密联系校园和社会的纽带。以展览这样充满仪式感的形式，充分展示毕业作品的设计、创作，甚至能以优秀的毕业作品成为开门砖，敲开就业的大门。

第三，根据学科的特点，制订符合发展规划和市场需求的人才培养方案。充分提升应用型本科的理论在实践中的运用。例如公共艺术的人才培养方案是要培养具有创新意识和良好的职业道德，掌握美学理论与一定的绘画艺术，能把本专业知识应用在室内设计单位、建设单位、房地产开发公司、展示设计部门、公共艺术设计部门、园林设计等部门的各项设计中，适应现代设计业务所需的德智体美劳全面发展的具有创新精神和实践能力的高素质应用型人才。因此，只有通过提升实验实训的训练层次，才能更好地把理论与实践结合起来，产生符合社会价值、创新性强的毕业作品。

四、结语

毕业作品展与实验实训教学之间是相辅相成的关系。创造高质量的毕业作品，必然离不开合理规划、符合市场需求、贴合学科特点的实验实训教学。而在实验实训课程中，提高师生之间的交流质量，有效地互动则大大提升了毕业作品展的质量。通过“五进”之“进实验实训室”从各方面修正专业学科的建设，以美术设计系为例，注重培养学生的创新能力、动手能力，最终实现“进实验实训室”的教学升级。

参考文献：

［1］王晓丽，吴功德，吕小笛．大学生科技创新与毕业设计结合的价值［J］．科教导刊（下旬），2017，321（11）：44－45.

［2］陈莹燕．直面检阅——关于毕业设计展的创新与思考［J］．西北美术，2014（1）：65－68.

以趣促进，英语角助推学生“进实验实训室”[①]

——以广州工商学院为例

蒋慧娟

大学生“进实验实训室”是指大学生在学习专业知识的基础上，积极进入校内外实验实训室进行技能实际训练，通过实验实训，不断提高实际操作能力。从知识掌握与能力培养角度来说，实验实训教学对大学生的成长成才起着重要的作用。广州工商学院号召学生积极践行“五进”教育实践活动之“进实验实训室”，并通过多项举措促进学生积极进入实验实训室开展实践实训活动。然而如何保证实验实训活动起到真正的效果，是值得深入研究的重要问题。有研究指出，通过建立科研兴趣小组，开展研究性学习，不仅可以提高教学质量，还可以提高大学生的综合素质，因此建立科研兴趣小组是培养大学生科研能力的一个有益探索。基于此，本文以英语角兴趣小组的开展情况为例，提出利用兴趣的内在驱动性来提高学生参加实验实训活动的积极性。

一、兴趣在实践活动中具有重要作用

兴趣是人认识某种事物或从事某种活动的心理倾向，它是以认识和探索外界事物的需要为基础，是推动人认识事物、探索真理的重要动机。现代认知心理学家皮亚杰非常看重兴趣在帮助人们提高学习效果中所起到的作用。他认为，当人们被迫完成某项任务时得到的结果往往很差，因为这违反了心理学中的基本原则，人们的某种兴趣是在所有高效完成的任务中的关键前提。

综上所述，兴趣可以使人集中注意力，产生愉快而紧张的心理状态，这对人的认识和活动会产生积极的影响，有利于提高学习的质量和效果。

二、为兴趣小组活动的开展积极搭建平台

兴趣小组是具有相同兴趣和爱好的学生在教师指导下或自愿结成的活动小组。组织开展兴趣小组活动对于提高大学生的综合素质具有重要作用。

---

① 本文已发表于《长江丛刊》2018 年 7 月刊。

学院积极号召学生进实验实训室开展专业实践，通过组建创新创业中心，开展课外学术科技作品竞赛活动、大学生创新创业项目，组织学科竞赛、职业技能比赛，在学院内形成了一个较为完整的学生创新体系。无论是竞赛活动，还是实习机会，都为兴趣小组活动的开展提供了强有力的平台。

三、趣味“英语角”推动学生进实验实训室

以“英语角”为代表的兴趣小组活动是促进学生进实验实训室的生动体现。“英语角”作为外语系的品牌特色活动之一，以建设校内口语实训基地为突破口，不仅能够有效引导学生自觉使用语言交流，坚持大量实战，提升英语实际应用能力，还能够培养学生对于英语学习和实践的兴趣，促进学生进入校内外口语实训基地开展实践训练。

（一）英语角是灵活多变的英语兴趣小组活动

目前，外语系已开展 72 期“英语角”，吸引近万名爱好英语的学生参加，同时邀请一些外籍教师对学生进行专业的口语发音训练和对话训练，鼓励学生多与外籍教师进行对话交流，培养学生的应变能力和语言运用能力。英语角活动以开放性为主要特征，能充分发挥学生的自主性，为学生学习英语、交流英语、提高自身英语各方面综合水平，尤其是英语口语水平提供了一个良好的平台。

“英语角”的活动主题与开展方式都可以是多样的，活动开展的形式可以是室内茶座，也可以是户外踏青，学生自主选择性明显提高。活动开展的主题可以是英文歌曲展示、英文电影对白模拟，也可以是英文寓言故事，并不断尝试变换和创新。英语角以良好的观摩性和实操性促进学生进行多方交流和学习，有助于培养学生参加各类形式英语实训的兴趣。

（二）“英语角”是校内口语实训基地建设的奠基石与助推器

“英语角”以建设校内口语实训基地为突破口，开展灵活多变的英语实训兴趣小组活动，培养学生实践兴趣，以促进学生进入校内外实验实训室开展实践活动。如通过开展“英文歌曲展示”主题英语角，可以培养学生翻译、翻唱英文歌曲的兴趣，激发学生参加外语文化节系列活动之“青春飞扬，外文声漾”外文歌唱大赛，在外语歌唱中训练外语，在外语实训中挖掘快乐；通过开展“英美报刊选读”主题英语角，可以培养学生阅读英美报刊的兴趣，激发学生参加外语文化节系列活动之“外眼看中国，礼赞十九大”外文手抄大赛，引导学生通过英文版手抄报（手工和电子均可）的形式，摘录国外媒体对新时代中国及党的十九大报道，撰写自身感悟和体会，在英语

实训中提升民族自豪感。

外语系第 65 期“英语角”，外教 Bella 通过开展以 Sound in the Movie 为主题的英语视听说实训兴趣小组活动，让学生进行角色扮演，模拟电影对白，加强代入感，加大对学生的感官刺激，提高学生学习和实训兴趣，增强学生主动性。不少参加该期“英语角”的学生表示对此次兴趣小组活动意犹未尽，建议学校可以开展更多类似的兴趣小组活动，提供更多实训平台。基于此，外语系顺势推出“天声绝配”外语配音大赛，为学生提供一个更大的口语实训舞台，逾 300 多名学生报名参加并提交作品。其中 10 名学生脱颖而出，得到评委好评。大赛的评委既有外教，又有专任教师，决赛现场还特别邀请了配音公司业务经理作为大赛评委。企业嘉宾对学生的精彩配音进行了专业评价，并与优秀选手签署配音兼职协议。共有 10 名学生获得进入国际化录音棚实训平台实习的机会，并有望与世界专业级配音大师合作配音作品。

从开展简单的“英语角”兴趣小组活动开始，培养学生参加实验实训的兴趣，到激发学生参加校内配音大赛实训活动，再到走进国际化录音棚，可以说，外语系“英语角”作为无形的校内口语实训基地，激发了学生进课室学习口语课程的兴趣，拉近了学生与教师在课堂上和课下间的距离，成功助推校企合作实训基地建设（见图 1）。

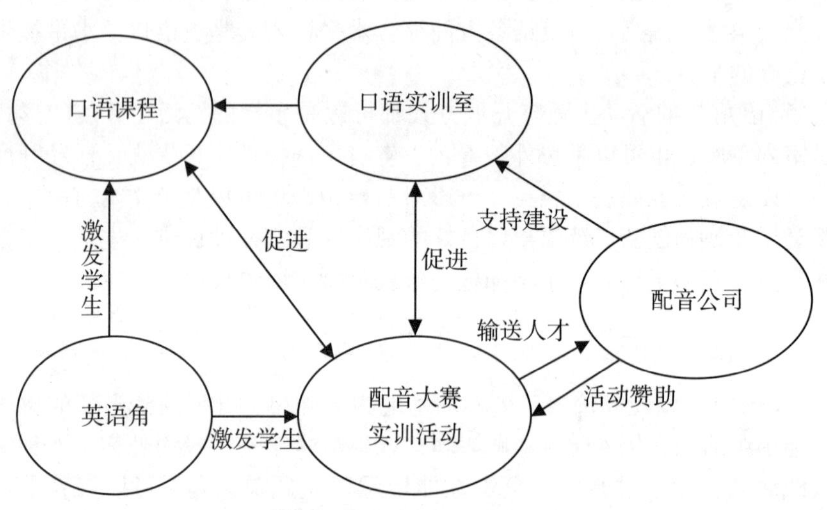

图 1　英语角推动学生进实验实训室示意图

四、多措并举提高学生“进实验实训室”兴趣

通过开展实验实训兴趣小组活动，可以培养学生进实验实训室的兴趣，

提高学生进实验实训室的积极性，从而有效促进学生开展实验实训活动。

（一）丰富兴趣小组活动，培养学生实训兴趣

基于兴趣小组活动在学生学习中的作用，学校应当丰富兴趣小组活动，结合学生自身特点，不断创新活动形式，增强活动吸引力，培养学生参加实训活动的兴趣。

（二）搭建技能大赛平台，激发学生实训兴趣

积极搭建学生技能大赛平台，组织学生参加专业竞赛，让学生在比赛中学习、在比赛中提高，不仅有助于提升学生的专业技能，也更能激发学生参加实训活动的兴趣。竞赛活动中的失意者将最终回归到英语角、课堂、实训室以及比赛现场中来，以提升自身的综合能力。通过对竞赛活动中的获奖者进行鼓励和表彰，可以带动更多师生参加竞赛实训活动，迈向更高的实训平台。

（三）深化校企合作模式，提高学生实训兴趣

深化校企合作，拓展学生的实验实训空间，这样不仅能优化学生实训平台，又培养学生专业实践能力，同时企业根据学生实践成果给予一定的报酬，学生在实践的同时更体验到了辛劳和收获的喜悦，让其发挥各自的价值，真正做到学以致用，更重要的是大大提高了学生进行实验实训的兴趣，让其爱学、乐学。

五、总结

本文以突出活动趣味性的英语角活动为引导，激发学生产生进课室学习口语、进实训室锻炼口语的热情，组织、吸引学生参与以配音大赛为代表的专业竞赛活动，推荐企业赞助活动中的优胜者至用人单位实习，反推比赛活动中的失意者回归到以英语角活动为代表的实训活动中来，以提升自身的综合能力。如此，在学院内形成了一个完整系统的英语学习体系，既充分实现了学院“五进”之“进实验实训室”的教育理念，同时探索出了培养应用型人才的有效手段。

参考文献：

［1］王震，黄在范，施国英．实验室激发大学新生专业兴趣的探索研究［J］．实验科学与技术，2014（1）：146－148．

［2］徐常兰．英语角：校内口语实训基地建设的奠基石［J］．成才之路，2012（19）：44－45．

基于“进体育场馆”视域下大学生拉丁舞的教学与训练研究①

——以广州工商学院为例

周　敏

大学生“进体育场馆”是指大学生要经常到体育场馆进行体育锻炼，提升运动素质，增强体质。体育场馆主要指对教工、学生或公众开放并提供各类服务的体育场、体育馆、游泳馆，体育教学训练所需的田径棚、运动场及其他各类室内外场地，体育健身、娱乐休闲活动所需的体育俱乐部、健身房和其他简易的健身娱乐场地等。

拉丁舞又称拉丁风情舞或自由社交舞，起源于拉丁美洲，20 世纪初期在英国逐步规范和发展，并很快在许多国家流行起来。现在各地学习拉丁舞的氛围很好，青年都很愿意学习体育舞蹈。体育课是大学生“进体育场馆”锻炼最直接的途径，教师应充分利用体育课给学生传授体育及相关的知识，学生也应该珍惜这些锻炼的机会。大学体育教师必须向大学生传授体育技能、理论以及体育运动项目的练习方法和手段，为大学生的体育运动行为提供直接的指导。体育课上，大学生需要在专业体育教师的指导下强化各种专项学习以及反复进行实战练习，以提高运动能力水平，从而达到强身健体、愉悦身心、学会运动技能的多个目标。

通过对广州市部分拉丁舞教师的访谈、问卷调查与分析，并结合自己在广州工商学院的教学情况，笔者了解到目前拉丁舞教学与训练过程中存在一些问题。本文以广州工商学院为例，在“进体育场馆”视域下，通过对大学生拉丁舞教学与训练现状的调查、分析，揭示广州市目前大学生拉丁舞教学、训练过程中存在的问题，提出解决对策，促进大学生“进体育场馆”提升运动素质、增强体质。

---

① 本文已发表于《智富时代》2018 年 7 月刊。

一、广州市大学生拉丁舞教学现状分析

（一）教学模式单一

体育课是大学生“进体育场馆”进行锻炼的最直接途径。通过对拉丁舞课的研究，可以促进学生经常去体育场馆进行锻炼，增强体质，提高素质。现在大学生学习拉丁舞都是通过传统的方式，即教师在讲台上课，学生被动地接受，以教师的舞蹈动作为标准，跟着练习，然后死记硬背舞步，反复演练动作。这样的传统教育模式往往导致许多学生对舞蹈记忆不深，甚至产生对拉丁舞学习的厌恶思想等。这种教学方式仅为完成课堂任务，引导和教学方式存在问题，没有从艺术启蒙的角度去教学，不利于对大学生艺术想象力的培养，不利于促进大学生“进体育场馆”。

（二）在教学中对创新意识不够重视

大学生拉丁舞创新精神的培养是新时代教师应注意的关键。在大学生舞蹈教学中，学生大多数是安静、被动的接受者，这意味着学习舞蹈只有记忆和重复的练习。而现代教学要求教师引导大学生学习舞蹈，让学生在老师的指导下 努力探索经验，体验成功的喜悦，由此提高对舞蹈的兴趣，促进学生“进体育场馆”。当教师注重培养学生的创新精神和创新意识时，教师就会进一步引导学生在课堂上发表自己的观点。

（三）缺乏对大学生的身心教育

大学生情感丰富，情绪不稳定，经常情绪激动、感情用事。虽然他们也知道一定的道理，但不善于处理感性和理性的关系。他们往往不能坚持正确的认识和理性地控制自己的情绪，成为情绪的俘虏。大学生尚处于好动时期，喜爱涉猎新鲜事物，而拉丁舞往往要刻苦练习基本舞步等基本动作，有时候会给大学生带来很大的困扰。枯燥无味的重复动作练习，让他们感到厌烦，产生不想学习的心理。因此，在教学过程中合理分析大学生的心理特点，在教学中增强他们的主观学习能动性，适当给予他们成功感是非常有必要的。

（四）对拉丁舞基本功训练不重视

部分教师为了在短期内取得一定成果和满足大学生求花哨的心理特点，减少基本功训练。而大学生这个阶段往往缺少基本功学习所必需的耐性，基

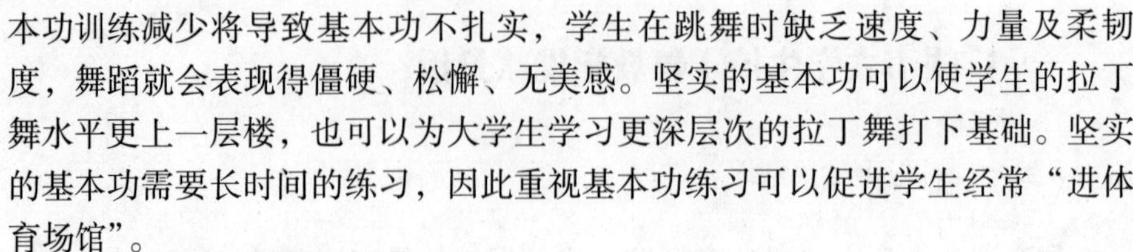

本功训练减少将导致基本功不扎实，学生在跳舞时缺乏速度、力量及柔韧度，舞蹈就会表现得僵硬、松懈、无美感。坚实的基本功可以使学生的拉丁舞水平更上一层楼，也可以为大学生学习更深层次的拉丁舞打下基础。坚实的基本功需要长时间的练习，因此重视基本功练习可以促进学生经常“进体育场馆”。

二、对策与建议

（一）对拉丁舞教师的要求

1. 教师教学要富有激情

教师富有激情的教学对学生会有感染力，使学生产生强烈的求知欲，从而使教学效果得到提高。舞蹈教学需要教师保持激情、全身心投入到舞蹈的氛围中，用优美、准确的动作示范和简洁、正确的语言引导学生进入舞蹈艺术的殿堂，让他们感受肢体语言的魅力，体验学习过程中成功掌握某个技术动作的喜悦，以及音乐与舞蹈和谐配合的美妙感觉，从而提高大学生“进体育场馆”提升运动素质、增强体质的积极性。

2. 教师在教学中要增强语言魅力

教师应多鼓励学生，学生都是独立的个体，可以成为彼此的榜样。笔者在广州工商学院教学中发现，教师应欣赏和赞扬学生，只有这样，引导时的批评才不会激发学生的叛逆心理。学生进步的每一步都需要得到肯定，因此教师不要吝啬自己的鼓励。教师的鼓励会极大地提升学生的学习热情。在“进体育场馆”视域下，教师要注意教学语言魅力，点燃学生的学习热情，促进大学生“进体育场馆”练习，以达到强身健体、愉悦身心及学会运动技能的多个目标。

3. 教师要尊重大学生的特点

一个优秀的大学生拉丁舞教师首先应该了解大学生的身心特征，因材施教，有针对性地设计培训项目，对具有不同身体特征的学生采取不同的方式，加快学生水平的提高速度。笔者在广州工商学院教学中发现，在跳舞的过程中，大学生更容易感到疲倦和产生叛逆心理，这就要求教师要多鼓励学生，哪怕学生有时出错，也要尽力保持他们对跳舞的兴趣。训练的强度要适量适度，保证在完成训练任务的前提下不影响身体健康。同时，学生在跳舞之前一定要做热身活动，以及促使身体柔软的辅助练习，这能使舞蹈动作更加舒展、自然。

（二）多种教学模式并行

1. 因材施教，区别对待

大学生在进行拉丁舞学习之时，身体的协调性、音乐节奏、舞伴配合以及个人表现力等方面都有不同，如果教学计划使用相同的标准来要求他们，那么，一方面接受能力强的学生在长期没有“新东西”学习的情况下，很快会失去兴趣；另一方面，接受能力差的学生无法跟上大家的步伐，很容易产生自卑心理，进而不愿意进“体育场馆”练习。因此，在教学中，教师应根据不同学生的水平，制订相应的教学内容、标准和要求，使所有学生都能体验到体育舞蹈的魅力，课后愿意“进体育场馆”练习，从而提升运动素质、增强体质。

2. 丰富教学方法，保持教学的趣味性

改变和丰富教学方法是培养、激发学生学习动机的间接方法。拉丁舞教师应认真设计符合各种大学生心理特征的教学方法。通常情况下，随着教学音乐的改变，可以多组织学生观看表演和比赛等，使教学变得非常有趣和鼓舞人心，让大学生去追求快乐，并展示自己，从而培养和激励学生学习的内在动力。还可以以游戏的方式进行舞蹈教学，激发大学生对拉丁舞的兴趣，提高学生参与舞蹈活动的积极性与主动性。另外还应让他们观看影像，让他们充分认识拉丁舞的魅力，使其在今后的学习中更加努力。

（三）加强对创新意识的培养

大学生本身就是一个“加工厂”，他们在接收信息的同时也在处理信息。他们对学习中的问题有新颖独到的见解，常常会给教师带来惊喜。例如，笔者在给广州工商学院的学生教授舞蹈时，让他们自由组合，设计造型和动作，然后慢慢地由多个人一起训练组合。经过一段时间对舞蹈动作的讨论、任务分配的磨合，学生相互合作、相互支持、相互交流，碰撞出火花，凝聚了集体智慧，触发了舞蹈灵感。课后学生相约“进体育场馆”练习舞蹈，达到强身健体、愉悦身心以及掌握技能的多重目的。

（四）激发学生的成就动机

追求成就动机是指追求某种成就的动机，即愿意花时间、精力去取得成功或完美结果的动机。不同的人对成就的需要也是不同的。通常情况下，追求高成就动机的人，会积极主动地参与到身体和精神的调动活动中，他们无畏困难，并全力以赴向前，直到成功。因此，教师应尽最大可能来激发学生学习拉丁舞的成就动机，培养大学生主动学习的意识，促使大学生愿意花费时间和精力“进体育场馆”练习拉丁舞，追求完美舞姿，提升运动素质，增强体质。

（五）重视拉丁舞基本功练习

众所周知，没有接受专业的基本功练习，在跳舞时姿势就表现不到位，同时自身的情感也很难通过舞蹈自然地流露出来，跳出来的动作比较僵硬和笨拙。舞蹈的基本训练不仅能塑造形体的美，还能够培养其智慧。每一个动作都需要学生自己进行思考，再做出正确的分析和判断，然后通过形体表现出来，呈现出优美的舞步。一个简单的舞蹈基本动作包含了运动生物力学、物理学等方面的知识。舞蹈的学习不只是学会舞蹈的形体动作，还要通过舞蹈释放情感、发展形象思维、合理地把舞蹈动作和情感联系起来。台上一分钟，台下十年功。教师要让学生知道基本功练习的重要性，积极“进体育场馆”训练。

拉丁舞是一门艺术，如何让大学生对其产生兴趣，促进学生“进体育场馆”，将拉丁舞和素质教育相结合，起到教书育人的效果，将成为一个重要的课题。因此，教师应该改变时下的教学观念，在完成教学任务的情况下，融入拉丁舞教学，达到提高学生身体素质和综合修养的目的。在拉丁舞教学过程中，教师应该更加注重兴趣的培养和技能的教学，注重舞蹈的风格和理论知识传授，让大学生不仅能学好拉丁舞的技术和技能，同时还能提高审美、人文、艺术素养，以此为媒介学会与人交流和沟通，更好地享受该项运动带来的快乐。

参考文献：

［1］邝邦洪．高校开展“五进”教育实践活动的意义与途径［J］．广东技术师范学院学报，2015，36（9）：96－103.

［2］周敏，谭华玲．浅谈体育艺术表演类项目在大学开展的现状调研［J］．湖北函授大学学报，2018（5）.

［3］王欣．浅谈学生体育舞蹈学习动机的培养和激发［J］．青春岁月，2012（22）：95－95.

［4］郭艳艳．谈学生学习体育舞蹈兴趣的培养和激发［J］．才智，2011（21）：218.

“五进”之“进体育场馆”

——基于马克思关于“人的自由全面发展”的思考①

李功清

一、“五进”的基本内涵

“五进”是基于应用型大学、全面培养大学生综合素质而进行的教育实践活动，它是具有科学性的统一体，从不同方面强调了在校大学生必备的多种素养。“五进”具体指“进课室”“进图书馆”“进实验实训室”“进体育场馆”“进社会”五个部分，将当代大学生的全面发展和历史使命紧紧结合在一起，是高校培养全面性、综合性人才的重要途径。

（一）“进课室”

课室是在校大学生学习的主战场，是大学教育的基本形式和重要环节，是在校大学生接收知识、交流学习的主要渠道。通过积极“进课室”，在校大学生能够更好地去学习专业课、基础课、选修课等多种类型的理论课程，为理论指导实践提供“营养”。只有过硬的理论知识素养以及“智”的全面发展，才能更好地应用于实践，更好地融于社会。

（二）“进图书馆”

图书馆是知识的海洋、知识的宝库，是在校大学生全面汲取知识的殿堂，同时也是培育在校大学生优良品质的重要场所。进图书馆，大学生能够解决课堂疑惑，储备更多知识，自学兴趣学科，提升个人素养，拓展知识宽度。通过积极“进图书馆”，大学生能够放飞追求知识的翅膀，遨游知识的殿堂，提升综合知识涵养，优化学科知识结构。因此，“进图书馆”为大学生学习知识、放飞思维、激发智慧拓宽了领域，提供了探索平台。

① 本文已发表于《长江丛刊》2018 年 6 月刊。

（三）“进实验实训室”

“进实验实训室”是指大学生在学习专业课、基础课、选修课等理论知识的基础上，积极进入实验实训室进行相对应的课后实践，进而学习实训技能，提升专业技术和实际操作能力。这是理论知识与实践训练有效结合的最优作业，对在校大学生成长、成才、就业起着至关重要的作用。

（四）“进体育场馆”

“进体育场馆”是指在校大学生课外要到体育场馆进行体育锻炼，提高身体素质，增强体魄。体育场馆包括体育场、体育馆、专门训练场地，是在校大学生休闲娱乐、体育活动的重要场地。通过“进体育场馆”，可以促进大学生身心健康发展，提升大学生综合素质，并且有利于大学生对生命意义的健全思考。

（五）“进社会”

“进社会”是指大学生在校期间通过多种课外形式、采取多种路径而进行的社会活动，如三下乡、志愿服务、校企合作实习作业、科技下乡、创业、勤工助学等。通过进入社会，将校内外的知识理论储备与社会实践有机结合，这是全面培育大学生综合发展的现实表现，也是培养当代大学生科研、服务社会、文化传承能力的重要体现。

二、马克思主义关于“人的自由全面发展”中“体”之思考

马克思关于“人的自由全面发展”理论成果是马克思主义核心价值观的重要体现，其所有理论探讨都直接或间接与之有关，从这个角度看，其思想无疑是丰富而博大的，有着重要而深远的意义。譬如：马克思对社会历史发展规律的考察，对资本主义私有制及其所带来的剥削、强制的批判，对未来共产主义社会人如何发展的理想之憧憬，都与之密切联系在一起。马克思关于“人的自由全面发展”观主旨为提倡人的全面发展，反对异化和片面畸形发展；提倡人的行动自觉自愿自主，反对物统治人和客体支配主体；提倡人与社会和自然和谐统一，反对与之分裂对立；提倡人的创造性能力充分发挥。马克思关于“人的自由全面发展”观的当代意义，一方面在于启示我们在充分利用市场经济作为资源合理配置手段，促进生产力发展的同时，对其弊端和负面因素保持清醒认识，并努力采取措施，尽可能用其利而弃其蔽。另一方面对个人来说，有利于在巨大的物欲诱惑和外在压力面前保持心灵的

清明和人性的尊严，并努力让每个人的能力特别是创造性能力得到自由而全面的发展。马克思主义从分析现实的人和现实的生产关系入手，指出了人的全面发展的条件、手段和途径。所谓人的全面发展，即指人的体力和智力的充分、自由、和谐的发展。

（一）提倡人的“德、智、体、美、劳”五位一体全面发展

马克思关于“人的自由全面发展”主要体现为四层含义：第一，身与心的全面发展；第二，人的需要的全面满足；第三，人的能力的全面发展；第四，人与自然的全面关系与和谐统一。马克思在1844年经济学哲学手稿和《资本论》中批评资本主义社会劳动和分工使人异化，大工业把人分割得零零碎碎，被迫一直从事机械单调并只有局部功能的动作，因此只能片面畸形地发展。他指出从历史的角度看，统治阶级由于占有了生产资料和劳动产品，因而获得了发展自己智力和文学艺术能力的机会，劳动者则被迫每天流血流汗，不能在这些方面得到发展。在《德意志意识形态》中，他甚至还谈到未来社会人可以上午打渔，下午写诗，晚上搞批判等。这段论说常被人指责为空想社会主义。其实马克思这里只是随便举例，旨在表达对每天从早到晚只从事一种活动、不能让身心同时得到发展的不满以及对体脑各方面都能得到全面发展的向往。但应该做的是，让劳动生产率不断提高，从而让社会必要劳动时间不断减少和闲暇时间不断增多，让人能够在此时间内充分发展“德、智、体、美、劳”各方面能力。

（二）五位一体中关于“体”之理论与现实价值

马克思在1844年经济学哲学手稿中表明，“异化”是分割人全面发展的毒瘤，是阻碍生产力与生产关系的内在纽带，因此，五位一体全面发展的首要任务便是消除“异化”。首先，作为人，一个独立、自由的个体，德、智、美、劳全面健康发展的前提则是“体”的发展与完善，没有健康的体魄就没有办法进行“自由全面”的自然、社会化活动，因此，把“体”放在首位是客观的，是顺应人的一般发展规律的。通过“异化”劳动理论映射出五位一体的必然性，即人所创造的物不为人所用，反而与人相对立，甚至转过来支配人、奴役人；或者认为人或者说主体与其所创造的物或客体应当是统一的，人应当支配物而不是相反，否则就是异化，就是强制和不自由。异化是自由的反面。我们可以看到，马克思的贡献在于把异化现象同工人的劳动联系起来，指出劳动产品本来是人的活动的创造物，意在凸显其关于“人的自由全面发展”理论，但由于在资本主义社会却转过来成为支配人、奴役人的力量，于是劳动者在劳动中不是感到幸福而是感到不幸，感到受奴役和强

制。劳动不再是自由自觉的了，不再是体现人的本质力量的创造性活动。劳动产品被他人占有了，人与人之间的关系也异化了。因此，马克思关于“人的自由全面发展”过程中，理论实践实则是基于“体到劳”的过渡发展，“体”之发展定义为：（1）躯体健全，体现自由、全面发展的前提；（2）身体力行，体现自由、全面发展的基础；（3）健康发展，是自由、健康发展的方向。

三、基于“人的自由全面发展”之“体”下的“五进”之“进体育场馆”的科学与实践意义

（一）“体”作为人全面发展的基石

马克思关于“人的自由全面发展”理论表明，消除异化，遵循自然、社会客观发展规律，是自由、全面发展的必然性，如何发展、发展什么，是主题。基于此，五位一体发展格局是历史发展的必然性，是基于人全面发展的前行方向所应遵循的客观发展规律。“人的自由全面发展”可以简单地概括为五个发展维度：体、劳、德、智、美。从排位上我们便可看出“体”是首要的，一个健全、健康的“体”是进行劳动、德善、智慧、美的基础。因此可以这么认为，“体”是自由全面发展的基石，是消除异化劳动、社会改造、优化生产力与生产关系的钥匙。马克思关于“人的自由全面发展”在于五位一体，五位一体发展的首要任务是发展“体”，拥有健康体魄，从事自由人性化劳动，不断提升德性，善于运用美之意象，是作为个体自由人全面发展的标志，是马克思“人自由全面发展”的目的。

（二）“进体育场馆”是“五进”之根本

“五进”是针对民办应用型高校的全方位协同育人教育教学实践等一系列活动，从多维度、不同方面强调当代大学生应具备的综合素养，是培育大学生成长、成才的重要路径。“进体育场馆”是“五进”的一个方面，是指大学生要常进体育场馆进行必要的体育锻炼，以增强体魄、更好地学习。随着科技的发展、电子产品的盛行，大学生被电子产品“奴役”现象明显增加：手不离机，宿舍打游戏，长时间网络“上线”，严重阻碍了其身体健康的发展，体育锻炼频率及运动量日渐下降，身体不好了，学习、生活等自然跟不上。鉴于此，“五进”之“进体育场馆”，积极发动大学生们参加体育锻炼，进体育场馆，进行各种形式的体育活动，以增强大学生身体健康素质，其意在为大学生进行更好的学习、德育、智、美、劳做准备，是大学生自由、全面发展的基石。

（三）两“进”之异同与科学内涵

马克思关于“人的自由全面发展”理论意在通过五位一体协同发展，消除“异化”，进而实现人真正意义上的自由、全面发展。说到底，“体”的发展是第一位的，只有不断增强体魄，参加体育锻炼，保证身体健康，才能成为全面发展的基础。“五进”是应用型高校教育实践活动的方针，是针对当前高校形势，以及大学生成长、成才之路所必须具备的素养而提炼的。“五进”协同并进，是大学生健康发展的保障，而其第一步便是“体”的发展。只有通过积极进体育场馆，参加各项体育活动，锻炼身体，提高自身基本素质，才是更好地进课室学习的基础，才是更好地进实验实训室实验训练的基础，才是积极进图书馆学习广泛知识的动力，才是更好地进入社会、服务社会的金钥匙。马克思关于“人的自由全面发展”思想与“五进”育人实践思路一脉相承，其人的全面发展亦可理解为大学生全面的发展。五位一体发展指导“五进”之路。因此，“体”是发展的根本，亦是大学生健康发展的基石。

参考文献：

［1］王金福．对马克思关于实现人的自由全面发展理论的再思考［J］．南京政治学院学报，2010，26（5）：4－8．

［2］陈春生，刘伟．对“以人为本”的科学人才观的审视与思考：基于马克思主义关于人的自由而全面发展的理论视角［J］．经济与社会发展，2013，11（3）：5－8．

［3］邝邦洪．以德为行　以学为上——高校师生成长的基石［M］．广州：广东省高等教育出版社，2011．

［4］邝邦洪，钟伟强．立德树人之路——来自广州工商学院的探索与实践［M］．北京：中国文史出版社，2015．

［5］邝邦洪，钟伟强．以德为行　以学为上——来自广州工商学院“五进”的探索与实践［M］．广州：广东高等教育出版社，2015．

大学生“进社会”能力培养需要的梯级实践体系构建

——基于广州工商学院的探索①

方圆妹

一、“进社会”能力培养的重要性与必要性调研分析

2017年初，“进社会”实践研究小组就广州工商学院在校大学生“进社会”实践活动现状进行了深度调研，通过访谈和发放问卷的方式，掌握了本院大学生对“进社会”能力培养的基本认识。从问卷中可以归纳出，目前并普遍存在实践能力和创造性不足的问题。而存在这一问题的主要原因是缺乏实践能力。学生认为“进社会”能力的培养是非常重要和必要的，并普遍认为“进社会”能力的培养有利于他们更好地进行社会实践，能够提高社会实践过程中的针对性和实效性。在回答“你认为‘进社会’参加社会实践是大学生走出校园、了解社情、服务社会的重要途径吗?”这一问题时，有将近93.71%的学生选择了“是”。在“你认为参加学校组织的社会实践活动对自己的就业竞争力有何影响?”回答这一问题时，选择“自身能力的提高”和“经验的积累”的学生达到80%左右。但是如果在进入社会进行社会实践之前没有进行“进社会”能力的培养，就会让他们不知所措，收效甚小。在回答“是否需要老师进行指导”的问题中，接近90%以上的学生认为“需要”。在对于“进社会”实践提出的意见和建议中，大部分学生认为有必要加强“进社会”能力培养，使“进社会”更顺利、更有成就感。可见，“进社会”能力培养对大学生进行社会实践是非常有帮助的。

二、“进社会”能力培养的梯级实践体系构建的目标与思路

中共中央国务院《关于进一步加强和改进大学生思想政治教育的意见》要求积极探索和建立社会实践与专业学习相结合、与服务社会相结合、与勤

① 本文已发表于《太原城市职业技术学院学报》2017年10月刊。

工助学相结合、与择业就业相结合、与创新创业相结合的管理体制。可见，国家对于大学生“进社会”实践高度认同和重视。广州工商学院在“以德为行　以学为上”教育思想的引领下，以创建应用型高校为办学目标，积极倡导大学生开展“五进”活动，其中作为“五进”之一的“进社会”活动也得到了学生的积极响应并取得了较好的成绩。学院院长邝邦洪教授指出：大学生“进社会”是当代大学生人才培养、科学研究、服务经济社会发展、文化传承创新这四大功能中“服务经济社会发展”这一功能的具体表现，鼓励学生“进社会”的目的是让学生有利于社会、服务于社会、适应于社会。教育家陶行知指出：“行是知之始，知是行之成。”近年来，在不断探索的过程中，广州工商学院积极构建大学生“进社会”能力培养的梯级实践体系，目的在于使学生积淀“进社会”的基本能力、掌握将专业知识运用于实践的能力以及形成更好服务社会的能力，即“三项基本能力”“两项专业锻炼”“一项指向性实习”的三级阶梯实践体系。三级阶梯实践体系要求学生必须由低一级向高一级逐步前进，即必须先具备了“三项基本能力”，才能参与“两项专业锻炼”，“两项专业锻炼”考核合格之后才能迈向“一项指向性实习”，是一个梯级渐进式的过程。大学生“进社会”能力培养的梯级实践体系的构建，是以“更好地服务社会”为出发点，一改以往毫无准备地开展社会实践而收效甚微的模式，帮助学生解决“进社会”前的疑问和难题，形成良好的素养；接着，在指导学生的过程中使学生掌握实际的理论运用于实际的方法；最后，给他们提供相应的平台，让他们通过平台展现自己，更好地服务社会。

二、“进社会”能力培养的梯级实践体系的构建

（一）“三项基本能力”

1. 撰写社会实践报告的能力

撰写出具有一定价值的社会实践报告是大学生参加“进社会”实践活动的基本技能，是参与“进社会”实践的必然要求。如何撰写一份有价值的社会实践报告？这是大部分学生在参与社会实践活动时产生的第一个疑问。在以往学生撰写的社会实践报告中，存在着格式错误、写作重点不突出、行文不严谨、创新不足等问题。因而，对学生进行系统的培训和指导是当务之急，要收集学生在撰写社会实践报告过程中存在的疑问，请专业教师通过授课的方式为学生进行解答，指导学生掌握撰写社会实践报告的要领，为“进社会”做好准备。

2．训练礼仪社交能力

荀子曰："人无礼则不立，事无礼则不成。"社交礼仪是"进社会"培养的第二项基本能力。"进社会"实践，交际的圈子不同于学校的交际圈。如何和别人有效交流、如何待人接物是当前大学生普遍欠缺的一种能力。通过社交礼仪训练，使学生掌握人与人之间的交往原则和社交礼仪，创建和谐的人际关系，为顺利"进社会"创造了良好的人际氛围。当学生能够在"进社会"实践中体现良好的礼仪、展现良好的自我形象时，就会更受社会认可和尊重，同时也有利于促进学生心理健康和提高自信心。可以邀请相关专业人士对学生进行社交礼仪的训练，训练的主要内容应当包括社交礼仪中的行为礼仪、沟通礼仪和服饰礼仪。

3．培养"工匠精神"能力

"工匠精神"是一种职业道德，任何一个"社会人"都需要"工匠精神"，社会也急需具有"工匠精神"的人才，这种精神一旦形成，将终身受益。2016年"两会"上，李克强总理首次在政府报告中提出"工匠精神"，可见"工匠精神"对于中国的发展有着举足轻重的作用。培养学生"工匠精神"不仅是国家的要求，也是应用型高校培养应用型人才的根本使命和民办应用型高校学生的立身之本。为此，我们采取两种主要形式培养学生的"工匠精神"：一是通过请专家学者给学生讲"工匠精神"，让学生内化于心、外化于行；二是带学生去相关企业亲身感受"工匠精神"给社会及企业所带来的重要意义，着力培养学生"脚踏实地、精益求精"的工匠精神。

（二）"两项专业锻炼"

1．开展专业性社会调查

"理论是灰色的，生活之树常青。"只有将理论付诸实践才能实现理论自身的价值，也只有将理论付诸实践才能使理论得以检验。社会调查能够帮助学生学会调查研究的方法，培养分析问题、解决问题和独立工作的能力，同时也是促进学生将理论与实践相结合的一种基本途径。各指导教师根据本专业特点拟定6～8个专业社会调查选题供学生参考，或指导学生根据专业特长和专业优势确定调查主题，也鼓励学生自行设计专业社会调查选题，在主题确立后组织学生利用假期开展社会调查活动，引导学生将自己所学的专业知识运用到现实生活中发现的问题，发扬理论联系实际的优良传统，并用调查研究的成果服务社会。

2．做一项专业性社会公益

当"专业性"与"公益性"相结合会产生什么呢？当公益项目投入专业知识、专业思维、专业态度，专业素养得到运用和提升，公益项目得到发展和创新。一方面，鼓励学生选择一项与自身专业相关的社会公益项目并坚持做好做实。如计算机专业的学生免费维修电脑、心理学专业的学生关注离异家庭少年成长、中文专业的学生传播中华优秀传统文化等。另一方面，鼓励学生创设基于互联网时代的“微公益”项目，开展公益创新项目。如“拍卖愿望”公益项目，收集农村贫困儿童的愿望，通过微博借助社会力量帮助孩子实现心愿、“重温经典”公益项目，收集大学生喜爱的经典书单，通过微信方式为大家提供免费经典阅读等。通过切身的公益实践，加强大学生对社会的责任感及志愿服务精神的感知。

（三）“一项指向性实习”

推荐完成前面两个梯级并考核合格的学生到相关的单位进行实习，使之将前面两个梯级的成果在一个完整、规范的体系得以运用。如选取广东“展翅计划”项目，该项目是大学生专业实践的一个非常好的平台。广东“展翅计划”共分为十个服务项目，包括实习、见习、创业、就业创业宣讲等多个方面。开展大学生走进省直单位、走进优秀民企、走进基层、走进社会服务机构等实习项目，以及大学生共青团和青年工作实习项目，重点加强大学生对不同职业岗位的了解和认识，积累工作经验，提高工作能力。深入研究“展翅计划”项目对大学生的要求，加强对参加“展翅计划”项目学生的指导和管理，通过前期的培训和训练，如开展冷链物流科普咨询服务活动、开展“挑战职场”面试模拟大赛等，形成一支具有特色的“展翅计划”队伍，实现“更好服务社会”的终极目标。

四、“进社会”能力培养的梯级实践体系构建的成效

（一）提高学生参与“进社会”的积极性和主动性

调查显示，学生参与“进社会”的积极性和主动性不高的主要原因是缺乏实践经验和针对性的指导。而在经过“进社会”能力培养的梯级实践体系训练的学生在进行社会实践的过程中，对于指派的任务会更容易上手，并能自觉进行角色的转换，主要的原因在于学生在训练的过程中积累了一定的实践经验，并在每个环节中遇到的问题都能得到及时的指导和解决，学生积极性和主动性得到了极大的提高，社会实践不再是为了应付任务、流于形式。

（二）提升学生“进社会”的核心素养

大学生“进社会”的核心素养是什么呢？从适应社会和服务社会的角度

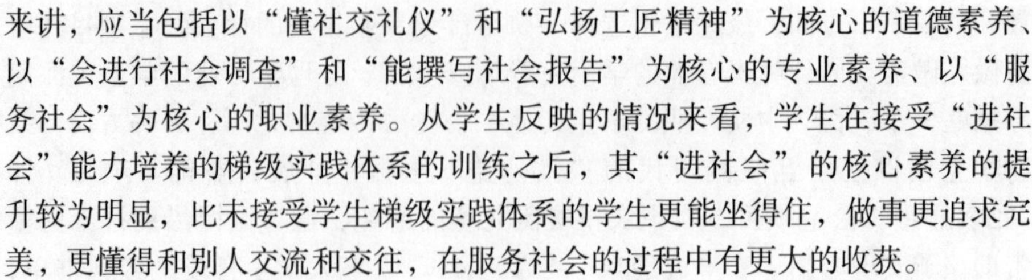

来讲，应当包括以“懂社交礼仪”和“弘扬工匠精神”为核心的道德素养、以“会进行社会调查”和“能撰写社会报告”为核心的专业素养、以“服务社会”为核心的职业素养。从学生反映的情况来看，学生在接受“进社会”能力培养的梯级实践体系的训练之后，其“进社会”的核心素养的提升较为明显，比未接受学生梯级实践体系的学生更能坐得住，做事更追求完美，更懂得和别人交流和交往，在服务社会的过程中有更大的收获。

（三）强化“实践育人”目标

“进社会”是“实践育人”的载体，对大学生进行“进社会”能力培养是践行“实践育人”理念的需要和前提。有学者指出，“实践教育是将知识转化为能力、精神、品格的必由之路和根本途径，是人才成长的决定性因素”。通过对大学生“进社会”能力培养，直接或间接地达到促进大学生成长成才的目的。“进社会”能力培养的梯级实践体系不仅仅帮助学生掌握“进社会”的知识结构，提升学生的知识水平，更为重要的是培养学生良好的道德修养和职业素养，使之与社会交融和谐，充分发挥个体优势和个性特点，有力地强化了“实践育人”的目的。

参考文献：

[1] 邝邦洪. 高校开展“五进”教育实践活动的意义与途径[J]. 广东技术师范学院学报，2015，36（9）：96－103.

[2] 陶伟华. “实践育人”应确立为我国教育战略[N]. 中国教育报，2012－07－29.

浅谈应用型本科高校学生“进社会”活动的问题及对策

——以广州工商学院为例①

洪卫烈

2015年10月21日，在《教育部　国家发展改革委　财政部关于引导部分地方普通本科高校向应用型转变的指导意见》（教发〔2015〕7号）中指出了高校发展转型的重要意义、指导思想和基本思路、主要任务、配套政策和推进机制。应用型本科高校与传统本科院校不同，其以应用型为办学定位，在基础知识、专业知识培养上要求比较扎实、突出学生技术应用能力的培养，符合国家经济社会发展趋势和高层次应用型人才需要，进一步加速国家高等教育从精英化到大众化的进程。该意见的出台，为本科院校的发展提出了新的挑战，也提供了机遇，是对高校本科教育发展提出的新要求。

广州工商学院根据该指导意见明确提出以“创建高水平应用型大学”为目标，根据创办应用型本科高校和促进大学生成长成才规律，围绕“立德树人”的中心任务，践行学院“以德为行，以学为上”的教育思想，创建“大思政”的育人格局，大力倡导“五进”教育实践活动（即进课室、进图书馆、进实验实训室、进体育场馆、进社会），形成全方位的育人格局。大学生“进社会”是广州工商学院营建特色校园文化的重要举措之一，是“五进”中的重要环节，是大学生通过多种实践方式融入社会，提升自身核心修养，创新专业知识，锤炼文化品格，树立正确的“三观”，达到认识民情、了解国情、学会生存、适应社会，从而成为具有敢于担当的社会主义建设者和接班人的重要途径。毕业生的社会实践能力与水平不仅直接影响着学生个人的命运，更关系着民族的伟大复兴。因此，应用型本科高校学生“进社会”过程中存在的问题尤其需要引起关注和研究。

一、开展“进社会”实践活动中有待解决的问题

广州工商学院在以“德学”“五进”为特色的校园育人文化氛围中，特

① 本文已发表于《教育现代化》2018年10月刊。

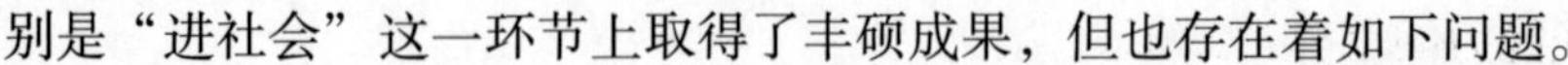

别是“进社会”这一环节上取得了丰硕成果，但也存在着如下问题。

（一）有些学生对“进社会”缺乏主动性且具有抵触心理

目前，通过六年的努力，“德学”“五进”特色校园文化已经在广州工商学院深入师生的心灵，但仍有部分学生存在一些影响“进社会”实践活动开展的消极思想观念。如有的学生认为校园文化建设与其没有关系，只需好好上课，好好学好专业知识，按时毕业就可以找工作了，从而忽视实践能力的培养与提高。也有的学生由于自身的惰性，影响参与“进社会”活动的主动性和积极性。从学生家长方面看，有部分家长认为自己的子女在外不用那么辛苦，也不支持学生参与社会实践活动，如每年的大学生暑期“三下乡”社会实践活动就有部分学生因为未能得到家长的支持而放弃参与。从“进社会”合作单位方面看，有的单位认为对大学生的社会实践能力培养属于高校的工作，学生在校期间短期的实践活动、见习和实习并未能给予单位带来效益或创造价值，甚至将学生参与社会实践如暑期“三下乡”活动、见习和实习看成不必要的麻烦，也会出现不愿接待学生实践活动的现象。

（二）社会实践活动形式固化，缺乏创新性，组织形式呈现精英化，学生参与“进社会”机会不多

自1999年我国高校开始扩招以来，高等教育从精英教育转向大众化教育，教育部对高校的教育教学质量也提出了更高的要求，推动高等教育适应社会的发展需要。这些要求是全面的、系统的、具体的，既有提高课堂教学质量方面的，也有提高学生的社会实践能力和创新精神方面的。广州工商学院把学生“进社会”纳入教学计划，着力培养学生的社会实践能力，但某种程度上也存在着形式固化、缺乏创新问题。如暑期“三下乡”社会实践活动形式一般局限于开展调研、主题宣传、访问见习、义务支教，都停留在活动的初级阶段，未能突破瓶颈。而在学校里，很多学生认为社会实践活动是学校团委工作的专项，每学期的教育实践周也未能真正落实到位。此外，学生未能把所学专业与实践活动紧密结合，所学理论未能与实践相结合。学校对实践活动的记录情况和考核皆过于简单，也缺乏专门的考核规则与评价体系，甚至出现参与和未参与没有实质性的区别。最后，高等教育从精英教育转向大众化教育，对高校教学资源提出更高的要求。学校组织的社会实践活动项目远远满足不了学生的需求，往往出现偏向于精英化的选拔，因为这种模式更容易取得成果，而对于绝大多数学生只是发个社会实践活动通知、提出要求，缺乏组织性，大多数学生都是通过自行寻找为主，或通过当地志愿活动，或通过寒暑期工等形式，活动过于涣散，没有得到系统指导，对学生

社会实践能力的培养帮助不大。

（三）大学生对社会认识不足，当现实与理想发生矛盾时会造成心理失衡

大学生从相对比较单纯的“象牙塔”走进人际关系复杂、纷繁多彩的大社会，从十几年的学校教育到要开始面对社会诸多复杂现象，大部分大学生虽然能清楚地意料到社会复杂的一面，也对学校与社会之间的差异做过预想，然而当学生正式参与社会实践活动特别是进入就业阶段的时候，很多情况还是比原来设想的严重。譬如在社会中遇到挫折，由于自身心理抗挫能力较差，就可能出现心理问题，如抑郁症、自卑等，也有可能由于缺乏社会阅历而容易上当受骗。如在学校有的学生轻易相信他人而导致财物被骗，此类现象在高校低年级的学生特别是每年的新生中比较常见；高年级的学生参加实习的过程中也有此现象。如果未能得到及时妥善处理，均可能会影响到学生“进社会”的心理。

二、“进社会”实践活动思考与对策

一所高校的教育成功与否，最终要看学校所培养的学生在接受社会检验时的社会效益，即要看学生毕业后踏入社会后能否适应社会需要、为社会做出贡献。当今高等教育基本实现从精英化到大众化过渡，对定位于应用型本科的高校来说，大学生社会实践能力的培养就要求其必须为大学生社会实践能力的培养排忧解难。纵观“进社会”教育过程中存在的问题，提出以下对策。

（一）加强学生思想教育，使学院“德学”“五进”教育理念“内化于心，外化于行”

引导大学生在进入学校的时候便理解“德学”“五进”的深层内涵，让其理解大学生在校时“进社会”可以看成其毕业后踏上就业岗位前的缓冲与锻炼，在校时期所有的学习都是为自己将来“进社会”做准备，使其一入学便牢固树立积极参与“进社会”活动的意识，以“进社会”活动为平台，学习掌握扎实的社会实践能力。如以采取实践性教育活动、讲座、主题班会、海报宣传等形式。在学而有余的情况下，引导学生充分利用业余时间进行社会实践活动，让学生体会到劳动的辛苦，也可以培养学生的感恩意识，对提升学生的社会实践能力具有重要的意义。

（二）创新组织形式，拓宽“进社会”渠道，吸引更多学生参与“进社会”活动

将学校开展“进社会”活动的组织模式和渠道与学校创建高水平应用型本科高校的发展定位结合起来，可以从以下几个方面拓宽学生“进社会”的渠道。

1. 通过见习或者实习的形式，引导学生参与“进社会”活动

应用型本科高校培养学生的社会实践能力，应把学生“进社会”活动融入专业实践教育中，注重将社会实践与专业学习紧密结合，让学生利用课余时间到校企合作单位见习、实习，将其在校企合作单位的社会实践活动纳入课程的设置和考核中，让规范化的管理提升“进社会”活动的效果。

2. 通过大学生志愿服务活动，引导学生参与“进社会”活动

大学生志愿服务活动是高校学生在课余时间参与“进社会”活动最普遍的形式。其项目内容丰富多样，地点也没有严格的限制，可以在学校周边或城市社区，也可以无畏艰辛走进农村山区等，这些都有利于帮助学生尽早适应社会。如：在广州工商学院，青年志愿者服务中心的学生会定时到当地的小学、幼儿园、敬老院、广州北站等开展志愿服务活动，也会利用暑假时间深入农村地区开展大学生暑期“三下乡”社会实践活动，通过开拓社会实践活动的合作对接点，组建服务队伍，形成常规化的“进社会”项目，为广大学生提供更多参与“进社会”活动的机会。

3. 通过大学“自立自强”主题教育，引导学生参与“进社会”活动

主要通过学生教育实践活动，为学生开展励志教育，引导学生利用课余时间参与“进社会”活动。如利用寒暑假时间勤工俭学。学校也可以利用自身的资源，为学生义务提供勤工俭学岗位，便于学校对参与社会实践活动的学生进行指导和管理。

（三）加强学生的心理教育，提高学生的抗挫能力，为“进社会”奠定良好的心理素质

1. 引导学生树立正确的“挫折”观

在日常的教育工作中要利用时机让学生理解生活中难免有不尽人意之处，挫折是客观存在的，人生遇到挫折是很正常的事，挫折能磨炼人的意志，经受挫折未必不是好事。正如歌曲《真心英雄》所唱：“不经历风雨，怎能见彩虹？没有人能随随便便成功。”

2. 加强学生的意志力培养

在日常教育工作中，利用励志的故事或者学生身边的例子，鼓励学生自

爱自强，遇到困难要百折不挠，用坚忍不拔的意志去克服困难，也教育学生做事要有合理目标、有始有终、不半途而废。

3．尊重学生，从正面适当肯定学生，培养学生的自信心

苏联著名教育家苏霍姆林斯基曾言："我们越是深入学生的内心世界，体验他们的思想感情，就越体会到这样一条真理：在影响学生内心世界时，不应该损伤他们心灵中最敏感的一个角落——人的自尊心。"因此在教育工作中要适当肯定学生、微笑着批评、因材施教，这样学生会在学习与生活中逐渐建立自信心。

总而言之，为提升广州工商学院"进社会"活动的育人效果，学校应该逐渐将社会实践活动规划管理，对专业实践进行科学规划与设计，在实施过程中及时发现问题，研究适宜的解决对策并制定切实可行的实施细则，突出"进社会"教育实践活动在人才培养体系中的重要地位，使学生正确认识"进社会"活动，并充分调动学生的积极性参与"进社会"活动，提高学生的社会实践能力，助力于学院"德学""五进"特色校园文化建设。

参考文献：

［1］邝邦洪．以德为行　以学为上——高校师生成长的基石［M］．广州：广东高等教育出版社，2012：202－213．

［2］邝邦洪．践行五进　立德树人——高校师生成长的路径［M］．广州：广东高等教育出版社，2018：66－82．

［3］黄景飞，刘忠．应用型大学生实践创新能力的培养探讨［J］．教育教学论坛，2016（20）：51－52．

［4］李娟．应用型本科社会实践模式与探索［J］．江苏教育（职业教育版），2016（12）．

应用型大学生“进社会”实践活动优化策略研究

——以广州工商学院“进社会”实践活动为例①

熊玉琴

广州工商学院师生在邝邦洪教授“以德为行，以学为上”教育思想的指导下，积极探索融入专业元素的“进社会”实践内容和形式。笔者2017年对广州工商学院大学生“进社会”实践活动情况进行问卷调查，共发放3 200份调查问卷，回收3 137份有效问卷，根据调查数据分析总结出大学生社会实践活动存在的问题，并根据实践探索提出切实可行的优化策略，旨在为应用型人才培养提供有益参考。

一、大学生社会实践活动存在的问题

广州工商学院现有青年志愿者行动指导中心、“青春梦之队”、“蓝精灵”实践服务队、“缘梦”公益团队、“一米阳光”公益队、R&D电脑义务维修服务队、“爱·启航”实践服务队、“向日葵”实践服务队等社会实践团队组织大学生“进社会”参加实践活动。大学生“进社会”实践活动总体呈现稳步发展的趋势，但是也存在着诸多问题，客观上制约了大学生社会实践活动的发展。

（一）选题内容创新性有待提高

现阶段大部分社会实践活动与培养应用型大学生的要求不协调，还没有完全做到实践内容与专业学习、技能提升和就业准备等有机结合。如在调查问卷中对“你认为当前我院大学生社会实践存在哪些问题?”的回答，调查数据中45.94%的大学生认为“选题太空泛，可操作性不强”，50.78%的大学生认为“社会活动创新性不够”。这反映了现阶段的“进社会”实践内容过于单一，没有与专业学习、志愿服务、择业就业、创新创业相结合，也没有与时代发展和学生个性变化相适应，无法满足不同年级、不同层次学生的需求及社会需求，严重影响了大学生社会实践活动的效果，间接阻碍了大学

① 本文已发表于《教师》2018年11月刊。

生提高综合素质和技能，难以进一步推动“进社会”实践活动从量变到质变的飞跃。

（二）专业指导力量有待增强

融入专业元素的“进社会”实践活动能让大学生带着问题进社会，带着答案回课堂，有效地将专业学习和实际应用结合起来。调查发现，寒暑假社会实践、志愿服务、公益活动、勤工俭学、教育见习、顶岗实习、专业调研等“进社会”实践活动受到大学生不同程度的青睐。但在这些“进社会”实践活动中，只有18.11%的大学生能经常得到教师的指导，大部分学生甚少得到教师的专业性指导。这反映了大学生“进社会”实践活动缺乏专业性的指导和沟通，在一定程度上制约了大学生有效地将所学知识充分运用到社会服务中，难以通过发挥专业技能特长和体现自身价值的社会实践活动提升自我，因此需要重视“进社会”实践专业指导力量薄弱的问题。

（三）组织管理规范有待完善

“进社会”实践活动是一项综合的德学修养历程，规范的组织管理能有效地促进大学生在“进社会”中将自身的内在需要和社会的客观要求结合起来，但当前不少“进社会”实践活动在组织、培训、管理等方面受到限制，影响了大学生“进社会”实践活动的持续性和实效性。调查数据表明，55.72%的大学生认为活动时间太短，无法真正进入角色；52.98%的大学生认为组织管理有待提高。这对大学生“进社会”实践活动从时间的整体性与连续性、实践活动的专业性与实效性等方面提出了“面上全盘考虑，线上专业结合、点上精彩纷呈”的组织管理要求，以激发大学生的学习内驱力，增强“进社会”实践活动的持久生命力。

二、大学生“进社会”实践形式与活动成效

通过问卷调查了解广州工商学院大学生“进社会”实践活动存在的问题后，笔者所在的“进社会”实践小组随机选取4个实验班共192名学生作为实验对象，开展一系列“进社会”实践活动指导和探索，并通过实验班学生“进社会”实践活动情况前后测试的结果分析实验成效。

（一）大学生“进社会”实践活动形式

1. 拓展“进社会”实践活动平台

根据“以知识为基础，以能力为重点，以服务为宗旨”的应用型人才培

养模式，“进社会”实践小组通过实施“七个一”工程，不断拓展大学生“进社会”实践平台，让他们将已掌握的专业知识与社会服务中的学习、实践体验和自身发展结合起来，在培养思想品质、增长才干、提升能力之余，为社会做出贡献。“七个一”工程具体为：创建一个平台——利用新媒体，创建大学生“进社会”实践活动微信公众号，让大学生能随时了解、分享不同的“进社会”实践活动；上好一堂课——邀请专业教师主讲“如何写好大学生社会实践报告”的专题培训课，提高大学生的实践总结能力；强化一项技能训练——邀请礼仪协会指导教师系统地开展大学生的仪表礼仪、日常交往礼仪等基本常识培训，提高大学生的礼仪修养；培养一种精神——组织大学生走进佛山工匠精神发源地南风古灶参观学习，到韶关市仁化县石塘镇参加社会实践活动，深刻体会追求卓越、精益求精、用户至上的工匠精神；开展一次专业性社会调查——由专业教师和辅导员共同指导不同年级、不同专业的大学生通过现场访谈、电话调查、网络调查、实地走访、问卷调查等调查方式开展“进社会”专业实践调研，形成调研报告，并评选出优秀调查报告汇编成“广州工商学院大学生专业性社会调查调研报告集”；做好一个社会公益项目——与佛山当地青年志愿者联合会和家庭服务中心对接资源，开展“阳光少年”公益项目和“社区融合”项目等，提高大学生的社会责任心和“进社会”实践能力；培养一支“展翅计划”项目队伍——组织大学生走进省直单位、走进优秀民企、走进基层、走进社会服务机构等单位，充分发挥自身专业的优势，在不同职业岗位中体验生活，加深对职业发展的认识和领悟，积累工作经验，提高工作能力。

2. 依据专业特色，开设品牌项目活动

自“进社会”实践活动开展以来，各系部依据自身的专业特色，大力开拓与专业学习相结合的社会实践项目，形成具有专业特色的“进社会”品牌项目活动。如外语系始终坚持语言技能、专业知识和职业技能发展的一体化培养模式，积极组织学生参加广交会实践、新华街家庭综合服务中心外语学习辅导等活动，让学生在具体工作环境中运用所学的语言知识和技能；计算机科学与工程系既注重开展电脑义务维修服务，也注重与广州都市圈网络科技有限公司联合开发“数字城市—真三维”项目，由数字媒体技术教研室主任组建学生团队，定期开展培训，并带领学生到公司进行项目实战检验，目前第三期项目合作在有序进行中；电子信息工程系一方面选派大学生到乐平镇南边村等提供免费电器维修服务，另一方面与上海因仑公司共建“因仑”创新实验班，暑期选派优秀学生到上海因仑公司交流学习，同时也与广州粤嵌通信股份有限公司合作开展众创空间项目，共同开展关于智能制造，无人机、机器人、3D 打印、物联网应用研发；会计系与广州四柱清财务有限公司签订校企合作意向，直接在校内设立办公地点，定期招募会计系学生到岗开展实践活动，让学生在真实做账工作环境中提升综合能力；物流系为了让大学生更深刻地了解、普及食品安全的知识，利用假期组织食品专业的学生开展关于食品安全知识宣传、农村居民食品安全普及程度的调查、蔬果中农药残留快速检测应用以及农业生产帮扶等活动；美术设计系与佛山等地的陶艺厂建立密切合作关系，创办师生工作室开发和设计泥塑、陶艺；音乐系组织音乐表演专业学生到盘古王民俗文化节开展艺术表演活动等。这些品牌活动让大学生在“进社会”实践活动中体验“在学习中服务，在服务中学习”的实践活动魅力，感悟自身的不足和优势，发现自身的价值，从而更深入地剖析自身需求及社会对所学专业和职业的要求，促使大学生不断反思、调整自身的发展思路，增强服务社会、奉献社会的本领。

（二）大学生“进社会”实践活动实效

从2017年5月1日至2018年3月1日共10个月，“进社会”实践小组通过创建“进社会”实践活动平台，指导大学生积极参与各项“进社会”实践活动。通过前后测的实验数据进行分析，笔者得出如下结论：

1．激活大学生“进社会”实践的知与行

大学生在教师的指导下积极参与各项“进社会”实践活动，不断提高自身对“进社会”实践活动的深刻理解，进而更加积极地参加“进社会”实践活动，通过这一良性循环激活了进社会的“知”与“行”（见图1、图2）。

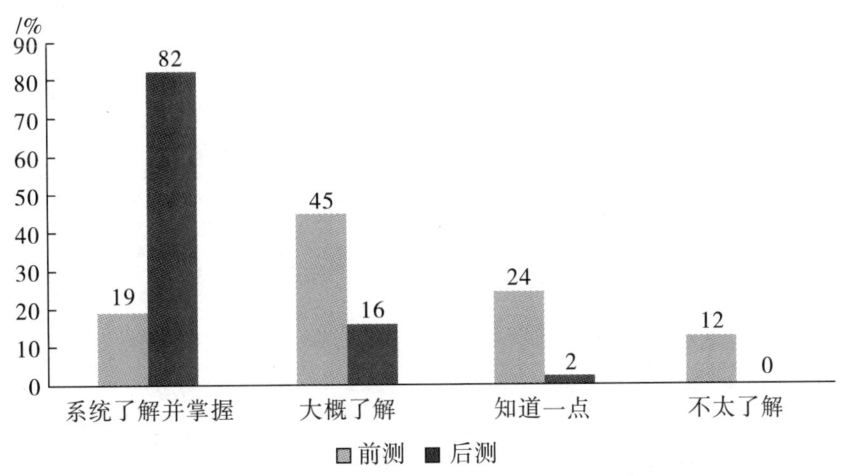

图1　广州工商学院学生对学校开展“进社会”实践活动了解情况的前后对比

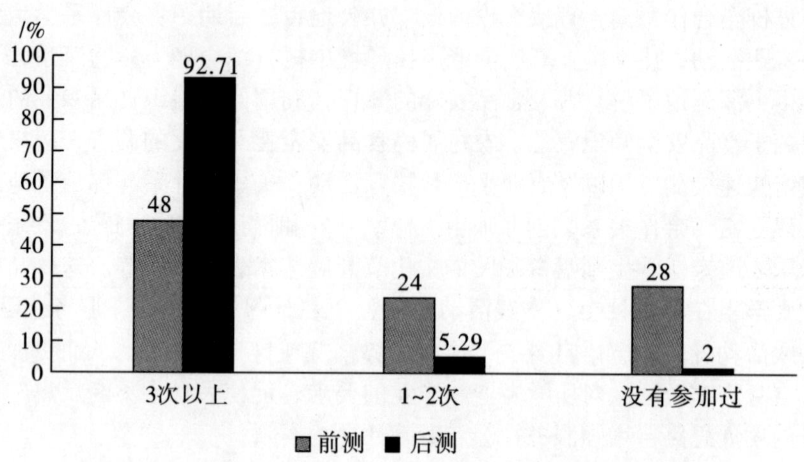

图2　广州工商学院学生参加“进社会”实践活动情况的前后对比

图1数据显示，大学生对学校开展的“进社会”实践活动“系统了解并掌握”的比例明显上升了63%，“不太了解”的比例降低了12%，这说明大学生通过“七个一”工程，对“进社会”实践活动有了更加深刻的认识和理解。图2数据显示，大学生“进社会”实践参与度也发生了很大的变化：一年内参加“进社会”实践3次以上的情况由48%上升到92.71%，“没有参加过”的情况由28%下降为2%，这说明大学生在一系列的实践探索中极大地提高了参加各项“进社会”实践活动的积极性和主动性。

2. 提升大学生“进社会”实践的综合素质

“进社会”实践活动对培养应用型大学生有重要作用，设置“通过您所参加过的‘进社会’实践活动，自身哪些方面素质有所提升”的题项，分析“进社会”实践活动对大学生的具体影响（见表1）。

表1　参加“进社会”实践活动对自身素质的影响

参加“进社会”实践活动对自身能力的影响	响应		个案百分比
	人数	百分比	
增强实践能力和创新能力	116	12.66	60.42
培养社会责任感和团队协作精神	115	12.55	59.90
了解工匠精神，提高专业技能	73	7.97	38.02
提高沟通能力，学会与不同的人沟通	130	14.19	67.71
积累社会阅历和经验，增强社会适应能力	131	14.30	68.23
提高了思想道德素质	65	7.10	33.85

续上表

参加“进社会”实践活动对自身能力的影响	响应		个案百分比
	人数	百分比	
增强自主学习能力和分析判断能力	83	9.06	43.23
挖掘能力，增长才干	65	7.10	33.85
学会组织协调，提高解决问题能力	78	8.52	40.63
夯实专业知识，完善知识结构	55	6.00	28.65
其他	5	0.55	2.60
合　计	916	100.0	203.30

由表1数据可见，实验班学生在阶段性“进社会”实践活动后的自身素质提升主要集中在“积累社会阅历和经验，增强社会适应能力；提高沟通能力，学会与不同的人沟通；增强实践能力和创新能力；培养社会责任感和团队协作精神”等方面，同时“自主学习能力和分析判断能力、解决问题能力、专业技能、思想道德素质”等方面也得到锻炼，这些素质的提升和锻炼有助于提升大学生的应用能力和就业竞争力，为未来顺利走进职场打下良好的基础。总的来说，学校、教师重视大学生“进社会”实践活动与专业学习的关联，以培养应用型大学生为目标，结合大学生的专业学习，注意调整社会实践活动的内容，用心指导大学生开展具有专业特色的社会实践活动，可以提高大学生“进社会”实践活动的实效，促进大学生通过“进社会”实践活动提升自身各方面的能力。

（三）大学生“进社会”实践活动成果

在开拓新平台和依据专业特色开设品牌项目活动等逐步深入探索大学生“进社会”实践活动的基础上，参与“进社会”实践的学生由个别团队扩展到全院师生，“进社会”实践活动的意义也由纯粹地让学生贴近社会、体验社会升华为服务社会、锻炼应用能力，大学生的专业实践能力和承受挫折能力等都有所增强。同时，大学生在“进社会”实践活动方面取得了不少荣誉，如青春梦之队在2016“寻找全国大学生百强暑期实践团队”活动中荣获百强实践团队、优秀组织团队等奖项；广州工商学院在“我的中国梦”——“立志修身博学报国”主题教育系列活动中多次荣获优秀组织奖，各系指导学生参加系列活动也荣获多项一、二、三等奖等荣誉；在广东省大中专学生志愿者暑期“三下乡”社会实践活动中，无论是实践团队还是“进社会”实践个人多次荣获优秀组织奖、优秀个人等荣誉。从2014年9月至2018年6月为止，广州工商学院师生在“进社会”实践活动中获得市级以上奖项84项，其中集体获奖10项，个人或团队获奖74项。这些获奖情况既展示了广州工商学院“进社会”实践活动的阶段成果，也让更多大学生感受到“进社会”实践的魅力，引导大学生改变在无聊、迷茫、抱怨等状态中虚度大学生活的问题，更懂得如何承担相应的社会责任，有效地提高大学生的综合素质和应用能力。

三、优化大学生“进社会”实践活动效果的策略

随着社会的发展和企业对应用型人才的需求，结合当地和学院实际，立足于大学生的发展，组织和开展融入专业元素的社会实践活动，可从以下几方面优化大学生“进社会”实践的活动效果。

（一）提高认识，主动融入

大学生是一个特殊的社会群体，具有求知欲望强、自我意识强、批判意识强、内心情感丰富等心理特征，因而他们只有在思想认识上认同“进社会”实践活动的重要意义，才能提高“进社会”实践的内在动力。在日常的学习生活中，可通过校园网、校刊、广播、新媒体、班级等媒体广泛宣传大学生“进社会”实践的主题内容、参与途径、实用经验、优秀事迹、先进个人、价值理念等，促进大学生在“树典型，学经验，奖先进”中潜移默化地认识“进社会”实践活动对自身成长成才的重要意义，从而在思想上正视“进社会”实践的重要性，全面看待“进社会”实践活动对个人发展的利弊；在行动上自觉地结合专业学习和自身优势，积极融入“专业学习—实践—再认识—再实践”的“进社会”实践过程，体验理论知识与应用实践的联系，内化服务社会和提升自我的价值观；并在“进社会”实践后记录所看、所思、所感，直视社会实践中的各种社会关系，尽可能查漏补缺地掌握更多理论知识和实践技能，形成“端正进社会实践态度—体验进社会实践实效—加深进社会实践认识—内化进社会实践行动”的良性循环，让所学的理论知识和专业技能可以学以致用，早日养成适应社会要求的实践应用能力。

（二）统筹规划，拓展平台

大学生“进社会”实践活动的深入发展，需要统筹规划形成一个全面且得到师生及社会认可和支持的社会实践体系，从而提升应用型大学生的培养成效，实现“以知识为基础，以能力为重点，以服务为宗旨”的人才培养计划。一方面，统筹“长期与短期、重点与普通、专业与非专业”相结合的多层次社会实践平台，注重大学生的专业学习，促进大学生“进社会”实践活

动由零散到系统、由临时到持续、由纯粹公益到多元价值并重的转变，激发大学生的参与激情，提升大学生的学习潜能和学习能力，促使大学生在学以致用、学用相长中进行自我教育和自我完善，实现全面发展。特别是对于专业要求比较高的社会实践活动，大学生“专业水平的高低是决定实践成败的关键因素”，更加需要短期有效的实践培训和长期的实践行动相结合。另一方面，整合“课程、人力、活动三大资源”，依托“创建一个平台、上好一堂课、强化一项技能训练、培养一种精神、开展一次专业性社会调查、做好一个社会公益项目、培养一支‘展翅计划’项目队伍”的“七个一”工程，不断拓展大学生“进社会”实践平台，让他们将已掌握的专业知识与在社会服务中的学习、实践体验和自身发展结合起来，在培养思想品质、增长才干、提升能力之余，为社会做出贡献。此外还可以建立一个“进社会”实践活动管理系统，让大学生自主申报、申请各类“进社会”实践项目，以公益服务、岗位见习、挂职锻炼、创立项目等形式实现“在体验中学习，在学习中体验，在体验中成长”的目的。

（三）师生联动，高效指导

大学生要在“进社会”实践活动中得到锻炼，真正实现学以致用，离不开教师的用心指导。专业教师可以根据不同年级、不同专业、不同问题、不同兴趣有针对性地确定“进社会”实践的主题和内容，引导大学生充分发挥专业优势，探索将专业知识技能与地区、企业、社区的实际情况相结合的服务项目，使大学生在认真参与包含设计、论证、申报、实施、总结等过程的实践活动中感悟“进社会”实践的内涵。如美术设计系创办师生工作室，从专业方向、课题组织、对外合作等方面有意识地培养应用型大学生人才，并从物质和精神上调动了他们的“进社会”热情，大学生在主动学习中提高了实践能力、知识运用能力、适应社会能力、创新创业能力和科研能力，能取得更好的实践成果。另外，辅导员能便捷地将各类“进社会”实践资讯、实践项目信息传达给每位学生，也能与社会实践基地保持经常性的交流和互访，交换合理的实践意见，并在活动组织、后勤保障和实践评价等方面给予大学生及时的指导，不断挖掘参观学习、理论宣讲、社会调研、公益服务、挂职锻炼、见习实习等符合大学生“进社会”实践规律的新形式，协助大学生处理在“进社会”实践中遇到的沟通技巧、心理状态、突发事件处理、个性化发展等问题，让大学生在“进社会”实践中更深入地剖析自身需求和不足，感悟社会对所学专业和职业的要求，促使大学生不断修正自身的职业生涯规划，增强服务社会、奉献社会的本领。

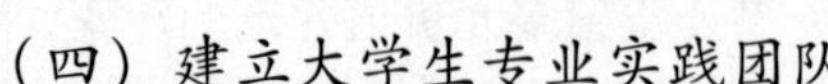

（四）建立大学生专业实践团队

作为“进社会”实践活动的参与主体，大学生既是“进社会”实践的奉献者又是受益者，具有特殊的生理、心理特征和知识技能水平，可按照“按需设项、据项组团、双向受益”的原则组建大学生专业实践团队，突破专业实践的瓶颈。明确“进社会”实践团队的实践内容、实践目标和工作原则，根据专业学习的特点、内容和需要，设定具体工作岗位（指导教师＋队长＋队员）和招募要求（专业特长、兴趣特点、价值观、责任感、自我能力等）后，通过微信公众号、QQ、微博、学刊、广播台、宣传栏等进行招募宣传，并在基础知识测试、专业技能和考核面试选拔后及时开展基本工作实务培训和专业技能培训，可以提升“进社会”实践活动的特色和亮点，也有利于规范组织和管理大学生“进社会”实践活动。此外，针对当前普遍存在的大学生“进社会”实践管理问题，完善大学生“进社会”实践管理办法，制定条理清晰、职责明确的实践条例，建立大学生“进社会”实践的服务档案，构建大学生“进社会”实践的评价考核体制，创建推动大学生“进社会”实践的激励机制，拓展大学生“进社会”实践的稳定基地，加强“进社会”实践的指导和跟踪，谨防漏洞或重大错误，可在保证“进社会”实践活动覆盖面和参与率之外，实现大学生“进社会”实践活动由单个到整体、由零散到系统、由临时到连续的转变，有效地推进大学生“进社会”实践走向规范化和制度化，巩固大学生“进社会”实践的成果，促进应用型大学生的培养。

大学生“进社会”实践活动是一项长期的育人工程，随着社会的发展必然会遇到新的问题，因此必须坚持从实际出发，不断完善“进社会”的思路，积极探索“进社会”实践的新模式，构建“学习—实践—总结—学习—再实践”的规范管理模式，激发大学生的学习内驱力，增强“进社会”实践活动的持久生命力，使大学生在“进社会”活动中得到更充分的锤炼，使“进社会”实践活动培养应用型大学生的意义得到更充分的彰显。

参考文献：

[1] 邝邦洪. 以德为行　以学为上——高校师生成长的基石[M]. 广州：广东高等教育出版社，2012.

[2] 钟伟强. 以德为行　以学为上——来自广州工商学院“五进”的探索与实践[M]. 广州：广东高等教育出版社，2015.

[3] 武剑英. 大学生社会实践活动实效性研究[D]. 郑州：河北师范大学，2016.

[4] 毋靖雨. 应用型高校思想政治教育资源整合研究：大学生社会实践活动的视角[J]. 重庆第二师范学院学报，2017，30（4）：92－95.

[5] 钟一彪. 大学生社会公益实践导论[M]. 广州：中山大学出版社，2012.

构建大学生“进社会”实践长效机制的路径探索

——以广州工商学院为例①

黄莲露

《国家中长期教育改革和发展规划纲要（2010—2020年）》提出，要进一步加强新形势下高校实践育人工作。2012年教育部等部门联合下发了《关于进一步加强高校实践育人工作的若干意见》。党的十八届三中全会也明确将增强学生实践能力作为深化教育改革的重点。2017年，中共中央国务院印发的《关于加强和改进新形势时下高校思想政治工作的意见》提出把“强化社会实践育人”作为推进高校思想政治工作改革创新的重要内容，广泛组织师生参加社会实践活动。结合新时代的发展要求，广州工商学院也在致力于研究促进大学生“进社会”实践能力提升的主要方法及路径，以满足培养应用型人才的现实需求。

一、大学生“进社会”的内涵及意义

大学生“进社会”，是广州工商学院打造特色校园文化的重要举措，是践行“以德为行、以学为上”教育思想和“五进”教育实践活动的基本内容。大学生“进社会”实践长效机制的构建，首先要从理论上理解大学生“进社会”的内涵；其次要从实践的角度理解“进社会”是大学生理论知识联系实践、提升专业技能和培养创新思维和创新能力的重要途径。

（一）大学生“进社会”的内涵

大学生“进社会”是指大学生利用寒暑假或者课余时间主动采取多种方式与途径（如专业实践、勤工助学、志愿服务、三下乡、创业实践、毕业实习等）参与社会实践，逐渐积累社会经验，适应社会，融入社会，形成自己的独特人格与个性特征，在实现个人的自我发展的基础上服务社会的过程。

① 本文已发表于《青年时代》2018年8月刊。

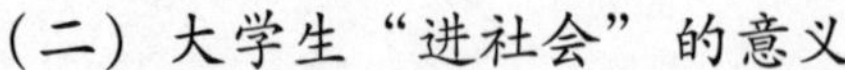

（二）大学生“进社会”的意义

1.“进社会”能为大学生理论知识联系实践奠定基础

大学生在学校接受高等教育的目的并不在于学习知识本身，而是要把学到的专业知识运用到现实生活中去，更好地为社会服务。在实际的教育教学中发现，专业知识的实际应用与社会要求存在着一定差距，学生所学专业理论知识与实际操作脱节。因此，“进社会”能为大学生理论知识联系实践奠定基础。

2.“进社会”是大学生提升专业技能的重要途径

学校教给学生的知识大多是比较有限而抽象的，通过“进社会”，大学生对所掌握的专业知识进行更新，把抽象的理论转化为可操作性的技能，在实践中不断完善自己的专业知识结构，提高自己的专业技能，成长为社会发展需要的人才。

3.“进社会”是大学生培养创新思维和创新能力的源泉

“进社会”可以让大学生对比前人的经验，结合所处的时代、空间差异，进行知识的运用与变通，在发现问题、思考问题、解决问题的过程中提高观察力和想象力，激发质疑能力、探索精神和创新思维能力，实现知识与技能的创新。此外，还可以通过“进社会”，把在学校里的创业热情与创业计划付诸实践，进行自主创业，在创业过程中不断提高创新的能力。

二、广州工商学院开展“进社会”实践现状

（一）“进社会”实践的形式与内容

广州工商学院“进社会”实践主要有两种形式：一是各系、部组建“三下乡”服务团队。结合“我的中国梦——立志·修身·博学·报国”主题教育系列活动、“以德为行，以学为上”德学教育实践活动和“广东大中专学生志愿者暑期文化科技卫生三下乡社会实践活动”主题教育系列活动，以服务团队的形式服务地方经济及社会发展。二是“个体返乡”开展的社会实践活动。学生结合“展翅计划——广东大学生就业创业能力提升行动”，结合专业方向，到企业、工厂、政府机关、事业单位开展就业见习、志愿服务、毕业实习等的个人社会实践活动。

广州工商学院“进社会”实践的内容大致分为五个类别：一是由学院团委组织开展的社会实践活动，如暑期和寒假社会实践、“三下乡”社会实践、志愿服务等；二是由思政部组织的思想教育类社会实践活动，如参观红色革

命教育基地等；三是由学生处组织的社会实践，主要有校外勤工助学等；四是由就业指导部门主导的社会实践，如创业培训实践等；五是由教学部门主管的教学性社会实践，如毕业实习等。

（二）大学生参与“进社会”实践积极性普遍较高

广州工商学院在校大学生“进社会”实践活动现状调查问卷数据显示：在参与问卷调查的3 137名学生中，有1 610人参加过学校组织的社会实践，占51.32%；有633人选择寒暑假开展实践活动，占41.92%；实践内容以参加“服务社会”“勤工俭学”和“挂职锻炼、毕业实习”居多，分别占68.87%、45.96%和27.95%。大学生对参与“进社会”实践的积极性普遍较高；学生“进社会”实践的内容呈多样化；开展“进社会”实践的时间以寒暑假为主；部分学生“进社会”实践的内容已与就读专业紧密关联；部分指导教师对学生“进社会”实践活动进行了专业性指导。

三、构建“进社会”实践长效机制的路径探索

从广州工商学院在校大学生“进社会”实践活动现状调查问卷数据来看，构建大学生“进社会”实践的长效机制，可以从强化大学生“进社会”实践育人功能与价值的认知、提高大学生“进社会”参与度、深化对大学生“进社会”实践的指导、健全大学生“进社会”实践制度保障体系、拓宽大学生“进社会”实践的渠道等方面为突破口，对其路径进行探索。

（一）构建“进社会”实践长效机制的原则

大学生“进社会”实践长效机制的建立，需遵循以下几个原则：一是要探索“进社会”实践与思想政治教育相结合；二是要探索“进社会”实践与专业学习相结合；三是要促进“进社会”实践与服务社会相结合；四是要探索“进社会”实践与就业创业相结合。

（二）构建“进社会”实践长效机制的路径

在新的社会形势下，学校可以从组织结构全员化、实践活动设计课程化、指导教师配备多元化、实践内容分层分级化、实践保障机制健全化、运行模式项目化、实践资源基地化、实践成果评价科学化等八个途径来构建“进社会”实践长效机制。

1. 实践组织结构全员化

组织结构全员化具体是指学生全员参与社会实践活动。学校通过创设学

生“进社会”实践活动的氛围，充分调动学生主动参与的积极性，争取每个学生都能有机会、有兴趣、有渠道参与“进社会”实践活动。实践活动的全员化可以通过以下方式实现：首先，学校要提高关于大学生“进社会”的重视度，成立“进社会”实践领导小组，明确学校各个部门在社会实践活动的主要责任和任务，由学院党委、学生处、教务处、就业指导中心、校企合作中心等部门统一推进，切实完善学生参与“进社会”实践活动的制度保障体系，真正使学生“进社会”实践落实到位。其次，学校在新生入学和每年寒暑假学生“进社会”实践工作动员会议期间，加强学生对“进社会”实践意识、学生生涯规划意识、就业意识的培育；引导学生阅读实践性较强的书籍，如《大学生社会实践三十六计》等，激发学生“进社会”实践的兴趣；在社会实践的评比表彰工作结束后，遴选优秀的团队或个人，举行社会实践报告会等，为学生提供关于社会实践活动的交流分享平台；同时，学校还应该充分利用校园媒体的优势，通过开辟“进社会”实践专栏，加强对优秀社会实践个案的报道。最后，通过拓展信息发布平台，确保学校“进社会”实践活动的公开，改变当前以学生党员、学生干部为主要力量参与社会实践的状况，确保每一位在校大学生能够及时、全面地掌握“进社会”实践活动的相关消息和规范要求，全员参与“进社会”实践。

2. 实践活动设计课程化

学校可以考虑将“进社会”实践纳入教学计划，制定“进社会”实践教学工作管理办法，对“进社会”实践课程的组织领导、实践内容、实践方式、时间要求与学分计算、考核方式等方面进行规定，使“进社会”实践的经费、师资配备、师生参与实践的积极性从根本上得到保障。此外，学校还可以开发“进社会”实践课程网站、社会实践管理信息系统和社会实践短信平台等信息化的“进社会”实践指导平台，确保学校教师对学生的指导打破时间与空间的限制，也更方便学生之间的学习交流。

3. 指导教师配备多元化

学生“进社会”实践的广泛开展需要学生、学校和社会共同推进。因此，在实践活动指导教师的配备方面，可以从专业课程教师、思想政治理论课教师、团线干部、辅导员和实践基地等合作单位的社会工作者等多方面来考虑，并按每位指导教师的专业、特长等进行分类来指导学生的实践活动。

4. 实践内容分层分级化

“进社会”实践应树立“以人为本”的理念，构建全校实践内容“四年、四类、四层次”递进式系统化社会实践活动体系，如：大一组织开展主题为“走向社会、接触实践、了解国情、增长才干”，侧重于社会调查，从宏观、直观的角度认识国情，了解社会的“社会认识实践”；大二组织开展主题为“立足岗位、参与工作、体验社会、锻炼能力”，侧重于在实际工作岗位上了解社会，加强对学生的爱岗敬业精神和职业道德教育的“社会工作实践”；大三组织开展主题为“结合专业、学以致用、改造世界、提高素质”，侧重于在与实际工作的结合中加强对所学专业的认识，通过实践了解专业、认识专业、热爱专业的“社会生产实践”；大四组织开展主题为“深入社会、尝试就业、找准角色、提高技能”，侧重于在社会企事业单位履行相应的“准员工职责”过程中了解社会所需要人才基本规格的“社会就业见习实践”等。

5. 实践保障机制健全化

为提高学生社会实践活动的效果，保障学生能够顺利参与“进社会”实践活动，激发学生“进社会”实践活动的主动性，调动教师指导实践活动的积极性，还应建立和完善“进社会”实践安全管理办法、经费使用和管理办法、实践团队管理办法、评比表彰制度、实践基地管理、“进社会”实践工作考核制度等相关制度。此外，为参与“进社会”实践的所有学生购买意外伤害保险，为学生“进社会”实践的顺利开展提供坚实的安全保障。

6. 实践运行模式项目化

社会实践运行模式项目化是对学生“进社会”实践资源优化整合的一种系统方法。学校可考虑把实践活动当作项目的形式推进，面向全校学生进行招募和征集，不限定专业、院系和学历，学生可以自由组队。学校对征集到的实践项目进行审查，由相应的专任教师指导团队制订活动方案，进行项目申报、项目答辩、完成“进社会”实践项目立项，再由专任教师指导项目实施，并督导项目结项和实践成果固化。

7. “进社会”实践资源基地化

学校要加强校外实践基地建设，积极寻求地方各级政府和社会的广泛认可与支持，并主动与社区、乡镇、企事业单位等建立持久的联系，努力建设好各类型的大学生实践基地，让学生在实践基地中接受锻炼，逐渐成长，同时给当地带来一定的社会和经济效益。此外，学校的社会实践基地由传统的实习基地、社区服务基地等单一功能向教学科研基地、勤工助学基地、择业就业基地、创新创业基地等多种形式、多种功能的综合实践基地转化，从而把社会实践基地真正建设成为大学生迈出校门、走向社会和融入社会的实践平台。

8. 实践成果评价科学化

近年来，“进社会”实践活动在学校得到广泛的推广和普及，但在实践成果的评价方法还可以进一步完善。学校在进行实践成果的评价过程中，要坚持学生、学校、社会的三重价值取向，建立包括自评、服务对象评价、接受单位评价、实践指导机构评价在内的多方评价机制，科学设计活动评价量表，对社会实践的选题、社会实践活动计划、社会实践过程、实践成果、社会反响进行定性与定量分析，坚持从学生有无自身发展、学校有无成果收获、对社会有无裨益等方面入手进行考量；从社会实践活动质量、完成情况和实际效果三个维度出发来评判，确保价值评判兼具全面性和具体性、科学性和可操作。

大学生“进社会”实践是新时代对大学生提出的现实要求。高校要加强实践育人工作效果，增强学生实践能力，必须从系统地对大学生“进社会”实践长效机制的构建路径进行探索。以上组织结构全员化、实践活动设计课程化、指导教师配备多元化、实践内容分层分级化、实践保障机制健全化、运行模式项目化、实践资源基地化、实践成果评价科学化等八方面的路径探索希望能为大学生“进社会”实践长效机制的构建提供可行性建议。

参考文献：

[1] 邝邦洪. 践行五进　立德树人——高校师生成长的路径[M]. 广州：广东高等教育出版社，2018.

[2] 陈曦，石新明，潘小俪，刘丹. “大学生社会实践”课程建设的探索[J]. 中国大学教学，2008 (10)：45.

[3] 龚涛，徐建军. 深化大学生社会实践的思考[J]. 现代大学教育，2010 (4)：88.

[4] 张绪忠. 立体本位型社会实践育人模式的构建[J]. 教育评论，2016 (6)：100.

[5] 杨国辉，李田. 困境与超越：大学生社会实践制度化的方向[J]. 思想政治教育研究，2015，31 (6)：130 – 131.

[6] 陈群，肖亚辉. 大学生社会实践的主体困境及参与模式建构[J]. 吉林师范大学学报（人文社会科学版），2016 (6)：105.

主动“进课室”，为成才梦想插上翅膀

胡 敏

“五进”教育实践活动中，摆在首位的便是“进课室”，它是“五进”实践活动的基础。课室是教育的主要阵地，是大学生学习的主阵地。“进课室”不仅仅是按时参加每一堂必修课和选修课的学习，做到不迟到、不早退、不旷课，还包括自觉到教室做作业、复习、自学或讨论等。

步入大学，我们从高考的紧张备考氛围中脱离出来，于是有的同学开始放纵自己，痴迷于玩游戏或不分场合拿着手机玩。如此种种仿佛印证了那句：“大学是人堕落的开始。”我们承认手机对时代发展的重要性，同时也不能忽视手机所带来的负面影响。一个人的心灵家园若是失守，就别谈能有多大的作为了。作为新时代的大学生，系统地学习知识、构筑合理的知识结构、提升综合素质和能力是当务之急。“进课室”尤为重要，也因此，我对邝邦洪院长提出的“五进”教育思想高度认同。

在刚刚步入广州工商学院校园的时候，我也有终于得到解放的感觉，对自己的要求也没有那么严格，但耳边却不时地响起父母的叮嘱，这让有些放松的我感到不安。我在心里告诉自己，不能轻易地放纵自己，否则危害的是自己的未来。作为班长，我觉得我有责任和义务为班级带好头，做出表率。上学期的课程相对较多，但鲁迅先生说：“时间就像海绵里的水，只要你愿意挤，总还是有的。”所以我会在课余时间去教室自习。有人不明白，在宿舍不也一样能够学习吗？其实不然，当你去教室自习的时候，你的心态和整个学习氛围是和在宿舍时完全不一样的。在课室中你的精神会更专注，相反，在宿舍的时候，有时会因为室友的打扰或影响而无法专心学习，浪费了时间，没有效率和效果，得不偿失。

有亲身体验的我明显感觉到在课室学习的效率很高，不会有太多杂念。再者，“进课室”是学生的一种义务。一个学生如果连自己的本职学习都不能学好，又如何奢望他将来走上社会时会有所作为呢？我们应当认真听每一节课，准确而迅速地掌握基本文化知识和各种技能。“进课室”之所以被学院广为宣传和推广，不只因为它是大学生的首要任务，更因为它是大学教育的重要环节。由于课堂教学时间有限，我们要真正掌握老师讲授的知识，课后还需要自主地到课室去消化、吸收、巩固、拓展和完善。课室既是我们学习专业的场所，也是体现校园文化精神的场所。“进课室”就是一个塑造

“专业人”的过程。在课室中，我们遨游书海，探索知识，感受文化的熏陶，陶冶我们的情操，拂去浮华，从而净化心灵，完成灵魂和人格的洗礼。

“进课室”并不是盲目地坐在教室里。首先，我们要带着问题进课室。心中有疑惑，我们才有动力去解决问题，同时，带有疑问地学习能锻炼我们的思维。其次，我们要珍惜进课室的时间。课室的开放时间是有限的，我们要在有限的时间中去创造最大的价值，达到利益最大化，而不是虚度光阴。最后，我们要学会反思，利用进课室的时间对自己所学的内容进行小结、归纳，形成自己的认知体系，真正学到科学的知识。

“进课室”在学生时代是非常重要的。我们既是课室的主体也是课堂的参与者。在课堂上，学生不应该在教学中处于被动，而应该积极主动地学习和吸收知识。因此，大学生应积极参与“进课室”活动，主动提问，回答问题，讨论交流，充分体现出自主、合作。

目前大学生“进课室”的现状并没有想象中完美。在人生前18年的应试教育中，许多学生逐渐产生了厌学的心理，到了大学便放飞自我，开始逃课、早退等，即使坐在教室里也没有认真听讲，学习效率低下，动力不足。这些问题给高校教育提出了“挑战”。教师应当创新授课方式，加强师生互动，改变以前“满堂灌”的做法，因材施教，以此带动学生学习的积极性，以知识的科学性和趣味性吸引学生进课室。

“进课室”不仅能提高我们的学习成绩和专业技能，同时也能丰富我们的课余生活，开拓我们的眼界和见识，增加我们的知识储备。作为青年一代的我们肩负着时代的使命。大学时代正是我们世界观、人生观、价值观形成和确立的关键时期。我们一定要扣好人生这颗扣子，在正确的时间做正确的事，不负韶华。

梁启超言：“故今日之责任，不在他人，而全在我少年。少年智则国智，少年富则国富，少年强则国强，少年独立则国独立……美哉，我少年中国，与天不老！壮哉，我中国少年，与国无疆！”周恩来倡导：“为中华之崛起而读书。”我们今天读书不只是为自己、为父母、为家族，更是为了国家。只有在正确的思想指引下，我们才能树立更加远大的奋斗目标。

习近平总书记曾经说过：“追梦需要激情和理想，圆梦需要奋斗和奉献，”“只有奋斗的人生，才是最幸福的人生。”为了更好地圆梦、更努力地奋斗、更无私地奉献，我们广工商学子更应该深化落实“德学”“五进”教育思想，努力提升自我，为实现中华民族的伟大复兴做出贡献。最后以习近平总书记的“撸起袖子加油干，奋斗的青春最美丽”与大家共勉。

（作者系会计系2017级会计学B9班学生）

走进课室增才智

文子滢

“进课室”是邝邦洪院长提出的“五进”教育实践活动之一。此外，“五进”还包括“进图书馆”“进实验实训室”“进体育场馆”和“进社会”。

“进课室”是指大学生走进课堂和教室。走进课堂，就是要求我们准时到课堂听课，认真聆听老师对知识和技能的讲解，学好专业知识；走进教室，就是要求我们利用课余时间自觉到教室做作业、自学或讨论，夯实知识基础。通过“进课室”，在老师的指导下，我们增强学习意识，学会科学学习，学会解决问题的方法、做人的态度、正确思维的方式等。

一、“进课室”的重要意义

“进课室”听课是大学生的首要任务。学习科学文化和为人处事是我们上大学的主要目的，学会如何将课本知识转化为自己的实干能力是我们上大学的理想目标。这些知识的获得要通过“进课室”这一基本途径来实现。课室是大学生接受教育的主要阵地，是获取知识最基本的途径和方法。因此，“进课室”尤为重要。事实上，有些知识不是仅靠自学就能理解和吸收的。我们只有在听好每一节课的基础上，才能迅速而准确地掌握各种基本文化知识和技能。尤其是人文科学的知识，必须由有深厚的理论功底和丰富的生活实践经验的教师，在传道授业解惑中循循善诱地讲解，我们方能领悟。“三观”的确立，为人处事道理的参悟，都要在学习中思辨，在思辨中训练，在训练中提升。离开了课堂的教学，我想不到还有更好的捷径可走。

“进课室”自主学习，同学间相互切磋也是大学教育的重要环节。除了按时上课，我们还要学会自主学习。由于课堂教学时间、内容有限，我们要把课堂内容全部消化和吸收并不是件轻松的事，因此课后进教室自习或讨论也是至关重要的一个环节。同时，“进课室”是同学之间互相影响、互相学习的重要途径。我们同在一个教学场所聆听同一位老师的教导，可以互相探讨对于专业知识的不同看法，一起解决不懂的难题，同学间互相帮助、互相鼓励。在学习中还可以学会与他人沟通、合作，提升组织与沟通能力，这也不失是一种成长成熟的方式和路径。

二、大学生应如何“进课室”

首先，我们要珍惜“进课堂”的时间。大学生在课堂上的学习时间有限，一节大课只有 90 分钟。在这 90 分钟里，老师要回顾上节课所学的知识，要传授新知识，甚至要我们做课堂练习巩固知识点，一节课很快就过去了。对于知识难点，基础薄弱的同学可能反应不过来，很难直接在课堂上吸收知识点，因此进课室除了要听好课以外，还要利用课室静心地进行自主学习。这对我们的自控力和自主学习能力要求很高，要合理分配好每天的时间，做到主动学习，既要保证课堂听课质量，也要保障有充分的课余自主学习的时间，通过课后的练习，巩固知识点。

其次，我们应带着问题“进课堂”。课堂的 90 分钟是老师讲授知识的凝练，但是课堂时间毕竟有限，我们在课后的自主学习中、在预习新课的过程中，应把不懂的问题记下来，带着问题有目的地去学习，加强与老师的沟通，这样才会有事半功倍的效果。

最后，我们要保证“进课室”的质量，尊重老师的劳动成果。随着智能手机的普及，不少同学上课期间玩手机，既影响了上课秩序和听课效率，也对老师的劳动不尊重。通过打造“人机分离”的无手机课堂，可以较好地保证课堂秩序和学习氛围，是提高课堂效率的一大举措。

三、从“进课室”中获得了什么

第一，养成了良好的学习习惯。固定的上课时间帮助同学们养成了按时上课、不迟到、不旷课、不早退的好习惯。我班的出勤率始终保持在 98% 以上，极少同学迟到和缺课。同学们深知进课室学习的重要性，所以珍惜课堂的每一分每一秒。

第二，在班级建设中形成了良好的学风和班风。班干部积极组织班级同学开展主题班会，共同探讨如何建设良好的班风，在班级中深入推进学风建设，引导同学“进课室”。例如我班开展的“学海无涯，有风则行”学风建设主题班会，通过这次班会告诉同学们为什么要加强学风建设、如何加强学风建设，并且让大家制订适合自己的学习计划和目标规划。此外，班级还开展过“回望过去，展望未来”主题班会，通过主题班会让大家充分了解到时光转瞬即逝，我们应该让自己忙起来，无悔青春。这样的主题班会拉近了同学之间的距离。我班因此荣获 2017—2018 学年第一学期“学风”建设活动“五进”先进班集体称号。

第三，通过参加各种学习活动，营造了良好的学习氛围。我们积极参加院、系组织的各种活动，如“名教师”推介活动、“课堂笔记秀”大赛、英语角活动、英语四级六级交流会、英语口语大赛、外文话剧大赛、大学生英语知识竞赛、外文模拟招聘大赛等，在参加活动中夯实自己的专业基础知识，检验自己的专业能力，通过参加各种各样的活动激发对专业学习的热情。我班一直积极参加各种学术讲座和竞赛，并在各种竞赛中都取得了较好的成绩。我班大学英语四级考试通过人数为 30 人；大学英语六级考试通过人数为 19 人；有 6 人通过专业英语四级考试；有 24 人通过普通话考级。在外语系外语文化节的英语知识竞赛中，我班有 4 人进入复赛，其中，谢伟宏、陈佳娜、何卓瑶同学获得优秀奖，郑旖旎同学获得小组赛的冠军和个人赛的第一名。在 2018 年全国大学生英语竞赛中，我班有 6 名同学获奖，这些成绩体现了我们扎实的专业知识水平。

第四，将“进课室”所学的知识灵活运用到实践中去。课堂上学习到的知识归根结底要运用到实际操作中去。实践是检验真理的唯一标准，而课堂学习是我们获取知识的基本途径。这个学期我班有 36 名同学参加了广州国际自动化展览会的专业实践活动，通过专业实践来检验自己的专业水平是否过关。另外，同学们经常通过寒暑假社会实践活动来丰富自己的社会实践经验，我班在广州工商学院 2017 年暑假社会实践活动评比中荣获“先进班级”称号。

（作者系外语系 2015 级商务英语 B6 班学生）

生命因阅读而精彩

周群靖

阅读，是人们获取知识的重要途径，是人类社会中不可缺少的学习活动。良好的阅读行为不仅可以增长知识，提升个人修养，而且对塑造民族精神、建设和谐社会具有重要的促进作用。

早在2012年，邝邦洪院长就提出适合民办应用型高校人才培养的“五进”教育理念。“五进”教育实践活动是一个统一体，从不同方面强调了大学生必备的多种素养。“五进”即“进课室、进图书馆、进实验实训室、进体育场馆、进社会”。“进图书馆”是“五进”教育活动的重要组成部分，是指大学生利用课余时间到图书馆查阅或借阅有关书籍资料，博览群书，拓宽知识面，改善知识结构。自入学以来，我积极响应邝院长的号召，经常进图书馆进行有效阅读，并且对课外阅读有着独特的体会。

或许，我们的心灵深处有这么一首美丽的童谣，希望在纷乱扰攘、嘈杂不安的环境中依然保有一份宁静；或许，我们的灵魂世界有这么一处美丽的家园，希望在尔虞我诈、物欲横流的世界里依然存留一个纯真的梦想；或许，我们的思想深处有这么一颗智慧的种子，希望在光阴似箭、岁月如梭的宇宙里依然固守一块精神的土壤……图书馆恰恰给了我们实现这种希望的可能。走进图书馆，我的灵魂就到了一个自由徜徉的园地，一个存在于心灵深处的秘密花园。为了寻找这份心灵的宁静，我每个星期都会挤出至少四个下午的时间到图书馆读书。我对图书馆的依恋，就如鱼离不开水，花草离不开雨露阳光一样，无法割舍，无法抛弃。图书馆让我的生活更加丰富和充实。

我很喜欢图书馆的报刊阅览室。在那里，我可以了解最新的资讯，获取最新的知识。《看天下》《世界地理》《成功营销》《凤凰周刊》《杂文选刊》《中国地理》等杂志，我几乎期期必看。此外，我特别喜欢人文类的作品，很多时候我一进图书馆的大门就直奔三楼。在那里，我们可以饱览人类文化经典，感受历史的悠久和曲折，纵览古今，在厚厚的史书里找到社会兴衰成败的规律。那里安静舒适的环境可以使我更加专注地读书。全神贯注的精神投入使我们变得更加睿智和深邃、更加广博和丰厚，使我们拥有超越红尘的大气和洒脱、雅致淡泊的人生格调，让我们的心灵变得宁静、澄澈。在图书馆的三楼，还有会计系精心布置的莲心图书室，里面有纸媒阅览区、观影区、涂鸦墙、五进墙和电子阅览区，还有许多文学作品，这是图书馆里非常别致的一角。

我很喜欢日本著名作家村上春树，拜读过他的代表作《挪威的森林》。《挪威的森林》讲述的是发生在1968年日本几个青年大学生身上的故事。20世纪60年代的日本，资本主义经济高度发展，同时精神危机与日俱增，生活在都市的人们就像无根的浮萍，孤独、空虚、失落，人与人的交流变少，心里的距离拉大。书中的人物木月、直子、初美就是在失去了信仰和精神寄托后感到生无可恋，选择自杀结束自己的生命。《挪威的森林》有两个主旋律：一是表现青年人对人生理想的空幻和缺失，二是表现青年人对爱情的幻美与忧伤。该书整体上感情色彩比较暗淡消极，悲伤情绪渲染较多。那为什么我还喜欢读《挪威的森林》呢？是因为这本书给了我一种启示：作品中那些主角的人生是悲哀的，但作为同龄人的我们不能像他们那样迷失在青春中、迷失在爱情中。对于青春，我们不要辜负这稍纵即逝的美好年华，而要努力做好自己，从容地走好人生的每一步；对于爱情，我们应该大胆地追求，让青春不留遗憾，但不要过于强求，爱情不是人生的唯一，只是一种经历，应从容对待得与失。从《挪威的森林》中，我还领悟到一个道理：人必须有信仰，有追求。有信仰，人才会有精神支柱；有追求，人才不会感到孤独空虚，人生态度才会更加乐观积极。

图书馆不但是一个使心灵恬静的地方，还是一个巨大的资源宝库。我们应该充分利用图书馆的学术资源充实自己，提高自己的信息获取能力。现代社会信息更新非常快，快速而准确地掌握信息，对于一个人的成功非常重要，因此掌握信息获取能力对于当今的大学生来说是非常重要的。掌握了丰富的前沿信息就具备了前进的资本，大学生将终身受益。信息获取能力，就是有效地对铺天盖地的各种信息进行检索、判断、选择、组织的能力。现今民办应用型高校大学生的信息获取能力较弱，希望各民办应用型大学能有针对性地对大学生进行相关的培训和讲座，以提高大学生的学术研究水平。

“进图书馆”活动的开展让我们深刻感受到阅读给人生带来的强大力量。大学阶段是一个人完善知识、增长才干、塑造性格的重要时期，我们应积极响应学校提出的“进图书馆”活动，践行“进图书馆”活动，充分利用图书馆资源进行广泛的阅读，积极地利用图书馆的电子资源，让其真正成为自己的良师益友，为自己能昂首挺胸地走进社会奠定扎实的知识基础。

（作者系电子系2017级电子信息工程B2班学生）

建设书香校园　用书籍点亮人生

刘穗智

邝邦洪院长在提出“以德为行，以学为上”教育思想的基础上，根据学院实际，倡导学生要做到“五进”，即“进课室、进图书馆、进实验实训室、进体育场馆、进社会”。“进图书馆”活动紧跟当下建设阅读社会的步伐，为书香校园的建设和图书馆的可持续发展提供了实践舞台。

我国历史悠久，文化源远流长。虽历经战火、朝代更迭，五千余年的文明亦不曾中断。维系中华文明血脉，使之薪火传承、生生不息的正是书籍。从古到今的积累和流传，正是这些散发墨香的纸张酝酿了我国传世文明。中华文明史就是一部图书史。我国历来有重视阅读的传统，虽然阅读在不同的时代受到政治、经济及教育等各方面社会因素的影响，有不同的特征，但阅读始终是一个不变的话题。国民阅读能力在某种意义上代表着国家软实力，因此我们更要重视阅读。今天的我们处在一个信息量大、发展迅速、形式多样的时代，获取信息的途径更加方便快捷。特别是随着计算机和网络技术的发展，人们可以通过网络进行阅读。但网络阅读是一把双刃剑，有优点，还有一些不足。网络信息丰富多彩，导致人们阅读时可能会信息迷航；网络信息冗杂，充斥着大量的不健康信息，容易误导人们。这些都会使读者的心态浮躁，现在的人们很少可以真正地静下心来，好好地读书，品读书香真谛。因此，在当前浅阅读、功利性阅读盛行的时刻，坚持深度阅读是必要的。

让我受益匪浅的书有很多。其中《邓小平人格》给我的印象最深刻。书的封面上有这样一句格言：“我的生命是属于党、属于国家的。我是中国人民的儿子。我深情地爱着我的祖国和人民”。邓小平是一个百折不挠、坚韧不拔、刚强不屈的英雄，是一个难不倒、吓不退、压不垮、打不倒的硬汉子，是一个任凭风吹雨打仍稳如泰山的人。邓小平创造了20世纪世界政坛上“三落三起”的政治传奇，为此，国外新闻媒体曾送给他一个雅号——“打不倒的东方小个子”。邓小平是世纪伟人、时代伟人、世界伟人，他在滚滚向前奔腾不息的历史激流中，锻造出坚强的意志和超人的智慧，树立起崇高的人格典范。邓小平为什么如此卓越？为什么是他在20世纪70年代后期的重大历史关头，登上中国的政治舞台，拨开迷雾，引领中国这艘巨轮驶上正确的航程？这里有许多原因。除了他巨大的功勋、威望、能力、智慧和深厚的权力根基外，也跟他不可抗拒的人格力量有很大关系，与他在长期战争环境和激烈政治斗争中磨砺出来的坚强性格、领导风格和高尚人品有很大关系。英国著名唯物主义哲学家和科学家弗兰西斯·培根有句名言："性格决定命运。"邓小平性格和人格方面最鲜明、最宝贵的一点是：刚强无畏、求真务实、革新求变和赤胆忠诚。这些中华民族优秀的品质集中在一个人身上，集中在一个领袖人物身上，就能产生无穷的魅力、巨大的凝聚力、感召力和折服力。邓小平是个"用特殊材料制成的"钢铁硬汉，是个在原则问题上寸步不让的坚定斗士，是个敢于直面强者、义无反顾的勇士。《邓小平人格》这本书给我的体会是，邓小平事业成功的前提是他独特的人格魅力，而他的人格是与他丰厚的知识底蕴和广博的书籍阅读分不开的。

我认为可以把读书人比作一种植物——竹子，虽清高傲物却仍能够清醒地认识自己，保持自己的本性。王子猷说，"何可一日无此君"；苏东坡说："宁可食无肉，不可居无竹。无肉令人瘦，无竹令人俗。人瘦尚可肥，士俗无可医。"这些都充分显示出竹子的优秀精神特质已经深入士人骨髓，邓小平就具有竹子般的高风亮节。

我喜爱的作家池莉曾经说过，人生的三重境界可以用这样一段充满禅机的语言来说明：看山是山，看水是水；看山不是山，看水不是水；看山还是山，看水还是水。这就是说一个人的人生之初纯洁无瑕，初识世界，一切都是新鲜的，眼睛看见什么就是什么，人家告诉他这是山，他就认识了山；告诉他这是水，他就认识了水。但是有些人通过自己的修炼，终于把自己提升到了第三重人生境界。人在这个时候便会专心致志做自己应该做的事情，不与旁人有任何计较。这时候的人看山又是山，看水又是水了。正是：人本是人，不必刻意去做人；世本是世，无须精心去处世，便也就是真正的做人与处世了。这充分说明了读书对提高自身修养的作用，可以使人们心境豁达、气度超脱。此外，读书的好处数不胜数。读书可以增加我们的知识储备，能让我们了解许多科学知识和人文知识，做到"秀才不出门，便知天下事"。读书可以使我们变得更加睿智，让我们像拥有"千里眼"般学会深度分析问题，具有"运筹帷幄，决胜千里"的思维格局，使人博古通今，掌握事物发展规律从而"未卜先知"。读书可以让我们更加励志，读一些有关历史的书籍，可以激起我们的爱国热情，史书中的英雄人物将激励无数后世之人为国家的强盛而努力奋斗。读书能提高我们的写作水平，"读书破万卷，下笔如有神"，读书过程就是一个文学素养和文采技巧提高的过程。"读万卷书，行万里路"是自古以来人们的共识。要想登上知识的高峰，要想感受登高处景色的壮阔，必须博览群书。知识是人类通向进步、文明和发展的唯一途径。

书是前人劳动与智慧的结晶，是我们获取知识的源泉。我们要让自己变得聪明起来，必须多读书，读好书。

“书本好比一面镜子，一头驴子照镜子，绝不可能看出一个天仙来。生活在书中比生活在人当中更幸运。”叔本华的这句话很形象地说出了书籍的“神奇”作用，无论是工具书还是小说都可以让我们增长见识，提高品位。“书是人类进步的阶梯”，真是至理真言。“进图书馆”活动在学院的广泛开展使我们深刻领悟读书的重要意义，也使我们掌握受益终身的本领。

（作者系电子系 2017 级电子信息工程技术 A1 班学生）

让英语飘进心灵角落

唐敏菁

这个学期，为落实学院邝邦洪教授提出的“以德为行、以学为上”的教育思想，积极践行学院“五进”实践活动，我多次参加了学校英语角的实训活动，通过与外教的实际对话，提高自己的英语会话水平，强化外语专业语言能力。我深深体会到，作为一个英语专业的学生，参加英语角是十分必要和重要的。

我之所以喜欢并参加英语角，主要是因为与其他口语训练方式，如课堂讨论、角色表演、看图说话、演讲比赛等相比，英语角为学生提供了一个自然、轻松、互动、自信的锻炼口语的环境。所谓自然，即在校园里，我们感觉很轻松、很自然。所谓轻松，是指与课堂相比，英语角的气氛更轻松。在课堂上，很多同学不愿意主动回答问题，害怕犯错。他们觉得在老师和熟悉的同学面前犯错是件丢人的事，而在英语角，这种担心淡化了很多。没有老师在场，很多同学没有心理压力，往往能发挥得更好。所谓互动，因为参加英语角的都是学习者，他们都想提高自己的英语水平，心态一样，距离更近，所以当出错或一时无法正确表达时，彼此能互相理解，还会尽力帮忙，甚至说上几句安慰的话语。所谓自信，是指参加英语角能让人更加自信。出于前述原因，一些平时非常内向的同学，在多去几次英语角之后，往往也能鼓起勇气，迈出艰难的第一步，随后发现原来和陌生人对话也不是一件很难的事情。如此，去英语角的次数多了，“面子问题”逐渐淡化，很多同学的“脸皮”越来越“厚”，甚至还会学到一些打破僵局的技巧。有了在英语角的成功经历，这些同学在课堂上的表现将会更加活跃。以下是我这学期参加英语角的一些体会。

一、培养对英语的兴趣

兴趣是学生的内驱力，引发学生浓厚的情感是学好英语的关键。参加英语角的同学，有一部分本身就对英语充满了兴趣，也有一部分是抱着玩一玩的心态来参加的。学校开展的英语角活动内容丰富、形式多样，例如用英语演情景剧、唱英文歌、玩英语小游戏等。我参加英语角“英文歌曲展示”主

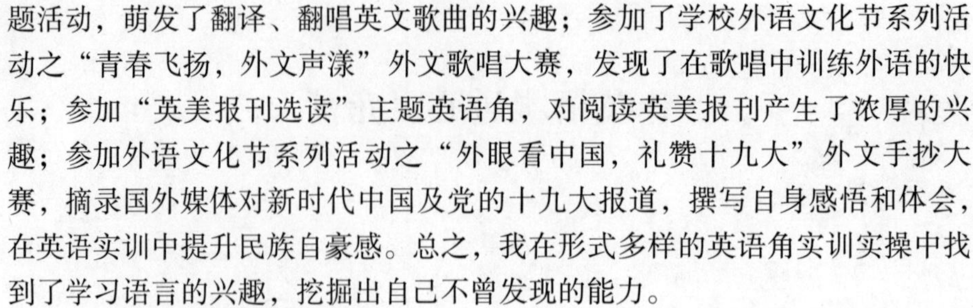

题活动，萌发了翻译、翻唱英文歌曲的兴趣；参加了学校外语文化节系列活动之“青春飞扬，外文声漾”外文歌唱大赛，发现了在歌唱中训练外语的快乐；参加“英美报刊选读”主题英语角，对阅读英美报刊产生了浓厚的兴趣；参加外语文化节系列活动之“外眼看中国，礼赞十九大”外文手抄大赛，摘录国外媒体对新时代中国及党的十九大报道，撰写自身感悟和体会，在英语实训中提升民族自豪感。总之，我在形式多样的英语角实训实操中找到了学习语言的兴趣，挖掘出自己不曾发现的能力。

二、拓展英语知识面

参加英语活动前，我对英语的了解主要是通过校本教材的知识传授。但随着英语在中国的普及，很多时候书本上并不一定有对我们生活起实际作用的英语知识。英语角通过自编英语小故事、安排课后读英语小故事、看英语电影、玩英语游戏等多种途径，让我在活动中不但接受生活学习工作中常用的英语，也让我更好地理解了英语的实用性，丰富了英语知识面。

三、增加口语锻炼的机会

说到底，英语还是一门语言课，仅仅会写会听是不够的，会说才是真正的重点。英语角将大部分时间放在同学间的口语交际上，用英语和肢体语言来表达自己的意思，尽量做到“No Chinese”。口语训练主要通过师生对话、学生相互情景对话的方式增加学生的口语锻炼，纠正学生的发音，使学生真正领悟英语的精髓，而不是单纯地学“哑巴英语”。

四、丰富第二课堂

自从参加英语角后，我的课余生活一下子变得丰富了起来，不再是课室、宿舍、食堂三点一线。交流、讨论、分享各自学习英语的体会，不但丰富了我的课余生活，还改变了我的学习方式，又放松，又有收获。

五、培养英语习惯

英国著名哲学家弗兰西斯·培根说：“习惯真是一种顽强而巨大的力量，它可以主宰人生。人自幼就应该通过完美的教育，去建立一种良好的习惯。”因此，对于刚接触英语角的我来说，培养一种良好的英语角学习习惯是很重要的。自从参加英语角活动后，我就坚持每一期都参加。慢慢地，英语角已成为我学习的重要组成部分，也成了我学习英语的习惯。在这里，同学之间大胆交流，锻炼开口说英语的能力，锻炼听力，增加词汇量，还学会很多英语俚语的表达等。

六、在生活中验证英语，激发参与意识

“生活是思维的源泉，在学生掌握了一定的语言知识及词汇量后，让学生联系生活，开展一些有趣的活动，以激发学生学习英语和参加英语角的积极性，在活动中使所学知识和技能进一步得到巩固。”这是英语角的主题。每学期，英语角都针对不同年级的学生开展不同的活动，如通过去“肯德基”吃快餐，了解各种快餐食物的名称。圣诞节本是外国的节日，但为了学习英语，英语角也举行了“Christmas Party”，让我们了解有关圣诞节的知识和词汇。

我们在活动中互相学习，取长补短，培养了创新思维和团结合作精神。特别是我在活动中的自主学习意识不断加强，活动时间已延伸到规定的时间外，形成了自己的活动时间。

（作者系外语系 2017 级商务英语 B3 班学生）

指尖上的数字魔术

陈小敏

广州工商学院在2014年升格为本科院校后，以创建高水平应用型大学为目标，根据学院实际，提出“以德为行，以学为上”教育思想。为引导学生进一步践行“德学”思想，通过实践能力训练，巩固课堂知识，不断提高实践操作能力，努力培养自身公共道德、职业道德和团队协作精神，最终提高全面素质、构建丰富的知识体系，更好地适应社会的发展需要，学院在“德学”基础上，提出“五进”教育实践活动，即以“进课室、进图书馆、进实验实训室、进体育场馆、进社会”为抓手的实践育人平台。

作为会计学专业的一名学生，我经过长达一年半的系统学习，在积极践行学院倡导的“五进”活动过程中，明白了大学期间在学习理论的同时提升实践能力的重要性。因此，在专业学习中，我特别注重理论与实践结合，并在实验实训过程中体会到这种结合带来的学习乐趣。在大一期间，我熟悉并掌握了会计基础、财经法规、中级财务会计、税法和成本会计等财务与会计方面的相关基础知识。在大二下学期，学院要求会计学专业的学生进实验室，主要对中小企业会计科目进行实训实操练习。以下是我进实验室进行中小企业会计实训的一些体会。

一、学会了中小企业会计科目的做账流程

在“会计基础”课程的实训过程中，我根据理论课上的学习内容，按实训项目步骤有序地完成了整个会计科目。从填制原始凭证，到根据审核无误的原始凭证编制记账凭证，再到填写总分类账、各种明细账、现金日记账、银行存款日记账等，最后编制会计报表。整个流程下来，我发现自己对从大一的基础会计知识到大二的中级财务会计知识的学习仅仅停留于表面，并未理解其内涵。这次进实验室实训实操，使我对这一流程有了更深层次的认识，更好地理解与掌握了会计做账的流程，因此也激发了我学习会计的兴趣及积极性。人们常说兴趣是学习最好的老师，当我们对一件事感兴趣时，我们自然会花时间去探索、学习，将被动的学习态度转化为主动学习的态度，并积极付诸行动。

二、在学习的过程中发现了自身的不足

第一，不够细心。遇到错误时心里会有些烦躁，有时候会看错数字（在会计这一行业，看错数字的后果很严重）或者漏登业务。

第二，业务不熟。看到一笔经济业务发生时，不能迅速地编制记账凭证即写分录。

第三，数字书写。会计做账对数字书写有严格的要求，我有时候写得太快会连笔。

三、对会计实训实操学习的一些看法

（1）实训时间太少。会计手工账是一门实操性非常强的课程，需要同学们花很多时间来完成和掌握实操内容。但是我感觉实训实操的时间不够充足，直接影响我们的实训效果。

（2）选用教材的缺憾。学校选用的教材，其实操内容很符合我校学生的实际学习情况，实操性很强。缺憾是理论指导不到位，我们在独立操作时有些难度。

（3）学生的岗位业务技能薄弱。在平时的课堂学习中，我们所学的知识是集各种职位于一身，即出纳、会计主管、总账会计、明细账会计、制单员、成本会计等。而根据实训内容做完一个月的账，我们感觉有难度。

（4）仿真资料少。会计实训课的仿真资料很少，没有涉及所有的基本经济业务，只涉及其中最基本的经济业务。这样很难提高学生的会计业务处理能力。

四、对会计实训实操学习的建议

我们在学习会计知识的过程中，深深感受到学校开展“进实验实训室”活动的重要性和必要性。在这个信息技术大爆炸的时代，如何才能更科学地安排课时、选用教材、掌握会计实训知识，是一个值得深思的问题。为此，我结合本次会计实训，对会计专业学生“进实验室”实训实操提出如下建议：

（1）增加会计专业实操的时间。学生要多进实验室实践才能更好地掌握实训技能，及时巩固课程内容。

（2）选用适合会计实训的教材。教师在挑选实训课程的教材时，可以考虑选择带有基础理论知识的教材，既有理论知识又有实操指导。

（3）小组成员实行“人岗分离、岗位轮换”制度。每组由 6 ~ 8 名学生

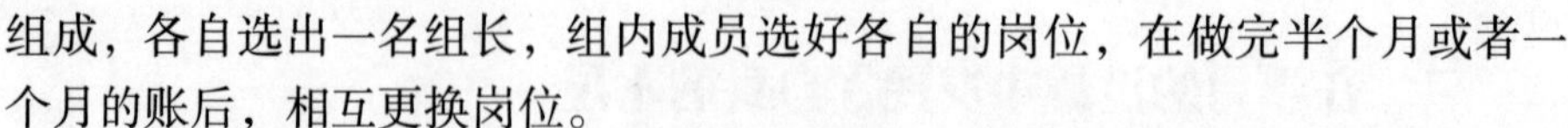

组成，各自选出一名组长，组内成员选好各自的岗位，在做完半个月或者一个月的账后，相互更换岗位。

（4）加强院校之间的会计实训课程交流。了解其他院校如何开展实训课程，交流实训的课程模式，设计出更适合本校学生的会计实训课程方案。

（5）购买仿真实训软件。在掌握基础实操知识的前提下，多做些仿真原始资料，让学生将理论知识灵活地运用到实践中去。其实，在实际工作中，一家企业的经济业务涉及方方面面。在学校学习的时候，学生只有先通过大量的仿真资料练习，才会熟能生巧，在实习或者工作期间高效地完成工作。

（6）加强校企合作。学校要加强与企业的合作，提供机会让学生到企业中去，感受真实的会计工作氛围，或者让学生到企业中学习，真正做到理论与实践相结合。

（7）建立实训实操的微信群或 QQ 群。尤其要建立师生交流平台（例如微信群、QQ 群等），让师生能够在交流平台上互动，这样既可以及时解决学生的问题，又能提高学生的学习主动性，进而激发学生的学习兴趣。

（8）借鉴学校的税筹实训课程经验，教师通过实训系统发布课后作业，学生在实训系统上做完作业后提交作业，这样学生可以加强对基础知识的学习和练习。

学校提倡的“进实验实训室”活动，促进了我们的学习兴趣，提升了我们的专业技能，让我们真实地感受到理论与实际结合的重要性，而不是停留于“纸上谈兵”。

（作者系会计系 2015 级会计学 B13 班学生）

运动伴我行

唐玉燕

学院开展“五进”即“进课室、进图书馆、进实验实训室、进体育场馆、进社会”教育实践活动具有深远的意义。“五进”教育实践活动是一个统一的整体，它从多方面强调了大学生必备的多种素养，将当代大学生的素质发展同面对社会发展应承担的责任紧密联系在一起，是当代大学生磨炼自身坚强意志、成长成才的重要途径。

“进体育场馆”是“五进”的重要组成部分。它对于当代大学生的全面发展有着十分重要的意义。大学生要经常到体育场馆进行体育锻炼，提升运动素质，增强体质。我对这一内涵的理解是在践行过程中慢慢加深的。

在进校伊始，我对学校提出的“进体育场馆”教育实践活动，只从字面意思理解它，简单地认为只要上体育课就行了。随着“五进”活动的开展，我慢慢地明白了“进体育场馆”的内涵，更加清楚地意识到了体育锻炼的价值以及它对于我们当代大学生全面发展的重要性。

人们时常认为学生的首要任务是学业，对于体育运动便会有些忽略，或者觉得它并不重要。事实上，这种想法是不全面且不应提倡的。拥有一个健康的身体是进行其他一切活动的基础。试问若是没有了健康，又何谈其他呢？因此进行适当的体育锻炼是必要的。

常言道：“生命在于运动。”身体健康是生命维持活力的基础。大学生“进体育场馆”，一方面可以进行体育锻炼，另一方面可以观看他人的体育活动或赛事。经常科学地进行体育锻炼可以强健体魄，而好的体魄有助于更好地感受生活、更好地学习。体育锻炼还可以提升我们的综合素质与能力，使我们更好地应对以后的挑战。体育运动则能让我们更加坚韧与果断，增强合作意识。积极参与各类体育运动，不仅可以促进身心健康、缓解和释放学习压力，也可以摆脱“灰色健康”的威胁。

在充分认识到进体育场馆重要性的基础上，我们应积极落实并认真践行“五进”理念，坚持进体育场馆。

首先，对于大学体育课程的学习应给予足够的重视。体育课是大学生直接接触“进体育场馆”活动的途径，也是进行体育锻炼时间占比最多的，所以要利用好体育课的锻炼机会。在体育教学过程中，大学生通过体育基础理论的学习、体育技能水平的提升以及体育运动项目的练习等方面，得到体育老师的直接指导。

其次，合理开展课外的体育锻炼是必不可少的。“进体育场馆”不局限于体育课程，体育课程时间有限，大学生应意识到课外锻炼的价值。当然，既然是为了强健体魄，锻炼时就应当注重对自身的保护，根据自己的承受能力和身体素质等方面量力而行，注意循序渐进。选择自己感兴趣的体育运动也可以使我们的身心都受益，同时能让我们感受到幸福和满足，这对于学习与生活也有一定的帮助。

最后，持之以恒。都说万事开头难，但是日复一日地坚持某件事对于大部分人来说更不容易做到。持之以恒能让一个人更为熟悉地掌握某方面技能，受益匪浅。当一个人日复一日地坚持把某一件事做好的时候，他会对自己的坚持感到惊讶。更重要的是，长期地坚持本身便是对身心的一种磨炼，它可以磨炼人的意志品性，诸如果断性、坚韧性、独立性、自制力等。这些品质在运动过程中得以体现，又在过程中不断地增强。

随着现代社会的不断发展，让学生“全面发展”也被越来越多的人所认同和提倡。如今，社会的发展和进步对大学体育教育提出了更高要求，即全面推进素质教育、培养学生的各项能力。“少年强，则国强。”作为当代大学生，只有具有强健的体魄，才能更好地实现自己的价值。“进体育场馆”有利于学生增强信心、坚定信念、提高毅力、培养终身学习和锻炼的理念，这不仅有益于当前，更为以后打下坚实基础。“五进”教育实践活动在学校中形成的文化环境，会潜移默化地渗透进生活的点滴之中，对学生的发展起着促进作用。

“进体育场馆”的过程不但是学校进行校园体育文化建设的过程，也是学生对自身素质的自我认知、自我培养、自我巩固和提高的过程。学生在进行体育锻炼的同时，也在磨炼意志以面对未知的挑战，学习保持积极进取的精神，在面对困难和挫折时仍旧保持乐观向上的心态。

高校体育文化与校园的德育、智育、美育等一起构成了整个校园文化。它的形成和发展与整个社会文化和国家事业的发展息息相关。作为一种社会文化现象，大学生积极践行“进体育场馆”活动，能够使校园文化不断迸发出新活力，让大学生终身受益，在以后的工作生活中不向困难认输、不向挫折低头，真正成长成才。

（作者系外语系2017级商务英语B3班学生）

生命不息　运动不止

区家杰

在大学生涯中践行“五进”实践活动，我认为意义重大。

在大学，普遍存在这样的现象：许多同学通常会忽视身体锻炼的重要性，下课跑回宿舍聊天睡觉，或上网玩游戏打发大量课余时间，即使学习认真的同学也认为去运动场是学习以外的事情，会浪费时间。为此，广州工商学院极力倡导“五进”实践活动，即“进课室”“进图书馆”“进实验实训室”“进体育场馆”“进社会”。

“进体育场馆”是我上大学期间践行“五进”最积极投入的一项活动。我在活动中展现了自己的运动技能，练就了健康的身体，获得了许多奖项，还收获了一群志同道合的朋友和许多欢乐。

所谓“进体育场馆”，就是我们大学生要积极走进体育场馆锻炼身体，以一个更健康的体魄迎接学习生活。我的理解是可以将其浓缩为两个字——运动。无论是学习期间还是毕业后参加工作，“进体育场馆”都是最重要的，因为“身体是革命的本钱”，没有健康的身体一切都是零。而要有一个健康的身体，就离不开运动。生命在于运动，运动是健康的基本，是生命的基石。

通过“进体育场馆”活动的实施，我们深刻意识到运动对于自身以及各方面发展的重要性。一名优秀的学生，只有保持健康的身体状态，才能够以饱满的热情投入到学习、生活和工作中去。

纵观我的大学四年，课余生活可以算是多姿多彩。这得益于学院的“五进”教育活动和学院以此开展的一系列丰富的实践活动。在学院及系部举办的各项体育活动里，大部分都有我的身影，展现了我作为学院学子的风采。

我坚持体育锻炼，连续三年参加了学院举办的校运会，每次都取得优异成绩。历次运动会的赛前赛后，我都在课余时间持之以恒地“泡”在运动场。渐渐的，我成为外语系里的体育骨干、运动会上的夺分高手。无论竞赛项目还是田赛项目，我都能拿到不错的成绩。我们外语系的体育竞赛成绩优异，总分排在学校的前三，与我的努力付出是相关的。参加竞赛时，我尽全力将每个项目都发挥到了最好，充分地展现自己的运动风采。只要进入体育场，我就感到特别自信、自豪，同学们都很羡慕我的竞赛成绩，所以“进体育场馆”是我最有激情的时刻。我认为体育运动不仅能使人有健康的体魄，也能锻炼顽强、自信、不怕艰难、不怕困苦的品质。

在体育课的选择上，学院也做了精心的安排，有篮球、排球、羽毛球、足球、网球、健美操、武术、毽球等课程，给我们提供了丰富的选择，促进我们全面发展，让我们体验到了体育运动的魅力。在大一，我选了篮球，大二选了网球和排球。每年学院都会举办体育节，各种体育项目更是层出不穷，有篮球比赛、网球比赛、健美操比赛等，极大地丰富了我们的课余生活。作为参与其中的一分子，我每天都会有固定时间进运动场锻炼身体。

学院组织大学生篮球比赛，我连续三年代表外语系参加，展现了外语系学子勇于拼搏的精神。学院的篮球比赛是每个系每一年最看重的一场比赛，很多系在前一学期就开始为比赛做准备。如进行篮球队员招新，筛选报名人员，为系部积蓄后备力量。到了举行比赛的学期，各系都在认真地训练，进行各项友谊赛、热身赛，篮球场天天都是一片运动的景象。此外，这些比赛的举办，也更加有效地调动了同学们的运动积极性。面临着比赛所带来的压力，同学们丝毫不敢懈怠。2018 年，是我参加大学生篮球比赛的第三年。作为球队的“三朝元老”，三年里，我不仅见证了外语系篮球队的发展，还见证了学院各系对比赛的重视程度，这可以从篮球比赛的宣传力度、赛制安排、裁判执法水平以及比赛氛围等方面充分感受到。

我还参加了学院举办的大学生网球比赛，获得了不错的成绩。网球运动是学院近年践行“进体育场馆”实践活动发展起来的新体育项目。为了发展网球项目，激发学生的运动热情，学院举办了网球比赛。通过比赛，同学们的网球水平提高得很快，参加网球运动的热情也很高，这体现在学院的网球比赛、参赛人数以及网球场运动的人数等方方面面，也使得学院打网球的氛围更加浓厚，技能水平更高。

除此之外，我还代表学院参加了大学生羽毛球比赛，获得了优异成绩。学院的羽毛球队参加校外比赛的成绩也非常优异。有了高水平的队员，比赛的精彩性就会展现出来，吸引更多同学参赛和观看。

在几年的大学生涯中，我常年坚持锻炼，参加了很多体育项目，促进了自身全面发展，提高了自己的综合素养，也获得了优异的成绩，并为集体争得了荣誉。我十分感激学院“进体育场馆”的号召，为我提供了如此多的平台，让我有机会可以发挥我的强项。

谈及体育上获得的奖项，我在 2016 年第 17 届校运会被评为活动积极分子并在男子跳高比赛中取得好成绩；2017 年参加第一届“网协杯”比赛获男子双打第四名；学院 2017 年大学生羽毛球比赛获得混合双打第四名；

2018 年代表外语系参加大学生男子篮球比赛夺得亚军。这些奖项一直激励我在“进体育场馆”方面更加奋勇前进。

时光荏苒，大学时光已过去四分之三。我希望在接下来的时光里，同学们可以多进体育场馆，参加体育活动，养成良好的生活习惯，走上社会以后，可以保持体育锻炼的优良习惯，展示我们作为广工商学子的风采。

（作者系外语系 2015 级商务英语 B5 班学生）

社会调研的“四个关键”和“四项收获”

——以“冷链食品物流运输以及销售设备数据准确性研究”调研为例

高婉欣　林淑莹　黄希岚　高坤勇

为积极响应学院倡导“五进”之“进社会”活动的号召，本团队全体成员进行了以调研为主要方式的社会实践活动。在物流系王文娟老师的指导下，我们开展了以《冷链食品物流运输以及销售设备数据准确性研究——以广东省江门市蓬江区为例》为题的调研活动，加深对当前冷链物流现状的了解，并运用学到的专业知识分析当前冷链物流发展趋势。

本次专业社会调研通过问卷调查、走访调查、实地考察等多种方式对江门市蓬江区的冷链物流运输以及销售使用的设备现状进行多方面的调查，并根据调查结果分析江门市蓬江区冷链物流运输以及销售设备的使用情况，初步了解我国冷链物流运输以及销售发展的现状。通过运用在学校学到的专业知识，结合社会调研活动，进一步加深对冷链食品物流运输以及销售过程的理解与认知，积累经验，为投身于我国冷链物流事业奠定必要的基础。

通过这次社会实践，我们对于专业社会调研工作又有了进一步的认识，对于如何做好一次专业社会调研积累了一定的实践经验，现总结如下。

一、选题很重要

选题决定了调研的意义，做好一次专业社会调研的前提就是从选题开始。选题“三原则”是：感兴趣、有价值、可操作。选择感兴趣的问题，要有发现问题的敏感度和解释问题的能力；选择有价值的问题，可以先进行文献检索，了解问题的研究现状及研究价值；选择具有可操作性的问题，即对问题的实施作进一步分析。以“冷链食品物流运输以及销售设备数据准确性研究”调研为例，选题来自对两个问题的发现：一是物流信息网络不完善。我国物流企业目前信息应用水平相对落后，对信息技术方面的应用不够多，应用层次较低，许多中小型物流企业基本不能实现信息化。二是冷链运输途中“断链”情况时常发生。冷链物流运营成本高，规模企业少，资金、管理、行业标准等方面尚无严格标准，导致企业入门门槛较低，行业整体冷链设备运用以及技术水平落后，无法为易腐食品的流通提供相应的质量保证。

二、调研的过程要实事求是

第一，做好调研计划安排。本次调研计划分为四个部分：确定调研主题、前期调研准备、整理调研资料、报告结果分析与 PPT 制作（见图 1）。

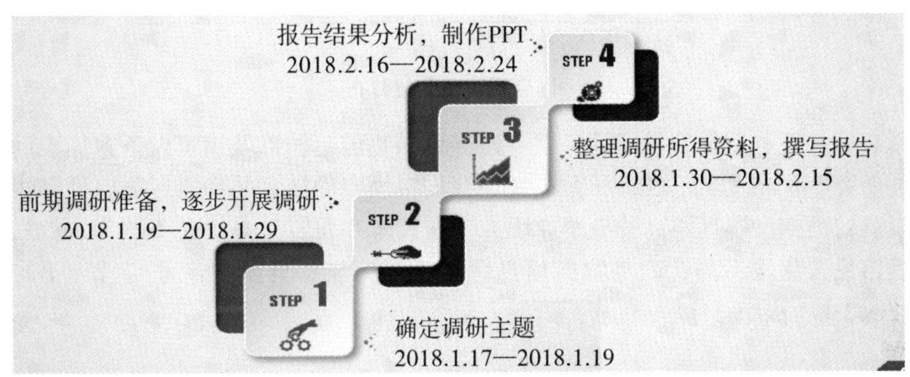

图 1　调研计划

第二，确定好调研对象。调研组对超市、商铺、海鲜市场进行了走访，并随机采访了当地养殖户和市民。本次受访女性占 68%，男性占 32%（见图 2），年龄主要集中在 18 ~ 30 岁（见图 3）。

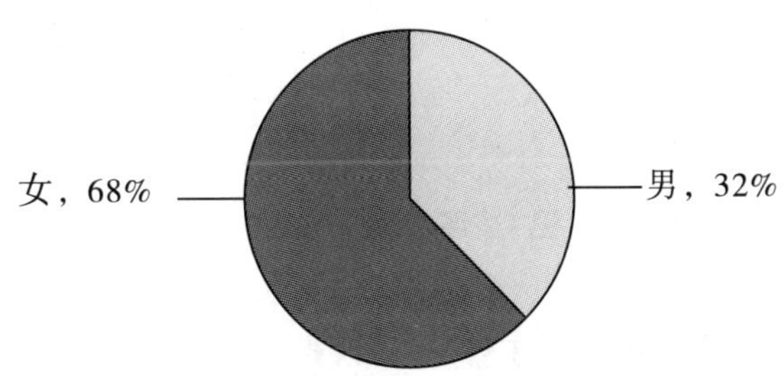

图 2　受访者性别比例

第三，设计好调查问卷。好的问卷才能客观地反映调查的情况，收集到的数据才更具参考价值，因而问卷设计非常重要。

三、调研的结果要注重提炼

在调研过程中收集到的数据、材料都是零散的，如何将这些零散的数据和材料进行整合、分析，进而提炼出总结性的结论是非常重要的，因为它关系到调研的结果是否能被别人所理解和接受，同时也关系到调研的结果是否

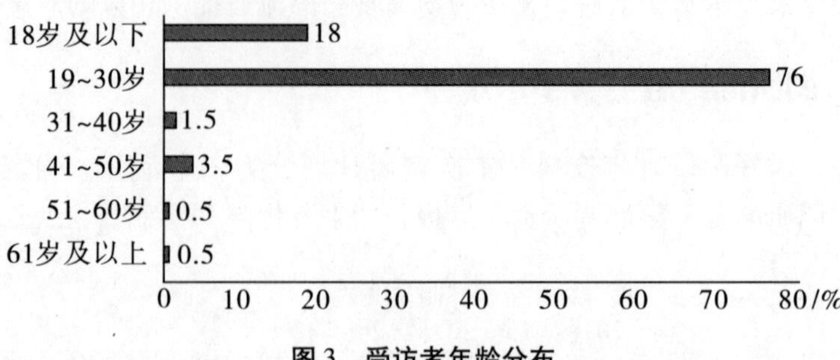

图 3　受访者年龄分布

具有客观性和创新性等问题。以“冷链食品物流运输以及销售设备数据准确性研究”调研为例，在调研数据中，我们提炼出冷链食品物流运输以及销售设备的数据准确性不高的五个原因：一是技术不足；二是设备不够先进；三是市民关注度不高；四是物流信息网络不够完善；五是运输部门管理不足（见图 4）。

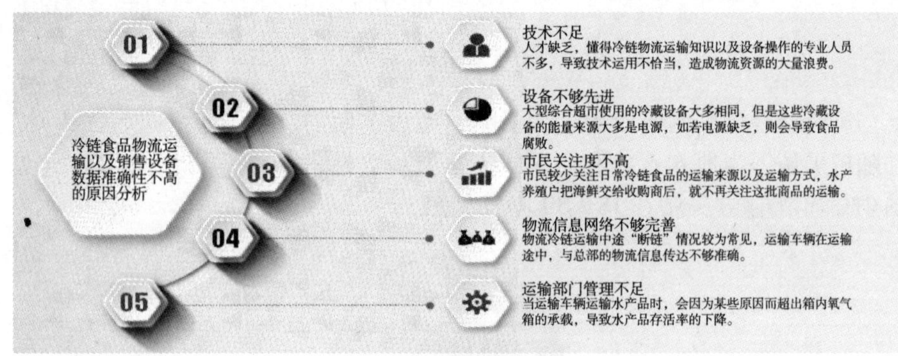

图 4　调研结果的提炼

四、调研提出的对策要具有针对性

以“冷链食品物流运输以及销售设备数据准确性研究”调研为例，针对调查结果所发现的问题，我们进行了分析，并了解有关政策，提出了以下措施和建议：

第一，培养专业人才。要培养大量的冷链专业人才，同时也要注意培养一定数量的食品专业人才，两者相辅相成。

第二，创新冷链物流设备。结合冷链物流的发展现状，针对冷链物流设备的缺点和不足，改进创新冷链物流设备，使用新能源，减少污染。

第三，提高市民关注度。可借助新闻媒体的帮助，提高市民对冷链物流的认识与了解，并利用新闻媒体监督市场上食品的运输及安全。

第四，完善物流信息网络。加快完善物流信息网络的步伐，减少因信息传递不准确而导致食品腐败现象的发生。

第五，加强对运输部门的管理。加大对运输部门的管理力度，提高工作人员的业务素质以及法律意识，对冷链食品物流运输而言意义重大。

五、结语

以上是做好专业社会调研的四个关键，缺一不可。只有抓好“四个关键”，我们才能有“四项收获”：

第一，通过实践了解社会发展。通过本次调研活动，我们对当今社会物流行业的发展有了更深刻的认识。

第二，对专业知识有了更深入的了解。本次调研活动，需要事先了解不少冷链物流设备的知识，也让我们深刻认识到专业知识的重要性和实用性。

第三，学会了真诚待人。本次调研活动让我们接触到不同的人群，而调研对象的反应让我们认识到只有真诚待人才能得到别人的真诚和尊重。

第四，培养了做事积极主动的态度。本次调研活动要求队员要有饱满的热情和灵活机动的方式方法才能有效地开展。通过本次实践，大家不但学会了如何做社会调研，也知晓了做任何事情都要认真、主动、积极，这样才能达到预定的目标。

（作者系物流系2015级食品质量与安全专业学生）

投身家乡社会实践　增强家乡文化自信

叶志成

我是东莞市横沥镇人。我一直有一个心愿，那就是投身于家乡的社会服务。2018 年 1 月，经过两轮面试之后，我顺利加入了横沥镇大学生成长促进会（以下简称“成促会”），成为该会的一名成员，开始了为期半个月的寒假社会实践。横沥镇大学生成长促进会，隶属于共青团横沥镇委员会，是具体负责横沥镇大学生暑期社会实践活动（如大学生篮球赛、大学生定向越野、“三下乡”、社会调研、工商模拟市场等）的公益组织。“成促会”作为这些活动的主要组织者和执行者，担负着动员广大大学生积极参与活动和保证活动顺利开展的重任。

1 月 30 日是我在“成促会”工作的第一天。这一天，会长给我布置了第一项工作——写一份联谊策划书。我接过任务，心里暗自感叹：幸亏我在学校的写作课上认真学习过写策划书，否则今天可能就要出丑了。因为有写作的经验，我很顺利地完成了任务，并在提交会长审核时得到会长的高度肯定。接着，按照工作安排，我开始着手采购联谊会的相关物资。这项工作看似简单，实则很考验人。作为一个活动的策划者和统筹者，要兼顾的东西实在是太多了：一是要考虑周全，避免失误；二是要耐心细心，避免重复。是时候弘扬工匠精神了！

2 月 1 日，2018 年的“春运”开始了。“成促会”需要到横沥客运站进行春运协助工作。在这寒风凛冽的冬天，“成促会”志愿者按照工作安排，尽自己所能帮助有需要的人，护送外来务工人员踏上回家的旅程。我的工作是装扮成横沥镇的吉祥物“犇犇”。我穿着工作服工作了两个小时，体会到了原来一直给我们带来欢乐的人偶在好热好闷的工作服里是多么不舒服啊！但是看到外来务工人员拿到我们派给他们的新衣服时脸上洋溢着的笑容，听到每一句温暖至深的“谢谢”，我顿时没有了热和闷的感觉，心里美滋滋、暖烘烘的。真是应了一句话：“我奉献，我快乐！”

2 月 1 日晚上，“成促会”组织了一场大学生观影活动。我的任务是在电影院门前接待前来签到的大学生并对影片进行宣传。本次观看的影片是《无问西东》，一部我期待已久的青春片。但看完这部影片之后，我才发现这部电影呈现出来的不仅仅是“青春”，更重要的是“对人生的思考”。我对观影后的大学生进行了采访，他们一致反映在这部影片当中得到了感动、力量和反思。影片中“愿你一生，爱你所爱，行你所行。听从你心，无问西东”的台词让他们刻骨铭心。刹那间，我领会到了“成促会”的用心：选择一部好电影，给大学生带来思考，促进大学生成长，这就是“成促会”的责任，这就是服务！

2 月 2 日，“成促会”组织开展新年探访老人活动。虽然天气有点寒冷，但却阻止不了我们探访老人的行动。我们早早集合，将物资准备好后迅速动身前往老人住所。到了老人的家里，志愿者们热情地为老人戴上我们带去的新围巾，帮老人打扫卫生、贴春联，和老人聊家常，让老人感受到温暖。由于时间有限，探望每户老人只有 20 分钟的时间。每每与老人离别，我总能看到他们眼神中的不舍与期待。最让我记忆深刻的是一位行动不便的老人，她每天只能躺在床上等待着自己的儿子来给她做饭。我当时心里说不出的难受。探访完老人后，我更懂得我们应该多关心身边的老人，这不仅是对我国“尊敬老人、关心老人、爱护老人”中华传统美德的弘扬，也是对我们大学生培养尊老敬老意识的要求。

2 月 7 日，“成促会”组织了横沥镇第一支以大学生为主的护河志愿队在横沥镇周边开展河涌保洁和护河宣传的工作。在宣传的过程中，我也学习了内河涌整治和截污管网相关知识，进一步加深了对习近平总书记“金山银山，不如绿水青山”生态理念的理解和认识。

2 月 8—9 日是横沥镇科普活动，连续 3 天有 150 个家庭共 450 位参加者。“成促会”是本次科普活动的协办方，我们的任务是给参加活动的家庭进行科技知识普及。由于是亲子活动，遇到的“熊孩子”还真不少，我们除了完成科普任务以外，还要负责让“熊孩子”安静下来，认真听讲，工作一点都不简单。

2 月 12 日，“成促会”举办了首届“春风徐来　缘来是你”交友会。在这次活动中，我第一次当主持人，整个过程中虽然有点紧张，但还是顺利地完成任务，并获得了好评。

就这样，为期半个月的社会实践在紧张忙碌的各类活动中结束了。我曾经觉得志愿服务只是一场梦，没想到能在“成促会”圆梦。虽然在这个过程中也遇到了一些困难，但总算还是圆满完成。为期半个月的“成促会”工作给我留下了无法忘怀的记忆，学习到很多，也吸取了一些教训，思想上也受到了警醒。

这一次的社会实践，让我更进一步地了解了家乡的历史，关注了家乡的发展，增强了对家乡的文化自信。在实践的过程中，我了解到横沥镇是“广东省模具制造专业镇”“中国模具制造名镇”，是东莞8个重大产业集聚区之一，更是“广东省教育强镇”“国家卫生镇”“国家级生态乡镇”。但这些成绩不是轻易取得的，而是在经济发展潮流中奋勇前进取得的。20世纪90年代，横沥镇模具产业兴起，2008年金融海啸后，没有品牌和技术的横沥镇模具产业的短板显露无遗。但同时，正快速发展的汽车工业、轨道交通、航空航天、新能源等领域为模具产业发展带来了庞大的市场需求。面对挑战与机遇，横沥镇模具产业靠着创新实践实现了“华丽转身”，从而带动了整个横沥镇的飞速发展。这让出生于这片土地的我感到无比的骄傲和自豪。

这一次的社会实践，也让我更进一步地发现了自己身上存在的不足；让我懂得了只有自身素质提高了，才能帮助更多的人；让我明白了平日里老师苦口婆心教导我们的用心；让我学会了如何将学校里所学的理论与实践结合起来；让我感悟到机会总是留给有准备的人。新的一年，在这一段美好经历的督促下，我一定要更加努力，将来为家乡、为祖国奉献自己的青春力量。

（作者系电子系2016级电子信息工程专业学生）

实践研究
活动编

推名师、助教学，促进学生“进课室”
——“名师推介活动”纪实

彭　彩　范国增

一、活动主题

推名师、助教学，促进学生“进课室”。

二、活动目的

为促进学院“进课室”活动的开展，使学生积极主动地进入课室听课、复习，真正在课室中有所学、有所悟、有所获。“进课室”实践研究课题组和外语系组织联合，于2017年9—11月在2015级外语系商务英语B6实验班中开展了“推名师、助教学，促进学生‘进课室’”——“名师推介活动”。

三、活动时间、地点、安排及参加人员

（1）活动时间：2017年9—11月。
（2）活动地点：广州工商学院花都校区。
（3）活动安排：名师讲座、名师公开课。
（4）参加人员：外语系名师、2015级商务英语B6班学生。
（5）活动承办方：广州工商学院外语系团总支学生会。

四、活动安排

（一）名师讲座

广州工商学院外语系师资雄厚，有一大批长期奋战在外语教学一线的专家学者。本次活动向学生推介了7位在师生中声誉很高的教师，他们分别是外语系主任高凤江教授、刘晓华教授、陈式侯教授、周正秀老师、牛雪健老师、日语名师高亮老师、外籍教师Geoff。邀请多年从事英语教学和研究的

教授们为学生做了一场讲座交流会，包括名师英语秀、名师传授英语学习的秘诀、名师现场解答等。交流会上，学生热情高涨，师生互动频繁。

（二）名师公开课

本次名师公开课以英语角和日语角的形式开展，以文化背景为切入口，运用体验式教学方法，在模拟场景中激发学生的语言学习兴趣。

1. 英语角

时间：2017 年 10 月 17 日

地点："老港记"音乐餐吧

主题：Chinese fashion

主持教师：Geoff

活动内容：Geoff 通过图文结合的方式向大家展示了耳环、围巾、戒指等物件，然后抛出了"在中国，你认为什么是流行元素"的问题，学生由此开始热烈地讨论。对每个学生的发言，Geoff 都给予了肯定，并表达了自己的看法，启发学生多方位地了解和定义"时尚"。

2. 日语角

时间：2017 年 11 月 7 日

地点：外语楼一楼

主题：秋日祭

主持教师：高亮

活动内容：本次日语角开场节目是日语歌舞表演；然后是小游戏环节，学生通过游戏通关收获了很多小礼品；最后是 DIY 环节，学生可以学做寿司或者手工 DIY 晴雨娃娃等。边玩边学，还可以吃到美味的寿司，学生表示活动很有趣，收获颇丰。

五、活动小结

经过系列活动，一方面提高了学生在课堂上认真学习专业知识的积极性；另一方面也增加了师生之间的交流互动，达到了教学相长的目的。

（一）增强课堂魅力，吸引学生"进课室"

名师教学，让学生瞬间迸发出极大的学习热情，学生的注意力高度集中在课堂上。在名师讲座上，教学经验丰富的老教授们向学生传授高效的外语学习技巧，优秀的年轻教师们为学生解答各种学习困惑。英语口语课上，学生被教师纯正地道的发音深深折服，教师现场纠正了学生的单词发音，同时也教会了学生各种不同的语义表达，使学生对外语学习愈发感兴趣。在日语兴趣课上，日语教师先从日本文化开始引入，然后拓展到日本饮食、音乐、节日、服装、交通等方面，使原本枯燥的语言学习变得愈发丰富有趣。英语角是学生活跃度颇高的环节，它使学生对中西文化有了更深入的理解。名师教学，更加注重“教学”而非“教材”，更加注重教学内容与学生兴趣和社会发展的结合，针对不同的教学内容，灵活设计教学形式和方法，让学生乐于接受并真心喜欢。语言学习贯穿听、说、读、写等各个环节，“老师讲，学生听”的静态教学模式已不能适应当下的课堂要求，名师教学让课堂“动起来”，充分调动学生的各种感官，使学生真正学习到语言技巧并能准确表达运用。

（二）提升课堂质量，营造学习好氛围

传承学院“正德厚生，励志修能”的校训精神，外语系始终坚持营造浓厚的外语学习氛围，鼓励学生用心听、开口说、认真写。每一期英语角都有一个主题，学生在一定的氛围下有更多的机会使用英语、积极参与、肯定自我、发展自己，培养和提高自主学习能力。名师讲座交流会成效显著，不仅坚定了学生学习英语的信心和决心，而且践行了学院“以德为行，以学为上”教育思想，有助于巩固“相互交流，共同进步”的良好学风和浓厚的学习氛围。公开课提高了学生的英语沟通应用能力，提升了学生的跨文化交际素养，并很好地展示了学生的青春风采，有助于学生夯实、扩展英语基础知识和基本技能，全面提高英语综合运用能力。能力的提高伴随而来的是成功的喜悦，而这将进一步增强学生学习的积极性。

从名师教学系列活动的举办效果来看，学生认可度很高，参与度也很高。外语系多年坚持注重营造良好的学习氛围，开展丰富的课外学习活动，积极引导，努力激发学生的求知欲望，使学生渴望学习，让“进课室”成为学生每天都想要做的事情，成为他们良好的学习习惯。

晒笔记、促“进课室”，建设良好学风

——“笔尖下的美”课堂笔记大赛

何玉花　范国增

一、活动主题

晒笔记、促“进课室”，建设良好学风。

二、活动目的

为促进“进课室”活动的开展，引导学生掌握正确有效的笔记方法，提高课堂听课效率，外语系于 2017 年 10—12 月开展了“笔尖下的美”课堂笔记大赛活动。

三、活动过程及内容

（1）动员阶段。首先，外语系团学公众号撰写推文，由各班宣传委员发送至各班 QQ 群、微信群。其次，辅导员利用班会时间，做好参赛学生的信息登记工作。

（2）比赛过程。

初赛：班委成立评委小组，筛选出班级 5 名学生的笔记参加全系复赛。

复赛：外语系全体辅导员担任评委，对全系参加复赛的笔记进行评分，最终评出一等奖 3 名、二等奖 5 名、三等奖 8 名、优秀奖 9 名。

四、活动小结

本次课堂笔记大赛，通过相互分享做笔记心得及技巧，展示和传阅最美笔记，使学生更加重视笔记对语言学习的重要性，学会做好课堂笔记的方法，培养课堂做笔记的良好习惯。学生在活动结束后认为本次活动非常有意义，既了解到许多关于课堂笔记的策略，又更加深刻地认识到笔记对语言学

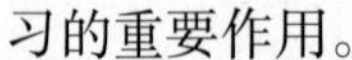

习的重要作用。

首先，本次活动改变了学生做笔记的初衷，从“要我记”变为“我要记”。做笔记的过程，也就是对知识的强化过程。众所周知，英语学习是点滴积累的过程，尤其是英语语法，短时间内很难将这些知识钻研透并牢固记住，而课堂笔记则能让学生及时将知识点记下来，在课后复习的时候逐一理解、逐一分析，如此一来，便能强化课堂知识记忆，加强对知识点的巩固。学生一致认为应该端正记笔记的初衷，做好课前预习，分清课堂内容的重难点，这样才能在听课过程中，紧跟教师的思路，做到眼看、耳听、心到、脑动、手记的协调。不能只听不记，也不能只记不听。只有以听课为主、记笔记为辅，两者高效配合，才能有效掌握课程的重点及难点，发挥笔记的最大作用。笔记所给予学生的不仅仅是知识，同时还能锻炼学生的自主学习能力。要想提高自主学习能力，提升整体素质，记笔记是行之有效的途径之一。

其次，本次活动改变了学生“有 PPT 不需要笔记”的错误想法。随着多媒体在教学中的广泛应用，学生在相等时间内接触到的信息量远远超出从前，教学信息量的增大及讲课速度的加快都使学生对多媒体课件产生依赖感。这种依赖感衍生出的是在课堂上听课不专心及懒得做笔记的消极行为。参加活动的大部分学生都提到，有时老师的讲课速度太快，与其辛辛苦苦抄笔记，还不如课后复制 PPT 回去看，有了 PPT 就不需要在课堂上动笔了。这种错误想法会导致恶性循环，而产生这种错误想法的根源就是学生没有意识到笔记对于语言学习的重要性。本次活动的举办目的及意义就是对这种错误思想及恶性循环进行积极干预，让学生了解到笔记有查漏补缺、解惑修改、补充巩固的具体作用。

再次，本次活动让学生掌握了更多记笔记的技巧。通过互相分享环节，学生提出四点重要技巧：一是笔记可以多种多样，最重要的是必须做到重点突出。学生没有必要将教师上课所说的每句话都记录下来，而应着重记录知识要点、难点和自己的疑点，可以分列提纲，对笔记内容进行排序，使之层次分明、条理清晰。另外，可用荧光笔、星号标注重点、难点，用图标、图表、图画等形式简练地表达语义，使笔记简洁易懂。二是在规范用字的基础上尽量提高书写速度。书写不能太潦草，不能使用自己下次阅读时无法识别的缩写形式，应做到字迹清晰，选用自己熟悉的符号和惯用的缩写形式。三是善用思维导图能更好地提升做笔记的速度及记忆深度。在平时的学习中要根据记忆特点经常翻阅和复习笔记，归纳整理和深层加工笔记，使其成为自己的知识财富，还要勤于对自己的笔记进行自检，同学间也可以互检，及时查漏、纠错。四是要在笔记本上留下一块区域，将自己的听课随感、意见、经验体会记录下来，与讲课内容区分开，以方便课后思考并延展知识点。

本次活动结束后，学生普遍表示获益匪浅，希望学院多开展诸如此类的学习方法研讨交流会，营造一个良好的学习氛围，提升大家的自主学习能力，更好地将“进课室”付诸实践。

诵国学、扬“五进”，促进学生“进图书馆”

——“国学经典朗诵比赛”纪实

赵永林　杨朝晖

一、活动主题

诵国学、扬“五进”，促进学生“进图书馆”。

二、活动目的

在广州工商学院图书馆指导和支持下，“进图书馆”实践研究课题组与学院学生会、团委读者协会联合举办了以“诵国学、扬‘五进’，促进学生‘进图书馆’”为主题的国学经典朗诵比赛活动，目的是进一步在大学生中弘扬中华优秀传统文化，营造浓厚的校园阅读氛围，更好地推进学院“五进”之“进图书馆”活动的开展。

三、活动时间、地点及参赛对象、报名方式

（1）活动时间：2017 年 12 月 20 日晚 7：00。

（2）活动地点：广州工商学院三水校区第二教学大楼 D301 课室。

（3）参赛对象：广州工商学院三水校区在校学生。

（4）报名方式：通过读者协会公众号报名并递交选手相关信息。

四、活动安排

（一）活动阶段

（1）前期宣传。读者协会通过微信公众号、朋友圈、摆摊设点等方式对国学经典朗诵比赛活动进行宣传。

（2）接受报名：通过读者协会公众号接受报名，并登记选手相关信息。

（3）初赛。收集报名选手上交的初稿，组织有经验的教师对初稿进行甄选、评审，确定入围名单。

（4）决赛。进行现场比赛，最后评出获奖作品。

（二）分工情况

（1）活动发起及指导："进图书馆"实践研究课题组、学院图书馆。
（2）活动方案设计及组织：读者协会策划部。
（3）活动推广宣传及相关信息发布：读者协会文秘部。
（4）比赛场地布置：读者协会宣传部。
（5）物资准备及现场组织：读者协会外联部。

（三）奖项设置

一等奖 1 名，二等奖 2 名，三等奖 3 名，纪念奖数名。

（四）评分标准

表 1　评分项目及标准和要求

评分项目		标准和要求
主题内容（30 分）		寓意深刻，富有感召力和教育作用
语言表达（40 分）	发音（20 分）	发音清晰，声音响亮，普通话准确
	语速（10 分）	语速恰当
	节奏控制（10 分）	节奏能根据朗诵作品本身情感要求有所调控
非语言表达（20 分）		能通过动作、表情、神态等非语言表达的变化体现作品情感
礼仪（10 分）		上、下场时致意、致谢，服装得体、自然大方

五、决赛过程

2017 年 12 月 20 日晚，由学院图书馆指导、"进图书馆"实践研究课题组及团委读者协会主办的"诵国学、扬'五进'"国学经典朗诵比赛在第二教学大楼 D301 课室举行。现场气氛热烈，参赛者士气高涨、慷慨激昂。这场别开生面的朗诵比赛收到了意想不到的效果。在比赛过程中，表现较为突出的是第一组、第七组、第十三组和第十五组。

第一组参赛作品是《木兰辞》。该小组由四名女生组成，她们声音铿锵有力、音色如钟，小组分工明确，肢体语言丰富，再现了花木兰女扮男装替父从军那英勇果敢的英雄气概。

第七组参赛作品是《水调歌头・明月几时有》。该小组的三名成员完美地诠释了“诗歌”一词的含义。朗诵开始时，一串动听的、润人心田的歌声传出，环绕于整间课室；紧接着，朗朗诵读之声伴随着歌声响起，诗与歌的完美结合，勾勒出一种皓月当空、孤高旷远的意境（见图1）。

图1　第七组朗诵《水调歌头·明月几时有》

第十三组参赛作品是《兵车行》。这个小组虽然只有一人，但表现不俗。朗诵过程中，选手时而高亢悲愤，时而低声悲鸣，生动地把诗人悲愤却又无可奈何的情感表现出来，似乎把现场的观众带回那个唐王朝由盛而衰、遍地废墟的安史之乱时期。

第十五组参赛作品是《蜀道难》。该小组由男女二人组成。两人配合默契，男声裂云穿石，女声温柔细腻却又不失气势，两者相互呼应，将《蜀道难》这首气贯长虹的唐诗展现出应有的气象。

各组参赛选手朗诵结束后，图书馆指导教师赵永林也即兴朗诵了岳飞的《满江红》。

在认真听完十五组选手的朗诵后，思政部雷源老师受邀到讲台上进行点评。他先是对参加朗诵的十五组选手的表现给予了肯定，表扬他们出色的发挥，同时也指出各组中存在的一些不足，提出了改进建议。

经过选手们的紧张角逐，最后由评委进行客观公正的评分，选出了一等奖、二等奖、三等奖作品。

六、活动小结

经典名著是经历千百年考验而保留下来的文化精髓，其思想价值和文学价值影响着一代又一代华夏儿女。本次“诵国学、扬‘五进’”活动的开展，对于引领学生传承经典文化、接受人文精神熏陶、营造浓郁的书香校园氛围、促进大学生提高“进图书馆”的积极性起到了较大作用。

一是培养了学生的健康人格。通过对传世经典的朗诵，学生深刻感受到经典作品中蕴含的人类思想智慧，并在潜移默化中把这些智慧作为自己人格塑造的思想范式，指引着自己的价值取向和行为取向。例如学生在朗诵《论语·宪问》时，被“修己以安人”的严于律己精神所感染，并把这种精神作为加强自我修养的动力。又如通过朗诵《木兰辞》，对木兰女扮男装替父从军的英雄气概和英勇无畏的精神感动和惊叹，强烈的家国情怀油然而生。

二是提高了学生的审美能力。在这次活动中，无论是参赛者还是观摩者，都能从激昂的朗诵声中领略美妙的意境，感受作者的情真意切。在这些传世美文的艺术熏陶下，学生学会了发现美、欣赏美，提升了审美情趣和审美水平。

三是激发了学生阅读经典的兴趣，让他们充分认识到经典阅读的重要意义。在比赛过程中，参赛者对此次活动十分重视，从备战到现场比赛，个个全情投入，精神饱满，朗诵声情并茂、生动传神，充分体现了对经典作品的阅读热情。中华民族历史悠久，文化经典更是灿若星河，好的书籍就好像一顿丰盛的大餐，能给学生带来丰富的营养和无穷的力量。阅读经典能让学生在传世之作中受到启迪、得到感悟、获得智慧。阅读经典使人的信念更加坚定，情感更加丰富，精神更加愉悦，立志更加高远，心智更加纯净。通过本次活动的开展，学生对中华文化的精髓了解得更加深刻，对经典作品的深远意义有了高度的认识，这为以后阅读习惯的养成、阅读内容的优化打下基础。

四是提高了学生对“进图书馆”教育活动的认识，为进一步推进“进图书馆”活动的深入开展奠定了思想基础。“进图书馆”活动是“五进”教育的重要组成部分，旨在通过开展各项课外阅读活动，提高学生的阅读积极性。本次经典诵读大赛的影响辐射全校，一方面，使学生在亲身参与活动中体验阅读带来的快乐，真正体会学院倡导的“五进”之“进图书馆”教育的深刻意义；另一方面因宣传范围大、参与面广，起到了极大的引领和带动作用，将在全校范围内掀起“多读书、读好书、好读书”的阅读热潮，营造浓厚的阅读氛围。

读出名著之“声”，激发学生阅读热情

——记“经典名著配音大赛”活动

黄悦标　杨朝晖

一、活动主题

读出名著之“声”，激发学生阅读热情。

二、活动目的

习近平总书记说：“读书可以让人保持思想活力，让人得到智慧启发，让人滋养浩然之气。”当今大学生是实现中华民族伟大复兴的中国梦的生力军。大学生的思想道德素质和科学文化素质直接影响国家的未来发展。为了激发大学生的阅读热情，提高大学生的人文素养，切实落实广州工商学院“五进”之“进图书馆”活动的开展，特举办此次“经典名著配音大赛”。

三、活动时间、地点和参赛对象

（1）活动时间：2017 年 10 月 11 日下午 2：30—4：30。

（2）活动地点：广州工商学院三水校区第一教学楼 C306 课室。

（3）参赛对象：物流系 2014 级物流管理 B7 班全体学生。

四、参赛要求

（1）以宿舍为单位参加比赛。

（2）对相关的名著影视片段进行配音，配音时长不少于 5 分钟。

五、评分标准

（1）清晰流利（20 分）：语言流畅，咬字清晰，声音响亮。

（2）音色音调（20 分）：音色音调与影视作品人物相似。

（3）音画同步（20 分）：语速与影视人物发声同步。

（4）情感表现（20 分）：能通过语言润色充分表达影视作品人物的情感。

（5）团队配合（20 分）：团队各成员间能配合默契。

五、奖项设置

一等奖 2 个，二等奖 3 个，三等奖 5 个，纪念奖若干。

六、活动过程

本次经典名著配音大赛活动的参赛宿舍共 15 个，参赛人数共 56 人，参赛作品 15 个，包括《平凡的世界》《格列佛游记》《红楼梦》《四世同堂》《水浒传之李逵落井救柴进》《西游记之三打白骨精》《红楼梦》《追风筝的人》《活着》《三傻大闹宝莱坞》《三国演义之草船借箭》《水浒传之武松押解回京》《西游记》《三国演义之桃园三结义》《水浒传》等。

学生对本次比赛反应热烈，积极参与，认真对待比赛的每一个环节。在备战阶段，学生在图书馆和互联网上查阅资料，认真分析多部名著的特点，精心筛选配音作品和片段，确定配音作品后反复排练，不断揣摩影视作品中人物的性格特点，探讨配音技巧，模仿人物的发音、声调、语气甚至表情、神态、动作，力求把人物的鲜明特点表现得淋漓尽致。

在比赛中，学生的表演精彩纷呈，赢得了观众阵阵热烈的掌声。其中张钊敏同学的配音形神俱备，丝丝入扣，把李逵鲜明的性格特点表现得惟妙惟肖，仿佛把观众带到了原创作品中。最后，3 栋 607 宿舍和 3 栋 603 宿舍的学生表现最突出，获得了本次比赛的一等奖。

七、活动小结

“腹有诗书气自华”，书籍能使人拓展知识视野，提高审美能力，对提升大学生思想高度具有极大的促进作用。养成良好的阅读习惯是大学生成长成才的必修课。本次名著配音比赛活动举办得十分成功，得到全班学生的大力支持和配合，收到了预期效果，使参与活动的师生们受益匪浅。

对学生而言，本次活动通过让学生参与名著影视作品的配音，促使他们积极阅读优秀的文学作品，增长知识，提高文学涵养和写作技能，锻炼组织策划能力。

首先，通过阅读名著对历史知识有了较为深入的了解。我国经典文学名著是历史的沉淀，每一部作品都是特定历史时期的写照。通过阅读名著，学生充分了解作品创作所处历史阶段的社会政治、经济、文化等发展条件及人文特点，提高了自身的人文素养。

其次，通过阅读优秀作品提高自身的写作能力。一方面，学生通过模仿名著里人物的语言，深刻感受到作者对人物语言、心理、动作、神情描写的精妙之处，学习了作者的写作技巧。另一方面，优秀作品里蕴含丰富的词汇，学生在配音的过程中增加了词汇的积累，加强了写作功底，这对提高口头和书面语言表达能力有积极的促进作用。

最后，培养了组织策划能力。本次活动由“进图书馆”实践研究课题组和辅导员发起，但主要是以班干部为主导、全班学生配合完成。整个活动的策划、组织，从拟订方案、宣传推广、接受报名到准备物资、联系场地、布置现场、组织比赛、赛后总结等，都是由班干部在科学分工、周密计划、有序推进的基础上圆满完成的。整个活动过程中，班干部共召开了四次会议，内容包括活动方案讨论、报名情况汇报及物资进度检查、比赛过程人员调配、赛后总结等。通过举办这次活动，很好地提高了学生的组织策划能力，使他们学会思考问题和解决问题。

对教师而言，本次名著配音比赛活动的开展给指导教师带来很大的启迪：经典文化的传承方式要有创新性，要有趣味性和生动性。对大学生的经典阅读教育，要以“兴趣”为切入点，寓教于乐。这次名著配音比赛之所以得到学生的广泛支持，关键在于活动形式的“趣味性”引起了他们的兴趣。本次名著配音比赛活动虽然规模不大，但以配音方式参赛，活动方式新颖独特，吸引了不少学生踊跃报名。从这次比赛活动中学生所表现出来的热情和参与的积极性看，他们当中不乏对名著的热爱者，大多数学生也知道文学名著的价值，但为什么就没能掀起阅读经典的热潮呢？究其原因，主要在于校园环境缺乏阅读文学名著的氛围，再加上学生忙于考取各种技能、资格证书，把精力放在专业技能的提升上，缺乏阅读国学经典的闲情逸致。在这种情况下，要调动学生阅读经典的兴趣，必须通过活跃有趣的方式，让学生融入故事情景，这样才能使传统文化的精神植根于学生心中，也才能更好地在学生中继续深入开展“进图书馆”活动。

以赛促进，提高学生“进实验实训室”积极性

——参加“第四届全国高校‘联盟杯’互联网+虚拟仿真经营大赛”活动纪实

方韵诗　施继华　罗荣富

一、活动目的

“进实验实训室”活动的目的在于促进学生通过实践训练巩固课堂知识，提高实际操作能力，培养公共道德、职业道德和团队协作精神，全面提高素质。为促进学校“进实验实训室”活动的开展，“进实验实训室”实践研究课题组配合经贸系组建学生团队，参加了2017年第四届全国高校“联盟杯”互联网+虚拟仿真经营大赛，旨在通过此次的参赛活动进一步增强学生职业技能，提高学生“进实验实训室”的积极性。

二、团队组建

2017年6月，经贸系根据第四届全国高校“联盟杯”互联网+虚拟仿真经营大赛通知的要求，抽调精干的教师和辅导员开始组织参赛队伍，先以班为单位进行初赛。8月，在各班初赛的基础上，选出优秀的选手组成6个小队，参加全系的第一轮比赛。10月，在第一轮比赛的基础上，经过筛选和系部指导教师评议，最后选拔出6名优秀选手组建了“广工商六人行”团队。该团队于2017年12月1—2日参加了在四川外国语大学举行的第四届全国高校“联盟杯”互联网+虚拟仿真经营大赛。

三、团队实训

团队组建后，由专业教师针对比赛的内容、流程、规则等购置相关的参考资料，开设专用机房，按计划开展为期两个月的集中培训，在培训过程中发现存在问题及时沟通，寻找解决的办法。

与此同时，为进一步丰富团队的比赛经验，在集中培训期间，组织了团队的对抗赛，并组织团队到兄弟院校进行相关的交流学习，拓宽团队成员的

视野，也增强了他们在总决赛中取得好成绩的信心。

四、参加比赛

参赛团队名称：“广工商六人行”团队。

指导教师：张艳霞。

参赛成员及角色：冯雅（钢铁冶炼专业）、叶丽珍（汽车制造专业）、何观微（房地产专业）、陈锦桃（超市专业）、谭雨丹（物流专业）、胡丹灵（保险和银行专业）。

2017 年 12 月 1 日，第四届全国高校“联盟杯”互联网 + 虚拟仿真经营大赛在四川外国语大学国际商学院如期举行，共有 21 支来自全国各地的大学生代表队参加比赛。“广工商六人行”团队提前到达比赛地点，并在张老师悉心带领下熟悉场地环境及操作系统。张老师为 6 名比赛选手梳理企业运营难点，解答存在的各种困惑，助力他们取得佳绩。回到住宿地，再次对这两个月的培训进行梳理与总结。在比赛过程中，选手们沉着冷静、自信从容、认真分析、分工明确、紧密配合、相互激励，正确、高效地运用所学的经济类专业知识模拟公司运营全过程，展现出扎实的理论水平和解题基本功。在张老师的倾力指导下，“广工商六人行”团队以过硬的心理素质、出色的发挥，克服比赛中设置的层层阻力，顽强拼搏，最终斩获二等奖的佳绩（见图 1）。

图 1　第四届全国高校“联盟杯”互联网 + 虚拟仿真经营大赛获二等奖

五、活动收获

随着现代科学技术的发展，信息技术和虚拟技术水平的不断提高，社会对应用型大学生和创新创业型人才的需求量越来越大。广州工商学院以应用型本科大学为办学目标，在“德学”思想的指导下，学生积极践行“五进”之“进实验实训室”活动，积极参加各类竞赛。本次参加第四届全国高校“联盟杯”互联网+虚拟仿真经营大赛，既是对专业知识的检验，也是践行“进实验实训室”的具体体现。虚拟仿真运营赛，实际是一种技术交流和能力的突破，在团队经营过程中，需要学生认清行业间的关系，实现利益最大化，同时，也不能忽视在这一过程中必须应对的风险，需要团队商量解决对策，迎接最新挑战。“联盟杯”比赛，不是个人作为，而是一个团队参赛，非常考验团队凝聚力。每一个人除了自身的发挥，还要兼顾与团队的整体配合，如何才能达到最优是所有人都要思考的事情。比赛的环节不是单一的只由操作决定名次，还需要提交经营报告和现场答辩，这是一个成员无法完成的任务，需要团队齐心协力共同完成。在此次参赛过程中，学生收获了很多。

一是完善了自身，增强了团队意识，提高了团队协作能力。在仿真模拟对抗赛的团队合作中，每个成员能够进一步地认识自己；在企业运营的过程中，各成员深入了解自己的个性，接纳自己的短处，发挥自己的长处，在自我认识的基础上完善自我，学会如何与团队合作伙伴更融洽地协商，从而提高自己的团队协作能力。

二是丰富了专业知识，进一步塑造了良好的心态。“联盟杯”的最大亮点是综合测试，不仅考核系统操作，还需要应对赛场专家的提问。在自己熟悉的领域内，学生可以很放松地释放自己，表达自己的看法，而一旦面对一个全新的环境，并成为焦点时，却不是每个人都能做到拥有足够自信，直视他人的眼睛，突出优势地位。经历这次比赛，不但丰富了专业的知识，检验了动手能力，同时还考验了选手们在面对陌生的环境时，如何保持过硬的心理素质、良好的心态去面对问题，以自信的笑容去赢得他人的认可。

三是勇于尝试新事物，挑战自我，搭建自己的理想平台。行业间的虚拟仿真运营，具有一定的时效性、创造性，要求参与者具备一定的抗压能力和实践能力，在现有资源的前提下实现最大的效绩。通过此次比赛，学生深深体会到，在日常学习生活中应该主动接触社会的变迁，抓住机会参与挑战项目、发挥长处，把脑海中想象的东西借助活动形式表现出来。

创新课程实训，提高学生“进实验实训室”积极性

——会计技能实训课改革纪实

黄　雯　罗荣富

一、活动目的

为促进“进实验实训室”活动的开展，“进实验实训室”实践研究课题组与会计系相关教师于2017年9—12月在2017级会计学B2班共同开展了为期一个学期的“会计技能实训”课程实训，希望以此为契机，引导学生更加注重实践学习，更多地走进实验实训室，全面提升自身综合素质，更好地适应社会发展需要。

二、实训内容

本课程选取一个企业一个月内生产经营活动的全部内容，使学生了解会计各要素的构成及核算的内容、掌握各种凭证填制技巧、了解会计登账的流程、掌握会计报表的编制，给学生提供独立思考的空间，使学生体会理论与实践的差异，获得真实的体验，提高实践能力，培养创新精神。“进实验实训室”实践研究课题组按课程内容在三水校区会计系专用实训室进行了九个项目实训，分别是：项目一，会计技能训练概述；项目二，会计书写技能；项目三，珠算技术；项目四，票据填写规范；项目五，点钞与伪钞识别；项目六，数字小键盘录入技能；项目七，电子收银机技能实训；项目八，财务印章与会计档案保管技能；项目九，输入法。

三、实训的过程及方法

根据会计技能实训课程的总目标以及内容与步骤具体实施，充分考虑学生理论与实践对接的难度，采用灵活多样的方法调动学生的积极性与信心。根据实训内容将学生分成多个小组，按岗位分配相应的任务，每个人扮演不同的角色，在团队中进行独立与协作交叉运作，具体操作如下。

（一）组建实训小组织并落实任务

根据班级人数，将全班分成5个小组，每个小组布置相应的任务。

（二）进行岗位设置及明确岗位责任

1．岗位设置

主管会计1名，审核1名，成本会计1名，总账会计1名，出纳1名；“变形金刚”人数不限。

2．岗位责任

表1　岗位责任

岗位	责任
主管会计	组织安排本组成员完成当次实训任务，进行岗位协调，安排本组实训任务的公开讲解和答疑，填写当次实训工作日志
审核	对全组成员的凭证（原始凭证和记账凭证）进行规范性审核，并在合格的记账凭证下面签字
成本会计	正确进行相关成本费用业务的计算、分配及账务处理
总账会计	每半个月正确编制科目汇总表以及登记总分类账，并对本组成员进行正确指导
出纳	正确进行相关货币业务的账务处理（分录和原始单据的填制），规范登记两个日记账，并对本组成员进行正确指导
“变形金刚”	根据实训任务适时及时变换岗位，并对本组成员进行正确指导

注：每个同学必须完成全部任务，分工时侧重点不同。

（三）进行岗位流程操作

按实训任务分组实施流程，教师适时进行指导与纠正，并指导学生到社会观察与实践。

四、实训成果验收

在经过为期一学期的实训课之后，为检验实训效果，课题组组织实验班学生参加了会计系组织的各种比赛及校外、全国竞赛。

五、实训成果及心得

通过会计技能实训课，激发了学生走进实验实训室进行会计模拟训练的积极性，提升了学生对会计相关知识的掌握程度和动手操作能力，提高了他们独立完成会计业务的水平。

（一）收获成果

（1）广州工商学院代表队在2018年“科云杯”全国大学生财会职业能力大赛（本科组）中获得全国网络赛二等奖。

（2）广州工商学院学生余雅香在2017年首届广东省管理会计师协会“福思特杯”大学生会计税务技能创新大赛中获得本科组三等奖。

（3）广州工商学院代表队在2018年“正保网中网杯”南区大学生财务决策大赛中获得团体二等奖。

（4）广州工商学院代表队在全国应用型人才技能大赛——2017年“金蝶云管理创新杯”省市大赛中获得本科组二等奖。

（二）心得

新的时代催生新的技术，对高校人才的需求及质量要求也越来越高。学院正是在这一大背景下提出以创建应用型本科大学为目标，以立德树人、践行“五进”为举措，引导学生积极践行“五进”之“进实验实训室”，通过组织学生进行各类实验实训活动及参加各类竞赛（见图1），使学生的学习目标更加明确、进实验实训室的热情更加高涨，动手能力得到提高，精神面貌发生巨大的变化。

图1　会计技能大赛之盲打计算器

第一，大赛有助于提高学生综合素质。首先，学会在错误和失败中成长。在每一次的练习过程中，学生会遇到各种各样的错误，要学会从错误中学习，在失败中成长，经历的每一次错误和失败都能更好地激发斗志，激励学生勇往直前。其次，要学会随机应变。当遇到突发状况时，在巨大的压力和时间紧张的状况下处理好突发事件，需要沉着冷静的思考和随机应变的潜力。最后，团队的合作起着至关重要的作用。一个涣散的团队是不可能取得成功的，优秀的团队成员应优势互补、各司其职。

第二，有助于将所学的专业知识融会贯通、综合运用。作为一名成本会计专业的大学生，必须熟练掌握成本会计相关的知识，随机应变，沉着冷静，这些在没有进行实训之前是无法亲身体验的，平时课堂上只是学习一些基本的理论知识，就如同认识了一件工具，但无法验证这件工具的效果，也无法体验在使用这件工具的过程中如何将所学知识串联起来，通过参加会计的实训，这些全都得到了验证。如会计技能比赛的考察形式和内容并不是固定不变的，而是灵活多样的，会计分岗技能赛要求选手们不仅对会计专业知识熟练掌握，更要求对各财务岗位的工作内容了如指掌。如：在“福思特杯”大学生会计税务技能创新大赛中，出纳岗位的参赛者对手中的单据要很快地反映出哪些单据做完后不需要上传给财务审核，哪些单据做完后必须在第一时间传递给会计，如果传递错误，就会直接影响到会计工作。会计岗位也同样如此，不仅要熟练完成自身的单据处理，还要快速将凭证传递下去，否则就会影响财务主管最终的报表数据。所以，在准备比赛的过程中，需要学生熟练掌握日常课程内容，具有一定的会计实操能力以及自学能力。

第三，对学生本人的成长起了很大的作用。经过一次次的实训，学生的书写水平和心态都有了提高。记得在登记科目汇总表的时候，教师说不能修改，否则会扣分。一开始，学生感觉很难把握，毕竟内容比较多，他们自身也有点粗心，在几次更换纸张后，他们逐渐明白教师的用意：作为一名出纳人员，切忌有浮躁和粗心存在。同时，教师在每节课前半个小时都让小组展示自己的工作成果，并让学生在课堂上提问，这可以分享思想，并且将抽象的问题变得通俗易懂。在此，学生懂得了每个人都是企业的一分子，问题总会存在于身边，如果每个人都能发现一个问题并且与人分享，问题就会变为提升的源泉。一次次的比赛，也给学生的自我增添了一笔色彩，拓展了视野，超越自我。

根据“育厚德之人，炼强技之才”的高校人才培养目标，会计实训课程应以“专业理论与操作能力兼备，本着学以致用的原则，德才兼备”为目标。作为教师，将在设计组织实训内容时注重提升学生的综合素质，做进一步的探讨。

趣味锻炼促“五进”

——班级趣味运动会纪实

王云丽　陈　雍

一、活动主题

健康、团结、进步，趣味锻炼促“五进”。

二、活动目的

为践行邝邦洪院长提出的“以德为行，以学为上”教育思想，同时增强学生的身体素质，促进学生之间的沟通交流，培养学生的合作精神，促进“进体育场馆”活动的开展，“进体育场馆”实践研究课题组特别开展了班级趣味运动会。

三、活动时间、地点及对象

（1）活动时间：2017 年 3 月 9 日上午 10：15—11：30。
（2）活动地点：广州工商学院三水校区。
（3）活动对象：2015 级财务管理 B1 班全体学生。

四、活动分工

人数统计：胡玉
全程摄影：梁振杰、陈建乾
奖品安排：李春媚、许欣
道具准备：叶淑晨、林斯毅
场地布置：黄敏欣、郑燕璇

五、奖项设置

每名参赛学生都可获得精美礼品一份，前三名奖品丰厚。

六、活动过程

B1 班学生都较喜爱“奔跑吧，兄弟”以及极限挑战类的闯关节目，因此本次活动形式参照了上述节目的模式，各组到设定的地点完成指定任务后方可寻找下一个地点继续挑战，胜负以完成 6 个游戏为标准。

（一）猜猜在哪里

（1）裁判：戚东升、梁振杰。

（2）游戏说明：每个小组从起点处抽取一个号码，每个号码代表一张照片。每个小组通过照片找到拍摄所在地，模仿照片动作，拍出相应的照片。

（3）游戏规则：

第一，工作人员戚东升会行走于活动区域，若有学生完成了照片拍摄，可到戚东升处检查照片。

第二，难度较大的照片可适当提供地点线索。

第三，照片有简单、中等、困难之分，被抽取的概率相等。

第四，此游戏贯穿活动整个过程，不限定时间。

（二）寻找我们的名牌

（1）工作人员：罗珍。

（2）游戏说明：名牌将会藏在第二教学楼 AB 一楼到六楼的消防栓或者灭火器箱里，若找到上面写着“财管 B1 班”的名牌，就视为通过此关卡。

（3）游戏规则：

第一，参赛队员在比赛过程中不可大声喧哗，全队必须一起出发，不可分头寻找名牌。

第二，工作人员罗珍会行走于活动区域，若有学生找到了名牌，就交给罗珍。

（三）丑小鸭

（1）工作人员：徐国娴。

（2）游戏说明：参赛学生分别站在赛道两边，头顶一本书，膝盖间夹一个气球，跑到赛道对面，然后赛道对面的学生接力跑回。小组所有成员完成接力后则视为挑战成功。

（3）游戏规则：

第一，在跑步过程中一旦出现书掉落、手碰到书本或气球爆炸的情况，需重新开始挑战。

第二，参赛学生从起点跑到终点，更换队员后，再由终点跑回起点。

（四）心有灵犀

（1）工作人员：郑燕璇、黄剑平。

（2）游戏说明：小组成员自行决定负责做动作和猜的队员，然后通过工作人员的手机指引开始比赛，3 分钟内答对 12 道则视为挑战成功。

（3）游戏规则：若 3 分钟不够可适当放宽至 5 分钟完成 12 道题。

（五）同舟共济

（1）工作人员：胡玉美。

（2）游戏说明：10 人 9 足。

（3）游戏规则：工作人员把破毛巾剪成长条，绑在参赛学生的腿上。参赛学生需从起点走到终点，再从终点走到起点才算挑战成功。

（六）毽球传递

（1）工作人员：林斯毅。

（2）游戏说明：参赛学生用脚完成毽球传递即可视为挑战成功。

（3）游戏规则：

第一，一旦毽球掉了，就要重新挑战。

第二，只能用脚，不可用手。

（七）各游戏相关提醒

第一，每个游戏一旦出现两组人参加，须按先后顺序进行挑战，若第一个小组挑战失败了，第二个小组方可进行挑战。

第二，游戏途中不可使用交通工具，一经发现全组罚时 2 分钟。

第三，一旦发现小组作弊罚时 5 分钟。

第四，每个游戏点均有工作人员，每个小组需找到工作人员方可进行游戏挑战。

第五，每一个游戏只有两次挑战机会，如果两次机会用完后仍未通关成功，则需离开去下一个游戏，完成后方可返回没有完成的游戏设立点再次进行挑战。

第六，每完成一个游戏可获得贴纸一张。

七、活动收获

体育运动是最能激发人的热情的一种大型群体活动，它有利于弘扬拼搏精神、团结精神和坚忍不拔的精神。整个运动会气氛热烈、秩序井然。每一项游戏的开展，无不表现出学生之间团结一致、顽强拼搏、奋勇争先的精神，无不体现出强烈的集体荣誉感。在此次运动会上也体现了师生良好的精神风貌，成为学校体育工作的一次成功检阅。尤其值得关注的是，运动会自始至终体现出一种集体的凝聚力与向心力。本次运动会不仅圆满完成了比赛任务，而且将有力地推动学校今后体育工作的开展。

这场小型运动会设置的项目娱乐性较强，能够吸引学生参加。学生身体力行积极参与，从不同的游戏中获得了别样的乐趣。同时，以娱乐为目的的趣味运动让学生在玩的过程中锻炼了身体，实现了在游戏中体验运动，让学生感受到从锻炼中得到的乐趣。活动既响应了学院号召的“五进”之“进体育场馆”教育活动，又增进了学生之间的联系，增强了学生之间的情感。本次趣味运动会使学生之间的配合加强，凝聚了人心、振奋了精神、激发了斗志。学生用实际行动展现了团结向上、文明和谐的血战风采，集体荣誉感有了一定的提高，形成了团结和睦的班级氛围，建设了有特色的班级文化，可谓一举多得，也为以后举办大型活动积累了更多的经验。同时，此次趣味运动会贯彻了学院“德学”“五进”理念，推进了学生“进体育场馆”的实践研究，寻找到“进体育场馆”的多种路径和具体方式，让学生不仅仅有了自主健身的动力，更在长期的健身运动中品尝到更多愉悦的体验和美的感受。

“身体是革命的本钱。”只有努力锻炼身体，才能更有激情地投入到学习工作中。一次趣味运动会不可能一下子把学生打造成“钢铁侠”，但是这次活动却点燃了学生的运动热情。让运动促进协作，让运动焕发精神！积极弘扬学院“德学”“五进”的思想，将学生“青春、活力”的精神面貌在学习上、生活中传承下去。

走向操场健康跑，促进学生“进体育场馆”

——记“运动世界校园”跑活动

赖荣亮　王云丽

一、活动主题

走向操场健康跑，促进学生“进体育场馆”。

二、活动目的

根据教育部颁布的《高等学校体育工作基本标准》，以及国家体育总局和全国学生联合会等部门联合下发的《关于深入开展大学生“走下网络、走出宿舍、走向操场”主题群众性课外体育锻炼活动的指导意见》的文件要求，为了增强学生体质，磨炼学生意志，养成良好的生活习惯，“进体育场馆”实践研究课题组与学院体育部联合，借助“运动世界校园”APP 打卡跑步平台，在 2017 级新生中开展了校园阳光体育健康跑活动，目的是增强大学生身体体质，进一步提高大学生“进体育场馆”的积极性。

三、活动对象

2017 级广州工商学院普通高等教育本科、专科学生。

四、活动时间及地点

（1）活动时间：2017—2018 学年第一学期第 8 周至第 17 周。每天 6：00—22：00 为跑步数据上传时间。参加活动的学生须在规定时间内完成健康跑。

（2）活动地点：两校区田径场内（已经用卫星布置点位，每个学生上线都会随机生成点位）。参加跑步的学生按照系统提供的随机线路进行健康跑。

（3）由体育教师通过班群、班级体育委员等途径提供二维码让学生扫描下载、注册（二维码传单由软件公司提供），并对班级学生讲解使用方法及收集反馈信息。

五、活动过程

（1）本学期参与学生中，男生最少完成39次，女生最少完成33次健康跑，需完成的总里程为男生50千米、女生35千米。时间自行安排。建议每周至少跑3次。

（2）参加阳光健康跑的学生，每人每天跑步限计1次。每次跑步公里数，女生不少于1千米，男生不少于1.2千米，超出者可进入全校排行榜。跑步时间每公里不得超过8分钟或少于2分11秒，否则系统将默认为无效。

（3）提醒学生在校园内的校道跑步时，要高度注意安全问题。不要佩戴耳机跑步，要随时注意车辆通行情况，防止发生事故。

（4）跑步过程中不得使用任何代步工具，如有使用代步工具、代人跑步等行为，一经系统监测和教师巡查发现，第一次违规者扣除阳光健康跑8次，第二次违规者该学期阳光健康已跑次数清零，进行全院通报批评，并结合大学体育课程成绩做出相应处理。

六、评分标准与奖励办法

要求每位参与的学生必须达到基本合格标准的阳光健康跑次数与总里程数。未按规定达到次数的，酌情扣除本学期大学体育课程的平时分。

（一）评分标准

表1 评分标准

<table>
<tr><td>学期</td><td colspan="6">获得体育分（平时分）</td></tr>
<tr><td>成绩等级</td><td>不及格</td><td>合格</td><td colspan="4">合格以上</td></tr>
<tr><td>有效次数</td><td>①男低于39次；女低于33次。
②里程数：男低于50千米，女低于35千米</td><td>①男39次；女33次。
②里程数：男50千米，女35千米</td><td>45次</td><td>52次</td><td>60次</td><td>65次或以上</td></tr>
<tr><td>评分</td><td>扣平时分15分</td><td>不扣分</td><td>加5分</td><td>加10分</td><td>加15分</td><td>加20分</td></tr>
</table>

（二）奖励办法

（1）由体育部每学期对全校学生阳光健康长跑量排名前20名的学生颁发荣誉证书和奖品（见图1）。

图 1　参加阳光健康跑活动的学生

（2）“运动世界校园”APP 不定期举办有奖活动，以每次跑步经过随机点位时有概率刷到随机掉落礼品等形式进行奖励，上传完成后才能得到奖品生成。

还可以在 APP 上点击“发现”不定期参加当期随机掉落活动或话题，就能得到奖品（例如运动装备、爱奇艺 VIP、流量包、话费、电影票等）。离线跑步将无法得到奖品。

七、其他注意事项

（1）凡因伤、病等原因不能参加跑步活动者，必须由学生本人填写“免测申请表”，并提供二级甲等或以上医院出示的证明、病历等相关材料复印件，给任课体育教师汇总。

（2）跑步者必须做好锻炼前的各项准备工作，如穿合适的运动服、运动鞋，保证充足的睡眠、合理的营养等，以及做好跑前热身运动和跑后的拉伸放松运动。

（3）跑步应循序渐进，量力而行，跑步过程中如有任何不适，应停止跑步，尽快到医务室就诊。

八、总结

近年来，随着经济社会的发展和网络时代的不断深入，人们的身心健康面临新的挑战。青年学生作为新时代的朝阳，作为未来祖国建设的主力军，没有好身体，又如何肩负起重担？如何创造自己的幸福生活？毛泽东曾说："身体是革命的本钱。"他在青年时期就发表了《体育之研究》一文，阐述了体育锻炼对人、对社会、对国家民族的重要性。习近平总书记也指出："全民健身是全体人民增强体魄、健康生活的基础和保障，人民身体健康是全面建成小康社会的重要内涵，是每一个人成长和实现幸福生活的重要基础""我们要广泛开展全民健身运动，促进群众体育和竞技体育全面发展。"学院以"五进"之"进体育场馆"为切入点，充分调动体育部教师通过课堂、微信群等方式大力宣传与督促，让学生在思想上重视这项校园跑工作，使大学体育课程实现"课内外一体化"，充分利用学生课余时间进行锻炼，活跃了校园文化，实现"进体育场馆"的第一步。

通过精心策划、严抓落实，经过一个学期的运动世界校园跑，学生的身体素质得到了很大的提高。因为该项课外体育活动与学生体育成绩直接挂钩，激发了学生的运动积极性，也实现了让学生"走下网络、走出宿舍、走向操场"的设计初衷，引导学生建立健康的生活方式。以体育为手段，磨炼学生意志品质，培养集体主义情感，促进大学生全面发展的活动目标。方案实施期间，田径场与校道上跑步的学生数量明显增加。他们通过慢跑，逐步养成运动的习惯，体会到"每天运动一小时，幸福快乐一辈子"的运动愉悦感，同时增进了健康，达到了"进体育场馆"的预期效果。

实施运动校园跑活动以来，学生的心肺功能得到了质的提高。从2017年的全校学生体质健康测试来看，2017级学生的体质健康达标率为全校最高。这也从一个侧面反映出运动世界校园跑的作用，这是活动成果的最直接反映。

希望学院能借助"运动世界校园"APP打卡跑步平台，将此项活动一直推广下去，真正让学生坚持"进体育场馆"，养成自觉锻炼身体的习惯，从而提高自身的身体素质，达到强身健体、愉悦身心、促进学习、终身受益的效果。

探寻岭南文化　感受工匠精神

——参观广东佛山南风古灶活动纪实

方圆妹

为培养大学生的“工匠精神”，强化大学生“进社会”基本能力，提升应用型人才培养质量，“进社会”实践研究课题组组织学生走进社会，开展了“探寻岭南文化，感受工匠精神”的主题实践活动。

一、活动背景

2016 年的政府工作报告中提出：“鼓励企业开展个性化定制、柔性化生产，培育精益求精的工匠精神。”全国两会之后，教育界人士纷纷呼呈，“中国制造”需要一大批大国工匠来实现，人才培养必须蕴含“工匠精神”的教育。习近平总书记党的在十九大报告中也提出要“建设知识型、技能型、创新型劳动者大军，弘扬劳模精神和工匠精神，营造劳动光荣的社会风尚和精益求精的敬业风气”。应用型本科高校就是连通“学术教育”与“职业教育”的桥梁，而培育“工匠精神”则是当下应用型本科高校的根本使命，也是推进大学生“进社会”基本素养提升的基本要求。

二、活动内容

参观佛山工匠精神发源地——南风古灶。

三、活动时间及地点

（1）活动时间：2017 年 5 月 13 日。
（2）活动地点：佛山市南风古灶。

四、活动对象

物流系 2016 级食品质量与安全 B1 班、2016 级物流管理 B1 班，电子系 2015 级电子信息工程 B1 班、计算机系 2015 级数字媒体 B2 班的学生代表。

五、活动过程

5 月 13 日，来自物流系、电子系、计算机系的近 50 多名学生代表走进佛山工匠精神发源地——南风古灶（见图 1）。

图 1　参观佛山南风古灶实践活动

南风古灶坐落于佛山市禅城区石湾东平河畔，建于明代正德年间，五百年来窑火不绝，生产不断，一直保留着传统的柴烧方式烧制陶器，至今保存完好并仍在使用。龙窑一般依山坡而建，取其倾斜顺应火势，宛似巨龙从天而降，因而把这种窑体称为“龙窑”。在石湾陶业全盛时期的清代，石湾共有 107 座龙窑，现仅存 3 座。南风古灶是其中最古老的一座龙窑，它承载着老石湾厚重的陶瓷历史，还是中国现代建筑陶瓷的策源地，点燃了佛山工业文明的“第一把火”，走出了一大批“能工巧匠”。学生一边观赏，一边听讲解员讲解，从中了解了底蕴深厚的石湾陶瓷历史文化，同时也感受着南风古灶独特的魅力。

随后，学生参观了与南风古灶毗邻的广东石湾陶瓷博物馆，馆内展览共分陶瓷拾隅、陶的形成、窑的演变、石湾陶业二十四行、石湾陶艺五大展馆。通过参观，学生了解到石湾陶瓷源远流长，在中国陶瓷史上有着独特而不可替代的地位，在数千年后的今天，陶瓷业在传承和创新中以崭新的形式名扬四海。特别是石湾陶业二十四行馆，用陶瓷微塑形式，再现清末民初石湾陶业二十四行的分布情况，反映出石湾陶瓷史上的繁荣景象以及明代到新中国成立前，石湾制作日用陶瓷的二十四个行业的主要产品。这些产品不仅呈现出陶工们长年累月与泥沙水火打交道，创造出无数精美陶瓷产品的场景，也展现出陶工们练就的纯朴刚实、刻苦耐劳和坚毅勇进的品格。学生们在这里了解了岭南文化，也在这里感受到了佛山石湾匠人对技艺的坚守和不断追求的工匠精神。

最后，学生们走进南风古灶陶艺室。在这里，学生们观看古代制陶工艺，在制作好的陶工艺品上留下自己签名，还动手制作陶工艺品（见图2）。学生们在享受制陶乐趣的过程中，加深了对工匠们用一言一行诠释、践行工匠精神的认识与理解。

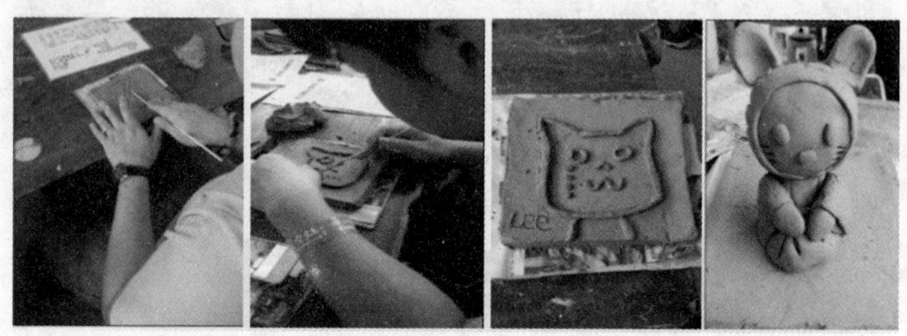

图2　学生现场制作陶工艺品

六、活动总结

“工匠精神”作为应用型高校大学生从实现知识、技能到与素养、精神高度融合的重要载体，对于促进大学生躬行践履、知行合一具有不可代替的作用。本次组织学生开展以“探寻岭南文化　感受工匠精神”为主题的佛山南风古灶参观实践活动，就是基于这一指导思想，着力解决两个问题：一是加深学生对“工匠精神”的认识和理解；二是推进大学生“进社会”基本素养的提升。

第一，加深学生对“工匠精神”的认识和理解。在中国，制陶技艺的产生可追溯到公元前4 500年至公元前2 500年的时期。中华民族发展史中的一个重要组成部分是陶瓷发展史，中国人在科学技术上的成果以及对美的造诣，都是通过陶瓷制作来体现的，并形成各时代非常典型的技术与艺术特色。而广东佛山南风古灶制作的陶瓷以历史悠久、技艺精湛一直在制陶业占据无与伦比的位置。在参观五百年来窑火不绝、生产未断、被称为“陶瓷活化石”的南风古灶和高灶时，学生们感受到了以前烧窑工作的艰苦。窑工从古窑的多个火眼把泥胚和木材搬进窑内，填满后封眼、点火烧瓷，少一点力气都做不了窑工。同时也感叹烧窑技术的讲究，要烧得一件精品很不容易，往往无法烧出两件同样的作品，这就需要工匠精神。对于什么是“工匠精神”，学生在参观和实践之后有了新的认识和理解。有的学生认为，精益求精、一丝不苟是工匠精神的核心，具备工匠精神的人，对工艺品质有着不懈追求，以严谨的态度，规范地完成好每一道工艺，做到精益求精。有的学生认为，要做到工匠精神，就必须先做到持之以恒，具备工匠精神的人甘于为一项技艺的传承和发展奉献毕生才智和精力。比如在制作陶工艺品时，如果不能够坚持的话，就不会有优秀的作品出现。有的学生则认为，爱岗敬业是“工匠精神”的力量源泉；具备工匠精神的人，不仅把工作当作养家糊口的工具，更是有着对职业敬畏、对工作执着、对产品负责的态度；是爱岗敬业精神激励着一代代工匠匠心筑梦，带头实现了一项项工艺革新；只有敬业，才能精业，才能奉献。以上对于“工匠精神”的认识和理解不仅提升了学生坚守“工匠精神”的毅力，而且增强了学生在今后的学习生活中弘扬“工匠精神”的决心。

第二，推进大学生“进社会”基本素养的提升。大学生“进社会”是指大学生通过自己的体力或者智力付出而有利于社会、服务于社会、适应于社会的一种实践。这就要求大学生应具备“进社会”的基本素养，从而更好地有利于社会、服务于社会、适应于社会。而工匠精神就是这样一种大学生“进社会”必备的基本素养。因而，在这次活动中，通过参观南风古灶，让学生意识到千百年来薪火相传、龙窑之火始终不灭，靠的就是工匠精神的支撑。通过参观石湾陶瓷博物馆及亲身制陶体验，学生意识到具备工匠精神必须从以下几个方面努力：首先，应具备正确的学习态度。正所谓“态度决定一切”，只有先端正学习态度，才具备了培养工匠精神的前提。其次，应培养学习的专注度。学生能在整个大学期间始终保持坚定、专注的学习态度，坚持把每一个平凡的事做好；再次，要勤于实践，培养动手能力。好的工匠心灵手巧，具有丰富的工作经验，这些都来自平时的实践。正所谓“纸上得来终觉浅，绝知此事要躬行”。只有在反复实践中才能真正练就。最后，要敢于创新。创新是时代进步的来源，学生应学以致用，让“工匠精神”如虎添翼。总而言之，这次活动有利于推进大学生“进社会”基本素养的提升。大学生要更好地践行“进社会”，应从培养工匠精神开始；培养工匠精神，应从培养“专注”“认真”“坚定”的气质开始；而培养这些气质，需让学生有更多的机会接触这些文化、精神，在这些文化和精神的熏陶中感悟、升华、践行。

“淼童·彩虹桥”阳光少年公益项目活动纪实

方圆妹　熊玉琴

为了让学生能够弘扬助人为乐的精神，展现勇于承担社会责任、为社会奉献的风貌，同时在帮助别人的过程中不断地提高自身素质，不断认识社会、融入社会，“进社会”实践研究课题组和会计系梦缘公益团队联合组织学生参加了2017年“淼童·彩虹桥”阳光少年公益项目活动。

一、活动背景

“淼童·彩虹桥”阳光少年活动是由佛山市三水区义务工作者（志愿者）联合会统筹策划的公益项目。它主要致力于使异地务工子女融入社区、理解社区并参与社区事务。该项目通过开展各类教育活动，让7～14岁异地务工家庭少年学习课堂以外的新知识和新技能，以此提升自信表达能力，并和本土同龄人共建朋友圈，增强与本地同龄人的融合程度。

二、活动内容

本项目以“阳光少年成长营”为主题，共开展6期活动，每一期又以不同的小主题与社区青少年（特别是外来务工家庭青少年）进行互动。具体安排见表1：

表1　活动安排

<table>
<tr><th>期次</th><th>活动时间</th><th>活动主题</th><th>活动地点</th></tr>
<tr><td>第一期</td><td>2017年3月11日</td><td>2017年“淼童·彩虹桥”阳光少年成长营开班仪式暨团建活动</td><td rowspan="4">张边社区家庭服务中心</td></tr>
<tr><td>第二期</td><td>2017年3月26日</td><td>青少年成长体验“小小演说家”活动</td></tr>
<tr><td>第三期</td><td>2017年4月15日</td><td>“我是小记者”社区服务活动</td></tr>
<tr><td>第四期</td><td>2017年4月22日</td><td>“圆梦大讲堂，彩虹小记者”社区服务活动</td></tr>
</table>

续上表

期次	活动时间	活动主题	活动地点
第五期	2017 年 4 月 29 日	“我是小记者”之“西江水厂之行”	金本西江水厂
第六期	2017 年 5 月 6 日	阳光少年成长营——“彩虹桥 · 森童”毕业典礼	张边社区家庭服务中心

三、活动过程

在课题组成员熊玉琴老师的带领和指导下，团队按照活动内容安排分别于 2017 年的 3 月、4 月和 5 月顺利完成了 6 期活动。

（一）2017 年“森童 · 彩虹桥”阳光少年成长营开班仪式暨团建活动

2017 年 3 月 11 日，“森童 · 彩虹桥”阳光少年成长营开班仪式暨团建活动在三水区西南张边社区家庭服务中心举行（见图 1）。这一期活动以拯救彩虹星球为切入点，激励小朋友通过互相介绍，选出组长与副组长，设计团队名称、标志、口号、招牌动作等环节组建团队，成为彩虹星球的救援勇士。这一期活动，让陌生的、个性不一的小朋友建立起友谊，也激发了小朋友的探索兴趣，更让参与的队员在新奇可爱的童趣世界里学习怎样打开沟通交流之门，学习怎样与不同性格的小朋友沟通，学习怎样组织管理一个小团队，学习怎样从他人的角度看问题；思考这次活动的不足，思考如何创新，让活动更有意义更精彩，思考提高自己的应变能力和与队员的默契，思考如何在“进社会”中共同成长。

（二）青少年成长体验“小小演说家”活动

2017 年 3 月 26 日下午，阳光少年成长营“彩虹桥”系列活动之“小小演说家”活动在三水区西南张边社区开展。在志愿者的引导下，每个小朋友都积极地融入“讲笑话、脑筋急转弯、模仿卡通人物、朗诵诗歌”四大挑战项目，在小组展示和个人演绎中提升言语及行为表达能力，也让每个参与活动的小朋友真切体验公众演讲的魅力，增强他们的自信心，得到了社区家长们和社工的一致好评。

图1　熊玉琴老师（左三）在开班仪式上指导开展活动

（三）“我是小记者”社区服务活动

2017年4月15日下午，阳光少年成长营“彩虹桥”系列活动之“我是小记者”活动在三水区西南张边社区开展。此次是以“我是小记者”为主题的培训课堂，由三水区西南张边社区的社工小余老师主讲，志愿者配合他开展工作。小余老师的讲话热情洋溢，小记者们认真聆听着社工讲解关于采访、拍摄等知识，受益匪浅。此次培训活动为小记者们打开了一扇新的窗，不但让他们拓宽了视野，启迪了思维，而且提高了写作意识和创作热情。这次活动让小朋友们学到了课本以外的知识，小朋友们都很喜欢。每次活动给予学生的感受都不相同，在奉献的同时也获得了欢乐。

（四）“圆梦大讲堂，彩虹小记者”社区服务活动

2017年4月22日，以“圆梦大讲堂，彩虹小记者”为主题的社区服务活动如期举行。首先，志愿者们为小朋友讲解记者存在的意义，并向小朋友们传授记者的技巧和装备，增强小朋友们对记者的兴趣，从而投入到该角色当中学习知识；其次，开展采访、写作、播音、拍摄培训、模拟一些时事新闻小场景，培养小朋友们勤于观察、乐于表达的好习惯；最后，让小朋友选取主题现场以“小记者”的身份进行模拟采访，让每个小朋友利用所学到的知识进行充分演绎，实现当一名“小记者”的愿望。

（五）“我是小记者”之“西江水厂之行”

2017年4月29号下午，志愿者第一次和小朋友们一起走出课堂，来到户外——西江水厂。来到西江水厂，志愿者把小朋友分成四组，随后把他们带进实验室观看关于水的净化实验。水厂的工作人员一边操作，一边讲解，还让小朋友亲身体验实操的乐趣。整个过程中，志愿者积极配合讲解人员，管理好小朋友们的纪律。看完试验后，水厂工作人员带领小朋友们参观大型的水净化实验地。这次活动不仅让小朋友们感受到快乐，更让他们学习到如何去净化水源，让他们在了解烦琐的步骤后，学会珍惜来之不易的水源。

（六）阳光少年成长营——“彩虹桥·森童”毕业典礼

2017年5月6日，阳光少年成长营“彩虹桥”系列活动的第一期结幕“毕业礼”活动启动。这次的活动不仅总结过往的经验与成果，也见证着“彩虹桥”的成长，更彰显着精彩的未来。此次活动以游戏为主要形式，回顾过往活动，带领着可爱的小朋友们体验游戏的趣味的同时，也让他们回忆起过去活动所带来的欢乐与成长。

三、活动总结

“森童·彩虹桥”阳光少年公益项目是“进社会”实践研究的一个重点项目，该项目旨在为学院大学生搭建“进社会”实践平台、促进学生“进社会”开展社区公益活动以及培养学生服务社会的奉献精神，从而提升学院大学生“进社会”的综合素质。为了让大学生在该项日中有更深刻的体验、感悟和收获，课题组拓宽了项目的广度和深度。在广度上，确定了为期三个月的活动时间，使得该项目成为学生的业余常规任务；在深度上，每期由学生自主设计一个主题，推出6期活动，使学生在自主开展这项目的过程中得到考验。总体来说，“森童·彩虹桥”阳光少年公益项目安排周密，衔接自然，效果显著，学生有所思、有所悟、有所得。

该活动强化了大学生对自我的了解和认识，增强自我提升的紧迫感。“森童·彩虹桥”阳光少年公益项目是学院大学生通过志愿服务的方式融入社会的一个很好的“进社会”实践平台。学生在这样一个“进社会”的实践平台中，加深了对自我的了解和认识。在这个活动中，从活动的组织策划到活动的实施开展等各个环节都是由学生独立或者合作完成的，这对于他们来说是一个非常人的挑战。他们面临着在校园里不曾遇到的复杂问题，他们需要对设计什么样的主题、怎样开展活动、如何实施确保每个环节顺利进行等问题进行深入的思考；他们遇到了在书本中不曾遇到的难题，如小朋友的不配合、家长的不理解等都考验着他们的智慧。这让他们越发地意识到自身的不足，感叹“书到用时方恨少”，感叹“要想为社会服务，只有勤学善思才能做成事”。这促使他们更加珍惜每一次学习的机会，不断掌握新知识、增强新本领，同时也进一步加深了他们对学校“以德为行　以学为上”教育理念的感悟。

该活动强化了大学生对“进社会”的了解和认识，增强社会责任感和使命感。本次项目给学生搭建了一个“进社会”的实践平台，使学生能够走出校园、走进社会，用心去体验社会，用知识和能力去服务社会，实现“理论与实践相结合”。本次项目使学生走进社区，参与社区建设，增强了他们的荣誉感、自豪感和使命感，培育了他们服务社会、无私奉献的精神。学生参与社区建设的过程中感慨：“没有走进社会，就不能感受到社会的温暖；没有走进社会，也不能感受人间的疾苦。社会让我们更加清醒地认识到自己是谁、需要什么、能做什么等一系列自我认知的问题。相反，我们正确的自我认知也能够促进社会的发展，体现在我们助人为乐的品质，承担社会责任的担当、为社会无私奉献的精神风貌。”由此可见，学生在“进社会”实践的过程中不断感受社会、认识社会、融入社会，不断地提高思想道德修养，树立正确的世界观、人生观和价值观，从而指导自己当前的和日后的实践。可以说，实践教育人，实践也塑造人。同时，由于本次活动的周期比较长，从3月份的开班仪式到5月份的毕业典礼，相关工作千头万绪、细小繁杂，几乎每个月都需要抽出时间来参与这个活动，要全程坚持下来并不容易。参与活动会占据学生大部分的课余时间，他们需要利用课余时间策划每一期的活动；参与活动会让他们感觉到疲惫，为了让活动开展得更顺利，他们需要绞尽脑汁；参与活动会让他们发现自己身上的不足，有时候会让他们对自己产生怀疑而缺乏自信……这些都有可能是他们选择放弃的理由。但是他们最终都选择了自我鼓励和克服困难，没有一名学生中途放弃，只因他们心中的那份责任和信念：给异地务工家庭的孩子们带去精神上的关怀，让他们快乐成长。这份责任和信念在每一期活动圆满结束中、在孩子们天真自信的微笑中越发地坚定。

实践研究
成果编

“扬德学，促五进”，打造广州工商学院思政教育特色品牌

黄　鹏　王伟江

一、理念思路

党的十八大报告首次提出“把立德树人作为教育的根本任务”，提出的是教育的观点和理念。党的十九大报告明确要求“落实立德树人根本任务”，强调的是教育工作的任务，必须狠抓落实。

围绕“立德树人”根本任务，广州工商学院院长邝邦洪教授自2012年起倡导广泛开展“以德为行，以学为上”主题教育和“五进”（“进课室、进图书馆、进实验实训室、进体育场馆、进社会”）教育实践活动，凝心聚力推进全面、全员、全过程、全方位育人，已逐渐建立健全了立德树人系统化落实机制，并初步形成了学院思政教育的特色品牌。

二、项目设计

（一）要解决的问题

打造学院思政教育特色品牌的基础环节之一，就是要构建“德学”“五进”教育体系。学院综合运用马克思主义和习近平新时代中国特色社会主义思想的基本立场、观点和方法，紧密联系“以学生发展为中心，以学生学习为中心，以学习效果为中心”的“德学”“五进”教育实际，联系学院大学生的思想实际，以德学理念教育为核心，以“五进”教育实践活动为主线，以培养大学生德学修养为重点，以促进大学生全面成才为目标，通过理论学习和实践体验，帮助学生养成良好的德学修养，树立正确的人生观、价值观、道德观和学习观，进一步提高分辨是非、善恶、美丑和加强自我修养的能力，为成为德智体美劳全面发展的中国特色社会主义伟大事业的合格建设者和可靠接班人，成为担当民族复兴大任的时代新人，打下坚实的思想道德和实践技能基础。

（二）预期目标

深入学习贯彻党的十九大报告精神，全面落实全国教育大会和全国、全省高校思想政治工作会议精神，按照教育部党组和省教育厅文件精神，基于“德学”“五进”系统构建应用型高校“德学”“五进”教育体系。围绕党政工作大局，进一步完善三全育人系统机制和协同体系。以创新强校工程、“书记项目”、“课程思政”和学工、团学精品项目为抓手，通过系统集成思维和协同育人理念，将“德学” “五进”贯穿于教育教学、人才培养全过程。

（三）方法设计

1. 以特色课程为牵引

为了深入贯彻落实“德学” “五进”教育理念，学院创设了“德学”“五进”教育特色课程。在思政课的“形势与政策课”中，开设“德学”“五进”教育专题，使“德学”“五进”特色课程入课表、保学时，并由思政课教师和辅导员组成了专兼职相结合的高素质教师队伍进行专题授课。通过专题教育引导学生把加强“德学”修养作为自身成长的基石，把践行“五进”作为自身成才的路径。以“德学” “五进”特色课程创建为主线，构建了富有广工商特色的十大育人体系，切实狠抓课堂、科研、实践、文化、网络、心理、管理、服务、资助、组织等方面工作的育人功能，将“立德树人”的根本任务具体落实和体现在打造“德学”“五进”思政教育特色品牌的过程中。

2. 以核心素养为本位

借鉴世界教育创新峰会（WISE）、美国21世纪学习联盟、北京师范大学中国教育创新研究院《面向未来：21世纪核心素养教育的全球经验》国际进展报告的核心素养5C模型，学院通过开展实践活动综合关注学生的文化理解与传承、审辩思维、创新、沟通、合作等五方面素养。

铭记“胜己者，胜天下”，倡导“胜己教育观”，包括识己、育己、律己、谋己、悦己、越己诸多方面。将“学生”视为一个整体，将这个整体看作由若干要素组成，各要素相互关联、相互协调、相互匹配、相互制约，即把“学生”当作是由若干要素组成的有机整体。按照“自组织、自适应系统”的思路，引导学生构建高效优质人生智慧库六要素模型（见表1）。

表1　高效优质人生智慧库六要素模型

六要素	内涵
健康的身心	指身体健康、心理健康和社会适应的良好状态三个方面，是实现幸福人生的基础和前提
良好的人文修养	人文修养的核心问题，是解决如何做人的问题，关键靠自身努力。它将为一个人提供持久、非功利性的前进动力，使人有一种自觉，主动把自己与人类、祖国、人民的命运融合起来
现代化思维方式	其重要特征之一是科学态度与人文精神的统一。关键是把系统思想转化并内化为自己的思维方式。它是支撑和导航器，使人具有较强和高效的分析、识别、判断能力以及把握全局的眼光
合理的知识结构	立足结构的概念，合理的知识结构意味着个人拥有的知识体系的各个组成要素之间全面、协调，这样方能高效优质地汲取对个人有用的知识并善于应用。这是一个人得以前进与成功的实力
合理的智能结构	智能包含智力与能力。智能结构的问题实际上是潜在能力挖掘的问题。学会学习、做人、做事、生活以及学会生存，是智能结构要解决的重点问题。它也是一个人得以前进并取得成功的实力
较好的人生悟性	努力把事情的道理搞清楚、弄明白、融会贯通并抓住事物本质的思维过程，而且此过程常以“功夫不负苦心人”特点的豁然开朗来结束。它是跨越自我、不断提升人生境界与能力的利器

3. 以三全育人为手段

从新时代大学生面临和关心的实际问题出发，以正确的人生观、价值观、道德观和法治观教育为主线，通过理论学习和实践体验，帮助大学生形成崇高的理想信念，弘扬伟大的爱国主义精神，学习和践行社会主义核心价值观，培养德智体美劳全面发展的社会主义建设者和接班人。基于产教融合、协同育人，将“德学”“五进”融入人才培养全过程，努力实现全员、全方位、全过程育人，把思想政治工作贯穿于教书育人全过程，促使学校工作和创新强校迈入新时代，不断提高思想政治教育的整体水平。

三、实施路径

学院出台《广州工商学院思想政治工作质量提升工程实施方案》，系统性构建“德学”“五进”教育体系，进一步提升思想政治工作质量，充分发挥课堂、科研、实践、文化、网络、心理、管理、服务、资助、组织等方面工作的育人功能，切实构建十大育人体系。

与此同时，学院积极推进“课程思政”建设，构建全员、全课程育人格局。“课程思政”是指以构建全员、全程、全课程育人格局的形式将各类课程与思想政治理论课同向同行，形成协同效应，把“立德树人”作为教育根本任务的一种综合教育理念。在“课程思政”建设过程中，将“德学”“五进”专题课程作为学校思想政治教育体系的重要组成部分，面向全体本、专科大学生开设，使学生通过专题学习能够用“德学”教育思想指导并践行“五进”实践活动，从而培育出富有广工商办学理念和育人特色的高素质应用型人才。

为了保证“德学”“五进”思政教育特色品牌的质量，学院凝聚全院辅导员团队，契合易班优课构建，不断完善课程建设体系。在“形势与政策”课中开设固定的“德学”“五进”专题课的基础上，学院还以“一周一课”的形式开设专题讲座，利用学院“课程思政”的建设机遇，将教育内容从大一到大四分年级各有侧重，覆盖入学教育、安全教育、网络教育、诚信感恩教育、人际交往、心理健康、法律常识、就业指导与职业规划、理论研究与实践等模块，同时根据班级具体情况适当调整。通过课程化、系统化的课程体系实施，保证“德学”教育、“五进”活动的连续性和实效性。

四、实施效果

经过近几年学院党政领导和全体师生员工的共同努力，学院的“扬德学，促五进”打造广州工商学院思政教育特色品牌活动取得了丰硕的成果。学院党委在广东省加强和改进高校思想政治工作现场会作交流发言，赢得时任省委常委慎海雄在大会上的肯定，发言材料在 2018 年 1 月 17 日的《南方日报》上全文刊登。学院“书记项目”多次入选省级基层书记项目并获表扬，深化“省—校级”党建项目，形成固本强基常态化、长态化机制；建立“党委领导，各单位齐抓共管”的“大思政”格局，多个党支部获评广东省高校“学习型服务型创新型”基层党支部；打造“一主线、三层次、四模块”思政课特色和以“德学”“五进”活动为抓手，构建实践育人立体化体系。

在“以德为行，以学为上”教育思想的指引下，以一线辅导员贴近课堂、紧扣学生实际的潜心研究与教学实践经验共同构建的“德学”“五进”特色课程成果丰硕。以辅导员为骨干共同参与的“基于‘五进’的应用型高校德学教育体系构建”已通过合格课程评审，并日益成为学校凸显“德学”“五进”教育特色的应用型课程，组织申报的“德学·五进工作室”也入选广东省高校骨干辅导员工作室培育项目。

围绕立德树人，践行“以德为行，以学为上”的教育思想，学校出版了“立德树人”和“以德为行　以学为上”系列丛书；以校级教育教学平台“德学教育中心”为依托，系统设计和开展德学教育课，课程验收合格并向特色、精品课程迈进。“基于‘五进’的应用型高校德学课程体系构建”被确立为 2018 年广东省教育教学改革项目，并被邀请参加广东产教融合应用型课程改革试验校交流会议。2018 年 12 月，“基于‘五进’的应用型高校德学教育体系构建”被清华大学教育研究院评为优秀德育成果一等奖。

“践行五进，立德树人”获 2016 年广东省高校校园文化建设优秀成果一等奖。“‘德学修身　五进育人’广工商大学生素质提升工程”项目入选广东省“高校学生事务管理精品项目”、全省共青团特色精品项目成果。注重“以单项冠军创品牌”，近年来师生代表获市级以上奖项 1 008 项，其中集体获全国比赛组织项目 18 项、全国比赛金奖或一等奖 42 项，获“挑战杯”创业大赛金奖等省级一等奖 95 项。学校近年来接待了教育部、广东省教育厅、团省委和地方政府相关领导、专家组，以及 200 多所高校的专家和教师来院参观交流，得到鼓励和好评。

五、经验反思

“课程思政”理念的提出，给高校思想政治工作带来一股清风，改变了原有的略显单调、枯燥的政治理论课的说教，大大丰富了思政教育的内涵和外延。习近平总书记在全国高校思想政治工作会议上强调，要“用好课堂教学这个主渠道，各类课程都要与思想政治理论课同向同行，形成协同效应”。

广州工商学院“扬德学，促五进”打造广州工商学院思政教育特色品牌活动，是“课程思政”很好的体现，得到学院领导及学工团队的支持，得到广大辅导员和学生的欢迎，获得广东省教育厅立项和清华大学教育研究院表彰，有力地鼓舞了学工同仁及广大教师更积极地投身到立德树人的工作中，推动了思想政治教科研工作系统化、规范化地开展，提升了辅导员队伍以及广大教师的教育教学能力，进一步促进了思想政治教育工作的高质量开展。同时，也将激励我们继续做好后继工作，为打造“德学”“五进”思政教育特色品牌、夯实课程思政、凸显三全育人做出新的更大贡献。

聚青春力量　扬智慧风帆

——广工商学子“进实验实训室”收获佳绩

洪卫烈　毛拓艺

一、活动目的

为了全面落实《国家中长期教育改革和发展规划纲要（2010—2020年）》和《关于深化高等学校创新创业教育改革的实施意见》（国办发〔2015〕36号），适应新时期教育发展要求，推进全国高等院校拓宽实践教育工作，深化创新创业教育改革，促进创新人才成长，提高人才培养质量，推动全国经济与财经类专业实践教学改革，经中国高等教育学会高等财经教育分会批准并主办，全国经管实验发展研究协作中心全体委员单位共同发起，举办了全国大学生“智汇杯”多组织企业供应链虚拟仿真经营决策大赛。全国1 200多所高校参与了此次全国大赛。

为了深入贯彻习近平新时代中国特色社会主义思想和党的十九大精神，激起学生对探索商业运营管理的兴趣，引发学生对经营决策的思考，开拓学生的眼界，结合学院独具特色的专业教育教学实践，践行“以德为行，以学为上”的教育思想，加强学院与其他高校互动交流，推动全校学生的理论学习与实践锻炼的有机统一，展示学院“五进”教育实践活动的育人成效，广州工商学院特别承办了2018年第二届全国大学生“智汇杯”多组织企业供应链虚拟仿真经营决策大赛全国总决赛。

二、活动对象

全国各大高校财经专业在校学生。

三、活动过程

（一）第一阶段（2018年9月14—29日）：宣传报名

学院成立以邝邦洪院长为组长，易露霞、乔丽媛和朱特威三位副院长为副组长，相关部门领导为主要成员的大赛工作小组，全面统筹和指导大赛工作。学院团委与各院系通过线上线下广泛宣传，全校共有 359 支队伍 1 396 名学生报名参加大赛的校内赛选拔，每支队伍都有自己的专业指导教师。

大赛工作小组根据比赛的规则和队伍的实际报名情况，选拔出 151 支符合大赛要求的队伍于 9 月 27—29 日分别在两校区进行分批培训并参加校内网络赛。

（二）第二阶段（2018 年 10 月 15—17 日）：校内网络赛（复赛）

通过指导教师的精心指导和各参赛队伍的激烈角逐，根据参赛队伍在培训中的成绩，从 151 支队伍中选拔出 50 支队伍共 200 名学生参加校内决赛。

（三）第三阶段（2018 年 10 月 23 日）：校内决赛

校内决赛气氛十分活跃。经过前段时间的培训及复赛，参赛学生对竞赛软件平台的操作已十分熟练，团队 4 名成员彼此之间也有了默契。大家热情高涨，各小组成员们认真地讨论着经营策略。尽管比赛过程中公司经营策略会出现一些问题，但是大家相互协作，很快便将疑惑和困难解决。这次比赛考验的不仅是团队的智慧与决策，更是团队的团结精神与耐心。经过一天的紧张比赛，最终选拔出两支优秀队伍代表学院参加 11 月下旬在广工商举办的 2018 年第二届全国大学生“智汇杯”多组织企业供应链虚拟仿真经营决策大赛全国总决赛，有利于加强学院与全国其他高校互动交流，促进虚拟仿真优质教学资源共享，推动实践教学跨校深度融合与实验发展技术方法研究，提升虚拟仿真实践的教学水平，提高学院办学质量与社会知名度，为创建高水平应用型大学作贡献，更让学生学以致用，帮助学生理解在供应链运营环境中，要妥善地计划并组织运营企业的商流、物流、信息流和资金流，达到“学以致用”的效果。

（四）第四阶段（2018 年 11 月 23—25 日）：全国总决赛

经过层层选拔，全国各地共有 34 支队伍进入全国总决赛。参赛选手们在赛前的刻苦训练中累积了丰富的竞赛经验，因此在比赛操作现场都能得心应手。即使在比赛期间可能会因紧张而导致小失误，但他们并没有气馁、没有放弃，相互帮助、相互协作，诠释着最真的团队精神。大家都为了共同的目标全力以赴，那就是——在全国总决赛中脱颖而出。经过一天的紧张角逐，学院参赛队伍在大赛中获得优秀的比赛成绩。

四、活动获奖

广州工商学院师生在“以德为行，以学为上”教育思想的引领下，积极践行“五进”活动，精心组织、认真准备、刻苦训练、专心比赛，获得了优异的成绩。其中“风雨舞组”获团队一等奖（见图1），“按头小分队”“苟住能赢”两支队伍获团队三等奖。

图1　“风雨舞组”获团队一等奖

江西财经大学和广州工商学院的“财源广进队”获跨校组合特等奖；陕西师范大学和广州工商学院的“财亚马孙大队”获跨校组合一等奖；陕西师范大学和广州工商学院的“不凉皮队”获跨校组合二等奖；中国石油大学（北京）克拉玛依校区和广州工商学院，以及 GS Team、青海大学财经学院和广州工商学院的“2 +2 团队”获跨校组合三等奖。

王键、毛拓艺、柳颖三位老师获“最佳导师”荣誉称号；余晓勤、谭晓丽、梁春树三位老师获“优秀导师”荣誉称号；广州工商学院获“最佳组织奖”。

五、活动收获

“纸上得来终觉浅，绝知此事要躬行。”在“以德为行，以学为上”教育思想的指导下，广州工商学院以“五进”活动为平台，不断提高学生的专业学习兴趣，不断增强学生专业竞技水平，不断完善学生的综合素质。

获跨校组合特等奖的卢映芝同学赛后感慨道："从国庆期间的六年模拟经营模式练习到比赛前夕的三年模拟经营模式练习，我们不断摸索获得高分的策略和方法。在比赛过程中，按照练习中的分工，及时调整销售策略，分析对手的特点，在期货、仓储、原料、组装、销售等环节细心经营避免因疏忽落后，同时适时调整战略，虚虚实实，因时施策。我们每一次练习和比赛都尽我们所能，所以无论结果如何，我们都会为我们的团队自豪！有幸参与"智汇杯"比赛，不负努力，不负将来。还有非常感谢我们的指导老师毛拓艺等老师。老师们每次在听取我们练习情况的汇报后，都能针对性地给出应对策略，稳住了队员的心，即使练习时成绩不好，但我们的士气却从来没有低落。还有就是得益于学院极力推动的"五进"教育实践活动，通过"五进"活动，我们学习更加系统化，平台也更加宽广了，方向也更加明确。我自己在今年的校运会上也有不错的成绩。我觉得这就是我们学生应该努力做到的'知行合一'吧。我会继续在'以德为行，以学为上'思想的引领下，借助'五进'活动平台，让自己成为一个合格的当代大学生。"

李裕桐同学在全国大赛的闭幕式上作为参赛学生代表分享了从赛前日日夜夜无数次锤炼到赛后的众多感慨。他说到，"智汇杯"的点点滴滴让人受益匪浅，在比赛中不仅碰撞出了思维火花，锻炼了双创才干，培养了双创精神，还缔结了深厚的情谊。最后，李裕桐同学表示将继续践行学院"德学"教育思想，积极参与"五进"活动，争做全面发展的大学生，让创新成为青春远航的动力，让青春年华焕发出绚丽光彩。

经贸学子积极"进实验实训室"，"国泰安杯"大赛结硕果

王　硕　黎晓琪

一、活动时间

2018 年 10 月 27—28 日。

二、活动主办单位

教育部高等学校经济与贸易类专业教学指导委员会、中国国际商会商业行业商会、中国国际贸易促进委员会商业行业分会。

三、活动对象

广州工商学院经济贸易系全日制在校学生。

四、活动介绍

为了推进"五进"活动平台之"进实验实训室"，广州工商学院经济贸易系特别以 2018 年全国高校商业精英挑战赛"国泰安杯"营销模拟决策竞赛暨第六届海峡两岸大学生营销模拟决策大赛大陆地区选拔赛为契机，大力宣传大赛精神，鼓励学生践行"五进"之"进实验实训室"活动。本次竞赛针对学习市场营销管理、工商管理、财务管理、经济贸易等经济管理类专业的在校学生举办。指定竞赛平台为"国泰安营销赢家 MW"软件。该软件是深圳国泰安教育技术股份有限公司仿真经营教学系统。竞赛环境共包含两个市场、三样产品、六组管理决策及产品情报，由 148 个决策所共同组成全方位的企业仿真经营系统。

五、活动过程

2018 年 11 月 17 日举行的 2018 年全国高校商业精英挑战赛"国泰安杯"

营销模拟决策竞赛暨第六届海峡两岸大学生营销模拟决策大赛的主要赛段安排如下。

（一）知识赛

5 月，根据技术支持方的实际情况和学院的场地申请情况，因人数比较多，通过跟技术支持方“国泰安”协调，必须分两个批次考试。在余仙梅老师的带领下，在三水校区实验楼进行了两场远程知识考试，在 6 月份组成多支队伍开始网络练习，准备参赛。

（二）校内选拔赛

经过一个暑假的练习，学生们掌握的程度各不一样，出于选拔优秀团队、避免“搭便车”现象出现的目的，特别组织了以个人决策形式的选拔赛，挑选下一段赛程的参赛选手，确保参赛团队的参赛竞争力。

9 月 19 日，在余仙梅老师的指导和监督下，在学院实验楼 503 室开展校内赛的个人远程决策选拔，最终筛选出优秀个人，重组队伍参赛。

（三）远程国赛初赛

学院主管科研的易露霞副院长鼓励学生放下包袱，轻装上阵，通过参赛找到自身的不足，在今后的学习生活中有针对性地补短板，努力提升自己的综合素质，增加自己的竞争力。14：00，学生开始登录，了解规则，分配赛场，按规定，学院参赛的多支队伍被分配在两个赛场。

（四）远程国赛决赛

10 月 27—28 日，终于迎来了第六届海峡两岸大学生营销模拟决策大赛全国远程决策赛决赛。

10 月 27 日傍晚，参赛队伍收到了分组账号信息，由于比赛规则所限制，学院参赛的团队只能分布在两个赛场。

10 月 28 日星期六，余仙梅老师亲临现场鼓励大家沉着应战，轻装上阵，不骄不躁，争取打出好成绩。

六、活动获奖

在“以德为行，以学为上”教育思想的指导下，经济贸易系积极推进“五进”之“进实验实训室”活动，并积极组织学生参加 2018 年全国高校商业精英挑战赛“国泰安杯”营销模拟决策竞赛暨第六届海峡两岸大学生营销模拟决策大赛大陆地区选拔赛。系部指导教师积极组织学生“进实验实训室”，操练竞赛平台“国泰安营销赢家 MW”软件，最终取得优异成果。其中郑佳萍同学带领的“你说的队”团队荣获一等奖（见图 1）。

图 1　“你说的队”团队荣获一等奖

七、活动收获

此次赛事需要长时间持续的精力投入，考验了学生的恒心与毅力。通过“进实验实训室”不断练习，在整个赛事中，学生的成长不仅仅是在技能上的获取，更在于个人综合素质的提升，以及强烈的集体荣誉感和院校归宿感的增强。学生从开始的单打独斗到团队协作，从强烈的个人利益本位到服从教师调遣，在参加校外比赛时，团队归属意识非常强，时刻站在树立广工商良好形象的角度来规范自己的行为。当学生代表团队上台领奖时，学生们的激动之情溢于言表。学生说：“老师，这是我登上过的最大、最高规格的舞台。我站在讲台上，感到无比自豪！”“老师，我们希望能有更多的机会参加赛事，我们真的有很大压力，但我们得到了真正的成长”。

经济贸易系将继续努力，始终践行与推进“五进”活动，争取获得更多的成绩，让学生获得更多在更高舞台锻炼的机会，让更多赛事记住广州工商学院。

提升学生专业技能，工管学子竞赛成绩斐然

王光辉

一、项目背景

为了提升学生对人力资源管理岗位要求的认知，增强学生人力资源管理实操技能，贯彻“以德为行，以学为上”的指导思想，工商管理系以“五进”之“进实验实训室”为平台，基于上海踏瑞计算机软件有限公司和浙江精创教育科技有限公司提供的专业模拟沙盘和实训平台软件深入开展人力资源管理知识技能竞赛，一方面展示新时代大学生风采，提升学生的实践能力和团队协作精神，另一方面传播人力资源管理知识与理念，为本校热爱人力资源管理的学生搭建高水平的竞赛平台。

二、项目内容与特色

结合院长邝邦洪教授主持的“‘五进’教育实践活动的理论与实践研究”课题的实践研究，在提升学生人力资源管理知识和技能的基础上，积极创新教学模式——以赛促学，以赛促教，打造高水平教师队伍。工商管理系人力资源管理专业师生积极参加由全国人力资源和社会保障职业教育教学指导委员会和中国人力资源开发研究会主办的“踏瑞杯”和“精创教育杯”全国人力资源管理技能竞赛，取得了显著成绩。

（一）创新教学模式

以赛促学、以赛促教，增加学生学习主动性和灵活性，改善教师教学效果。

人力资源管理专业在活动组织过程中，加大实验实训室和实验实训软件的使用力度，将理论知识学习与软件动手实操紧密结合，同时加大宣传全国大赛的意义和重要性，让学生在主动、深入研究策略的同时，提升专业认知能力，培养学生语言表达、积极开拓、勇于尝试及团队合作能力，真正实现以赛促学的效果。

同时，在参赛过程中，教师借助实验实训室和实验实训软件，将课堂较为零散的知识点进行系统化和规范化，缩短课堂教育与企业实际运用之间的差距，提升教师的教学能力和教学效果，实现以赛促教的效果。

（二）多措并举，严密推进效果

在参加全国大赛的过程中，师生积极配合，在取得成绩的同时，能多方推进活动效果。第一，在全国大赛中，学生与其他学校参赛队伍进行对抗，开拓了学生的思路和视野；第二，教师在带队参赛的同时，积极参加主办方主持的高水平研讨会，开阔专业视角，提升专业能力；第三，赛后学生积极总结，将参赛收获、经验和教训与师弟师妹进行分享，实现技能比赛的延续性。

三、项目实施步骤

举办单位结合比赛通知要求，进行了广泛的动员，参加软件公司主办的赛前培训会。在赛前培训会中，学生认真听取软件操作要求和技巧，熟悉实训软件。

赛前与带队教师积极探讨软件对抗策略，不断尝试新方案，应对比赛过程中可能出现的各种状况，并最终确定参赛队伍成员。

（1）区域赛。专科组参加由来自广东、广西、海南、四川、湖南、重庆六省市组成的南部赛区比赛；本科组参加湖南、广东、广西、海南四省组成的第二大区赛比赛。学生在比赛过程中稳定发挥，根据对手策略修订、调整团队方案。

（2）全国总决赛。由来自全国各省的晋级队伍进行对抗，确定名次。

四、项目成果

2017 年 10 月，在第二届“踏瑞杯”全国高职高专人力资源管理技能大赛总决赛中，由王光辉老师和帅力华老师带领的团队获得二等奖，团队成员有许如田、罗志雄、黄潇。

2018 年 5 月，在第三届全国大学生人力资源管理知识技能竞赛（精创教育杯）第二大区赛中，由王光辉老师和帅力华老师带领的团队获得一等奖，团队成员有林晓聪、马思滢、林秋婷、陈润泽。王光辉老师和帅力华老师分别被评为“优秀指导教师”。

提高手绘技能，锤炼专业本领

——美术设计系手绘大赛活动收获满满

赵　鑫

一、活动目的

“百年学联，百年树人。”为深入推进设计人才培养模式改革，向社会展示设计人才培养质量，营造浓厚的学习、学术氛围，“以赛促学，以赛促教”，按照《关于举办第十一届广东大中专学生科技学术节的通知》要求，落实“以德为行，以学为上”教育思想，践行“五进”之“进实验实训室”活动理念，美术设计系积极组织全系学生参加广东省手绘技能大赛，科学安排，合理筹划，力求通过比赛，将“五进”教学实践之“进实验实训室”教育精神贯彻到日常学生活动，提高全系学生的技能水平，拓展学生的视野，锤炼实际动手能力。

二、活动对象

美术设计系全日制在校学生。

三、活动主题

百年学联谱新章，创新设计铸未来。

四、活动过程

（1）第一阶段（2017 年 4 月 10 日—5 月 20 日）：宣传阶段（各班级进行动员宣传）。

（2）第二阶段（2017 年 5 月 15 日）：初赛（组织学生上交作品）。

（3）第三阶段（2017 年 5 月 18 日）：系内评审。

（4）第四阶段（2017 年 5 月 20 日）：上交参加省赛作品。

五、作品提交要求及评审方式

（1）每一份作品都要在作品背面左上角贴上或写上作品标签，同时按照“班级＋姓名＋联系方式”进行标记。同一作者作品不止一页的需按顺序标注页数并装订好。

（2）作品评审将从设计说明（10%）、版面表达（10%）、设计创意（30%）和设计表现（50%）四个方面进行综合评审计分，初赛和复赛成绩均为100分制。选手最终成绩按“综合成绩总分＝初赛得分×20%＋复赛得分×80%”计算总分，划分名次。

六、奖项设置

按参赛选手综合成绩总分得分评出一、二、三等奖各三名，颁发证书和奖品；优秀奖若干名，颁发证书和奖品。同时一等奖、二等奖作品将择优选送参加省赛。

七、活动获奖

经过本系专家评审，李晓思、陈榇、李伟华、邓媚媚4位同学的作品被选送参加省赛。经过省专家的评选，这四位同学的作品在近千份广告设计作品中突围进入决赛。2017年6月10日上午，经过上午3个小时的紧张绘画创作和中午行业专家评委的紧张评选，李伟华同学在本次大赛中荣获一等奖与最佳创意奖；邓媚媚同学获得二等奖；陈榇与李晓思同学荣获三等奖。

八、活动收获

美术设计系不断坚持“以德为行，以学为上”教育理念的深化，践行“五进”之“进实验实训室”活动理念，推动学生工作深入开展，坚持以赛促练、以赛促学，拓展学生的眼界，促使学生不断向高水平看齐，提高学生动手能力和专业技能水平，在实践活动中磨炼，丰富了校园文化，营造勤奋好学、积极向上的良好学习氛围。同时在积极备战比赛的过程中，系领导和指导教师牺牲自己的业余时间指导参赛学生，分析比赛的要求和总体水平，结合选手的个人优势和不足进行针对性培训。教师们优良的道德素养和学术水平让学生心存感激，增强了师生感情，融洽了师生关系，推动本系各项工作不断提高。

投身“微创业行动”，培育创客文化

——广工商学子在“2018 年大学生微创业行动”中获奖

徐　达　冼卓桑

一、活动时间、主办单位及对象

（1）活动时间：2018 年 11 月 21 日。

（2）活动主办单位：KAB 全国推广办公室、广东省广发证券社会公益基金会。

（3）活动对象：全国大学生。

二、活动介绍

为了推进“五进”活动平台之“进社会”，提高广州工商学院学生自主创业能力，加深学生与社会的接触，提升学生的创新力。学生处以 2018 年大学生微创业行动为契机，鼓励学生践行“五进”之“进社会”活动。比赛内容涉及大学生自主创业、高校舆情探索、高校自媒体运用等。通过该活动帮助大学生树立崇尚创新、创业的价值导向，大力培育创客文化和企业家精神。同时，借助大赛平台，对学院“五进”育人文化建设项目进行展示、推介，与全国优秀高校的创业团队进行交流合作。

本次活动的主要内容有：微创业项目征集、评选与奖励、大学生微创业大讲堂、微创营、百所高校微创业协办及微创业成果发布会等一系列活动。

自 2018 年 4 月 11 日启动，截至 9 月 30 日，按照微创业项目征集要求，有 980 个项目通过初步遴选进入微信专题展示与投票环节。展示项目涉及移动互联网、金融支付、新农业、ARVR、医疗健康、电子商务、内容产业、物联网、人工智能等多个行业。11 月 7 日，活动举办方有关负责人、创业教育专家、创投机构代表、创业青年等 12 名评审组成员对项目进行了评审。评审组主要依据创业团队、项目商业模式、盈利能力、创新性、可持续性、社会价值等方面进行评审。根据评审规则，本届活动共有 50 个微创业项目获奖。获奖微创业项目及优秀组织奖将获得相应奖励，其中 20 佳微创业项目将通过活动现场路演决出金奖10名、银奖10名。

微创业，就是尚处于萌芽期的微小项目、细微行业和领域，通过大学生丰富的想象力和微创意、微创新、小创造和小改变的形式，来开展的创新创业活动。在国家提出的供给侧结构性改革的大背景下，学院“GGS校园小白”项目应运而生，依托微信公众平台、微博等自媒体形式，在广州工商学院走过了四年。团队成员凭借四年运营经验，结合当下“互联网+”技术的形式，大力弘扬“以德为行，以学为上”的教育思想和“五进”教育实践活动，创造出许多具有广工商特色的新产品、新服务、新商业和新领域。

对于大学生来说，创业从0到1需要巨大的勇气，也需要承担无数的风险，在他们勇敢迈出第一步之后，仍然需要“送一程”。大学生微创业行动，不但为创业者提供了一个展示交流的平台，而且通过活动帮助他们梳理和优化项目，对接投融资，引导他们走好创新创业的第一步。

三、活动过程

（1）微创业项目征集。时间：4月11日—9月30日。报名方式：有意向参赛的学生填写报名表。

（2）初步遴选。时间：9月19—20日。

（3）微信专题展示与投票。时间：10月26日—11月4日。

（4）专家评审。时间：11月7日。

（5）活动获奖名单公示。时间：11月8—12日。

（6）决赛。时间：11月21日。

四、活动获奖

在“以德为行，以学为上”教育思想的引领下，学生处积极响应“五进”教育实践活动，指导学生进行高校舆论和舆情探索，组织了“GGS校园小白”项目参加比赛，通过不懈努力，跻身20佳微创业项目，与来自暨南大学、浙江财经大学、黑龙江大学、西南石油大学、中南财经政法大学等20个微创业高校代表同台竞技。梁梓雯、张健儿和赖丽丽等三位同学在评选活动中获得银奖（见图1）。

五、活动收获

此次赛事，学院学生处全力投入、认真组织，学生积极参与。在活动过程中，体现了学院大学生“五进”教育实践活动的积极性和主动性，在“以德为行，以学为上”教育思想的影响下，学院学生学会做人、学会学习、

图1　获奖现场

学会合作、学会生存。此次活动也考验了学生的恒心与毅力，通过“进社会”，接触了课本上没有的知识，这不仅是技能上的成长，还来自个人综合素质的体现，更是一种个人荣辱观和院校归属感的提升。参赛过程中，学生团队意识强力，时刻以“德学”思想警醒自己，以广州工商学院学子形象展示自己。通过本次比赛，扩大了学院知名度，弘扬学院“以德为行，以学为上”教育思想和“五进”教育实践活动，通过学生的团结协作，提升了专业技能和团队精神，增强了学生对外比赛交流的信心。

通过此次活动，学院取得了优异的成绩。该项目并没有因为比赛的结束而停止，项目中的自媒体平台依旧运营，继续践行与推进“五进”教育实践活动，争取获得更多的成绩，让学生们获得更多、在更高舞台的锻炼，让更多赛事记住广州工商学院。

“德学”修身强心志，“五进”育人促健康

——广州工商学院青春健康教育项目传喜报

骆思贤

一、项目背景

广州工商学院于2016年9月获批成为广东省第四批青春健康项目学校。立项后，项目组紧紧结合学院“以德为行，以学为上”的教育思想，借助“五进”（进课室、进图书馆、进实验实训室、进体育场馆、进社会）育人平台，以学生为主体，引导和支持青春同伴社面向全院开展青少年性与生殖健康、艾滋病预防、性心理等方面的宣教活动，真正做到“以青年人影响青年人”，帮助大学生树立正确的价值观、培养健康的性心理、传播客观科学的性与生殖健康知识，倡导健康的生活方式。

二、项目内容与特色

2017—2018学年是项目在学院开展的第二年。在第一年工作的基础上，广州工商学院探索出适合学院的青春健康教育工作思路：第一，充分利用两个课堂和两个平台，确保青春健康教育在学院实现全覆盖、全渗透；第二，把握三个关键时间节点（即入学教育期间、12月1日前后以及“五四”青年节前后），结合学院实际开展青春健康教育，提高教育活动的成效；第三，重点培养一支同伴教育队伍，为学院青春健康同伴教育提供师资力量。以上思路可概括为“2231模式”。

三、项目实施步骤

2017年1月—2018年12月，学院开展了一系列青春健康教育活动，主要包括以下几个方面：

（一）以“两个课堂”为主要阵地，确保大学生性与生殖健康教育在学生中全面覆盖

“两个课堂”指的是“大学生心理健康教育”和“‘德学’教育”，其中，“大学生心理健康教育”是大一学生的必修课，能确保青春健康教育的全覆盖。“‘德学’教育”是学院的特色课程，设有“德学”教育、“五进”育人、安全教育、诚信感恩教育、就业指导、党团教育等 6 个模块。在“安全教育”模块中，辅导员结合时事热点和学生需求，讲授性安全的基本知识、性疾病、艾滋病的传播途径和预防措施，以及如何在恋爱中保持理性、正确维护自己的健康权利、求职中如何预防性骚扰等。

（二）借助线上线下两个平台，将青春健康教育贯穿到大学生学习与生活的各环节

线上，学院借助易班平台，开展青春健康教育，宣传防艾、性与生殖健康知识。线下，在全院践行“五进”的氛围下，学院积极开展青春健康教育活动，如“小艾”文化节、青年奇葩说（见图 1）、微作品大赛、同伴教育讲师大赛、户外防艾主题活动、“小艾”驾到同伴交流分享会、演讲比赛、防艾主题讲座、论坛剧场等。为提高防艾知识的知晓率，学院承办了中国性病艾滋病基金会主办的第三届全国大学生预防艾滋病知识竞赛，参赛人数达 3 000 余人。

图 1　青年奇葩说

（三）紧紧抓住三个关键时间节点，因时制宜，提高青春健康教育活动的影响力

学院举办的青春健康教育活动均紧紧抓住 3 个关键时间节点。首先是入学教育期间，抓住了新生在入学教育期间态度认真严谨的特点，使青春健康教育在学生中留下深刻印象。其次是 12 月 1 日前后，组织了校园“小艾”文化节系列活动，形式包括比赛、参与式培训、主题讲座等。最后是“五四”青年节前后，学院的青春健康教育工作一直紧密结合“以德为行，以学为上”的教育思想，引导青年大学生树立责任意识，做一名有责任的青年，维护自己和他人的健康权利，因此，每年 4—5 月，学院均紧扣青年节的相关主题，开展青春健康教育活动。

（四）重点培养一支优秀的同伴教育队伍，为学院青春健康同伴教育提供人力保证

青春健康同伴社是学院承担大学生青春健康同伴教育工作的主力队伍，为了培养具有专业水平的青年讲师，社团每月组织 1～2 次培训，培训师资为广东青年网络的讲师和南海大众社会工作服务中心专职社工。通过培训，同伴社成员学习了参与式培训、“青春解码”团体活动、论坛剧场等同伴教育形式，提高了青春健康教育在大学生中的认可度和渗透力。

四、项目成果

项目开展两年多以来，实现了防艾教育在学院的全覆盖，不断提高在校大学生对防艾知识（尤其是“国八条”）的知晓率，部分专业的知晓率达到 90% 以上，培养了一支优秀的青春健康同伴教育队伍，获得了一系列成果：

2017 年 4 月，青春同伴社申请“2017 年中国性病艾滋病防治协会高校防艾基金项目”获批，并如期结项。

2017 年 9 月，陈俊阳同学参加 2017 年“青年大思哗”高校性健康与防艾科普达人秀大赛，获第七名。

2017 年 11 月，学院选派 6 名选手参加 2017 年广东省“魅力讲师”大赛，陈芷岚同学获优秀奖，胡斯淳同学获三等奖，学院获“最佳组织奖”。

2018 年 6 月，两校区青春同伴社分别申请了“2018 年中国性病艾滋病防治协会高校防艾基金项目”，均成功立项。

2018 年 12 月，花都校区青春同伴社举办的“谈‘新’说‘艾’——新型防艾知识主题活动”获“与人·红丝带青年先锋计划”第四期“年度突破奖”，项目负责人张丽萍、朱松娟获“青年先锋”称号。

积极“进社会”，“爱·启航”服务队社会实践活动成果丰硕

王伟江

为深入学习和宣传贯彻习近平总书记关于青年成长成才的一系列重要论述，引导广大青年学生在深入社会、了解国情、接受锻炼的过程中培育和践行社会主义核心价值观，牢固树立跟党走中国特色社会主义道路的思想，在学院党委、团委的支持关怀下，广州工商学院自2010年成立“爱·启航”服务队。“爱·启航”服务队紧紧围绕学院院长邝邦洪教授提出的“以德为行、以学为上”教育思想，积极引导学生践行“五进”之“进社会”活动。

“爱·启航”服务队成立至今，连续8年组织暑期“三下乡”社会实践服务及其他公益活动，参与社会实践的学生志愿者超过300人，志愿服务时间共达1 920小时。“爱·启航”服务队的足迹遍布广东省各地，在广东省内各市开展了紧扣时代主题的各项调研、义教和志愿服务活动，几年来共计完成了20多份调研报告，团队成员获省级以上奖项超过35人次，实践活动受到社会的一致好评。广东省教育厅网站、中国共青团网站、大学生在线网站、共青广东省委员会、中国高校联盟网等多家媒体都曾对“爱·启航”服务队的社会实践活动热情关注和报道。

一、社会实践理念

“爱·启航”服务队作为社会志愿服务活动的践行者，将秉承“以德为行　以学为上”的教育思想，积极引导广大师生践行学院“五进”之“进社会”活动，努力发挥志愿服务实践在立德树人工作中的重要作用，促进广大师生自觉践行社会主义核心价值观，陶冶高尚情操，构建健康人格，全面提高广大师生综合素质。

二、社会实践运作

（一）实践主体

中国共产党广州工商学院委员会、广州工商学院团委、工商管理系团总支学生会、工商管理系全体师生。

（二）实践对象

工商管理系全体师生、暑期“三下乡”地点（广东省不同地区中小学）的群众。

（三）实践时空

“爱·启航”服务队自2010年成立以来，已经连续8年组织暑期“三下乡”活动，参与社会实践的学生志愿者超过300人，全体队员志愿服务时间共高达1 920小时。

（四）社会实践的内容

1. 教育关爱服务

开展儿童文化第二课堂，帮助留守儿童、贫困家庭儿童，开展课业辅导、素质拓展、亲情陪伴等教育精准扶贫关爱活动，深入当地农村开展趣味活动，丰富广大农村儿童的暑期生活。

2. 科学调研工作

开展相关的调研活动，组织不同专业背景的大学生深入城镇、乡村及各类企业事业单位等，深入观察和调研脱贫攻坚、农村建设，形成调研报告。

3. 农村普法宣讲

开展农村普法宣传，加强农村环境保护宣传和防网络、电信诈骗和食品安全与卫生宣传，使村民树立良好的环保意识、防诈骗意识和卫生意识，养成良好的生活习惯。

4. 乐农文艺会演

举办文艺晚会，丰富农村人民生活，组织学生暑期文艺演出队，到农村社区巡回演出，以弘扬时代精神、倡导文明新风为目标，以反映社会主义核心价值观为主要内容，精心编排基层人民群众喜闻乐见、贴近基层生活实际的文艺节目，到乡镇农村开展巡回演出。

5. 全民读书支持

通过“爱心捐建农家书屋”活动，服务队在每年“三下乡”社会实践中都会通过志愿募捐方式收集学院师生的书本和读书用具，把收集到的物品送到志愿服务实践地点，促进当地乡村图书馆的建设工作，丰富当地的文化生活。

（五）社会实践的支持来源

1. 学院各级领导大力支持

每学年志愿服务队成员选拔完成后，学院院长和党委书记都会主持召开社会实践工作动员大会，为每支队伍授旗。每个学年，志愿服务工作完成后，学院团委组织召开总结大会，评优评先，以鼓励服务队成员积极进取。

2. 各渠道专项资金支持

学院对志愿服务工作投入了大量的人力物力，为志愿服务活动的顺利开展提供了资金支持及物质保障。学院党委高度重视，为志愿服务队党员成员提供了经费支持。学院团委每年都为“爱·启航”服务队提供专项活动经费，用于服务队队员的交通、住宿、培训等项目的开支。学院学生处资助中心为资助政策下乡宣传提供宣传经费支持。

3. 社会力量支持

每学年“爱·启航”服务队社会实践地点的相关政府部门和当地群众都给了服务队大量的支持，包括解决服务队教学场地、文艺汇演场地、食宿场所和提供便利的交通工具等，同时在当地政府的宣传支持下，服务队的调研工作也得到了当地企业和群众的配合支持。

三、社会实践效果

（一）服务队实践活动成果丰硕

自成立以来，“爱·启航”服务队连续8年组织系部广大优秀团员青年参与广东省暑期文化、科技、卫生“三下乡”社会实践活动，得到社会各界的广泛好评，在2017年喜获2017年广东省大中专学生志愿者暑期“三下乡”社会实践活动“优秀团队”荣誉称号；团队学生成员8人次获得广东大中专学生志愿者暑期文化科技卫生“三下乡”社会实践活动“先进个人”称号，指导老师3人曾获得广东省大中专学生志愿者暑期“三下乡”社会实践活动“优秀指导老师”称号。

（二）服务队队员调研能力提高

八年来，“爱·启航”服务队在广东省内各市开展了紧扣时代主题的各项调研活动，学生调研能力逐步提高，撰写调研报告的水平也大幅提升。服务队共计完成了20多份调研报告，在2017年“我的中国梦”——“立志修身博学报国”主题教育系列活动社会调研大赛中获一等奖、二等奖各一项；在2016年“我的中国梦”——“立志修身博学报国”“筑梦引航，志愿同行”志愿服务活动中获二等奖；在2016年“我的中国梦”——“立志修身博学报国”主题教育系列活动展示大赛中获得一、二等奖各一项（见表1）。

表1　广州工商学院爱·启航服务队近三年获奖情况

序号	获奖奖项	作品
1	2018年王伟江、林锦涛等人获得广东省大中专学生志愿者暑期“三下乡”社会实践活动先进个人称号	
2	2017年广东省大中专学生志愿者暑期“三下乡”社会实践活动优秀团队	
3	2017年“我的中国梦”——“立志修身博学报国”主题教育系列活动社会调研大赛一等奖	“一带一路”战略下非遗项目的传承与发展——以潮州市潮绣为例
4	2017年“我的中国梦”——“立志修身博学报国”主题教育系列活动社会调研大赛二等奖	“一带一路”背景下潮州卫生陶瓷产业发展情况调研报告
5	2016年“我的中国梦”——“立志修身博学报国”“筑梦引航，志愿同行”志愿服务活动二等奖	“五进”起航兴宁行，德学筑建中国梦
6	2016年“我的中国梦”——“立志修身博学报国”主题教育系列活动展示大赛二等奖	铭记历史　圆梦中华
7	2016年“我的中国梦”——“立志修身博学报国”主题教育系列活动社会调研大赛优秀奖	关于兴宁市叶塘镇筠竹村“精准扶贫”工作的调研报告
8	2016年任俊芳、杨婉君老师获评广东省大中专学生志愿者暑期“三下乡”社会实践活动优秀指导教师	

（三）服务队社会影响力逐渐扩大

“爱·启航”服务队的足迹遍布广东省各地，开展的暑期“三下乡”社会实践服务及其他公益活动至今受到社会的一致好评，其社会影响力正在逐步扩大。广东省教育厅网站、中国共青团网站、大学生在线网站、广东省团委、中国高校联盟网、中国村村乐网、雷州电视台、兴宁电视台、花都电视台等多家媒体都曾对服务队的爱心志愿服务活动倾以热情关注报道。社会实践地的群众也自发组织，积极开展双向互动活动。2015 年服务队的服务对象——花都区花东镇大塘小学组织师生到学院花都校区对“爱·启航”服务队进行工作回访互动。2018 年，“爱·启航”服务队拟回到梅州兴宁再次开展暑期“三下乡”社会实践服务活动。

（四）服务队队员的综合素质全面提高

1. 促进了服务队队员的社会实践经验的积累

通过组织社会实践活动，服务队队员深入广东省各地，了解全省不同地区的社会风俗和区域产业概况，提高大学生对广东省省情、民情、社情的认识，有助于大学生了解广东省社会发展的现状，增强大学生对广东省社会产业发展现状的了解，这不仅加深了学生与社会各阶层人民的感情，使学生见识了社会各阶层的生活环境，拉近了学生和社会的距离，开拓了学生的视野，增强了大学生的社会责任感和使命感，进一步明确了作为大学生应该具有的光荣使命和责任，为学生日后进入社会工作打下一定的人文素质基础。

2. 促进了服务队队员理论与实践结合的能力

书本上的理论知识与实践存在一定的差异，大学生在学校学到的专业理论知识如何，必须要经过实践检验，而大学生“三下乡”社会实践就是一个良好的平台。服务队队员通过社会实践的检验，能够得知自己存在哪些不足，需要在哪些方面进行改进，进而在以后的学习中加以改善，取长补短，走好理论与实践相结合的道路，进一步激发学习热情，提高获取知识的欲望，增强创新意识。

3. 培养了服务队队员的团队协作能力和吃苦耐劳品质

首先，“爱·启航”服务队的队员在选拔后参加为期一周的团队培训。通过培训，培养了全体队员的团队合作意识和团队协作能力。其次，进入社会实践阶段，按不同职能模块的要求，将服务队分成若干小组，分别承担不同调研工作任务，从调研问卷的设计到调研数据的分析再到调研报告的形成都要求科学分工，合理发挥不同专业学生的专业特长，优势互补，着力增强队员分工合作的能力。最后，“三下乡”的时间一般都集中在暑假，地点都是较为偏远的农村地区，服务队队员的食宿条件较差，克服为期 10 天以上的艰苦生活，可以锻炼大学生吃苦耐劳的品质，促使学生珍惜幸福生活。

四、项目特色

（一）紧扣时代主题，志愿服务与科学调研双管齐下

“爱·启航”服务队的“三下乡”社会实践活动紧扣政府工作的时代主题，深入农村、深入基层，做到思想下乡、感情下乡、行动下乡。通过参与精准扶贫宣传、调研，社会主义新农村环境保护宣传、调研，农村义务教育情况调研和支教实践等主题活动，紧密结合服务队队员所学专业技术知识，本着“受教育、长才干、作贡献”的原则，将新知识、新技术、新观念送给农民。把传播先进生产力和提高自身科学文化水平紧密结合起来，着眼于推动农村社会进步、增强公共服务能力，着眼于提高农民素质、培养新型农民，协助组织农民开展社会主义核心价值观教育和新时代中国特色社会主义宣传教育，提高思想道德素质。同时利用农村集市、乡镇文化站、农村图书室、文化广场开展文化会演、读书读报、体育比赛等群众性文化体育活动，真正做到志愿服务与科学调研双管齐下（见表2、图1）。

表2　广州工商学院“爱·启航”服务队2010—2018年志愿服务主题

年份	志愿服务地点	志愿服务主题
2010	广东省阳江市	宣传亚运，呼吁环保
2011	广东湛江雷州纪家镇迈特村迈特小学	义务支教，发挥大学生群体力量
2012	广东省梅州市平远县东石镇	三爱一奉献，扶贫下乡行
2013	广东省兴宁市刁坊镇刁潭村	爱心起航兴宁情，携手共筑中国梦
2014	广东省河源市紫金县凤安镇	青春凝聚修德学，绿色环保紫金行
2015	广东省广州市花都区花东镇大塘中学	行八字真经，育青马新星
2016	广东省梅州市兴宁市叶塘镇鸭池村	教育关爱服务“空巢雏燕”，青春助力“十三五”开年篇
2017	广东省潮州市潮安区古巷镇东岗基础小学	青春乐谱，奏响十九大华章；“爱”心“启航”，溯源韩江水文化。
2018	广东省梅州市兴宁市水口镇	筑梦扬帆梅州行，厚德载物爱启航

图1　2018年"爱·启航"服务队出发赴梅州

（二）常态运作模式，政府、社会、企业与高校协同支持实践

"爱·启航"服务队的暑期"三下乡"社会实践活动在组织工作上得到了学院的指导，在社会实践工作的开展上得到了政府的支持，在调研工作的推进上得到了社会、企业的帮扶，依托学院、政府、社会和企业的支持，实现了常态化运作。服务队在每个学年暑假都会开展"三下乡"志愿服务常态活动。一方面，服务队坚持培训工作开展的常态化，每个队员都要接受为期一周的培训，主要是培养队员的团队合作能力和应急处理能力；另一方面，服务队队员都是调研小组的成员，在开展调研工作时，服务队会组织定期的调研培训工作，如"调研报告写作培训"和"学术论文撰写培训"等，以提高队员的调研能力和文书能力。

外语系开展“展翅计划”，“进社会”活动展风采

邓颖焱　苏伟豪

一、活动目的

为树立青年实习生当中的优秀典型，进一步推动广大青年学生树立正确的就业观、择业观、价值观，结合院长邝邦洪教授主持的“‘五进’教育实践活动的理论与实践研究”课题的实践研究，以及“德学”“五进”思想，外语系组织全系学生积极参加由共青团广东省委员会指导，广东省学生联合会主办，广东省青年创业就业基金会、广东致学信息科技有限责任公司（易展翅）承办，广东省网商协会协办的2017展翅计划“首席实习生”评选活动。评选活动经过报名暨初赛、复赛、决赛暨颁奖四个环节，以线上投票、线下演讲考核为主，通过考核每位参赛选手的思考力、表现力等综合竞争力，最终决选出名副其实的“首席实习生”。

二、活动对象

内地及港澳地区各高等院校大学生。

三、活动主题

职通首席，荣耀加冕。

四、活动阶段

（1）第一阶段（2017年9月26日—10月10日）：报名与初赛（选手报名，大众投票，大众及专业评审阶段）。

（2）第二阶段（2017年10月13—25日）：复赛（录制实习经历视频和提交用人单位实习评价表，专业评审团审评）。

（3）第三阶段（2017年11月12日）：决赛暨颁奖典礼（选手进行主题演讲，接受评委提问，颁发所有奖项）。

五、活动获奖设置

表1　奖项设置

序号	奖项名称	数量/个	奖品设置	其他奖励
1	优秀实习生	100	证书（省级）+展翅礼包	免试内推
2	首席实习生提名	15	证书（省级）+奖金（1 000元/人）+展翅礼包	名企实习机会
3	首席实习生	5	奖杯+证书（省级）+奖金（5 000元/人）+展翅礼包	首席晚宴 名企实习机会
4	最佳人气奖	2	奖杯+证书（省级）+展翅礼包	签约展翅公益形象大使
5	最佳组织奖	20	牌匾	

六、活动过程

活动自2017年8月30日启动报名，至9月25日截止，共有来自广东省内外150所高校的7 753名大学生参与。大众投票阶段，吸引近56万人次参与，收到超过5万条留言支持。通过大众投票、企业评审、评委团及组委会评审等多轮激烈竞争、严格评选，结合选手的个人风采展示、表达能力、总结能力、创意表现、他人评价等多方面评分，决战出“20强”选手晋级总决赛。在华南理工大学广州学院的决赛现场，有20所高校获得“优秀组织奖”，5名选手获“首席实习生”荣誉称号。其中有10名选手得到了名企提供的“职通OFFER”，成功获得免面试进入京东大学、都市丽人、华图教育、UC、唯品会等知名企业实习就业机会。

（1）决赛时间：2017年11月12日上午8：30—12：30。

（2）决赛地点：华南理工大学广州学院学生活动中心。

（3）大赛主持：吴佳楠、李晓文。

（4）决赛及颁奖流程：

08：30—09：00　参赛选手签到

09：00—12：00　决赛评选

12：00—12：05　合影留念

12：05—14：30　午休

14：30—15：00　观众、嘉宾入场

15：00—15：05　主持人开场
15：05—15：10　高校领导致辞
15：10—15：15　学生代表发言
15：15—15：20　评委代表致辞
15：20—15：50　颁发“最佳创意奖”“最佳口才奖”“最佳智慧奖”“首席实习生提名奖”“优秀组织奖”“最佳人气奖”
15：50—15：55　展翅网形象代言人签约仪式
15：55—16：00　著名影星曾志伟发言
16：00—16：10　游戏互动
16：10—16：15　揭晓及颁发“首席实习生奖”
16：15—16：25　首席实习生“20 强”与企业“职通 OFFER”颁发仪式仪式
16：25—16：30　2017 年广东大学生实习就业大数据报告发布
16：30—16：35　广东省大学生创业就业孵化示范基地揭牌仪式
16：35—16：40　“2018 展翅 · IEBE 电商人才招聘会”签约仪式
16：40—16：50　全国青联常委、广东省青联副主席吴杰庄博士致辞
16：50—17：00　团省委领导致辞
17：00—17：10　主持人宣布活动圆满结束，合影留念

七、活动获奖

2017 年 11 月 12 日上午，由共青团广东省委员会指导，广东省学生联合会主办的 2017 展翅计划“首席实习生”评选活动决赛暨颁奖典礼于华南理工大学广州学院学生活动中心隆重举行，并对获奖选手进行表彰。

广州工商学院被组委会授予“优秀组织奖”。外语系邓颖焱同学不负众望，时刻心怀“以德为行，以学为上”理念，热情积极地践行“五进”活动，勤奋练习、细心准备，怀揣着自己的职业梦想，绘声绘色地讲述了自身难忘的实习经验，最终获得 2017 展翅计划“首席实习生”评选活动最佳人气奖、“首席实习生”提名奖（见图 1），并且成功签约为 2017—2019 年展翅网公益形象大使，由国际著名影星曾志伟先生为她颁奖。

八、活动收获

在“职通首席，荣耀加冕”主题的引导和共青团广东省委员会等单位的大力支持下，2017 展翅计划“首席实习生”评选活动圆满结束。评委的点评和学生实习经历的讲述，不禁让学生开始思考该如何规划自己未来的职业

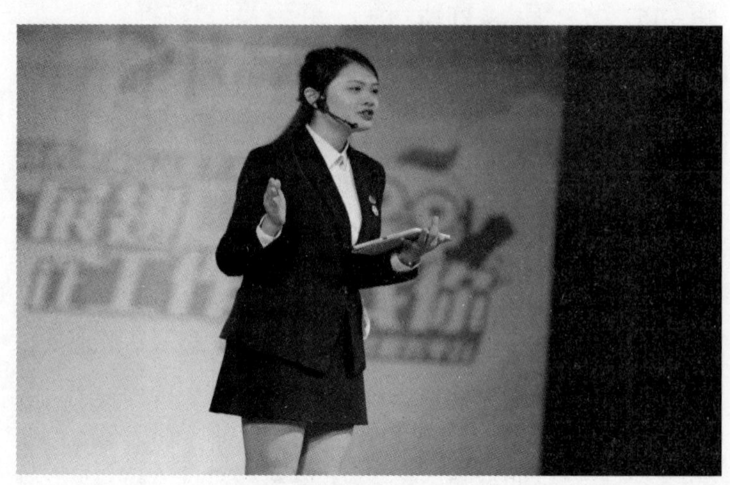

图1 邓颖焱比赛现场

道路，借此反思自己的不足与优势。同时牢记学院“以德为行，以学为上”的理念，继续学习更多专业知识，主动践行“五进”之“进课室、进图书馆、进实验实训室、进体育场馆、进社会”，成为一个敢想敢做敢拼搏的人。

邓颖焱同学赛后表示：“本次比赛印象最深的是，彩排那天大家表现得不是很理想。结束后，‘易展翅’副总裁喻文涌先生把大家都召集到了会议室。他结合自己的感受和经历，给我们在台风、情绪控制以及演讲内容等方面给出了很多实在的改进方法。还记得他说：‘微笑是对付紧张的最好方法，如果在台上你觉得紧张，冲评委观众微笑就对了！’他的一番悉心指导对我第二天的台上表现帮助非常大。能参加省级比赛是我的荣幸，也是各位老师和同学们鼓励和支持的结果。这段经历对我来说真的很难忘，也很有深意，让我感受到了只有实践才能检验真理，学院的‘五进’活动为我们搭建了一个很好的实践平台。我们应该要知中有行，才能做一名出色的广工商学子。”

青春梦之队开展禁毒宣传，“进社会”活动结硕果

奚少敏

一、项目背景

为了深入贯彻落实国家和省、市关于禁毒的工作部署，加强青少年禁毒意识，广州工商学院青春梦之队在广州市禁毒办和花都区禁毒办的指导下，结合学院院长邝邦洪教授主持的“‘五进’教育实践活动的理论与实践研究”课题的实践研究，不断完善队伍建设，积极创新工作模式。团委动员组织学院师生积极参加到抵制毒品的宣传活动中去，做禁毒宣传的带头人，积极开展禁毒宣传教育活动，取得了显著的成绩。

二、项目设计

（一）联动各方合力，开启共创共建共享新模式

青春梦之队联合全国高校禁毒公益联盟、广东省女子监狱、广州市禁毒办公室、广州市青少年社会工作培训讲师团、广州市花都区禁毒办公室、广州志愿驿站联合会等实践基地与禁毒教育公益师资培训组织，在校内外开展禁毒宣传教育实践活动，如校外禁毒志愿骨干培训活动、广州火车北站志愿驿站禁毒宣传、中学生禁毒知识大讲堂、禁毒爱心义教、禁毒防艾三下乡，校内开展禁毒知识竞赛、禁毒主题征文比赛、禁毒物品实物展览、禁毒故事展板、禁毒知识竞赛、专题讲座等形式，多层次、全方位深入开展禁毒宣传等品牌化、项目化的活动通过，多层次、全方位深入开展禁毒宣传等品牌化、项目化的活动。通过一系列活动的开展，广大师生了解了毒品的危害，掌握了预防毒品的基本知识，懂得了“禁毒”政策和法律法规，坚定了“依法禁毒，构建和谐”的信念，养成了健康、文明的生活习惯，进一步提高抵御毒害的能力。

（二）活用课堂媒介，添加禁毒战斗力

青春梦之队通过组织禁毒教育专题讲座、实地实践教学，提高学院教职

员工、学生班级、社团协会及社区、农村地区中小学生对毒品危害的认识，增强了防毒意识，在实践探索与优化中，通过思想政治理论教学课以及珍爱生命主题课程，充分利用学科优势，结合教学内容，组织学生学习观看有关禁毒的影片、教育视频，积极开展“禁毒宣传进课堂”活动。

同时，还通过拓展活动阵地，建立高效运转的工作机制，灵活运用时下青少年喜闻乐见的“互联网+”，实现在禁毒宣传工作网络新媒体领域有平台、有队伍、有渠道、有内容、发声音、见效果、创品牌，把禁毒宣传工作和建设覆盖到网上，把当代大学生的先进性和担当延伸到互联网上，努力形成步调统一规范的“公转”与突出特色漂亮的“自转”有机结合。

（三）强化多措并举，严密推进效果显著

作为全国高校禁毒公益联盟会员单位，广州市花都区“干净、整洁、平安、有序”青年志愿服务分队之一，青春梦之队在广州北站志愿驿站周边社区、学院附近海布社区，以徒步口头宣传以及派发禁毒宣传单的形式进行禁毒宣传，进一步提升了广大群众识毒、恨毒、拒毒、防毒的能力，提高参与禁毒的积极性，为构建平安、和谐、繁荣的花都区贡献一分力量。

三、项目实施

2017 年 7 月，青春梦之队以“禁毒防艾，守望相助”为主题，到基层农村开展了为期 9 天的留守青少年儿童禁毒防艾宣传教育。他们通过“禁毒防艾十步走”的活动形式，进一步加强当地群众禁毒防艾的意识和自我防范能力。活动分别以移动展板进社区、禁毒课堂进学校、教育读本进家庭的“三进”活动，以国旗下的禁毒宣誓礼、禁毒幕天影院《湄公河行动》、禁毒宣言漂流、禁毒防艾知识竞赛、无毒青春主题朗诵、向毒品说“不”文艺会演等青少年儿童喜闻乐见的形式，携手民警，加深群众对禁毒知识的教育和了解，得到了社会的关注，深受村民、学生与民警的支持。

在支教方面，青春梦之队通过三大版块的主题教育，让大学生在留守儿童保护工作以及防止毒品在留守儿童中猖獗等问题中，充分发挥其积极作用，为当地留守青少年儿童开发了主题教育、素质拓展、心灵守护、禁毒防艾、性教育等支教课程。

在社会调研活动方面，青春梦之队把“乡镇居民禁毒防艾宣传教育情况——以河源省连平县隆街镇为例”作为调研内容，了解乡镇居民对毒品、艾滋病的认知情况及对禁毒防艾宣传教育的参与程度，以及进一步提高当地居民禁毒防艾的安全意识和自我防范能力。青春梦之队到当地禁毒办、戒毒

人员社区康复中心以及镇派出所进行调研，与禁毒办工作人员共同探讨交流禁毒工作，提升禁毒防艾知识在乡镇的覆盖率。

在新媒体运营方面，青春梦之队通过青年之声、展翅网、中国青年网、今日头条、微信公众号和微博等新媒体的运用，突破传统媒体在宣传上的相对局限性，使自身的知名度得到一定的提升。活动在中国青年网、中国青年网三下乡社会实践官网、广东省共青团、河源市公安局等多个网站进行报道，广受好评。

四、项目成果

项目以“6.26 国际禁毒日”为契机，结合“6·27 青少年毒品预防教育工程”，重点开展了“阳光计划”青少年禁毒预防教育系列活动，通过新浪微博、今日头条、微信公众号等新媒体阵地交流以禁毒为主题的志愿活动，宣传推送禁毒宣传相关活动文章，浏览量达到 118 万人次，积极在“头条问答”分享以禁毒防艾为主题的“三下乡”经验做法，浏览量达到 19 万人次，获得头条问答“达人”认证，在禁毒宣传工作中起到示范与前瞻作用。团队在团中央“线上三下乡·扶贫我先行”活动中，获得“优秀新媒体传播团队奖”，指导教师奚少敏获得“优秀新媒体传播指导教师奖”。

青春梦之队通过多部门合作、多渠道宣传、多层次实施、全方位渗透的禁毒宣传，共建共治共享禁毒教育新格局，使广大师生了解毒品的危害，掌握了预防毒品的基本知识，懂得了“禁毒”政策和法律法规，坚定了“依法禁毒，构建和谐”的信念，养成了健康、文明的生活习惯，进一步提高抵御毒害的能力。

项目实施后，青春梦之队先后获得以下殊荣：

2017 年 11 月，在全国大中专学生志愿者暑期“三下乡”社会实践活动中，获“全国优秀实践团队”称号。

2018 年 4 月，在第二届广东省青少年禁毒暨法治宣传创意大赛活动中，青春梦之队的作品队员朱金明、刘子源荣获荣誉奖，吴瑞云荣获二等奖。

2018 年 1 月，在 2017 年花都区禁毒志愿宣传作品 DIY 大赛活动中，青春梦之队的作品《无毒花都　禁毒同行》荣获特等奖，队员朱金明、吴瑞云荣获“最佳人气奖”。

2018 年 5 月，在广州市花都区青年志愿好团队和志愿好青年评选活动中，青春梦之队的作品《无毒花都　禁毒同行》荣获“2017 年度花都区青年禁毒宣传志愿好团队”称号。

2018 年 12 月，“阳光计划”大学生禁毒志愿者培养项目被评为 2018 年度三水区杰出志愿服务项目。

2018 年 12 月，在“益苗计划”广东志愿服务组织成长扶持行动暨志愿服务项目大赛中，“阳光计划”大学生禁毒志愿者培养项目被评为“重点培育项目”。

后　记

“进课室，进图书馆，进实验实训室，进体育场馆，进社会”的“五进”教育实践活动是邝邦洪院长在2013年提出的，其目的是为了更好地落实广州工商学院的办学定位和人才培养模式，切实培养德、智、体、美、劳全面发展的高素质技能型人才。

2016年由邝邦洪教授主持的课题“‘五进’教育实践活动的理论与实践研究”获得了广州工商学院校级重点项目立项（KA201601），2017年该课题又获广东省教育科学“十三五”规划2017年度德育专项项目立项（2017JKDY37）。在开展“五进”教育实践活动的理论与实践研究过程中，课题组举全校之力，带领各系部、学生处、团委以及广大师生创造性地探索“德学”思想教育和“五进”育人之路。尤其是参与课题实践研究的课题组成员，积极地在实验实践一线开展研究，为学院更好、更有效地开展“五进”教育实践活动做出了有效的尝试与探索。

自课题立项以来，在课题主持人邝邦洪教授的指导组织下，全体成员共同努力，取得了比较丰硕的研究成果。2017年出版了课题研究成果的理论篇《践行五进　立德树人——高校师生成长的路径》，课题组成员及广大师生还发表了一系列有关“五进”研究的论文并开展了一系列与“五进”相关的课题研究。这些成绩的取得，是学院开展“五进”教育实践活动的巨大收获。

近年来，“五进”教育实践活动伴随着“德学”思想教育，已经成为广州工商学院广大师生的自觉行动和追求，成为广州工商学院思想政治教育及校园文化建设的品牌。为了更广泛地在高校开展“五进”教育实践活动，我们在编著课题研究成果《践行五进　立德树人——高校师生成长的路径》一书的基础上，进一步编著出版课题研究成果的实践篇《践行五进　立德树人——来自广州工商学院的探索与实践》，旨在为加强高校思想政治工作和教书育人工作，尽一份绵薄之力。

本书的写作框架由邝邦洪提出，经邝邦洪、张辉研讨后确定写作提纲。全书由邝邦洪、张辉、朱特威和谭玉兰进行修改、统稿和定稿。王海燕、穆建叶、孙新彭、左晓民、唐晓燕、周静、周志鹏、洪卫烈、毛拓艺等参与了部分稿件的审核修改。

本书在撰写过程中，参阅、借鉴了许多专家学者的成果，在此深表感谢！此外，广东高等教育出版社为本书的出版与我们通力合作，在此一并深表谢意。由于我们水平有限，书中难免有疏漏和不足，敬请各位专家、学者和读者批评指正！

编者

2019 年 6 月